高等职业教育路桥类专业"新形态一体化"系列教材

公路施工组织与概预算

第 2 版

主　编　杨卫红

副主编　赵伟强

参　编　顾卫兵　汪　莹　沈秋雁

主　审　蒋　玲　邵联银

机械工业出版社

全书共分上、下两个学习场，学习场（上）主要介绍公路施工组织的基本理论和方法，并通过案例，完整地展示实施性施工组织设计的编制内容和方法。学习场（下）系统地介绍了概预算的编制程序和编制方法，并通过示例解析用纵横公路工程造价管理软件编制施工图预算的全过程。

本书可作为高等职业院校道路与桥梁工程技术、道路工程造价及相关专业教学用书，也可作为培训教材和参考用书。

为方便教学，本书配有电子课件及相关资源，凡使用本书作为授课教材的教师均可登录机械工业出版社教育服务网 www.cmpedu.com 注册下载。欢迎加入机工社职教建筑群（教师交流 QQ 群）：221010660。咨询电话：010-88379934。

图书在版编目（CIP）数据

公路施工组织与概预算／杨卫红主编. -- 2 版.
北京 : 机械工业出版社，2025.4. --（高等职业教育路桥类专业"新形态一体化"系列教材）. -- ISBN 978-7-111-77578-2

Ⅰ. U415
中国国家版本馆 CIP 数据核字第 2025UX2200 号

机械工业出版社（北京市百万庄大街 22 号　邮政编码 100037）
策划编辑：沈百琦　　　　　责任编辑：沈百琦
责任校对：梁　园　刘雅娜　封面设计：鞠　杨
责任印制：常天培
河北虎彩印刷有限公司印刷
2025 年 6 月第 2 版第 1 次印刷
184mm×260mm · 19.5 印张 · 493 千字
标准书号：ISBN 978-7-111-77578-2
定价：59.00 元

电话服务　　　　　　　　　网络服务
客服电话：010- 88361066　　机 工 官 网：www.cmpbook.com
　　　　　010- 88379833　　机 工 官 博：weibo.com/cmp1952
　　　　　010- 68326294　　金 书 网：www.golden-book.com
封底无防伪标均为盗版　　机工教育服务网：www.cmpedu.com

新百年、新征程，关于发展职业教育的重要性和紧迫性，习近平总书记在党的二十大报告中指出要统筹三教（职业教育、高等教育、继续教育）协同创新和三融（职普融合、产教融合、科教融汇），要优化职业教育类型定位，提到人才强国战略，非常明确地把大国工匠和高技能人才作为人才强国战略的重要组成部分。职业教育教材编写也应体现党的二十大报告精神。

"公路施工组织与概预算"是高职院校道路与桥梁工程技术专业的重要专业课程。本书第1版于2015年9月出版，出版前被江苏省教育厅审定为"十二五"江苏省高校重点教材（新编）（编号2014-2-029）。本书在使用期间，根据反馈情况曾做过局部修订，经过多次印刷后，基于以下三个方面原因，决定对本书进行修订：一是在编写第1版时依据的相关设计、施工规范或标准陆续进行了修订或更替，尤其是与造价文件编制相关的，如《公路工程建设项目概算预算编制办法》（JTG 3830—2018）和公路工程各类定额已经更新；二是教材应适应近几年来职业教育教学理念的更新与发展，特别是党的二十大提出的"数字化、智能化、绿色低碳"交通强国建设和信息化技术、互联网+技术在专业教学上的应用以及线上线下、翻转课堂教学模式对课堂教学的冲击等；三是响应课程思政融入专业课堂教学的改革需要。

本次修订在保留原有"校企合作、工学结合、学做一体、课证融通"的特色下，有如下几点创新：

1. 内容的创新

（1）创新结构　将全书划分为学习场（上）和学习场（下），学习场（上）包括项目一至项目六，学习场（下）包括项目七至项目九。每项目下设若干任务，每个任务分为任务导入→任务目标→相关知识→任务设计与实施→任务评价→任务拓展六个模块，以培养学生创新能力为引领、以工程项目为载体、以任务为主线、以学生为主体、以提高学生职业能力和学习能力为导向、兼顾学生的可持续发展，并为学生获得岗位技能打好基础。

（2）体现新规范、新标准、新技术与新工艺　根据现行有效的设计、施工规范或标准的内容调整了相关的内容，以保证教材内容的适时性、准确性和规范性，适时加入与新技术、新工艺、新材料、新设备等"四新"技术相关的要素。

（3）融入育人元素　经过课程内容和学生学情分析，依据课程教学的知识、能力和素质目标，结合学校的办学定位、专业特色和课程特点，我们提炼的育人元素包括一个主题为"匠心筑路，丹心筑梦"，具体育人内容包含一种情怀、两种态度、四种精神和五种意识，为了使得学生更加容易接受，这些内容又经过提炼，凝聚成四个词组八个字：匠心、责任、忘我和协作。这八字育人要素贯穿课程教学的全过程之中。这些要素以"爱国爱岗"和"工匠精神"为主线，有机融入小模块，如"素养课堂""巧匠锦囊"等，力争达到寓教于思，润物无声的效果。

2. 形式的创新

将思维导图融入教材，拓展学生思维，锻炼学生归纳总结能力，并且，融入配套网络资源，制作了微课视频、拓展资料等内容，以利于师生组织线上线下的混合式教学、翻转课堂等多种教学形式，同时也为"时时可以学、处处可以学"的多种学习方式提供了条件。

3. 理念的创新

无论是公路工程施工组织设计或是造价编制，都是综合性、系统性较强的工作，要求同时具备工程实践经验和管理学理论，如何编制是一回事，如何工作又是一回事，因此在此次修订中编者力求做到理论与实践相结合，设计与实务相契合，知识、能力与育人相融合，同时做到工学结合、课证融通、课赛融合、学做一体，兼顾学生可持续发展。

教师在具体授课时，应根据授课对象的不同，依据大纲的要求选择相关内容进行讲授。

本书由南京交通职业技术学院杨卫红主编并统稿；南京交通职业技术学院赵伟强任副主编；参与编写的还有无锡万昌交通工程公司顾卫兵，南京交通职业技术学院汪莹、沈秋雁。全书由南京交通职业技术学院教授蒋玲和江苏育通交通工程监理咨询有限责任公司研究员级高工邵联银主审。具体编写分工：杨卫红负责项目一至项目九的编写与统稿工作，赵伟强、沈秋雁参与项目四部分内容编写，汪莹参与项目三部分内容编写，顾卫兵对接校企共建参与教材岗课融合研讨，并提供工程案例，赵伟强负责全书图表优化工作。

本书编写过程中参考了有关标准、规范、手册和有关论著及网络资源，在此谨向相关作者表示衷心的感谢；另外，编写过程中在使用造价软件技术方面得到纵横公路工程造价软件公司赵丹杰老师的大力帮助，一并感谢。

由于编者水平有限，书中难免存在错漏之处，敬请读者指正。

编　者

本书二维码清单

序号	名称	图形	序号	名称	图形	序号	名称	图形
1	素养课堂——匠心筑路		10	可行性研究报告内容		19	绘制方法	
2	图 1-1 施工组织的几种主要影响因素		11	施工组织设计文件		20	双代号网络的计算	
3	知识链接——4M1E 法		12	素养课堂——工匠精神		21	时间坐标网络	
4	图 1-2 各岗位人员工作场景		13	施工作业方式		22	单代号网络图绘制	
5	公路建设		14	流水作业类型与大差法		23	单代号网络的计算	
6	公路项目的组成		15	两道工序的施工次序		24	搭接网络计划时间参数计算	
7	公路工程建设项目的划分		16	三道工序的施工次序		25	紧凑法流水施工表上工期计算法	
8	基本建设基层单位		17	素养课堂——中国桥梁的创新		26	网络工期优化	
9	工程项目建设程序		18	双代号网络图绘制		27	素养课堂——绿水青山就是金山银山	

（续）

序号	名称	图形	序号	名称	图形	序号	名称	图形
28	总体施工组织设计编制内容		38	各分项工程冬期措施		48	混凝土强度定额抽换	
29	总体施工组织设计编制参考文本		39	全面质量管理体系		49	素养课堂——论造价人员的职业道德	
30	施工组织设计编制程序		40	总体施工组织设计编制案例		50	概算预算费用组成	
31	施工准备工作计划内容		41	素养课堂——责任比命大		51	材料预算单价编制	
32	根据作业内容选择施工机械		42	素养课堂——警钟长鸣		52	机械台班单价编制	
33	施工顺序安排注意事项		43	知识链接——建筑法节选		53	建安费计算	
34	主导工期与劳机配置		44	路桥施工常见安全隐患		54	内插预算表格（共28页）	
35	施工进度图编制注意事项		45	素养课堂——定额应用中的匠心		55	素养课堂——数字化智能化赋能公路工程管理技术	
36	预制梁板台座布设及其他要求		46	定额的特点		56	附录	
37	拌和站原料堆放、便道建设和便桥建设		47	定额表与基价				

目 录

学习场（下）　编制公路工程概预算

学习场（上）

编制公路工程施工组织设计

项目一

课 程 认 知

任务导入

工程背景 1：根据南京长江五桥（江心洲长江大桥）的初步设计，编制一份施工方案，为编制初步设计概算做准备。

工程背景 2：江苏省某市道路改造工程施工招标文件规定：投标人需要编制指导性的施工组织设计，具体要求如下：

1）施工组织设计建议书共由 4 张表（图）组成。投标人应按所附的格式认真编制。

2）由投标人填报的本建议书将作为评标的依据。

3）投标人如果中标，将提交详细的施工组织设计、进度计划，且应与本建议书基本保持一致。

工程背景 3：某二级公路第八合同段，起止桩号为：K64+000～K65+500，全长 1.5km，主要工程实物量如下：路基挖土方：39604m³，路基挖石方：34335m³，路基填方：59694m³，石灰砂砾底基层：15900m²，水泥稳定砂砾底基层：14550m²，水泥混凝土面板：13500m²；3 孔 16m 先张法预应力空心板中桥 1 座。试进行工程开工前的施工组织设计。

"公路施工组织与概预算"课程前身是"公路工程管理"，是交通土建工程（道路与桥梁工程技术）专业的核心课程之一。本课程研究的是建立在道路与桥梁工程施工技术基础之上的关于工程项目施工管理的相关内容，那么，本课程与学生将来的职业岗位有什么样的关联呢？

素养课堂——
匠心筑路

任务目标

1. 初步了解公路工程项目施工组织设计和公路工程项目概算预算的概念；
2. 能初步分析工程项目施工组织的影响因素及工程概算预算的作用；
3. 认识本课程与将来职业岗位的关联。

相关知识

一、何为公路工程施工组织设计?

公路运输在整个交通运输业中占有较大比重,具有机动、灵活、直达、迅速、适应性强、服务面广的特点,在基本建设中发挥着巨大作用。发展公路运输业,必须首先进行公路工程建设,公路施工组织的任务就是研究公路建设施工过程中诸要素之间的合理组织,按照国家现行技术标准、经济政策和法规,根据公路施工的特点,将人力、资金、材料、机械、施工方法等各种因素进行科学合理地安排,使之在一定的时间和空间内实现有组织、有计划、有秩序地施工,使其工期短、质量好、成本低,迅速发挥投资效益。公路工程施工活动大多在野外进行,工序繁多,图 1-1a~e 反映施工组织的几种主要影响因素。

知识链接——
4M1E 法

图 1-1　施工组织的几种主要影响因素

二、何为公路工程概算预算?

在我国大规模的建设中,国家每年在基本建设方面都有大量的投资,这笔庞大的资金使用得是否合理,直接影响着建设事业的发展。为了做好基本建设工作,大力推行招标投标制度,加强企业管理和经济核算,所有的基本建设项目都必须按基本建设程序进行,其中重要的一条就是要求从项目建议书到工程竣工验收的各阶段都必须对投资额进行测算,形成估算、概算、施工图预算、施工预算、标底、报价、工程结算和竣工决算主要 8 种测算方式,并形成公路建设项目投资额的测算体系。这些不同造价文件的投资额要根据其主要内容要求由不同测算工作完成,其中工程概预算是基本建设投资管理的基本环节,是编制建设工程经济文件的主要依据,也是其他测算方式(投资估算除外)的基础。施工组织是工程费用测算的基础,施工方法不同,施工组织方法不同,得到的概预算投资额也不同,对工程建设进行合理的施工组织,在此基础上进行工程造价的测算是进行公路建设必不可少的环节,对工程建设具有重大意义。

1. 工程概算

工程概算分为设计概算与修正概算两种,在初步设计阶段编制设计概算,在技术设计阶段编制修正概算。

工程概算是由设计单位根据设计资料、概算定额、各类费用定额、建设地区的自然条件与技术经济条件等资料,计算和确定建设项目从筹建至竣工验收的全部建设费用的造价文件。它是设计文件的重要组成部分,是国家确定和控制公路基本建设投资总额,安排基本建设计划，选择最佳设计方案的依据。建设项目的总概算一经批准，在其后的其他阶段是不能随意更改的。

2. 工程施工图预算

公路基本建设工程无论采用几个阶段设计，在施工图设计阶段均应编制施工图预算。

施工图预算是由设计单位编制，根据施工图设计的工程量和施工方法，按预算定额及取费标准、工料机单价、编制办法等所编制的工程造价文件。

经审定的预算，是考核施工图设计经济合理性的依据；是施工单位加强经营管理，做好经济核算的依据；以施工图设计进行招标的工程，施工图预算是编制标底的依据；以施工图预算承包的工程，施工图预算是确定工程造价，签订建筑安装工程合同，实行建设单位和施工单位投资包干和办理工程结算、实行经济核算与考核工程成本的依据。

3. 我们的岗位

道路与桥梁工程技术专业主要面向交通建设行业，培养路桥施工、监理、养护等生产一线高素质技能型人才，主要从事的就业岗位有公路工程施工员、试验员、测量员、检测员、造价员，也可以从事绘图员、材料员、安全员、资料员、监理员等岗位。无论从事哪种岗位，都离不开道路与桥梁工程的施工组织管理。图 1-2a～k 为各岗位人员工作场景。

图 1-2　各岗位人员工作场景

任务设计与实施

1. 设计实施路径

（1）任务要求：1）结合专业课知识以思维导图的形式分析任一公路工程项目施工组织应考虑的因素。2）结合专业课知识以思维导图的形式分析任一公路工程项目费用测算应考虑的因素。

（2）查阅资料，初步了解南京江心洲大桥施工方案中，哪些施工技术是专业技术课学过的？了解学长们在大桥施工工地实习和工作中各承担什么岗位？

（3）查阅资料，初步了解施工投标文件在哪个工程建设阶段需要编制，有什么作用？

（4）查阅资料，初步了解开工前编制的施工组织设计有什么作用？

2. 呈现实施成果

要求：将实施结果打印在一张 A4 纸上，并粘贴在空白处。

图 1-3 为公路施工组织初步认知思维导图的绘制作为学习参考。

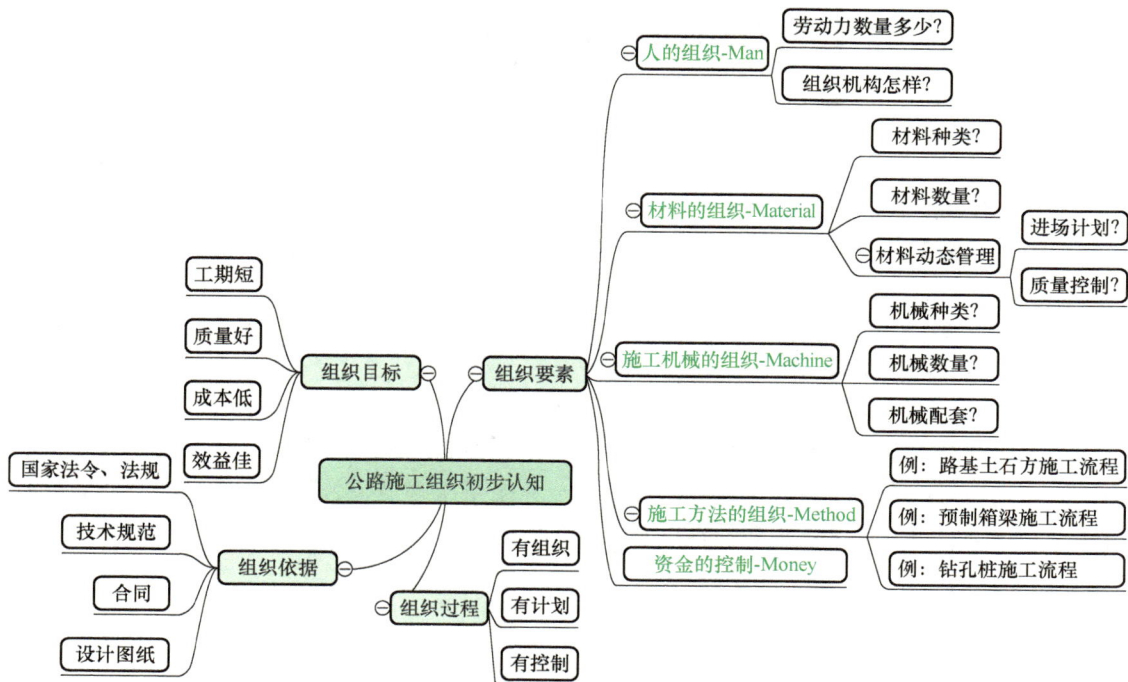

图 1-3　公路施工组织初步认知

任务评价

任务活动		任务评价（线上/线下）					
序号	名称	出勤与态度20%	自评10%	互评10%	小组评价10%	教师评价50%	总评
1	公路工程施工组织思维导图						
2	公路工程费用测算思维导图						

学习提示：

1. 公路工程项目施工组织是如何把工程图纸转变为工程实物的重要组织活动，施工组织文件编制的好坏直接影响工程质量和投资额的大小；

2. 公路工程投资额巨大，其费用测算是一个完整的体系，概算和预算在其中起着什么样的作用？请查阅资料，谈谈你的看法

任务拓展

以思维导图的形式描述你将来可能从事的职业岗位，要体现爱岗敬业的思想品质。

任务 2　进行建设项目的组成划分

任务导入

工程背景 1：某公路改建工程项目 A3 标段，起止桩号为：K17+000～K22+919，标段内含路基工程、路面工程、圆管涵与盖板涵、交通安全设施、环保工程等，试进行单位工程、分部工程、分项工程的划分。

工程背景 2：某市绕城公路上一座大桥工程项目，包括肋式桥台两个、桩柱式桥墩 25 个，试进行分部分项工程划分。

道路桥梁工程施工投资巨大，类型繁多，无论是对工程项目进行施工组织与管理，还是进行费用的测算，都必须对工程项目进行自上而下、由粗到细的划分与分解。研究和分析一个整体建设项目或合同段应该如何划分，划分成几个层次合适，公路工程建设项目的组成有哪些，是科学合理开展施工组织活动的首要工作。

任务目标

1. 能分析公路建筑产品的特点和公路工程施工的特点；
2. 熟悉公路建设的形式及内容，并对三种公路建设形式的异同进行比较分析；
3. 掌握公路基本建设项目的组成与分解层次，能对简单规模的施工项目进行单位工程和分部分项工程的划分；
4. 发扬工匠精神，树立责任意识。

相关知识

公路建设

一、公路建设认知

1. 公路建设的特点

公路建设就是路基、路面、桥涵等公路建筑产品的生产过程，其特点包括两方面：一是公路建筑产品的特点；二是公路工程施工的特点。只有充分了解了这两个特点，才能更好地组织和管理公路工程的建设过程。

（1）公路建筑产品的特点

1）产品的固定性：公路工程构造物固定于一定的地点，永久地占用大量土地，不能移动。

2）产品的多样性：由于公路建筑产品的使用目的不同，技术等级、技术标准不同，自然条件、结构形式、主体功能千差万别，而使公路的组成结构复杂、多种多样。

3）产品形体的庞大性：公路工程是线形构造物，其组成部分（路基、路面、桥梁等）的形体庞大，占用土地和空间较大。

4）产品部分结构的易损性：公路工程受行车及自然因素的作用，其暴露于大自然的部分（如路面），由于受风、雨、雪及有害气体、液体的侵蚀极易老化损坏；受行车直接作用

部分，由于受轮胎的磨损、行车过程中的震动、冲击等综合外力作用，经常损坏，故常需小修、保养。

（2）公路工程施工的特点

1）**工程呈线性分布，施工流动性大。**大中型桥梁、隧道、高填深挖路段的路基土石方工程等，往往是控制工期的重点工程。小桥及涵洞、路面工程、交通工程、沿线设施及环境绿化等，均属于线型工程，施工流动面大。由于这些产品都是固定型的，具有严格的施工顺序，因而施工只能是组织人力、物力等各种资源围绕这一固定产品在同一工作面的不同时间或同一时间不同工作面进行施工活动，因此要求科学、合理安排时间组织和空间组织，减少施工混乱和时间上的浪费，使施工队伍有条不紊地沿着产品延伸方向进行。当某一工程竣工后，施工队伍要向新的施工现场转移。

2）**产品类型繁多，施工协作性高。**公路工程类型多种多样、施工环节多、工序复杂、施工条件各不相同，每项工程又具有不同的功能和要求，故标准化难度大，必须进行个别设计、个别组织施工。为了保质保量按期完成施工任务，每项工程的完成都需要建设、设计、施工、监理等单位密切配合，材料、动力、运输等各部门的通力协作，以及地方各级政府部门和施工沿线各相关单位大力支持。因此，公路施工过程中的综合平衡和合理调度，严密的计划和科学的管理显得尤为重要。

3）**工程形体庞大，施工周期长。**公路工程属于线型工程，具有形体庞大的特点，产品固定且不能分割，而且具有系统性，即同一地点要依次进行多个分部作业（如要进行路面工程施工，首先必须依次进行清理现场、施工放样、路基工程、涵洞等构造物的施工），施工周期长；特别是集中的土石方工程、大桥工程、隧道、特殊地质地段处，在较长时间内占有和消耗大量的人力、物力资源，直到整个施工期结束，才能使公路建筑产品投入运营。在施工过程中，各阶段各环节必须有机地结合成整体，在时间上不间断，空间上不闲置，施工过程稳定有序，才能保证工期不延误，人力、物力、财力得到最好的发挥。

4）**受外界干扰及自然因素影响大。**公路工程施工主要在野外露天作业，受自然条件，地理环境的影响很大，特别是不良天气（夏季高温，洪水；冬季冰冻，大雪；春秋大风，漫天沙尘）和不良地质（泥沼、熔岩、流沙等），不但影响施工，而且还会给工程造成损失。在施工组织设计时，要详细调查，充分加以考虑，才能保质保量、按期完成。另外，设计变更、物资供应临时发生变化，地质条件突变等自然因素及人为的因素，都会直接影响工程质量、工程成本及工期。为此，在进行施工组织设计时必须充分考虑上述因素，并留有余地。

公路建设的这些特点，决定了公路施工活动的特有规律，研究和遵循这些规律，科学地组织和管理公路工程施工，才能提高公路建设的经济效益。

2. 公路建设的内容

公路建设的内容按其任务与分工的不同可以分为以下三类：

（1）公路工程基本建设

国民经济飞速发展，社会不断前进，为了满足越来越大的交通运输量，公路运输业通过新建、改建、扩建、重建四种基本建设形式进行公路建筑产品的生产，实现固定资产的扩大再生产，来达到不断扩大公路运输能力的目的。

（2）公路工程大、中修与技术改造

由于公路建筑产品是由多种不同性质的材料构成的，每种材料承受荷载的能力和抵抗自然因素侵蚀能力不同，从而使产品各组成部分的寿命不同，尽管经过维修，也不能无限期地使用下去，到一定年限，某些组成部分就会丧失功能，这就需要对产品的某些部位进行技术改造或完全更新，如局部改线、路面等级提高、某些小型构造物重建等，以提高公路的通行能力。所以公路工程大、中修与技术改造属于固定资产的简单再生产和部分扩大再生产。

（3）公路工程的小修、保养

公路工程构造物在长期使用过程中，受到行车和自然因素的作用不断磨损而损坏，如局部坑槽、裂缝等，只有通过定期和不定期的维修、保养，才能保证公路产品的正常使用。公路工程的小修、保养属于固定资产的简单再生产，小修和保养是公路建设的重要内容之一。

3. 公路建设的资金来源

固定资产的简单再生产即公路工程的小修、保养及部分大中修费用由养路费开支，养路费是由交通部门向有车单位和个人征收的用于养路的事业费。凡由养路费开支的各种公路建设资金活动，均应通过中国工商银行办理和结算。固定资产的扩大再生产，即公路工程新建、改建、扩建、重建等基本建设，由基本建设投资开支。基本建设资金主要有国家预算拨款、银行贷款（国内银行、国外银行）、地方投资、个人投资（国内和国外）、自筹资金（需经国家批准，如发行债券、股票投资）等。

经济的快速发展对公路建设提出客观需求，必须大力发展公路交通以满足日益增长的交通运输量。鉴于我国目前存在的公路建设资金不足问题，国家已制定了几项发展交通的政策，建立了国家公路建设特别基金，以弥补公路建设资金缺口，来源包括：提高养路费率；新增汽车购置附加费；允许集资、贷款；对已运营高速公路、大桥实行收费，以偿还本息；对已运营高速公路，大桥的经营权允许作为商品出售，以获取资金，再投资公路基本建设。

4. 公路的管理方式

公路小修、保养由管理、养护部门自行安排和管理，如各地市交通局下属的养路段、养路道班、养护站等。高速公路日常维护和管理由各高速公路管理部门负责。公路大、中修及技术改造，由养护部门提出计划，报上级主管部门批准后，按国家有关基本建设的规定办理，或自行管理和安排。对于新建、改建和扩建的公路工程，一般由省、市政府主管部门下达任务。新建高速公路由省级主管部门上报国家主管部门审批。总之，一切基本建设活动必须按照国家规定和要求进行管理，一切基本建设资金活动必须通过中国人民银行进行拨款监督和办理结算。

三种公路建设形式主要区别见表1-1。

表1-1　三种公路建设形式主要区别

公路建设形式主要区别	基本建设	大、中修及技术改造	小修、保养
生产方式	新建、重建、改建、扩建	局部改线、提高路面等级等	日常养护和维修
作用	扩大公路运输能力	维持或改善公路建筑产品的使用功能	维持公路的使用功能

（续）

公路建设形式主要区别	基本建设	大、中修及技术改造	小修、保养
性质	属于扩大再生产	固定资产的简单再生产或部分扩大再生产	固定资产的简单再生产
资金来源	国家预算拨款、银行贷款、地方投资、个人投资、自筹等	养路费开支	养路费开支
管理方式	项目法人负责制	由养护管理部门提出计划上报主管部门批准后，按国家有关规定办理；或养管部门自行安排管理	分级养管部门自行安排和管理

二、公路基本建设项目组成与分解

1. 基本建设内容构成

公路工程基本建设是指固定资产的建筑、添置、安装，是国民经济各部门为了扩大再生产而进行的增加固定资产的建设工作。具体来讲，即把一定的建筑材料、半成品、设备等，通过购置、建造和安装等过程转化为固定资产的活动，如一条公路的竣工、一座独立桥梁的落成等。

公路项目的组成

公路工程基本建设是通过勘察、设计、施工以及其他有关的经济活动来实现的。根据《公路工程建设项目概算预算编制办法》（JTG 3830—2018），基本建设按投资额的构成和工作性质分为建筑安装工程、土地使用及拆迁补偿、其他基本建设工作等三部分。

1）建筑安装工程：指兴工动料的施工活动，是投资额最高的一部分，也是基本建设中最复杂的一部分。它包括建筑工程和设备安装活动。建筑工程包括：路基、路面、隧道、桥涵、其他工程及沿线设施等。设备安装活动包括：高速公路、大型桥梁所需各种机械、设备、仪器的安装测试等。

2）土地使用及拆迁补偿：为满足公路基本建设所必须进行的土地拆迁及补偿工作等，包括永久占地拆迁、临时占地拆迁、拆迁补偿、水土保持补偿以及与拆迁有关其他工作等。

3）其他基本建设工作：指不属于上述各项的其他基本建设工作，包括公路筹建阶段和建设阶段的管理工作、勘察设计、科研试验、工程保通等。

2. 基本建设项目的组成

基本建设工程可划分为基本建设项目、单项工程、单位工程、分部工程和分项工程。

（1）基本建设项目

基本建设项目又称为建设项目，一般指符合国家总体建设计划，能独立发挥生产能力或满足生活需要，其项目建议书和可行性研究报告经批准的建设任务。公路建设项目，一般指建成后可以发挥其使用价值和投资效益的一条公路或一座独立的大、中型桥梁或一座隧道等。

按国家计划及建设主管部门的规定，一个建设项目应有一个总体设计，在总体实际的范围内可以由若干个单项工程组成（如一个建设项目划分为几个标段），经济上实行统一核算，行政上实行统一管理；也可以分批分期进行修建。一个建设项目可以由一个单项工程或几个单项工程组成。

（2）单项工程

单项工程又称工程项目，它具有独立的设计文件，在竣工后能独立发挥设计规定的生产能力或效益。公路建设的单项工程一般指独立的线路工程、桥梁工程、隧道工程等，这些工程一般包括与已有公路的接线，建成后可以独立发挥交通功能。但一条路线中的桥梁或隧道，在整个路线未修通前，并不能发挥交通功能，也就不能作为一个单项工程。一个单项工程可以由几个单位工程组成。

（3）单位工程

单位工程是单项工程的组成部分，是指在单项工程中具有单独设计文件和独立施工条件，并可单独作为成本计算对象的部分。由此可见，单位工程一般不能独立发挥生产能力和使用效益。一个单位工程可以包含若干分部工程。

每个合同段范围内的路基工程、路面工程、交通安全设施分别作为一个单位工程；特大桥、大桥、中桥、隧道以每座作为一个单位工程（特大桥、大桥、特长隧道、长隧道分为多个合同段施工时，以每个合同段作为一个单位工程）；互通式立体交叉的路基、路面、交通安全设施按合同段纳入相应单位工程；桥梁工程按特大桥、大桥、中桥分别作为一个单位工程。

（4）分部工程

分部工程是单位工程的组成部分，一般是按单位工程中的主要结构、主要部位来划分的。如桥梁工程可划分为基础工程、上部构造预制工程、上部构造安装工程、桥面铺装工程、防护工程、引道工程等分部工程；按工程结构和施工工艺划分为土石方工程、混凝土工程和砌筑工程等。一个分部工程包含若干分项工程。

（5）分项工程

分项工程是分部工程的组成部分，它是按工程结构的不同、材料的不同、施工方法的不同等因素对分部工程的进一步划分。分项工程是按照不同的施工方法、不同的施工部位、不同的材料、不同的质量要求和工作难易程度来划分的，它是概预算定额的基本计量单位，故也称为工程定额子目或工程细目，如 $10m^3$ 浆砌块石、$1000m^2$ 沥青混凝土路面等。例如，桥梁的明挖扩大基础，可进一步划分为围堰、基坑开挖、基底夯实、基础砌筑、基坑回填等分项工程。基本建设的项目划分就到分项工程这一层次。分项工程是建筑产品的产值计算和实物工程量计算的基本单位，概预算就是从分项工程开始计算、汇总的。

对基本建设进行项目划分的目的是：为了便于工程量计算、编制概预算、统计建筑产品的产值与产量、便于组织施工；并使工程造价一一对应到具体的工程内容上，而不是一笔糊涂账。一般来说，分项工程只是建筑或安装工程的一种基本构成要素，是为了确定建筑或安装工程费用而划分出来的一种假定产品，以便作为分部工程的组成部分。因此，分项工程的独立存在是没有意义的。

三、基本建设基层单位

直接参与基本建设工作的基层单位有 7 个：建设单位、勘察设计单位、施工单位、建设银行、工程质量监督单位、监理单位和工程费用审计机构。

公路工程建设
项目的划分

基本建设
基层单位

任务设计与实施

1. 设计实施路径

1）查找资料，结合专业课知识以思维导图的形式绘制任一公路工程项目的单位工程、分部工程、分项工程的划分。

2）查找资料，结合专业课知识以思维导图的形式绘制任一大桥工程项目的分部工程（子分部工程）、分项工程（子分项工程）的划分。

2. 呈现实施成果

要求：将实施结果打印在一张 A4 纸上，并粘贴在空白处。

图 1-4 公路工程项目组成思维导图的绘制作为学习参考。

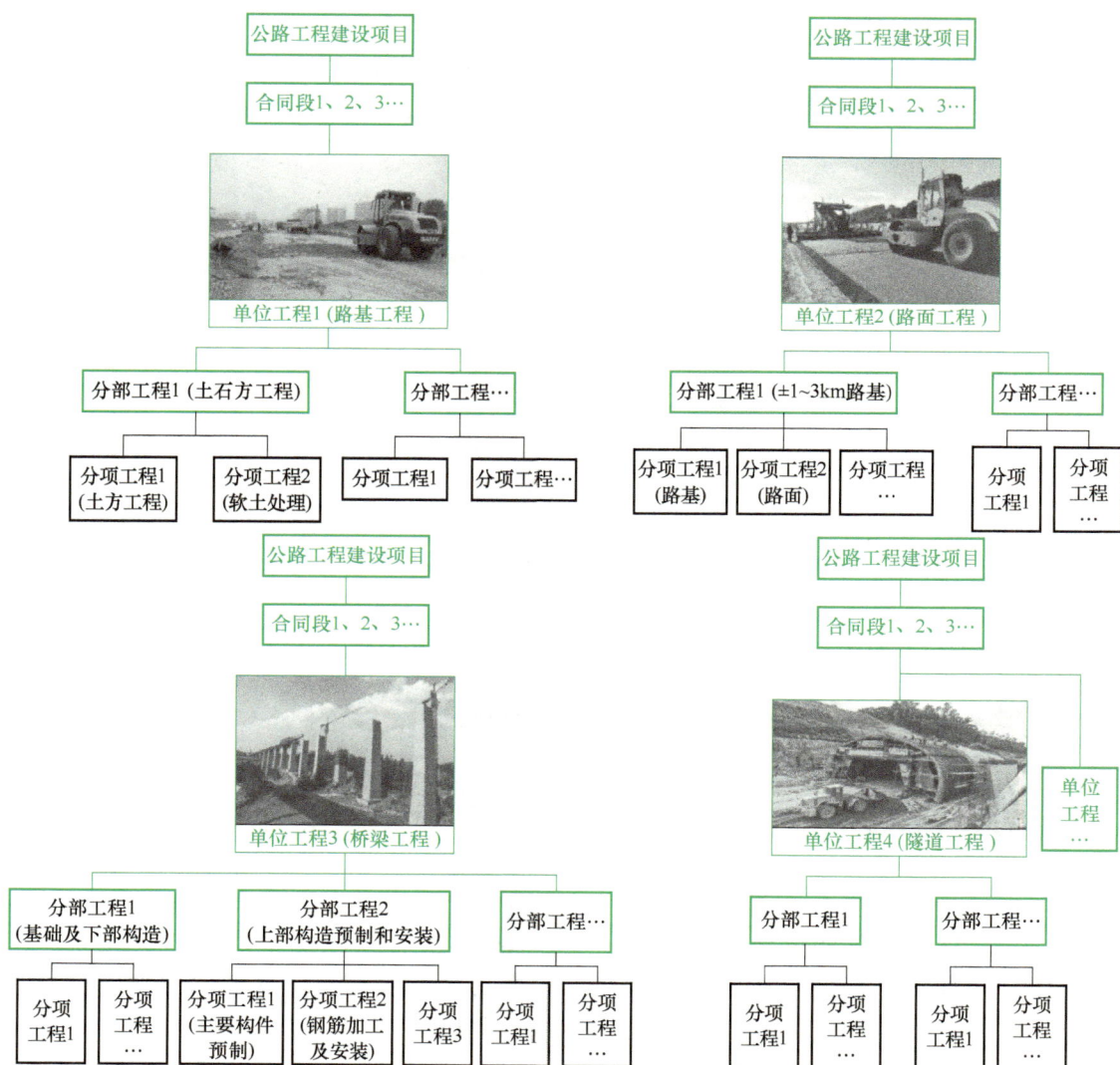

图 1-4　公路工程项目组成

任务评价

任务活动		任务评价（线上/线下）					
序号	名称	出勤与 态度20%	自评10%	互评10%	小组评价 10%	教师评价 50%	总评
1	查找资料，分析某公路工程项目的单位工程、分部工程、分项工程的划分						
2	查找资料，分析某大桥工程项目的分部工程、分项工程的划分						

学习提示：

1. 公路工程建设项目的单项工程、单位工程、分部工程、分项工程的划分依据不同；

2. 结合专业知识举例说明属于分部工程、分项工程的有哪些？分析分项工程的施工流程，从施工组织角度出发，还需要继续划分下去吗？请查阅资料，谈谈你的看法

任务拓展

结合所学的专业知识，分析某个分项工程的施工流程，从施工组织角度出发，还需要继续划分下去吗？请查阅资料，谈谈你的看法。

任务 3　　认知公路工程项目建设程序

任务导入

工程背景： 某公路工程项目在决策研究阶段、设计阶段、施工阶段分别进行施工组织设计文件编制和费用测算，试编写相应阶段的施工组织文件和费用名称。

公路工程项目建设程序是指在整个建设过程中，从规划立项到交付使用各项工作的先后顺序，基本建设必须按此程序进行运作，这是由基本建设的客观规律决定的，遵循之，可以产生良好的投资效益，否则易造成不必要的经济损失和浪费。那么这个程序到底包含哪些内容，具体又要完成哪些重要工作呢？

任务目标

1. 熟知建设程序各个阶段需要完成的工作及需要编制的主要文件和审批程序；

2. 初步了解各阶段相应的施工组织设计文件名称，能分析其不同之处；

3. 初步了解各阶段相应的费用测算类型，以及所要依据的各类定额等；

4. 发扬工匠精神，树立法律意识、合同意识、责任意识。

相关知识

基本建设项目从决策、设计、施工到竣工验收，整个建设过程中各个阶段的划分及其先

后次序称为公路工程基本建设程序，是在整个建设过程中，从规划立项到交付使用各项工作的先后顺序（次序）。基本建设必须按此程序进行运作。这也是由基本建设的客观规律决定的。遵循之，可以产生良好的投资效益，否则易造成不必要的经济损失和浪费。基本建设项目的实施过程大致可分为四个阶段：规划与决策阶段→设计阶段→施工阶段→交付使用阶段，也有称为决策、设计、施工和验收阶段。决策阶段要解决的是"要不要做"的问题；设计阶段要解决的是"做成什么样"的问题；施工阶段是"具体做"的过程；竣工验收阶段是检验"做得怎么样"的问题。

一、规划与决策阶段

1. 项目建议书阶段

根据国民经济的长远发展规划和公路网建设规划，结合本地区经济发展计划，各部门、各地区、各企业提出公路项目建议书，用文字阐述拟建公路的目的、要求，以及建设条件、资金来源等，并按照有关规定，应编制投资估算（建议估算），经有关部门批准，作为拟建项目列入国家长期计划和开展前期工作的控制造价。

工程项目
建设程序

2. 项目可行性研究报告阶段

《公路建设项目可行性研究报告编制办法》中规定：各类公路建设项目，如长大桥梁、隧道等独立工程，均应进行可行性研究，小型项目可适当简化。公路建设项目可行性研究按工作深度，划分为预可行性研究和工程可行性研究两个阶段。

预可行性研究报告——以国民经济与社会发展规划、全国路网规划和公路建设五年计划为依据，重点阐明建设项目的必要性，通过踏勘和调查研究，提出建设项目的规模、技术标准，进行简明的经济效益分析，经主管部门审批。预可行性研究报告要求通过实地踏勘和调查；重点研究必要性和建设时机；初步确定项目通道和走廊带；对项目规模、技术标准、建设资金、经济效益进行必要论证，是项目建议书的依据。

工程可行性研究报告——以批准的预可行性研究报告和项目建议书为依据，通过必要的测量、地质勘探，在认真调查研究、占有必要资料的基础上，对不同建设方案从经济上、技术上进行综合论证，对可能的建议方案从技术、经济、安全、环境等方面综合比选论证，研究确定项目的起终点，提出推荐方案，确定建设规模、技术标准，估算项目投资，分析投资项目，编制报告。经过主管部门审批，作为初步测量以及编制初步设计文件的依据。

预可行性研究报告——初步比选，确定通道或走廊带。工程可行性研究报告——进一步比选，有比较价值的方案，要求同深度比选技术、建设费用和经济效益；从技术、经济、安全、环境等方面综合比选论证。按照有关规定编制的投资估算（可行估算），经有关部门批准，即为该项目国家计划控制造价，工程可行性研究的投资与初步设计概算之差，应控制在10%以内。

二、设计阶段

公路工程基本建设项目一般采用两阶段设计，即初步设计和施工图设计。对于技术简单、方案明确的小型建设项目，也可采用一阶段设计，即施工图设计。对于技术上复杂、基础资料缺乏和不足的建设项目，或建设项目中的特大桥、互通式立体交叉、隧道、高速公路和一级

可行性研究
报告内容

公路的交通工程及沿线设施中的机电设备工程等，必要时采用三阶段设计，即初步设计、技术设计和施工图设计。

（1）初步设计

初步设计应根据批准的可行性研究报告、初测资料进行编制。初步设计的目的是确定设计方案，必须进行多设计方案比选，才能确定最合理的设计方案。选定设计方案时，一般先进行纸上定线，大致确定路线布置方案。然后到现场核对，对路线的走向、控制点、里程和方案的合理性进行实地复查，征求沿线地方政府和建设单位的意见，基本确定路线布置方案。对难以取舍、投资大、地形特殊的路线、复杂特大桥、隧道、立体交叉等大型项目，一般应选择两个以上的方案进行同深度、同精度的测量工作，并通过多方面论证比较，提出最合理的设计方案。

设计方案确定后，拟定修建原则，计算工程数量和主要材料数量，提出初步施工方案，编制设计概算，提供文字说明和有关的图表资料。初步设计文件经审查批准后，即作为订购主要材料、机具、设备、联系征用土地、拆迁等事宜，进行施工准备及编制施工设计文件和控制建设项目投资等的依据。批准后的设计总概算是工程项目投资的最高限额。

（2）技术设计

按三阶段设计的项目，应进行技术设计。技术设计应根据初步设计和补充初测资料，分析比较，解决初步设计中尚未解决的问题，落实技术方案，计算工程数量，提出修正的施工方案，编制修正设计概算，批准后即作为施工图设计的依据。

（3）施工图设计

不论几阶段设计，都要进行施工图设计。施工图设计应根据初步设计（或技术设计）和定测资料，确定线路中线及各种结构物的具体位置和设计尺寸，确定各项工程数量，提出文字说明和有关图表资料，做出施工组织计划，并编制施工图预算，向建设单位提供完整的施工图设计文件。

三、施工阶段

1. 建设准备阶段

（1）列入年度基本建设计划

建设项目的初步设计和概算报上级审查批准后，才能列入国家基本建设年度计划，这是国家对基本建设实行统一管理的手段。年度计划是年度建设工作的指令性文件，一经确定后，如果需要增加投资额或调整项目时，必须上报原审批机关批准。项目列入国家基本建设年度计划后，建设单位根据国家相关部门颁发的年度基本建设计划控制数字，按照初步设计文件编制本单位的年度基本建设计划。建设单位年度基本建设计划报经上级批准后，再编制物资、劳动力、财务计划。这些计划分别经过主管机关审查平衡后，作为国家安排生产、物资分配、劳动力调配和财政拨款（或贷款）的依据，并通过招投标或其他方式落实施工单位。

（2）监理招标

监理招标是指招标人（业主）将拟委托服务工作的内容、范围、要求等有关资料作为标的，公开或非公开地邀请投标人报出完成服务的技术方案和财务方案，从优选定监理单位的过程。选择监理单位是基于对监理单位能力的选择，选择监理单位以管理水平、技术水平和社会信誉为首要条件。监理招标在时间上优先于施工招标，其目的是监理单位确定后可以帮助业主选择施工单位，也有利于监理单位开展监理工作。

（3）施工招投标

招标投标制是一项完整的制度，是由以招标人（业主、建设单位）为主体的招标发包方和以投标人（承包人、承建单位）为主体的投标承包方两方面组成的。招标与投标构成以工程为标的物的买卖双方相互依存不可分割的两个方面。

施工招标是指招标人依照法定程序，以公开招标或邀请招标方式鼓励潜在投标人依据招标文件参与竞争，通过评定，从中择优选定中标人的一种经济活动。

施工投标是施工招标的对称概念，是指具有合法资格和能力的投标人根据招标条件在指定限期内填写标书，提出报价，并等候开标，决定能否中标的经济活动。

投标是投标人对招标的响应，通过竞争获得工程任务的过程，是施工企业在竞争中承接工程任务的一种手段。投标不仅是施工企业之间的投标报价的竞争，也是企业之间比实力、比信誉、比技术、比水平、比应变能力的竞争。

2. 建设实施阶段

（1）施工准备

公路工程施工涉及面广，为了保证施工的顺利进行，建设主管部门、勘测设计单位、施工单位和建设银行等都应在施工准备阶段充分做好各自的准备工作。

1）建设主管部门：指定一个企业或事业单位组织基建管理机构，做好协调工作，抓紧配套项目的落实，组织分工范围的技术资料、材料、设备的供应，组织项目的招标投标，并对发包的工程，按发包工程量清单、设计文件、合同条件及技术规范和有关定额等资料编制标底。

2）勘察设计单位：按照技术资料供应协议，按时提供各种图纸资料，做好施工图纸的会审及移交工作。

3）施工单位：根据业主的招标邀请书，组织投标。根据招标文件及有关定额，根据招标项目所在地区的自然、社会和经济条件及施工组织设计、投标单位的自身条件，计算完成招标工程所需各项费用的预算。中标后，组织机具人员进场，熟悉图纸，编制可行的施工组织设计，提出开工报告。

4）工程监理单位：应组织监理机构或建立监理组织体系，熟悉施工设计文件和合同文件；组织工程监理人员和设备进入施工现场；依据工程建立制度规定的程序和合同条款，对施工单位的各项施工准备工作进行审批、验收、检查，合格后，使其按合同规定要求如期开工。

5）建设银行：应会同建设、设计、施工单位做好图纸的会审，严格按计划要求进行财政拨款或贷款，做好建设资金的供应和监督工作。

（2）工程施工

施工准备工作完成后，施工单位必须按上级下达的开工日期或工程承包合同规定的日期开始施工。施工单位应遵照施工程序及（实施性）施工组织设计合理组织施工，按照建设部门有关规定实行建设监理制度，接受监理的全程监督，严格按照设计要求和施工技术规范，确保工程质量，安全施工，推广新工艺、新技术，努力缩短工期，降低造价，建好施工档案。

在施工过程中，按实际完成的工程量，以合同价为基础，同时考虑因物价上涨引起的造价提高，考虑到设计中难以预计的而在实施阶段实际发生的工程和费用，合理确定结算价，一般是按月申报，期中支付，分段结算，最终结清。

3. 交工、竣工验收阶段

公路工程交工、竣工验收是基本建设全过程的最后一个程序，是一项十分细致而又严肃的工作。按照《关于基本建设项目竣工验收暂行规定》和《关于印发公路工程竣（交）工验收办法实施细则的通知》，由主管部门组成验收委员会，对全部基本建设工程进行验收，全面汇集在工程建设过程中实际花费的全部费用，编制竣工决算。建设项目的竣工验收是全面考核工程建设成本、检验设计和施工质量的重要步骤，也是项目由建设转入使用的标志。通过竣工验收，一是检验设计和施工质量；二是有关部门和单位总结经验教训；三是建设单位对经验收合格的项目可以及时移交固定资产，使其由建设系统转入投入使用。

当全部基本建设工程经过验收合格，完全符合设计要求后，应立即移交给生产部门正式使用。对存在问题要明确责任、确定处理措施和限期。

四、交付使用阶段（后评估阶段）

公路建设项目后评估是指在公路通车运营 2~3 年后，用系统工程的方法，对建设项目决策、设计、施工直至通车运营的各阶段工作及其变化的成因，进行全面的跟踪、调查、分析和评价的工作。通过建设项目后评价达到肯定成绩、总结经验、研究问题、吸取教训、提出建议、改进工作、不断提高项目决策水平和投资效果的目的。

公路建设项目后评价报告的主要内容包括：建设项目的过程评价、建设项目的效益评价、建设项目的影响评价和建设项目的目标持续性评价。

建设程序的主要内容如图 1-5 所示。

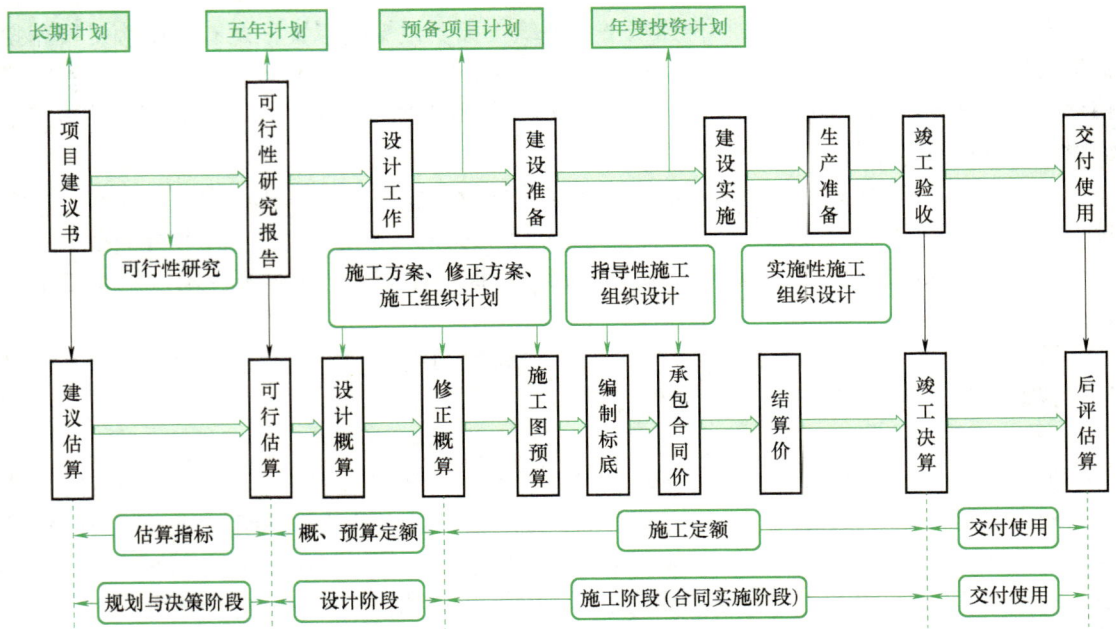

图 1-5 公路建设项目基本建设程序

任务设计与实施

1. 设计实施路径

1）查找资料，结合专业课知识以思维导图的形式分析公路工程基本建设程序的各个阶段主要完成的工作及工作目标。

2）查找资料，结合专业课知识以思维导图的形式分析建设程序的各个阶段分别有哪些施工组织设计文件和造价编制文件，又分别采用什么定额。

2. 呈现实施成果

要求：将实施结果打印在一张 A4 纸上，并粘贴在空白处。

图 1-6 为公路工程建设阶段施工组织设计文件及造价文件类型思维导图的绘制作为学习参考。

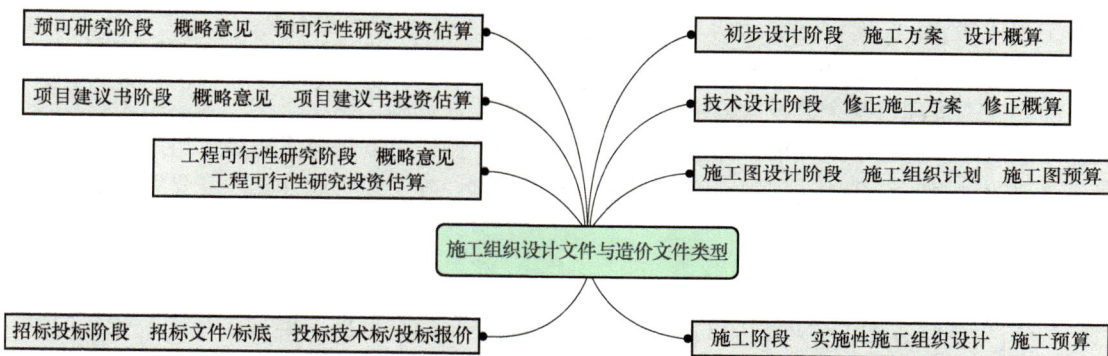

预可研究阶段　概略意见　预可行性研究投资估算

项目建议书阶段　概略意见　项目建议书投资估算

工程可行性研究阶段　概略意见
工程可行性研究投资估算

初步设计阶段　施工方案　设计概算

技术设计阶段　修正施工方案　修正概算

施工图设计阶段　施工组织计划　施工图预算

施工组织设计文件与造价文件类型

招标投标阶段　招标文件/标底　投标技术标/投标报价

施工阶段　实施性施工组织设计　施工预算

图 1-6　公路工程建设各阶段施工组织设计文件及造价文件类型

任务评价

任务活动		任务评价（线上/线下）					
序号	名称	出勤与态度20%	自评10%	互评10%	小组评价10%	教师评价50%	总评
1	查找资料，分析不同建设阶段的施工组织文件的名称有什么不同						
2	查找资料，分析不同建设阶段的费用测算文件的名称有什么不同						

学习提示：

1. 施工组织文件的名称、内容、详细程度都有区别；

2. 在设计阶段、施工招标投标阶段、施工阶段，工程项目的费用测算文件的名称、内容、详细程度都有区别

任务拓展

结合所学的专业知识，分析工程项目从规划研究到竣工验收，需要提供哪些施工组织设计文件？这些文件应该由谁编写？分别起什么作用？谈谈你的看法。

任务4 认知公路工程施工组织文件编制内容

任务导入

工程背景1：某施工标段施工组织设计；

工程背景2：某施工单位投标某项工程，需编制一份施工组织设计；

工程背景3：某大桥上部结构采用挂篮施工，需编制专项施工方案；

请问以上三种文件类型是什么？分别发生在哪个建设阶段？编制内容有哪些？

在公路工程项目整个建设过程中，每个阶段都需要完成施工组织工作，施工组织设计文件从整体到局部，从粗略到详细。理清施工组织文件的类型，也就是完成从施工组织设计到施工实务落地的过程，那么，从规划到施工完成，到底有哪些施工组织设计文件需要编制呢？

任务目标

1. 初步了解各建设阶段相应的施工组织设计文件名称、依据、类型、作用及主要内容；

2. 针对同一公路工程项目，能够比较分析设计阶段、招标投标阶段及施工阶段的施工组织文件有何不同；

3. 理解法律意识、合同意识、规范意识，细致、严谨的工作作风、全局观念及追求卓越的工匠精神对工程建设的重要性；

4. 发扬工匠精神，树立责任意识、质量意识、安全意识。

相关知识

一、施工组织设计的编制原则与作用

1. 编制原则

（1）认真贯彻我国基本建设的方针政策

公路工程建设工期长，规模大，耗用的人力、物力等各种资源多，需要巨大投资，因此，必须纳入国家的计划安排，经上级主管部门批准，公路建设才有保障。组织施工，应严格按照基本建设程序和施工程序，按照合同规定的或上级下达的施工期限，根据工程情况，对人力、材料、机械等资源合理组织，确保重点工程，分期、分批进行安排，保质、保量完成施工任务。

（2）合理安排施工顺序

公路施工是野外作业，受外界影响很大，不仅要考虑时间顺序，还要考虑空间顺序。首先考虑影响全局的工程项目，再按照公路工程施工的客观规律安排施工顺序，如施工准备、

基础工程、主体结构工程、路面工程、附属结构物工程等。将整个施工项目划分为几个阶段或分项工程，在保证质量的前提下，尽量实现连续、紧凑、均衡的施工过程，以减少资源的不均衡利用，尽可能缩短工期，降低工程成本。

（3）应用科学的计划方法

根据工程的特点和工期要求，尽可能采用流水作业施工方法，当工程项目较大时，可采用平行流水作业或立体交叉平行流水作业；并积极应用网络计划技术，管理控制工程计划，在保证关键线路畅通的情况下，组织连续、均衡的施工。

（4）采用先进的施工技术和设备

积极运用和推广新技术、新工艺、新材料、新设备，是现代文明施工的标志。在条件允许的情况下，尽可能采用先进的施工技术，不能墨守成规。不断提高施工机械化、预制装配化程度，减轻劳动强度，提高劳动效率，无形中可缩短工期、降低成本。

（5）合理安排冬、雨期施工项目

合理安排冬、雨期施工项目，就是把那些不因冬、雨期施工而带来技术复杂的工程项目列入冬、雨期施工。对于受季节影响的工程项目，应优先考虑安排，如混凝土工程、路面工程不宜在冬期施工，桥梁基础工程、下部工程不宜在汛期施工。

（6）确保工程质量与安全

为了保证工程质量，要认真贯彻施工技术规范，严格按设计要求组织施工。在进行施工组织设计时，要有确保工程质量和安全施工的措施，尤其是一些复杂的大型工程项目，如大跨径现浇连续箱梁施工，后张预应力施工等。在组织施工时，要经常进行质量、安全教育，严格按操作规程进行施工。

（7）统筹布置施工现场，降低工程成本

合理布置施工平面图，节约施工用地，充分利用原有地形、地物，尽量减少临时设施、临时便道、临时便桥的设置，方便施工，避免材料二次搬运，充分利用当地人工、材料等。

2. 作用

1）施工组织设计是施工单位、职能部门指导施工准备工作、全面布置施工活动、指挥生产、进行项目管理、控制施工进度的依据。

2）施工组织设计是技术人员进行劳动力和机械调配的依据。

3）施工组织设计是工地全体员工进行施工生产活动的行动纲领。

4）施工组织设计是编制施工预算的主要依据。

二、施工组织设计文件编制阶段及内容

施工组织设计是指导施工项目管理全过程的规划性的、全局性的技术经济文件；是统筹人力和物力，时间和空间，技术和组织的总和。施工组织设计为编制投标文件进行筹划，为合同的谈判与签订提供原始资料，用来指导施工准备和施工，协调施工企业项目管理的规划与组织、设计与施工、技术与经济、前方与后方、工程和环境等，以取得良好的经济效果。

施工组织设计文件

1. 施工组织文件的分类

在公路工程设计和施工的各个阶段，都必须编制相应的施工组织设计文件。在初步设计

阶段拟定"施工方案",在技术设计阶段提出"修正的施工方案",在施工图设计阶段编制"施工组织计划",在招标投标阶段编制"指导性施工组织设计",在施工阶段编制"实施性施工组织设计"。它们统称为施工组织设计文件。

施工组织设计按所起作用的不同分为两大类:一类是属于设计文件的组成部分,其中按设计阶段之不同,可分为两阶段设计中初步设计阶段的"施工方案",三阶段设计中技术设计阶段的"修正施工方案"和两阶段设计或三阶段设计中施工图阶段的"施工组织计划";另一类是属于指导施工的技术经济文件,即"实施性施工组织设计",可分为施工组织总设计、单位工程施工组织设计和分部分项工程施工组织设计施工方案。

施工方案、修正施工方案和施工组织计划由勘察设计单位负责编制,并编入相应的设计文件,按规定上报审批。实施性施工组织设计则完全由施工单位根据批准的初步设计或施工图设计中的施工方案或施工组织计划,综合自身和客观条件进行编制,并报监理和业主、上级领导部门审批或备案。

2. 三种施工组织设计文件的区别

施工组织总设计、单位工程施工组织设计和分部分项工程施工组织设计三种施工组织设计文件的区别见表1-2。

表1-2 三种施工组织设计文件区别

类型区别	施工组织总设计	单位工程施工组织设计	分部分项工程施工组织设计/施工方案
编制对象	建设项目或某工程标段	单位工程	分部分项工程
作用	总部署、年度计划的编制依据	具体战术安排、指导施工,编制月旬计划的依据	指导施工及操作,编制月旬计划的依据
编制时间	初步设计、技术设计、施工图设计后,投标或中标后	开工前	单位施工组织设计后或同时,开工前
编制人	设计单位、施工单位	施工单位	施工单位、分包单位

3. 各类施工组织设计文件的组成

(1)施工方案

1)施工方案说明。施工方案说明列入初步设计的总说明书中,其主要内容有:①贯彻国家有关方针政策的说明;②工程概况;③施工组织、施工力量的设想和施工期限的安排;④主要工程、控制工期的工程和特殊工程的施工方案及采取的措施;⑤主要材料的供应,施工机具、设备的配备及临时工程的安排;⑥下一阶段应解决的问题及注意事项。

2)人工、主要材料及机具、设备安排表。列出人工数量和施工所用材料、机具、设备的名称、单位、总数量,并分上半年、下半年编列。主要材料一般指钢材、木材、水泥、沥青、砂、石料等。

3)工程概略进度图。根据劳动力、施工期限、施工条件和施工方案按年和季度进行施工进度概略安排。图中应列出工程项目名称、单位、数量,按年度和季度列出各工程项目的起止时间、机动时间、衔接时间等。

4）临时工程一览表。列出临时工程名称，如便桥、便道、房屋、预制场、电力设施、电讯设施等。列出各项临时工程的地点或桩号，工程说明、工程数量等。

（2）修正施工方案

采用三阶段设计的公路工程，在技术设计阶段编制的施工组织设计文件称为修正施工方案。修正施工方案根据初步设计的审查意见和施工方案说明中提出的应进一步解决的问题及注意事项进行编制。修正施工方案编制深度和提交的文件内容介于施工方案和施工组织计划之间。

（3）施工组织计划

公路工程不论采用几阶段设计，在施工图设计阶段都要编制施工组织计划，它是施工图设计文件的组成部分。施工组织计划由以下内容组成：

1）说明：①贯彻国家方针政策和采用先进技术情况；②初步设计（或技术设计）审批意见的执行情况；③施工组织、施工期限、主要工程的施工方法、工期、进度及采取的措施；④劳动力计划及主要施工机具的使用安排；⑤主要材料供应、运输方案及临时工程的安排；⑥对缺水、风沙、高原、严寒等地区以及冬、雨期施工所采取的措施；⑦对高速公路和一级公路的交通工程、沿线设施施工协调和分期实施等有关问题的说明；⑧施工准备工作的意见，如关于拆迁、用地、修建便道与便桥、临时房屋、架设临时电力线路、电讯设施等。

2）工程进度图：应列出工程项目名称、单位、数量、劳动量等，按年、月分别绘出各工程项目起止日期，并标出计划用人工数，绘出劳动力安排示意图等。

3）主要材料计划表：列出材料的名称、规格、单位、数量、来源、运输方式，年度、季度计划用量等。

4）主要施工机具、设备计划表：列出机具、设备的名称、规格、数量（台班数、台数）等。

5）临时工程数量表：便桥、便道、房屋、预制场、电力设施、电讯设施等的名称、工程说明、工程数量等。

6）公路临时用地表：列出临时用地的位置或桩号地类别及数量等。列出各项临时工程的地点或桩号、工程说明、工程名称、土地的隶属关系、长度、宽度、土地类别及数量。

（4）指导性施工组织设计

指导性施工组织设计，是施工单位用于工程投标所编制的施工组织设计。它是投标文件组成中的必备文件，中标后，它是承包合同的重要组成文件。目前，国家对指导性施工组织设计的内容、文件组成无统一规定，通常与设计阶段的施工组织计划内容相似，但为满足招标文件要求更加具体、详细，并增加了如下内容：施工单位、施工项目组织管理框架、人员组成、分工及法人代表；质量自检体系、人员和试验设备配备清单；施工机械、关键设备进场使用清单；工程平面、高程和方位控制体系及程序安排方案；施工安全和环境保护措施等。

（5）实施性施工组织设计

在公路工程的施工准备阶段，由施工单位编制的施工组织设计称为实施性施工组织设计。因为要在工程施工中实施，就必须对各分部分项工程、各道工序和施工专业队都进行施工进度的日程安排和具体的操作设计。实施性施工组织设计文件的内容与施工图设计阶段的施工组织设计相似，但更具体、更详细。工程进度图应按月、旬安排，并编制相应的人工、材料、机具、设备计划。其主要内容一般应包括：

1）对施工阶段施工组织计划的内容、要求、表格等按施工单位的具体情况计算、核实，根据指导施工要求将编制对象进一步细化。

2）实施性的开工前准备工作。

3）在设计阶段施工组织计划编制"材料计划表"的基础上，进一步编制材料供应图表。

4）编制运输组织计划。

5）附属企业及自办材料的开采和加工计划。

6）供水、供电、供热及供气。

7）实施性施工组织设计的技术组织措施计划。

8）重点工程施工进度图和施工平面布置。

9）制定相应的管理机构、管理制度，如项目部机构设置、施工安全、质量管理制度等。

综上所述，从施工方案到实施性施工组织设计，后一阶段比前一阶段的要求更高，内容也更详细、具体，但是各个阶段既是独立的又是相互联系的。

任务设计与实施

1. 设计实施路径

1）查找资料，结合专业课知识以思维导图的形式分析各阶段公路工程施工组织设计文件的类型。

2）查找资料，结合专业课知识以思维导图的形式分析建设程序的各个阶段施工组织设计文件的异同。

3）以思维导图的形式说明本任务"任务导入"的三个工程背景需要编制的施工组织文件对应的阶段，并简要说明其区别。

2. 呈现实施成果

要求：将实施结果打印在一张 A4 纸上，并粘贴在空白处。

图 1-7 为公路工程施工组织设计文件类型思维导图的绘制，作为学习参考。

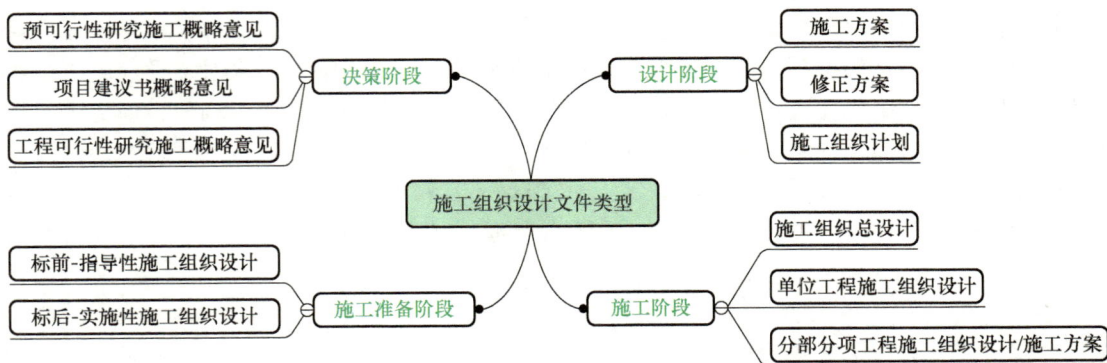

图 1-7 公路工程施工组织设计文件类型

任务评价

任务活动		任务评价（线上/线下）					
序号	名称	出勤与态度 20%	自评 10%	互评 10%	小组评价 10%	教师评价 50%	总评
1	查找资料，分析某公路工程施工组织设计文件的编制内容						
2	查找资料，分析某大桥工程施工组织设计文件的编制内容						

学习提示：

1. 公路工程建设项目施工组织文件编制贯穿从决策到施工全过程；

2. 结合专业知识举例说明公路项目施工组织总设计、单位工程施工组织设计、分部分项工程施工组织设计施工方案有无异同？请查阅资料，谈谈你的看法

任务拓展

结合所学的专业知识，施工组织设计与施工方案的概念有区别吗？请查阅资料，谈谈你的看法。

项目二

绘制公路工程流水施工横道图

任务 1　绘制流水施工横道图

任务导入

工程背景：××桩基工程共有钻孔灌注桩 16 根，假如施工队共有钻机 4 台，每根桩钻孔需要 4d 才能完成，工期控制 25d 以内，人员材料等配置满足施工要求，请合理安排施工，绘制施工横道图，进而分析流水作业类型。

素养课堂——
工匠精神

进度计划编制和进度图绘制是施工组织设计的重要内容，也是进行施工组织活动的最重要工作，横道图因其形式简单、容易阅读，被广泛应用。流水作业方式是施工组织方法的科学性和进步性的体现，对路桥工程项目进行流水施工组织的成果就是用横道图来体现的。

那么，什么是流水施工组织？还有什么别的组织方法？它们又各有什么优缺点呢？能不能把各种方法综合使用呢？

任务目标

1. 熟悉工程项目三种作业方式的特点，能分析流水作业组织施工的优点；

2. 掌握流水作业三种参数及流水作业类型的划分，能根据流水作业参数绘制四种进度图式；

3. 能应用潘特考夫斯基法（或称大差法）熟练计算最小流水步距，并组织施工；能比较紧凑法和最小流水步距法组织流水施工的区别；

4. 善于采用先进技术，选取科学组织方法、合理利用资源，节约资金，降低成本，树立责任意识、安全意识与环保意识。

相关知识

一、认识工程项目施工作业方式

1. 公路施工过程的组织原则

（1）公路施工过程的概念

施工过程就是生产建筑产品的过程，是劳动者利用劳动工具作用于劳动对象的过程。公路施工过程含有两方面的含义：①劳动过程，离不开人、材料、机械等；②自然过程，如水泥混凝土硬化过程、乳化沥青分裂过程等。按施工过程所需劳动性质及在基本建设中起的作用不同，可将施工过程划分为以下四个部分：

1）施工准备过程：指建筑产品在投入生产前所进行的全部生产技术准备工作，如可行性研究、勘察设计、施工准备等。

2）基本施工过程：指为完成产品而进行的生产活动，即施工现场所发生的活动，如路基、路面、桥涵等的施工。

3）辅助施工过程：指为保证基本施工过程的正常进行所需的各种辅助生产活动，如机械设备的维修、动力的生产、材料的加工等。

4）服务施工过程：指为基本施工过程和辅助施工过程服务的各种服务过程，如原材料、半成品、机具、燃料等的供应与运输等。

（2）公路施工过程的要素

组织公路工程施工，必须研究施工过程的最小要素，以适应施工组织、计划、管理等工作。现行的《公路工程建设项目概算预算编制办法》（JTG 3830—2018）将公路工程划分为：路基、路面、桥梁涵洞、交叉工程、隧道、交通工程及沿线设施、临时工程、绿化及环境保护工程、其他工程等项目。每个项目又细分为若干个分部、分项工程。如独立大桥工程划分为：桥头引道、基础、下部构造、上部构造、沿线设施、调治及其他工程、临时工程7个分部工程。

公路施工过程便是按照上述分部、分项工程按结构顺序施工。为了更好地管理施工过程使施工组织设计做得更科学、合理、详细，将施工过程依次划分为：

1）操作过程：是由几个在技术上相互关联的工序所组成的，可以相对独立完成某一分部、分项工程。

2）工序：指施工技术相同，在劳动组织上不可分割的施工过程，工序由若干个操作过程组成。从施工工艺流程看出，工序在工人数量、施工地点、施工工具及材料等方面均不发生变化。如果上述因素中某个因素发生改变，就意味着从一道工序转入另一道工序。

3）动作与操作：动作指工人在劳动时一次完成的最基本的活动，若干个相互关联的动作组成操作。

在施工组织设计时，一般把工序作为最小的施工过程要素。

（3）公路施工过程组织原则

1）施工过程的连续性：指建筑产品的施工过程各阶段、各工序的进行在时间上是紧密衔接的，不发生各种不合理的中断现象，即在施工过程中，劳动对象始终处于被加工状态，或处于自然过程中（如水泥混凝土的硬化）。保持和提高施工过程连续性，可以降低成本。

2）施工过程的协调性（也叫比例性）：指建筑产品的施工过程各阶段、各工序之间，在生产能力上要保持一定的比例关系，不发生脱节和比例失调的现象，如某专业队人数多，生产能力强，造成产品过剩；而另一专业队人数少，生产能力较差，产品供应跟不上，这就属于比例失调，施工过程中应当避免。协调性在很大程度上取决于施工组织设计的正确性。在施工过程中，由于材料原因（如品种变化、货源改变等）、采用新工艺、自然因素的变化等的影响，都会使实际生产能力发生变化，造成产品比例失调。因此，施工组织工作必须根据变化了的情况，采取措施，及时调整各种比例关系，保证施工过程的协调性。

3）施工过程的均衡性（也叫节奏性）：指施工过程的各个环节，都要按照施工计划的要求，在一定时间内，生产出相等或递增数量的产品，使各生产班组或设备的任务量保持相对稳定（即各施工段劳动量大致相等），不发生时松时紧现象。均衡性能充分利用工时，有利于保证生产质量、降低成本，有利于劳动力和机械设备的调配。实现生产的均衡性，必须保持生产的比例性，加强计划管理、强化生产指挥系统，做好施工技术和物资准备。

4）施工过程的经济性：指施工过程除了满足技术要求外，必须追求经济效益，要用最小的劳动消耗尽量取得较大的生产成果。

连续性、协调性和均衡性是相互制约的，有关联的。施工组织过程中，连续性、协调性和均衡性使用得好，施工过程的经济性自然就能保证。

2. 工程项目施工的作业方式

施工组织设计包括两方面：①施工过程的时间组织；②施工过程的空间组织。工程项目施工作业方式也是指这两方面。

（1）公路施工过程时间组织类型

在施工过程中，把施工对象（工程项目）人为地划分成若干段（有些是自然形成的），这些段叫作施工段。公路施工过程时间组织类型主要有以下三种：

施工作业方式

1）单施工段多工序型：指施工任务不能划分或不需要划分为若干施工段，而只有一个施工段，在这单一的施工段中含有 n 道工序的施工过程。

2）多施工段多工序型：指施工任务可以划分为多个施工段，每个施工段又含有多道工序的施工过程。

3）混合型：混合型是指在一个施工任务中，即含有单施工段多工序型，又含有多施工段多工序型。

（2）公路工程项目施工作业方式/组织方式

公路工程项目施工作业方式/组织方式（即施工过程时间组织的基本作业方法）一般可分为：顺序作业法、平行作业法、流水作业法三种基本施工方式。在进行公路施工组织设计时，这三种作业方法既可以单独运用，也可以综合运用；既可以用横道图表示，也可以用网络图表示。下面举例讲解三种基本作业方法（本项目仅介绍横道图，网络计划法在下一项目介绍）。

【例 2-1】 4 座小涵洞的施工任务，假定 4 座小涵洞的分动量相等，施工条件、技术配备、工程数量等完全相同。

分析：4 座小涵洞自然形成了 4 个施工段，可把每一个施工段划分成三道工序，即基础、洞身、洞口。可以用下面三种基本作业方法完成该施工任务。

1）顺序作业法：当施工任务含有若干个施工段时（人为划分或自然形成），完成一个施工段后，接着完成另一个施工段．依次按顺序进行，直至完成全部施工段的作业方法，如图 2-1 所示。

由图 2-1 可以看出，顺序作业法有以下特点：

① 不能充分利用工作面去争取时间，所以工期长；

② 施工队不能实行专业化施工，不利于提高工程质量和劳动生产率；机械设备不能充分利用；

③ 劳动力需要量波动大；

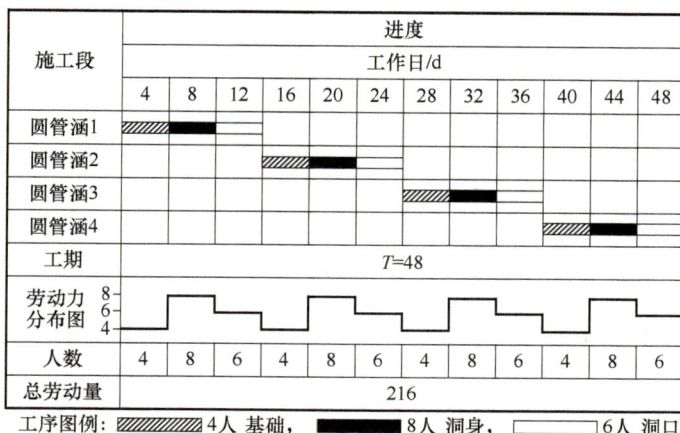

图 2-1　顺序作业法

④ 单位时间内需要投入施工现场的资源数量较少，有利于资源供应的组织工作；

⑤ 因为只有一个施工队在施工，所以施工现场的组织管理工作比较简单。

由此可见，顺序作业法适用于小型项目，且工期要求不严。

2）平行作业法：当施工任务含有多个施工段时，各个施工段同时开工、平行生产、同时完成的一种作业方法，如图 2-2 所示。

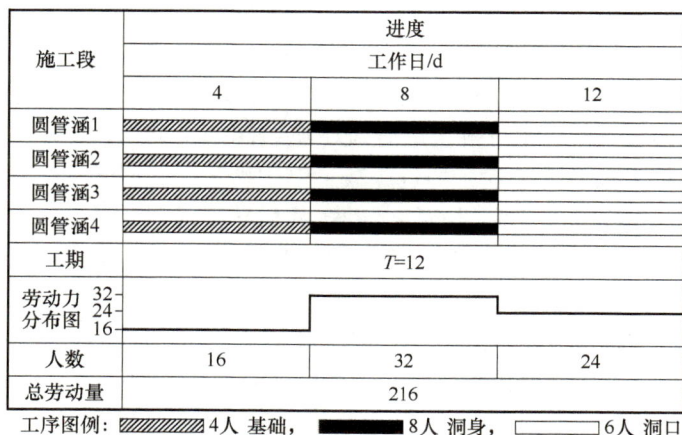

图 2-2　平行作业法

图 2-2 可以看出，平行作业法有以下特点：

① 充分利用了工作面，缩短了工期；

② 施工队不能实行专业化施工，不利于提高工程质量和劳动生产率；

③ 协调性、均衡性差，劳动力需要量出现高峰；

④ 单位时间内需要投入施工现场的资源成倍增长，给材料供应、机械设备调度等带来困难；

⑤ 施工队多，人员集中，施工现场的组织管理工作复杂。

由此可见，只有当施工任务十分紧迫，工期紧张，工作面允许及资源充分件下，才能使用这种作业方法。

3）流水作业法：当施工任务含有若干个施工段时，其各个施工段相隔一定时间依次投入施工生产，相同的工序依次进行，不同的工序则平行进行的一种作业方法，如图 2-3 所示。

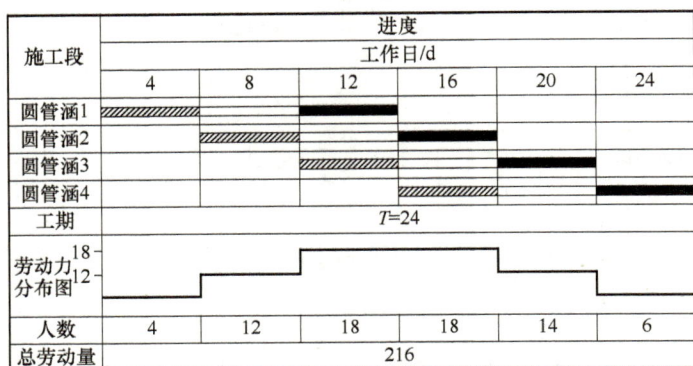

施工段	进度					
	工作日/d					
	4	8	12	16	20	24
圆管涵1						
圆管涵2						
圆管涵3						
圆管涵4						
工期	T=24					
劳动力分布图 18 12						
人数	4	12	18	18	14	6
总劳动量	216					

工序图例：▨ 4人 基础， ▭ 6人 洞口， ▬ 8人 洞身

图 2-3 流水作业法

由图 2-3 可以看出，流水作业法的工期比顺序作业法短，比平行作业法长。通过比较可以看出，流水作业法消除了以上两种作业法的缺点，其特点如下：

① 由于流水作业法科学地利用工作面，所以总工期比较合理；

② 施工队采用专业化施工，可使工人的操作技术水平由熟练而不断提高，为进行技术改造、革新创造了条件，更能保证工程质量，同时获得更高的劳动生产率；

③ 专业施工队实行连续作业，相邻专业施工队之间搭接紧凑，体现了施工的连续性；

④ 单位时间内需要投入施工现场的资源数量较为均衡，有利于资源供应的组织工作；

⑤ 施工有节奏，为文明施工和进行施工现场的科学管理创造了条件。

采用流水作业法组织施工，施工段的数量和工作面的大小必须满足一定的要求，流水作业法才能更好地发挥它的优越性。

以上是假定在施工条件、技术水平、工程数量等完全相同的条件下，仅就三种施工组织方法的施工工期和劳动力需要量进行比较，而实际工程中的情况要复杂得多，经常需要三种方法结合起来使用。

二、绘制流水施工进度图

1. 流水作业法的原理

（1）流水作业法的组织

不论是分部、分项工程，还是基本建设项目，都可以组织流水作业，即小到一道工序大到一个基本建设项目，都可以按流水作业法组织施工。组织流水作业的基本方法如下：

1）划分施工段：划分施工段就是把劳动对象（工程项目）按自然形成或人为地划分成劳动量大致相等的若干段。如一个标段上有若干小涵洞，可以把每一个小涵洞看作是一个施工段，这就自然形成了若干施工段。如果把一个标段的路线工程部分划分成 1km 一段，就属于人为地把劳动对象划分成了若干施工段。

2）划分施工过程（习惯上通常称划分工序）：划分工序就是把劳动对象（工程项目）的施工过程，划分成若干道工序或操作过程，每道工序或操作过程分别按工艺原则建立专业班组，即有几道工序，原则上就应该有几个专业施工队。划分施工过程的大小要适当，具体看施工对象的规模确定，施工规模越大，划分的施工过程相应也越粗略。

3）确定施工顺序：确定施工顺序就是各个专业班组按照一定的施工顺序，依次、连续地由一个施工段转移到下一个施工段，不断地完成同类施工。各专业班组按照这样一个施工顺序，由一个施工段转移到下一个施工段，直至完成全部工程。

4）施工段之间、工序之间尽可能连续：为了缩短工期，提高经济效益，减少施工工人和施工机械的不必要的闲置时间，施工段上各相邻工序之间或本工序在相邻施工段之间进行作业的时间，应尽量相互衔接。

【例 2-2】　一个工程项目有 5 座涵洞，对其基础施工采用流水作业法。

分析：5 座涵洞，自然形成 5 个施工段。

1）将基础分成三道工序：施工放样、挖基坑、砌基础。

2）按工序分别组成 3 个施工队，即施工放样 3 人、挖基坑 4 人、砌基础 8 人。

3）施工顺序是施工放样→挖基坑→砌基础。具体组织如图 2-4 所示。

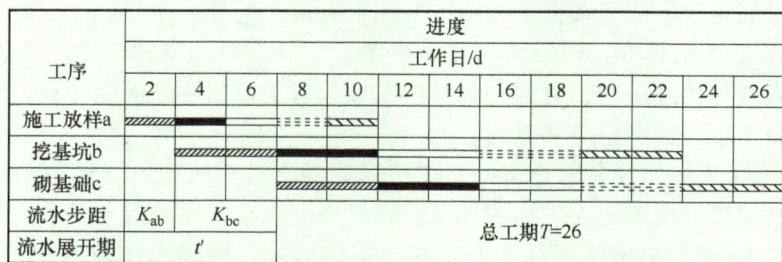

图 2-4　流水作业施工进度图

由图 2-4 可知，当涵洞 1 的施工放样工序完成后，涵洞 1 的挖基坑作业可以进行；同时，涵洞 2 的施工放样和涵洞 1 的挖基坑作业平行地进行施工；依次进行下去，形成流水作业。

（2）流水作业法的主要参数

1）空间参数：执行任何一项施工任务，都要占用一定范围的空间。在组织流水作业时，用工作面、施工段数这两个参数表达流水作业在空间布置上所处的状态，这些参数称为空间参数。

① 工作面 A。某一专业工种的工人或某种型号的机械在进行施工操作时，所必须具备的活动空间称为工作面。工作面的大小决定了最多能安置多少工人和布置多少台机械，它反映空间组合的合理性。工作面的布置以最大发挥工人和机械的效力为目的，并遵守安全技术和施工技术规范的规定。

② 施工段数 m。划分施工段的目的：第一，多创造工作面，为下道工序尽早开工创造条件；第二，不同的工序（不同工种的专业施工队）在不同的工作面上平行作业。只有划分施工段，才能展开流水作业。

划分施工段应注意以下几点：

- 要使各施工段劳动量大致相等，相差以不超过15%为宜。
- 应考虑施工规模、资源供应等，通常以主导工序的组织为依据。
- 应考虑施工对象的结构整体完整性。如大型人工构造物以伸缩缝、沉降缝为界分段，一般的工程结构应在受力最小而又不影响结构外观的位置分段。
- 要考虑各作业班组有合适的工作面，工作面过小，不能充分发挥人力、机械的效力；工作面过大，将影响工期。

2) 工艺参数：任何一项施工任务的施工，都由若干不同种类和特性的工序（施工过程）组成，每一道工序都有其特定的施工工艺。在组织流水作业时，用工序（施工过程）和流水强度这两个参数来表达流水作业施工工艺的开展顺序及特征，这些参数称为工艺参数。

① 工序数 n。根据具体情况，把一个工程项目（分部部分）划分为若干道具有独自施工工艺特点的个别施工过程，叫作工序。例如，桥梁钻孔灌注桩工程可分为埋护筒、钻孔、灌混凝土等；预制混凝土构件可分为钢筋组、木工组、支模板组、实验组、混凝土搅拌站、混凝土运输、混凝土浇灌、混凝土振捣。工序数常用 n 来表示。每一道工序由一个专业班组来承担施工。

工序数要根据构筑物的复杂程度和施工方法来确定，划分工序时应注意以下问题：

- 工序划分的粗细程度，应以流水作业进度计划的性质为依据。对于实施性的流水作业进度计划，应划分得细一些，可划分到分项工程；对于控制性的进度计划，应划分得粗一些，可以是单位工程，甚至是单项工程。
- 结合所选择的施工方案划分工序。如钢筋混凝土结构的现场浇筑与预制安装，沥青混凝土路面的机械摊铺施工与人工摊铺施工，两者划分施工工序的差异是很大的。
- 划分工序应重点突出，抓住主要工序，不宜太细，使流水作业进度计划简明扼要。如路面工程可以划分为底基层、基层、面层。
- 一个流水作业进度计划内的所有工序应按施工先后顺序排列。所采用的工序名称应与现行定额的项目名称一致。

② 流水强度 V。每一个工序（专业班组）在单位时间内所完成的工程量（如瓦工组在每工作班砌筑的坼工体积数值）称为流水强度，又称流水能力或生产能力。流水强度越大，专业队应配备的机械、需用的人工及材料等也就越多，工作面相应增大，施工期限将会缩短。流水强度按下列公式计算：

机械施工时的工序流水强度按式（2-1）计算：

$$V_i = \sum R_i C_i \tag{2-1}$$

式中 V_i——某种机械作业流水强度；

R_i——某种施工机械台数；

C_i——该种施工机械的台班产量定额（时间定额的倒数）。

人工操作时的工序流水强度按式（2-2）计算：

$$V_i = R_i C_i \tag{2-2}$$

式中 V_i——工序 i 的人工作业流水强度；

R_i——每一专业班组人数；

C_i——平均每一个工人台班产量，即产量定额（时间定额的倒数）。

3）时间参数：每一工序（施工过程）的完成都要消耗时间。在组织流水作业时，用流水节拍、流水步距、流水展开期、技术间歇时间、组织间歇时间这 5 个参数来表达流水作业在时间排列上所处的状态，这些参数称为时间参数。

① 流水节拍 t_i。流水节拍 t_i 是指一道工序（作业班组）在一个施工段上的持续时间。如图 2-4 中，施工放样工序在各施工段上的流水节拍都等于 2d，挖基坑工序在各施工段上的流水节拍都等于 4d 等。

当施工段数目确定后，流水节拍的长短影响总工期。影响流水节拍长短的因素有：施工方案、施工段的工程数量、专业施工队的人数、机械台数、每天的作业班次等。

从理论上讲，流水节拍越短越好，但是实际上，由于工作面的限制，流水节拍有一个界限。流水节拍有以下几种计算方法：

在实际工程中，根据实有工人和机械数量按式（2-3）确定流水节拍：

$$t_i = Q_i \cdot S / (R \cdot n) \tag{2-3}$$

式中　t_i——流水节拍；

$\quad\quad Q_i$——某施工段的工程数量；

$\quad\quad S$——某工序的时间定额；

$\quad\quad R$——施工人数或机械台数（指每一班）；

$\quad\quad n$——作业班数，即 1 班、2 班、3 班……

工期反算法。如果施工任务紧迫，必须在规定日期内完成施工任务，可采用倒排进度的方法求流水节拍。首先根据要求的总工期 T 倒排进度，确定某一工序（施工过程）的施工作业总持续时间 T_i，再根据施工段数 m 反求流水节拍，即

$$t_i = T_i / m \tag{2-4}$$

然后检查反求的流水节拍是否大于最小流水节拍，如果不满足可通过调整施工段数和专业队人数及作业班次，再综合考虑其他因素，然后重新确定。$t_{\min}$ 的计算公式为：

$$t_{\min} = A_{\min} \cdot Q_i \cdot S / A \tag{2-5}$$

式中　$A_{\min}$——每个人或每台机械所需的最小工作面；

$\quad\quad A$——每个施工段实际具有的工作面数值；

$\quad\quad Q_i$——某施工段的工程数量；

$\quad\quad S$——某工序的时间定额。

② 流水步距 $K_{j,j+1}$。流水步距指两相邻工序（专业班组）相继投入同一施工段开始工作的时间之差，通常用 $K_{j,j+1}$ 表示。在图 2-4 中，施工放样专业队第一天开始作业，挖基坑专业队从第二天开始作业，则这两支专业队之间的流水步距 $K=1$。

流水步距 K 的大小对总工期有很大影响。在施工段数目和流水节拍确定的条件下，流水步距越大，则总工期就越长；反之，则总工期就越短。确定流水步距时，在考虑正确的施工顺序、合理的技术间歇、适当的工作面和施工的均衡性的同时，一般还应遵循以下原则：

● 最小的流水步距，即相邻两工序在开工时间上最大限度地、合理地连接，以缩短工期。

● 能满足相邻两工序在施工顺序上相互制约的关系。

● 尽量保证各施工专业队都能连续作业。

● 确定流水步距要保证工程质量，满足安全施工的要求。

③ 流水展开期 t'。从第一个施工专业队开始作业到最后一个施工专业队开始作业间的

时间间隔称为流水展开期，常用 t' 表示。显然，流水展开期之后，全部施工专业队都进入流水作业（当 $m>n$ 时），每天的各种资源需要量保持不变，各专业队每天完成相应的工作量，开始了连续、均衡而紧凑的流水作业阶段。由图2-4可知，流水展开期 t' 的数值等于各流水步距 K 值之和。

④ 技术间歇时间。在组织流水作业时，不仅要考虑专业队之间的协调配合、施工质量、施工安全等，有时根据材料特点和工艺要求，还要考虑合理的工艺等待时间，然后下一专业队才能施工，这个等待时间称作技术间歇时间。如混凝土的凝结硬化、油漆的干燥等。

⑤ 组织间歇时间。在流水作业中，由于施工技术或施工组织的原因，造成流水步距以外增加的间歇时间叫组织间歇时间。如施工进行中的检查、校正，施工人员和机械的转移等需用的时间都是组织间歇时间。

⑥ 平行搭接时间。有时为了缩短工期，在工作面允许的条件下，可以让两相邻专业队在同一施工段上平行搭接施工。

2. 流水作业法的分类及总工期

由于工程构造物的复杂程度不同，受地理环境影响不同，造成了流水参数的差异，使流水施工作业分为有节拍流水作业和无节拍流水作业。

（1）有节拍流水作业

有节拍流水分为全等节拍流水、成倍节拍流水和分别流水。

流水作业类型
与大差法

1）全等节拍流水。

① 定义：在组织流水作业时，如果所有工序（施工过程）在各个施工段上的流水节拍彼此相等，这种组织方式的流水作业称为全等节拍流水。

② 特点：

● 流水节拍彼此相等，流水步距彼此相等，而且两者的数值也相等，即 K_i = 常数，这也是组织全等节拍流水作业的条件。

● 按每一道工序各组织一个施工专业队，即施工专业队的数目等于工序数 n。

● 每个施工专业队都能连续作业，施工段没有空闲，实现了连续、均衡而又紧凑的施工。这是一种理想的组织方式，但是实际工程中，这种情况并不多见。

③ 总工期计算：由图2-5可知，流水展开期 t' 为各施工专业队（即工序）之间的流水步距 K 值之和。因此，施工专业队（即工序）数为 n 时，流水步距必然只有 $(n-1)$ 个，则

$$t'=(n-1)K \qquad (2-6)$$

最后一个施工专业队（即工序）应在每个施工段上依次作业，它的全部作业时间 t 应为

$$t=mt_i \qquad (2-7)$$

式中，各符号意义同前。

流水作业的总工期 T 等于 t' 与 t 之和，即

$$T=t'+t \qquad (2-8)$$

也即

$$T=(n-1)K+mt_i=(m+n-1)K \qquad (2-9)$$

式中，各符号意义同前。

如果存在搭接时间 $C_{j,j+1}$，技术间歇时间 $Z_{j,j+1}$，组织间歇时间 $G_{j,j+1}$，则有

$$T=(m+n-1)K-\sum C_{j,j+1}+Z_{j,j+1}+G_{j,j+1}$$

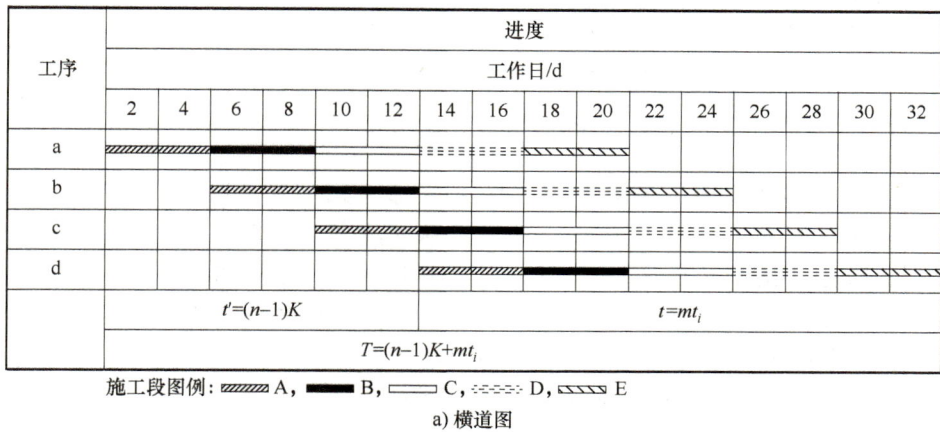

a) 横道图

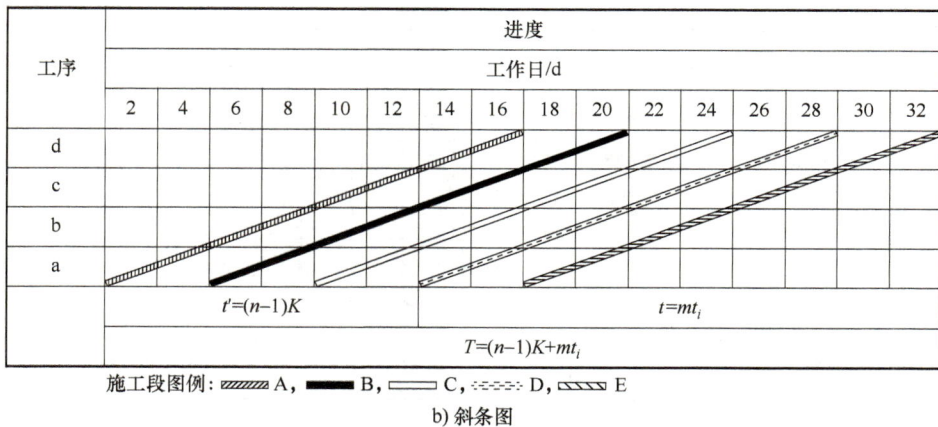

b) 斜条图

图 2-5　全等节拍流水作业施工进度图

2）成倍节拍流水。

① 定义：相同工序的流水节拍在所有施工段上都相当，不同工序的流水节拍彼此不相等，但二者互为整倍数关系（1 除外）。

② 特点：

● 同一工序在各个施工段上的流水节拍彼此不相等，但互为整倍数关系，这也是组织成倍节拍流水作业的条件。

● 重新组织的施工专业队数目大于原工序数。

● 各施工专业队都能保持连续施工，施工段没有空闲，整个施工过程是连续、均衡的，各施工专业队按自己的节奏施工。

③ 成倍节拍流水施工组织。为了使各专业队能连续、均衡地依次在各施工段上施工，应按成倍节拍流水组织施工。其步骤如下：

● 第一，求各工序的流水节拍的最大公约数 K_k。与原流水步距 K 意义不同，K_k 是指作为按成倍流水节拍组织作业的一个参数，是各道工序都共同遵守的"公共流水步距"。

● 第二，求各工序的施工专业队数目 B_i。每道工序的流水节拍 t_i 是 K_k 的几倍，就相应安排几个施工专业队，即施工专业队数目 $B_i=t_i/K_k$。同一道工序各个施工专业队就依次相隔

K_k 天投入流水作业施工，这样才能保证均衡、连续的施工。

- 第三，将施工专业队数目总和 $\sum B_i$ 看作是"总工序数 n"，将 K_k 看作是"流水步距"，然后按全等节拍流水作业安排施工进度。
- 第四，计算总工期 T。将 $n = \sum B_i$，$K_k = K$ 代入式（2-9）得

$$T = (m + n - 1)K = (m + \sum B_i - 1)K_k \tag{2-10}$$

图 2-6a 为一个成倍节拍流水作业图，共有 7 个施工段（A、B、C、D、E、F、G），每个施工段有三道工序（a、b、c），a 工序（专业队）在各个施工段上的流水节拍＝2，b 工序在各个施工段上的流水节拍＝6，c 工序在各个施工段上的流水节拍＝4。

各工序的流水节拍的最大公约数 $K_k = 2$，由 $B_i = t_i/K_k$ 计算得：a 工序需要一个专业队，b 工序需要 3 个专业队，c 工序需要 2 个专业队。

该例 $m = 7$，$\sum B_i = 1 + 3 + 2 = 6$，$K_k = 2$ 代入式（2-10）得

$$T = (7 + 6 - 1) \times 2 = 24$$

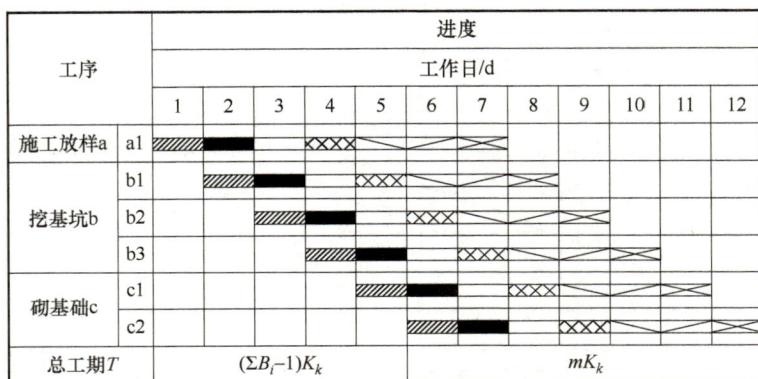

a)

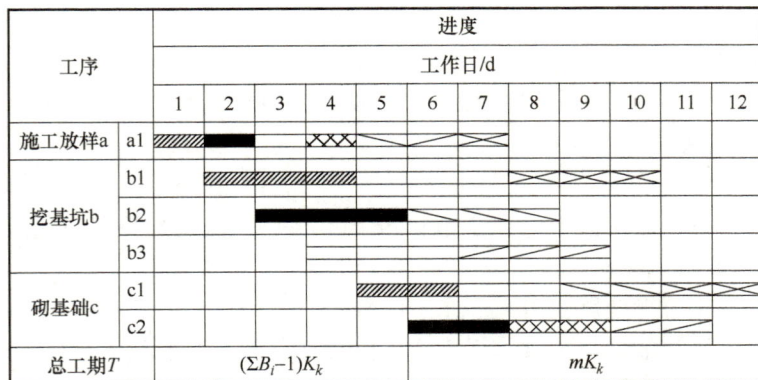

b)

图 2-6 成倍节拍流水作业施工进度图

也可采用图 2-6b 所示的方式组织流水施工，即 b 工序也仍然分成 3 个专业队，每个专业队的工期（流水节拍）不变，保持 6d，但分别在不同的施工段上施工，同理 c 工序的两

个专业队也在不同的施工段上施工,通过施工图可以看出其工期也是 12d,但缺点是其施工图是通过紧凑法绘制的,工期也不能用公式计算。

3)分别流水。

① 定义:各工序的流水节拍各自保持不变,即 t=常数,不同工序的流水节拍不完全相同,但不存在最大公约数(除 1 之外),流水步距 K 也是一个变数的流水作业。也就是说,同类工序的流水节拍在各施工段上相等,而不同类工序的流水节拍相互不完全相等。

组织分别流水作业时,首先应保持各施工段本身均衡而不间断地进行,然后将各工序彼此衔接协调。既要避免各工序之间发生矛盾,也要尽可能减少作业面的空闲时间,使整个施工安排保持最大程度的紧凑,以达到缩短工期的目的。

② 作图。由于流水步距是一个变数,其作图不能像全等节拍流水作业,也不能像成倍节拍流水作业那样。分别流水作业作图,可以采用两种方法:紧凑法(只要具备开工要素就开工),如图 2-7a 所示;潘特考夫斯基法(各专业队连续作业,见后述),如图 2-7b 所示。

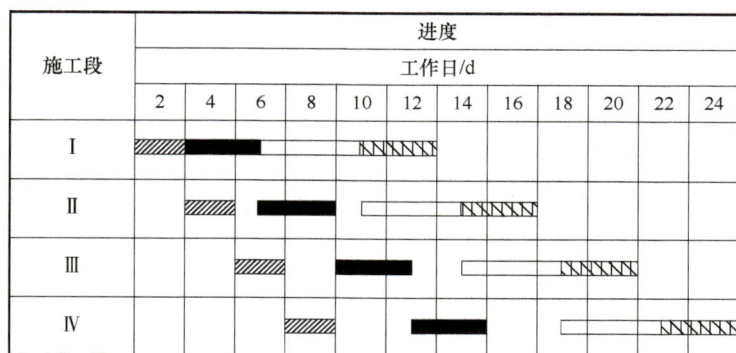

a)紧凑法

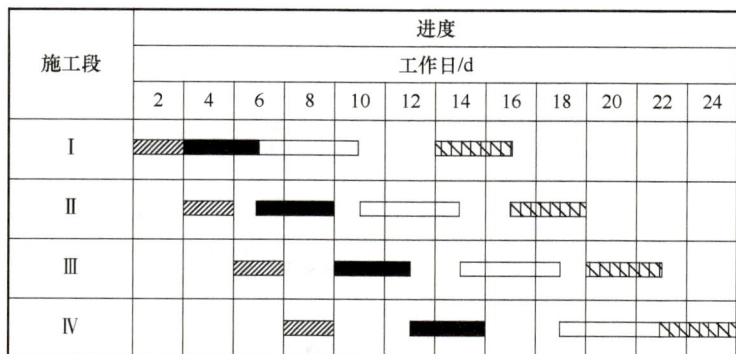

b)专业队连续作业法

图 2-7　分别流水作业施工进度图

由图 2-7a、b 可知,总工期都等于 24d,即 T=24d。不同的组织方法,总工期相同(这是一个特例)。一般来说,哪一种组织方法工期短采用哪一种。但是,该图所示工程应采用后一种组织方法,因为工期相同的条件下,专业队连续作业更经济。

分别流水作业的施工总工期的确定,一般采用作图法确定。紧凑法组织施工有随机性,工期无法用公式表达，但后一种潘特考夫斯基法（各专业队连续作业）组织施工其工期可由公式计算得出。

（2）无节拍流水作业

1）定义。同类工序的流水节拍在各施工段上不完全相等，而不同类工序的流水节拍相互也不完全相等。对于公路工程来说，沿线工程量并非均匀分布，如大、中型桥梁或路基土石方的高填、深挖等属于集中型工程。在实际工程中，各施工专业队在机具和劳动力固定的条件下，流水作业速度不可能总保持一致。所以，有节拍流水作业很少出现，大多数是无节拍流水作业，即 $t_i \neq$ 常数，$K \neq$ 常数。

2）作图。无节拍流水作业的作图与分别流水作业一样，也有两种方法，即紧凑法（只要具备开工要素就开工），如图 2-8a 所示；潘特考夫斯基法（各专业队连续作业），如图 2-8b 所示。

确定无节拍流水作业的施工总工期时，一般采用作图法确定。

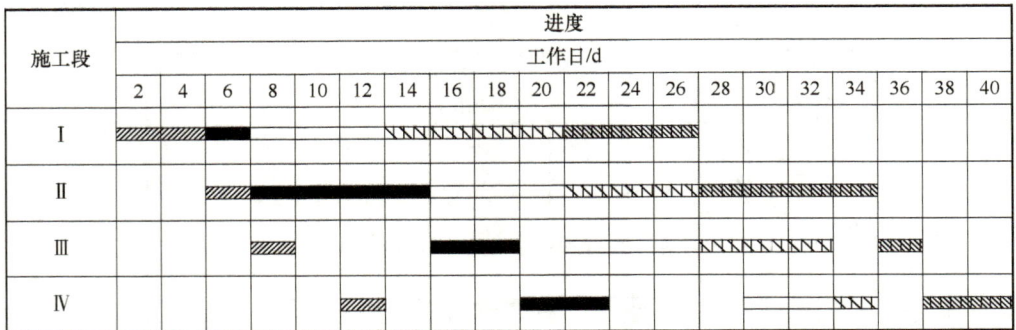

a）紧凑法

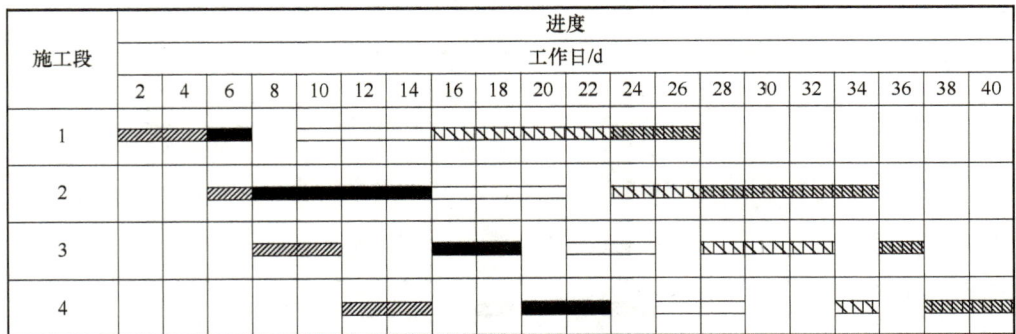

b）专业队连续作业法

图 2-8　无节拍流水作业施工进度图

3. 流水作业的作图

（1）流水作业图的形式

按流水作业图中的图形和线条及其所表达的内容可分为：

1）横线工段式，如图 2-5a 所示。

2）横线工序式，如图 2-7 所示。

3）斜线工段式，如图 2-5b 所示。

4）斜线工序式，如图 2-9 所示。

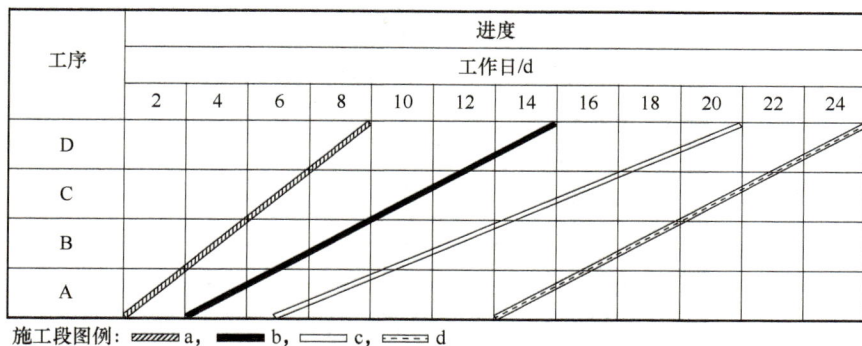

图 2-9　斜线工序式流水作业施工进度图

（2）流水作业的作图

流水作业法的施工组织示意图和内容，通过流水作业图的形式表达出来。

1）紧凑法流水作业组织。无论采用哪种方法组织施工，首先满足以下两个条件：

① 具备开工要素。任何一道工序开工时，必须具备工作面和生产力（人工、机械、材料等资源）两个开工要素，两者中缺少任何一个，工序都不具备开工条件。

② 工序衔接原则：

● 相邻工序之间及工序本身，应尽可能衔接，以取得最短施工总工期。

● 工序衔接必须满足工艺要求和自然过程（混凝土的硬化等）的需要。

● 尽量求得同工序在各施工段上能连续作业，并尽量求得相邻不同工序在同一施工段上能连续作业（应该看到两种连续有时是矛盾的，不容易同时达到）。

● 图中的首工序和末工序，均可按需要与可能采取连续作业或间歇作业。

为了使流水作业取得最短总工期，在作图时，各相邻工序之间尽量紧凑衔接，即尽量使所排工序向作业开始方向（一般向图的左端）靠拢。如图 2-8a 为按工序紧凑法组织的流水作业，图 2-8b 为按专业队连续作业组织的流水作业，两种组织方法，工期相差 1d，在实际生产中，若工期紧，应取图 2-8a 的组织方式。

2）专业队在各施工段间连续作业的组织。在流水作业组织中，可使各个专业队在各施工段间连续作业，以避免"停工待面"和"干干停停"，这样尽管不能保证工期最短，但可以提高经济效益。专业队实现连续作业不等于总工期最短，而总工期最短也不等于不能实现连续作业，如图 2-7 所示。

为了组织在总工期尽可能短的条件下，各施工专业队能在各个施工段间进行连续作业，必须确定相邻各专业队（相邻工序）间最小流水步距 K_{min}。最小流水步距 K_{min} 可以用潘特考夫斯基法或串纸条法确定。

① 潘特考夫斯基法：也叫累加数列错位相减取大差法或者最小流水步距法。下面以具体示例介绍具体步骤。

【例 2-3】　某工程按施工段和工艺顺序，已知各工序（施工专业队）在各个施工段上的流水节拍值，试用潘特考夫斯基法进行施工组织。

1）作表：按施工段和工艺顺序，将各工序（施工专业队）在各个施工段上的流水节拍值，列于表2-1中。

2）求首施工段上各最小流水步距。

表 2-1　流水节拍表　（单位：d）

工序	施工段			
	I	II	III	IV
a	2	4	3	2
b	2	2	3	3
c	3	2	2	4

第一，求 K_{ab}^{I}：

将 a 工序的流水节拍依次累计叠加，可得数列：2、6、9、11；

将 b 工序的流水节拍依次累计叠加，可得数列：2、4、7、10；

将后一工序的累加数列向右错一位，进行两数列相减，即

$$
\begin{array}{llll}
a: & 2 & 6 & 9 & 11 \\
b: & -) & 2 & 4 & 7 & 10 \\
\hline
& 2 & 4 & 5 & 4 & -10
\end{array}
$$

则所得数列中的最大数为5，即为a、b两工序的最小流水步距 $K_{ab}^{I}=5$。

第二，同理求 K_{bc}^{I}

$$
\begin{array}{llll}
a: & 2 & 4 & 7 & 10 \\
b: & -) & 3 & 5 & 7 & 11 \\
\hline
& 2 & 1 & 2 & 3 & -11
\end{array}
$$

则所得数列中的最大数3，即为b、c两工序的最小流水步距 $K_{bc}^{I}=3$。

如果还有更多的工序，施工段也比此例多，那么最小流水步距的求法完全相同。

3）绘制流水作业图：根据求得的最小流水步距和流水节拍表2-1，绘制流水作业图，如图2-10所示。

4）结论：由图2-10可得总工期 $T=19d$，若采用紧凑法组织施工，可得总工期 $T=19d$。有些情况下，紧凑法组织施工可能会获得更短的施工工期，在实际生产中，应根据具体情况选取组织方法。

图 2-10　最小流水步距流水作业施工进度图

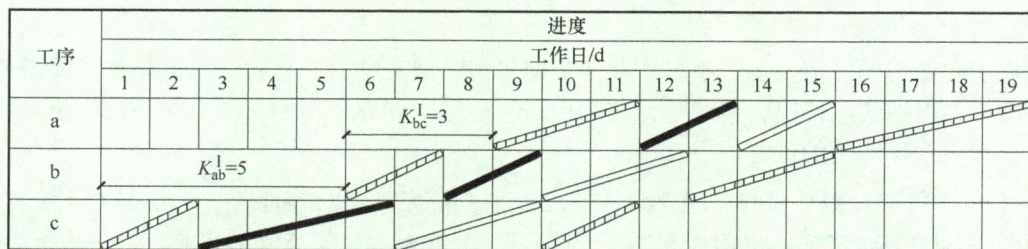

图 2-10 最小流水步距流水作业施工进度图（续）

② 串纸条法：此法只适用于横线工段式。下面以图 2-10 为例来说明串纸条法求 K_{min} 的步骤。

【例 2-4】 （1）作流水节拍表，列于表 2-1。

（2）绘制流水作业进度图的图框，填好施工进度日历和工序名称（以下简称进度图）。

（3）将首工序即 a 工序，在各个施工段上的流水节拍直接连续地绘于进度图上，并标明施工段名称。

（4）将 b 工序在各施工段上的流水节拍连续地绘在纸条上，并标明施工段名称。然后，将纸条在进度图的 b 工序行内由左向右调整，调整的原则是：相同符号的施工段不能重叠（重叠说明两个不同的施工专业队进入了同一个施工段，也就是说，上一道工序还没有完工，还不具备工作面，下一道工序就进入了现场），但要做到衔接最紧凑。调整好后，将纸条固定。

（5）将 c 工序在各个施工段上的流水节拍连续绘在纸条上，并重复上述方法，调整好后将纸条固定。若还有更多的工序，可以一直重复上述方法。实践证明，串纸条法简捷、直观、准确、不必计算。

巧匠锦囊

1）最小流水步距计算分三步：累加数列、错位相减、求大差。

2）比较流水作业的两种组织方法紧凑法与大差法（即最小流水步距法）得到的工期大小（注：最小流水步距法不一定能获得最短工期）。

3）若要保证专业队连续施工，用工段式绘制进度图；若想施工段上的前后工序是连续的，用工序式绘制进度图；请动手实践。

4）串纸条法与大差法异曲同工，请体会。

三、作业法的综合应用

在实际工程中，由于施工情况复杂，为平衡有限资源，科学合理地应用资源，保证施工连续、均衡、协调进行，顺序作业法、平行作业法、流水作业法不仅可以单独使用，而且可以根据具体条件综合运用，较常用的有平行流水作业法、平行顺序作业法、立体交叉平行流水作业法。

1. 平行流水作业法

在工程量相同的情况下，平行作业法工期最短，但劳动力、材料、机械等物资的需要量不平衡。如根据实际情况，组织平行流水作业法，则既能缩短工期又能克服平行作业法的缺点，发挥流水作业法的优势。

【例 2-5】　在图 2-11 中，在孔 1 和孔 2，孔 3 和孔 4，孔 5 和孔 6，孔 7 和孔 8 等为平行作业；孔 1 和孔 3，孔 2 和孔 4，孔 5 和孔 7，孔 6 和孔 8 等为流水作业。以钻孔为主导工序进行安排，从孔 2 至孔 8 之间的作业组织属于平行流水作业，从孔 9 至孔 16 之间的作业组织也属于平行流水作业法。

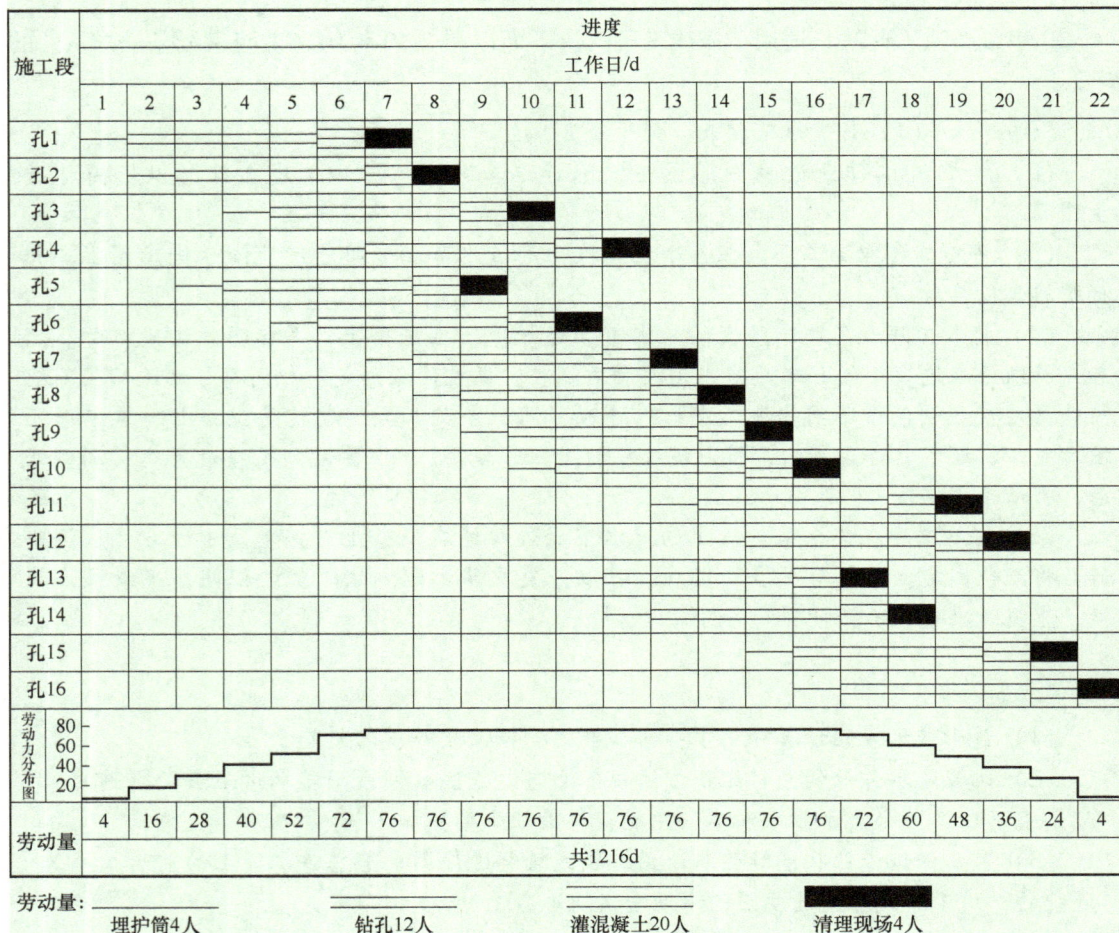

施工段	进度 工作日/d																					
	1	2	3	4	5	6	7	8	9	10	11	12	13	14	15	16	17	18	19	20	21	22
孔1																						
孔2																						
孔3																						
孔4																						
孔5																						
孔6																						
孔7																						
孔8																						
孔9																						
孔10																						
孔11																						
孔12																						
孔13																						
孔14																						
孔15																						
孔16																						
劳动力分布图 (80 60 40 20)																						
劳动量	4	16	28	40	52	72	76	76	76	76	76	76	76	76	76	76	72	60	48	36	24	4

共1216d

劳动量：　埋护筒4人　　钻孔12人　　灌混凝土20人　　清理现场4人

图 2-11　桩基施工进度图

2. 平行顺序作业法

平行顺序作业法适合于人力、财力、物力都十分充足，工期又相当紧张的工程任务。虽然没有克服平行作业法造成的人力、物力、机械等的过分集中使用和顺序作业法的不连续等缺点，但在某些特定的情况下可以考虑应用。

3. 立体交叉平行流水作业法

这种方法综合运用了平行、顺序、流水作业方法的特点，在空间上利用一切可以利用的工作面，根据实际拥有的机械、材料、人力以最大程度发挥其效率；以主导工序和主导机械为依据，进行时间组织安排；它有效地缩短了施工工期，非常适合工序繁多、工程量大而又集中的大型构造物的施工。如立交桥、特大桥的钻孔灌注桩、桥墩、桥台施工等。

【例 2-6】　某中桥为 2 孔跨径 30m 的石拱桥，全长 80.2 延米。经现场调查，结合现有施工条件，制定如下施工方案：下部构造分挖基坑、砌基础、砌桥墩三道主要工序进行流水作业，每一墩台作业面即为一个施工段；桥台完工后一次砌锥坡；墩台全部完工后搭设拱架；两孔主拱圈和拱上建筑同时施工，使墩台受力平衡，保证质量；主拱圈合拢后30d 拆除拱架；最后做栏杆和桥面。其施工进度图如图 2-12 所示。

编号	工序名称	施工方法	工程量		2021年				2022年					
			单位	数量	9月	10月	11月	12月	1月	2月	3月	4月	5月	6月
					25	50	75	100	125	150	175	200	225	
1	备料		m³	5500	50									
2	挖基	机械为主	m³	560		15								
3	砌基础	人工	m³	409			15							
4	砌墩台	人工	m³	1575		40								
5	拱架、搭、拆	人工	m³	610					50			25		
6	砌拱圈	人工	m³	458							50			
7	拱上建筑	人工	m³	548							50			
8	砌锥坡	人工	m³	1320						25				
9	栏杆/桥面	半机械化	m/m²	160/560									25	

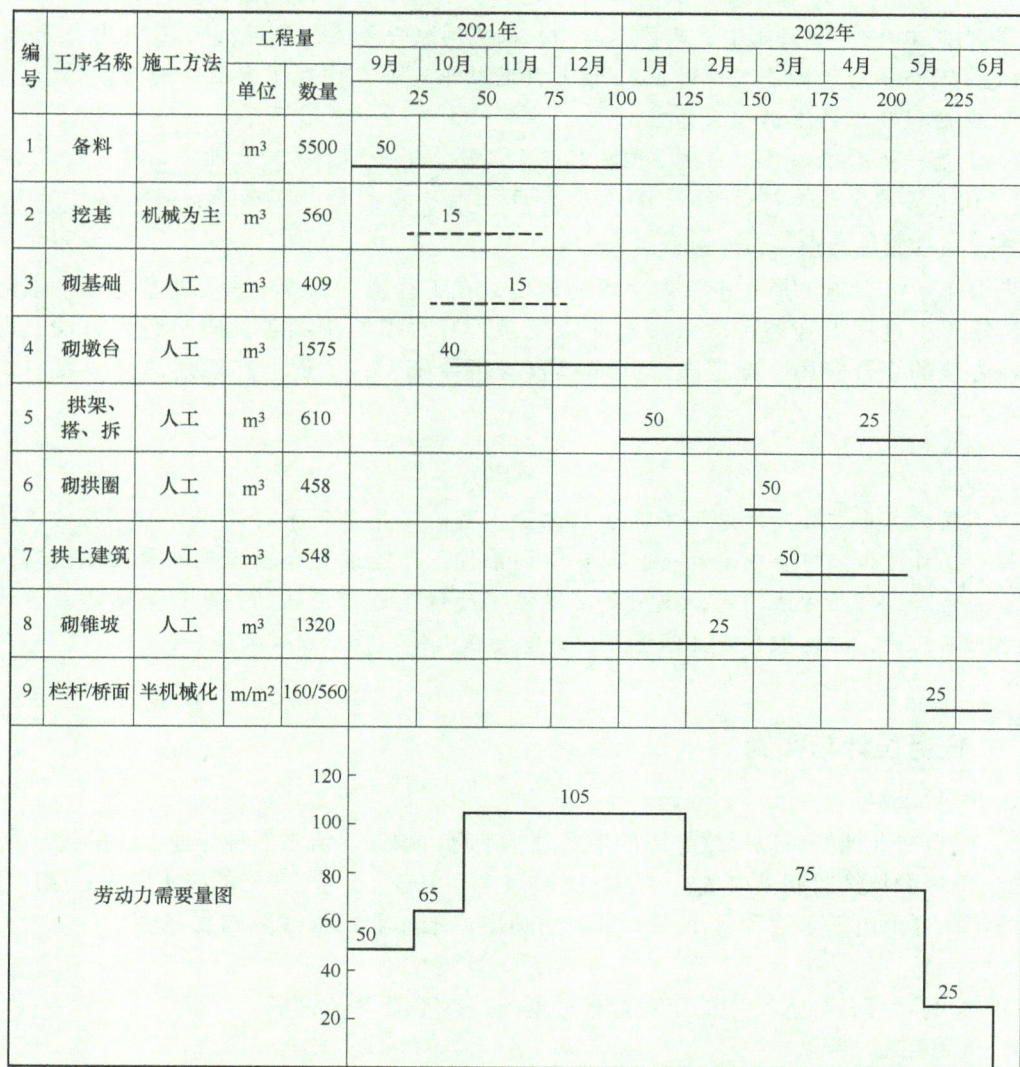

劳动力需要量图

图 2-12　中桥施工进度图

[案例分析]：在桥梁下部构造施工中，经常会遇到多个桩基或多个墩台施工的情况，为提高施工效率，保证工期和节约成本，流水作业法就成为施工企业组织施工的最有效手段，一般是先按照施工对象（如墩、台等）的结构部位，如例2-5所述挖基坑、砌基础、砌桥墩等划分成若干个工序，每个桥台或桥墩就自然成为一个施工段，这样来组织流水施工。至于挖基坑、砌基础、砌桥墩的人数安排与工期和施工面等因素有关（关于劳动力安排后面项目详述），每道工序完成时间在人数确定后可根据工程量、结合定额计算得到（后面项目详述），当然也可依据施工经验确定，在本项目学习中，流水节拍即工序工期是假设已知的，在流水作业参数（施工段数目、工序数目、流水节拍、流水步距）确定后就可以按前面所述组织流水施工，再绘制流水作业施工进度图就可以得到工期。由图2-12可以看出中桥挖基这道工序从2021年9月底开始施工，完成两个桥台和一个桥墩至11月下旬结束，砌基础施工队间隔一个流水步距约10d开始施工，到完成桥台和桥墩的全部砌筑工作到12月上旬，砌桥台与砌基础又间隔一个流水步距约从10月中旬开始施工到完成两个桥台的砌筑工作到2022年1月底结束，并且实现了专业队的连续作业，属于专业队连续施工的流水作业类型。

只是有一点必须注意：在横道图中只显示工序，不显示施工段，所以需要先绘流水作业进度图，再确定施工起始时间，将结果绘于上述图中，或也可以绘制网络图（后面项目详述），再转化成上述横道图的形式。

流水作业组织施工是先进管理手段的体现，在工程施工组织中占有重要地位。实际的公路桥梁施工过程受到各种因素影响非常复杂，有时需要用到各种施工组织方法，即三种作业方法的综合应用。横道图形式简单容易指导施工，工程上在表达总体进度时经常采用。

巧匠锦囊

不同的工序需要灵活选用不同组织方法，有的工序采用平行流水作业，有的工序采用顺序作业，只有合理地利用时间和空间条件，才能达到合理工期并最大限度利用资源的要求，作业方法的综合使用是要根据实际情况进行变化的，所以基本作业方法虽然只有三种，但其组合是灵活多变的，需要在工作实践中逐步提高。

任务设计与实施

1. 设计实施路径

1）结合专业课知识以思维导图的形式分析平行、顺序、流水三种作业方法的优缺点。

2）工序的持续时间见表2-2，按照2号、4号、1号、5号、3号的施工段先后顺序组织流水施工，分别用紧凑法和最小流水步距法画出流水作业的横线图与斜条图，计算计划总工期。

3）编制"任务导入"中的工程背景进度图，参考图2-11完成。

2. 呈现实施成果

要求：将实施结果打印在一张A4纸上，并粘贴在空白处。

图2-13为流水作业法类型分析思维导图作为学习参考。

表 2-2　流水节拍表

工序	施工段				
	作业时间/d				
	1号	2号	3号	4号	5号
A	5	3	4	5	5
B	4	5	4	3	3
C	4	3	4	4	3
D	6	5	6	5	3

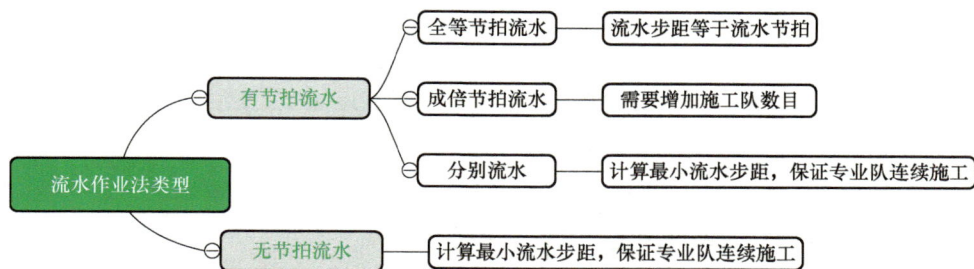

图 2-13　流水作业法类型分析

任务评价

任务活动		任务评价（线上/线下）					
序号	名称	出勤与态度20%	自评10%	互评10%	小组评价10%	教师评价50%	总评
1	顺序、平行、流水三种施工组织作业方法思维导图						
2	绘制工程背景施工进度图						

学习提示：

1. 工期受限或施工机械或人员有限的情况下，必须安排流水施工才能合理利用资源完成进度目标；

2. 施工组织方法与施工方法是同一个概念吗？试比较其不同；

3. 流水作业法施工在公路工程施工中有哪些实例？请查阅资料，谈谈你的看法

任务拓展

有些工程项目施工有多道工序组成，而每一道工序的复杂程度和花费的费用也有很大的不同，而那些施工难度大耗时最长成本最高的工序一般被称为关键工序，在施工组织中是不能等同于其他次要和简单工序对待的。查阅资料，分析关键工序采用平行作业，一般工序采用顺序作业，同时展开流水作业的综合施工组织类型。

任务2 确定施工段次序

任务导入

工程背景： 某工程项目包括五座小桥，每座小桥施工简化为两个施工过程：下部结构施工 a，上部结构施工 b，其工序工期表（或流水节拍表）见表2-3，试确定工期最短的最优施工次序。

表 2-3 工序工期表 （单位：d）

工序	工段				
	1#	2#	3#	4#	5#
下部结构施工 a	33	35	32	34	36
上部结构施工 b	37	32	33	38	34

如果有 m 个施工段，每个施工段都具有 n 道工艺相同的工序（工艺不同的工序无法比较），假如施工段的顺序不同，即使同样采用流水施工组织方法，得到的工期会不会一样呢？答案当然是否定的，如果不用消耗任何其他资源只需要改变一下施工段的施工次序，那么这种施工组织是不是特别有意义呢？

究竟怎样安排各个施工段的施工次序才能使得总工期最短呢？

这里所指的 m 个施工段，是指那些施工内容相同的单位工程，分部、分项工程（而不同施工内容的施工段无法排序）。n 道工序是指 m 个施工段中，受某种客观条件（如关键设备等）制约的工序，或指那些人为合并的工序。

任务目标

1. 掌握"约翰逊-贝尔曼"排序法则，能对两道工序多个施工段进行最优的施工排序，并绘制进度图；

2. 掌握"约翰逊-贝尔曼"排序法则，能对符合规定条件下的三道工序多个施工段进行最优排序，并绘制进度图；

3. 了解超过三道工序的施工段排序方法；能在工序工期表上进行紧凑法流水施工的工期计算；

4. 发扬工匠精神，选用科学方法进行合理施工组织，节约资源，降低成本，牢记管理也是生产力，也能创造效益。

相关知识

一、确定 m 个施工段两道工序的施工次序

对于这类问题可以用约翰逊-贝尔曼法则来解决。这个法则的基本原则是：先行工序施工工期短的要安排在前面施工，而后续工序施工

两道工序的
施工次序

工期短的要安排在后面施工；即首先列出 m 个施工段的流水节拍表，然后在流水节拍表中依次选取最小数，而且每列只选一次，若此"数"属于先行工序，则从前面排，反之，则从后面排。具体步骤通过以下示例详解。

【例 2-7】　1）填列流水节拍表，见表 2-4。

2）绘制施工次序排列表，见表 2-5（熟练后可不绘制此表，而在表 2-4 下边加一栏，直接排序）。

表 2-4　流水节拍表 （单位：d）

工序	施工段					
	A	**B**	**C**	**D**	**E**	**F**
a	5	5	7	9	4	3
b	8	4	6	2	7	4

表 2-5　施工次序排列表

填表次序	施工次序					
	1	**2**	**3**	**4**	**5**	**6**
1						D
2	F					
3		E				
4					B	
5			A			
6				C		
列中最小数	3	4	5	6	4	2
施工段号	F	E	A	C	B	D

3）填表排序。即按约翰逊-贝尔曼法则填充表 2-4，从而可将各个施工段的施工次序排列出来。本示例中，根据表 2-4，各施工段的施工次序排列如下：

① 第一个最小数是 2，属于后续工序，所以填列在表 2-5 中施工次序的最后一格，并将表 2-4 中 D 施工段这一列划去。

② 第二最小数是 3，属于先行工序，所以填列在表 2-5 中施工次序的最前面一格，并将表 2-4 中 F 施工段这一列划去。

③ 以此类推，将表 2-4 填列完毕，可确定各个施工段的最优施工次序为：F→E→A→C→B→D。

4）绘制施工进度图，确定施工总工期。本实例按流水作业法组织施工，其施工进度图如图 2-14 所示，其总工期为 35d。

若不按约翰逊-贝尔曼法则确定施工次序，一般不能取得最短施工总工期。如本示例，若按表2-3的施工次序，即按 A→B→C→D→E→F 的次序施工，则总工期至少需要41d，比35d 多 6d。

施工段图例：▨▨ A，▬▬ B，▭▭ C，▨▨ D，━━ E，▥▥ F

a)

施工段图例：▨▨ A，▬▬ B，▭▭ C，▨▨ D，━━ E，▥▥ F

b)

图 2-14　最优施工次序流水作业施工进度图

巧匠锦囊

上述方法，由于步骤复杂，初学者不易掌握，下面的小口诀能帮助你迅速排序：

列中选最小——6个施工段分别选中数字 5、4、6、2、4、3。

最小来排序——选中的 6个数字再按从小到大排列 2（D 后）、3（F 前）、4（B 后）、4（E 前）、5（A 前）、6（C 后）。

前前后后排——按顺序依次排：数字属于先行的往前排，如 FEA，属于后续的朝后排，如 BD。

剩下中间去——两头依次排好，剩下的占空下来的中间位置如 C。

二、确定 m 个施工段三道工序的施工次序

对于这类问题，如果符合下列两种情况的一种，就可采用约翰逊-贝尔曼法则。

1）第 1 道工序中最小施工工期 $t_{a,min}$ 大于或等于第 2 道工序中最大的施工工期 $t_{b,max}$，即 $t_{a,min} \geqslant t_{b,max}$。

2）第 3 道工序中最小的施工工期 $t_{c,min}$ 大于或等于第 2 道工序中最大施工工期 $t_{b,max}$，即 $t_{c,min} \geqslant t_{b,max}$。

具体步骤通过以下示例详解。

三道工序的
施工次序

【例 2-8】　1）第一步：将各个施工段中第 1 道工序 a 和第 2 道工序 b 的流水节拍（施工工期）依次加在一起，即 $t_a + t_b$。

2）第二步：将各个施工段中第 2 道工序 b 和第 3 道工序 c 的流水节拍（施工工期）依次加在一起，即 t_b+t_c。

3）第三步：将上两部中得到的流水节拍表（施工工期表），看作两道工序的流水节拍表（施工工期表），见表 2-6 中的 t_{a+b} 和 t_{b+c}。

4）第四步：按上述 m 个施工段两道工序的排序方法，求出最优施工次序。

5）第五步：按所确定的施工次序绘制施工进度表，确定施工总工期。

表 2-6 流水节拍表（1） （单位：d）

工序	施工段				
	A	B	C	D	E
t_a	3	2	8	10	5
t_b	5	2	3	3	4
t_c	5	6	7	9	7
t_{a+b}	8	4	11	13	9
t_{b+c}	10	8	10	12	11
最优次序	B	A	E	D	C

表 2-6 按上述方法确定出最优施工次序为 B→A→E→D→C，总工期为 39d；若按 A→B→C→D→E 的顺序施工，则总工期为 42d。

如果 m 个施工段三道工序不满足上述特定条件，应如何确定最优施工次序呢？对于这种情况，可以采用穷举法，找出最优施工次序。即按照上述原理，将工序重新组合成两道工序（包括所有可能的情况），再按约翰逊-贝尔曼法则确定最优施工次序。表 2-7 为 4个施工段，三道工序，但是不满足上述特定条件，可以把 a、b、c 三道工序重新组合成以下两道工序（包括了所有组合情况）：(a，b+c)、(a+c，b)、(a+b，c)、(a+b，b+c)、(a+c，b+c)、(a+b，b+c)。

注意：先行工序和后续工序的位置不能颠倒，如（a+c，a+b）的组合是错误的。

表 2-7 流水节拍表（2） （单位：d）

工序	施工段			
	A	B	C	D
a	7	4	3	9
b	3	5	6	4
c	5	6	8	7

三、确定 m 个施工段工序多于三道时的施工次序

1. 试算法确定工序多于三道时的施工次序

当工序多于三道时，求解最优施工次序变得比较复杂，但是仍可以将工序按一定方法进行组合，将其变成虚拟的两道工序，然后再按约翰逊-贝尔曼法则确定较优施工次序。

由于组合方式很多，每一次只能得到较优施工次序，只有列出所有组合方式，从众多较

优解中找到最优施工次序。但是，即使我们没有列出所有组合方式，也可以得到相对最优解。下面举例讲解此方法的应用。

【例2-9】 某施工任务有4个施工段，每个施工段有四道相同工序，其流水节拍表（作业时间表）见表2-8，求其最优施工次序及最短施工总工期。

表2-8　流水节拍表（3）　　　　　　　　　　（单位：d）

工序	施工段			
	A	**B**	**C**	**D**
a	6	2	5	3
b	4	7	1	2
c	8	9	3	6
d	1	5	4	8

若不排序，按紧凑法得施工总工期为44d。

【解】 1）组合1见表2-9。

表2-9　流水节拍表（4）　　　　　　　　　　（单位：d）

工序	施工段			
	A	**B**	**C**	**D**
a+b	10	9	6	5
c+d	9	14	7	14
较优次序	D	C	B	A

组合1按紧凑法得施工总工期为35d。

2）组合2见表2-10。

表2-10　流水节拍表（5）　　　　　　　　　　（单位：d）

工序	施工段			
	A	**B**	**C**	**D**
a+c	14	11	8	9
b+d	5	12	5	10
较优次序	D	B	C	A

组合2按紧凑法得施工总工期为33d。

3）组合3见表2-11。

表2-11　流水节拍表（6）　　　　　　　　　　（单位：d）

工序	施工段			
	A	**B**	**C**	**D**
a+d	7	7	9	11
b+c	12	16	4	8
较优次序	B	A	D	C

组合 3 按紧凑法得施工总工期为 44d。

4）组合 4 见表 2-12。

表 2-12　流水节拍表（7）　　　　　　（单位：d）

工序	施工段			
	A	**B**	**C**	**D**
a	6	2	5	3
b+c+d	13	21	8	16
较优次序	B	D	C	A

组合 4 按紧凑法得施工总工期为 36d。

5）组合 5 见表 2-13。

表 2-13　流水节拍表（8）　　　　　　（单位：d）

工序	施工段			
	A	**B**	**C**	**D**
a+b+c	18	18	9	11
d	1	5	4	8
较优次序	D	B	C	A

组合 5 按紧凑法得施工总工期为 33d，结果同组合 2。

从以上 5 种组合中找出最优顺序为：D→B→C→A，总工期为 33d，比按 A→B→C→D 顺序施工总工期减少了 11d。

2. 直接编阵法计算工期

在实际工程中，对于小型施工项目的排序问题，就如【例 2-9】一样，可以通过直接编阵法计算工期，而不必每一次都画出进度图来确定施工工期。

巧匠锦囊

紧凑法安排流水施工的工期一般通过绘图法得到，但需要时间长，且可能出错，表 2-14 的直接编阵法即表上工期计算法，不需绘图，计算速度快，方法简单，且不易出错。

直接编阵法计算工期的原理是：只要具备了开工要素就开工，属于紧凑法施工组织安排。具体计算见表 2-14。

表 2-14　流水节拍表　　　　　　（单位：d）

工序	施工段			
	A	**B**	**C**	**D**
a	6	4（10）	7（17）	9（26）
b	3（9）	5（15）	6（23）	4（30）

（续）

工序	施工段			
	A	B	C	D
c	5（14）	6（21）	8（31）	7（38）
d	4（18）	7（28）	8（39）	3（42）

注：表中（ ）里的数值为新元素，施工总工期为42d。说明：

1. 对于第一行各新元素，可以直接累加得到。因为，对于a工程来说，所有施工段上的工作面都是闲置的，只要有生产力就可以开工，所以，可以直接用旧元素值加左边新元素值得到该新元素值。也就是说，到第26d，a工序（作业队）就完成了所有施工段上的施工。

2. 对于第一列（即施工段A）各新元素，也是直接用旧元素值加上新元素值得到该新元素值。因为，所有工序（专业队）都是闲置的，即生产力能满足要求，只要有工作面就可以开工，所以，每累加一个数。也就是一道工序已完成了在首施工段A上的操作。

3. 对于其他新元素值，用旧元素值加上面或左边两新元素中的较大值（之所以加较大值是为了具备开工要素，上面的数值说明有无工作面，左边的数值说明有无生产力），得该新元素值，从第二行起顺序进行，直至完成。

巧匠锦囊

只要是简化成两道工序的都可以采用以下口诀：列中选最小，最小来排序，前前后后排，剩下填空去。这样排起序来方便又快捷。

任务设计与实施

1. 设计实施路径

（1）任务要求：1）施工段排序问题需要分析工序数目；针对两道工序的施工段排序问题采用口诀（巧匠锦囊）；2）三道工序的有条件采用口诀；3）三道工序以上的直接编阵法计算工期。

工序的持续时间见表2-15，采用流水作业施工，试考虑较短工期方案，计算计划总工期，并画出流水作业的横线图和斜线图。

表2-15 流水节拍表

工序	施工段						
	作业时间/d						
	1号	2号	3号	4号	5号	6号	7号
A	8	6	3	2	6	1	3
B	3	4	1	5	5	4	2

（2）完成"任务导入"中工程背景的施工段排序。

2. 呈现实施成果

要求：将实施结果打印在一张A4纸上，并粘贴在空白处。

表2-16施工段排序作为学习参考。

表 2-16　流水节拍及施工段排序

工序	施工段						
	作业时间/d						
	1 号	2 号	3 号	4 号	5 号	6 号	7 号
A	8	6	3	2	6	1	3
B	3	4	1	5	5	4	2
列中选最小	3	4	1	2	5	1	2
最小来排序	⑤	⑥	①	③	⑦	①	③
前前后后排	6 号	4 号		2 号	1 号	7 号	3 号
剩下填空去			5 号				

任务评价

任务活动		任务评价（线上/线下）					
序号	名称	出勤与态度 20%	自评 10%	互评 10%	小组评价 10%	教师评价 50%	总评
1	按表 2-14 流水节拍表进行施工段排序						
2	按表 2-13 流水节拍表描述工期计算法						

学习提示：

1. 工序排序是施工技术问题，施工段排序是施工组织问题；

2. 表上工期计算法得到的工期实质是按紧凑法绘制进度图的工期还是按专业队连续施工得到的工期？请思考

任务拓展

流水施工提高的劳动生产率是多少？大约节约成本为多少？请查阅资料，举例说明。

项目三

绘制公路工程网络进度图

任务1　绘制与计算双代号网络图

任务导入

工程背景1：试绘制某大型工程施工准备阶段的双代号网络图。工作先后顺序的逻辑关系见表3-1。

素养课堂——
中国桥梁的创新

表3-1　工作逻辑关系

工作代号	工作名称	紧后工作	时间/d	工作代号	工作名称	紧后工作	时间/d
A	签订合同	B、C	5	G	资源组织	F、I	12
B	组织分包	F	10	H	现场设施	K、I	16
C	图纸审查	D、E	10	I	起重机安装	L	8
D	编制预算	G	8	J	材料运输	L	2
E	组织设计	G、H	10	K	测量放线	L	5
F	加工订货	J	10	L	检查验收	/	2

工程背景2：某一双跨桥，有桥台A、C的一桥墩B。A和C采用明挖基础，B基础为钻孔灌注桩5根，梁长为28m混凝土梁。A和C基础采用反铲挖掘机施工，台、墩模板各一套。此工程各工作一览表见表3-2。试绘制该工程双代号网络图。基坑开挖、基础施工、墩台施工及架梁等工作的逻辑如图3-1所示。

表3-2　工作一览表

编号	工作名称	持续时间/d	编号	工作名称	持续时间/d
1	挖基A	7	7	承台B	2
2	围堰B	3	8	混凝土A	12
3	挖基C	7	9	混凝土C	13
4	基础A	4	10	混凝土B	8
5	基础C	4	11	架梁I	2
6	钻孔B	24	12	架梁H	1

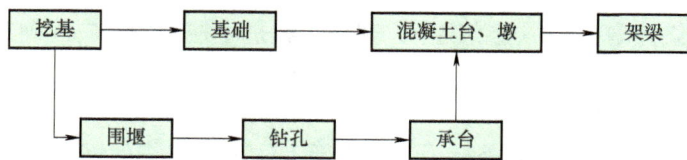

图 3-1 逻辑关系图

任务目标

1. 掌握双代号网络图的绘制方法，能进行双代号网络图的绘制；
2. 能进行双代号网络图的时间参数计算，并能判断关键线路；
3. 掌握时间坐标网络图的绘制方法，能进行时间坐标网络计划的绘制；
4. 发扬吃苦耐劳精神、奉献精神与团队精神，牢固树立责任与质量意识。

相关知识

一、绘制双代号网络图

1. 网络计划概述

（1）网络计划特点及作用

前面学到的无论是横道图或是斜条图其特点是简单易懂，便于阅读，但缺点是从图上看不出关键线路，各工作的逻辑关系也不明确，同时不方便优化和调整，网络计划图刚好可以克服这些不足，所以网络计划是比较先进的进度计划编制方法，总体来说，网络计划有如下特点：

1）能够全面而明确的反映出各项工作之间的相互依赖、相互制约的关系；
2）主次、缓急清楚，便于抓住主要矛盾；
3）反映了各项工作机动时间，有利于资源的合理分配；
4）有利于计算机技术的使用，便于网络计划的调整与控制。

通过网络时间参数计算，能找出决定工期的关键线路和关键工作以及有机动时间的非关键工作，确保控制计划总工期，合理安排人力、物力、财力等资源，从而降低成本，缩短工期，通过网络计划优化，可在若干可行方案中找出最优方案；同时，网络计划执行过程中，由于可通过时间参数计算预先知道各工作提前或推迟完成对整个计划的影响程度，管理人员可以采取技术组织措施对计划进行有效控制与监督，从而加强施工管理工作。

它不仅可用于控制项目施工进度，还可用于控制工程费用，如一定费用下工期最短或一定工期内费用最低等的网络计划优化；对规模庞大、联系复杂，所涉及单位、人员广泛的大型公路工程项目，使用网络计划技术编制工程进度计划可省时、省力，并加快计划变更、维护、反馈的速度和灵活性、准确性。

（2）网络计划的分类

网络计划可分为确定型和非确定型两类。如果网络计划中各项工作及其持续时间和各工作之间的相互关系都是确定的，就是确定型网络计划，否则属于非确定型网络计划。如计划评审技术（PERT）、图示评审技术（GERT）、风险评审技术（VERT）、决策关键线路法等均属于非确定型网络计划。在一般情况下，建设工程进度控制主要应用确定型网络计划。对于确定型网络计划来说，除了普通的双代号网络计划和单代号网络计划以外，还根据工程实际的需要，派生出下列几种网络计划：

1）时标网络计划：是以时间坐标为尺度表示工作进度安排的网络计划，其主要特点是计划时间直观明了。

2）搭接网络计划：是可以表示计划中各项工作之间搭接关系的网络计划，其主要特点是计划图形简单。常用的搭接网络计划是单代号搭接网络计划。

3）有时限网络计划：指能够体现由于外界因素的影响而对工作计划时间安排有限制的网络计划。

4）多级网络计划：是一个由若干个处于不同层次且相互关联的网络计划组成的系统，它主要适用于大中型工程建设项目，用来解决工程进度中的综合平衡问题。

除上述网络计划外，还有用于表示工作之间流水作业关系的流水网络计划和具有多个工期目标的多目标网络计划等。

工程上最常用的为双代号网络计划和单代号网络计划。

2. 双代号网络图绘制

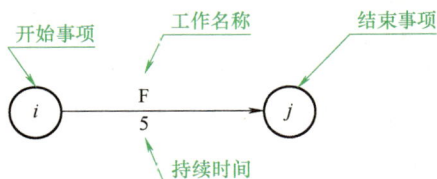

（1）三要素

双代号网络图由三个要素组成，即工作（工序）、节点和流（线路）。两节点连一条箭线形成双代号网络图绘制的基本单位，因此称双代号，如图3-2所示。

1）工作（工序）。在双代号网络图中，一条箭线表示一项工作，根据施工组织设计阶段的不同，计划编制的粗细不同，工作既可以是一简单的操作工序，也可以是一个复杂的施工过程或一项工程任务。例如，一个工作可能是单位工程，如路基工程、路面工程、桥梁工程和交通工程；也可能是分部、分项工程，如面层、基层、基础等；甚至还可以细分到具体的工序，如支模、绑扎钢筋、混凝土浇筑等。

双代号网络图绘制

图 3-2 双代号表示法

箭线在绘制的过程中又可分为实箭线和虚箭线。

① 实箭线。它表示的工作为实工序，即既消耗了时间又消耗了资源，或只消耗了其中的一种工序。例如，挖基坑这项工作需要消耗人工、机械和时间，混凝土的凝结硬化需要消耗时间。实箭线常用"——→"表示。

② 虚箭线。它表示的工作为虚工序，即既不消耗时间又不消耗资源，而是一个假想的工作。它只是用来表达工作之间的逻辑关系。虚箭线常用"---→"表示。

所谓工作之间的逻辑关系包括工艺上的关系（简称工艺关系）和组织上的关系（简称组织关系），在网络图中均表现为工作之间的先后顺序。箭线的长短一般不按比例绘制，其长短不反映该工作所占用时间的长短，但在网络上须按工作（工程任务、施工过程）的先后顺序排列。箭线所指的方向表示工作进行的方向，箭尾表示该工作的开始，箭头表示该工作的结束。箭线的方向在网络图中应保持自左向右的总方向并以水平线为主、斜线和竖线为辅。

2）节点。节点表示工作与工作之间的衔接关系，它具有相对性，代表前一项工作的结束，后一项工作的开始。它是一个瞬间概念，不消耗时间和资源。常用圆圈加一编号表示。

网络图中第一个节点称原始（或开始）节点，最后一个节点称结束（或终点）节点，其他节点称为中间节点。同一节点（除原始和结束节点外），既是前面工序的完工节点，又是后面工序的开工节点，如图3-3所示。

节点的编号代表工序的名称，编号的要求是：由小到大、从左到右、从上到下，箭头的号码大于箭尾的号码，不允许重号，但可不必连续编号，以便增减新的节点。

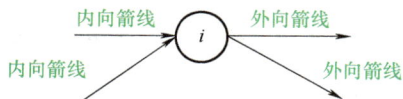

图3-3　内向箭线和外向箭线

指向节点的是内向箭线，离开节点的是外向箭线。

3）流（线路）。它是指网络图中从原始节点到结束节点之间可连通的线路，往往携带着定量的参数，如时间工期等。显然，一个网络图中线路有许多条，通过有关计算，就可以从中找到工作时间最长的线路，此线路就称为关键线路。工作时间少于关键线路的线路称为非关键线路。位于关键线路上的工序称为关键工序，在网络图中常用粗箭线或双线箭线表示。

关键线路上关键工序完成的快慢直接影响着整个工程的工期。但关键线路不是一成不变的，在一定条件下会转化。非关键线路上的工序有一定的机动时间，称为时差，它意味着该工序（线路）开工时间或完成日期容许适当提前或延期而不影响整个计划的按期结束。

时差是网络计划优化的基础。如果将非关键工序在时差范围内放慢施工速度，增加工序的持续时间，并把部分人力、机具转移到关键工序上面加快关键工序的进行，就可达到均衡施工和缩短工期的目的。

（2）七种工作名称

以一根箭线两端节点的编号代表一项工作，并按施工顺序先后连接起来的网络图，称为双代号网络图。如图3-4所示，一个完整的双代号网络图里，应包含以下七种工作名称：

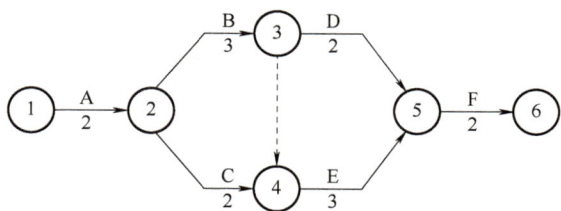

图3-4　双代号网络图

1）开始工作：没有紧前工作的工作，如A工作。

2）结束工作：没有紧后工作的工作，如F工作。

3）紧后工作：是网络图中紧跟着某项工作而开展的工作。如A的紧后工作是B和C，B的紧后工作是D和E等。

4）紧前工作：是相对于某工作而言，紧排在该工作之前的工作称为该工作的紧前工作。如A工作是B工作和C工作的紧前工作，B工作是D工作和E工作的紧前工作，D和E又是F的紧前工作等。

紧前工作和紧后工作构成相互关系。

5）先行工作：是紧前工作和紧前工作的紧前工作的总和，在网络计划中只要是在某项工作之前进行的工作统统称为这项工作的先行工作。如 A、B、C、D、E 都是 F 的先行工作等。

6）后续工作：是紧后工作和紧后工作的紧后工作的总和，在网络计划中只要是在某项工作之后进行的工作统称为这项工作的后续工作。如 B、C、D、E、F 都是 A 的后续工作等。

7）平行工作：在一个网络计划中既不是先行工作又不是后续工作的即为平行工作，如 B 和 C、D 和 E 即为平行工作。

巧匠锦囊

双代号网络图的绘制是个难点，初学者如果不掌握正确绘制方法，往往事倍功半，但是无论多么复杂的双代号网络图，大都包含五种工作关系模型，只要掌握好了，就能快速准确绘制出来，是不是很神奇？赶紧来学习吧！

巧记口诀：

双代网络需谨记，始点终点皆唯一；

紧后工作若相同，箭头就要汇一起；

紧后若不全相同，直跟虚跟分清晰；

紧前紧后全相同，一条虚线隔开去。

（3）五种工作关系模型

1）A、B、C 同为开始工作，如图 3-5 所示。结论：A、B、C 工作箭尾汇于同一节点。

2）D、E、F 同为结束工作，如图 3-6 所示。结论：D、E、F 箭头汇于同一节点。

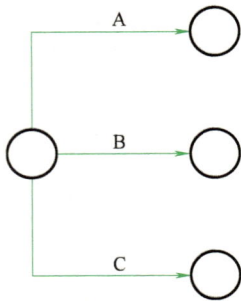

图 3-5　A、B、C 同为开始工作

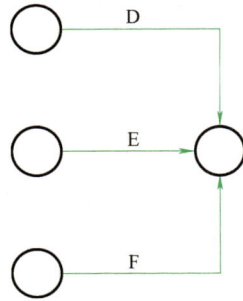

图 3-6　D、E、F 同为结束工作

3）两项工作的紧后工作完全相同，见表 3-3。结论：两项工作的箭头汇于同一节点，如图 3-7 所示。

表 3-3　紧后工作完全相同

工作	A	B
紧后工作	C、D	C、D

4）两项工作的紧后工作有相同的部分，又有不同的部分，相同的部分单独出现，见表 3-4。

表 3-4　相同的部分单独出现

工作	A	B
紧后工作	C	C、D

重点：虚工作出现第一种情况之一。结论：相同的部分单独出现（图 3-8），直接跟，如图 3-9 所示。

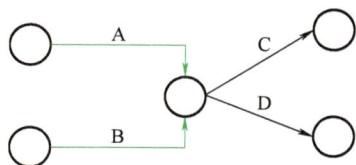

图 3-7　两项工作的箭头汇于同一节点

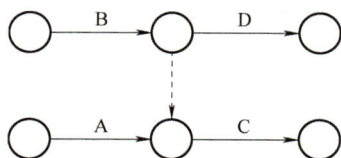

图 3-8　相同的部分单独出现

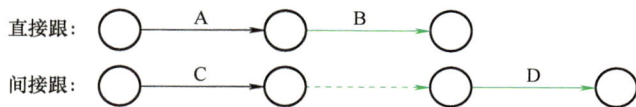

图 3-9　直接跟与间接跟

但如果两项工作的紧后工作有相同的部分，又有不同的部分，相同的部分不单独出现，见表 3-5。

重点：虚工作出现第一种情况之二。结论：相同的部分不单独出现（图 3-10），对两项工作而言，都是间接跟的，如图 3-9 所示。

表 3-5　相同的部分不单独出现

工作	A	B
紧后工作	C、E	C、D

5）如果两项工作紧后工作和紧前工作都完全一样，见表 3-6。

重点：虚工作出现的第二种情况！

如前所述，两项工作的紧前工作完全一样，其箭尾汇于同一节点，紧后工作完全一样，其箭头汇于同一节点，这样就会出现两节点之间出现两条箭线的情况，所以此时必须引入一条虚箭线，即引入虚工作（表 3-6）。

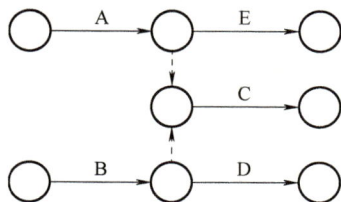

图 3-10　相同的部分不单独出现

表 3-6　引入虚工作

工作	C	D
紧后工作	E	E
紧前工作	A	A

结论：两节点之间只能有一条箭线，只能代表一项工作，所以两工作间必须引入一条虚箭线，以区分 C、D 两项工作，如图 3-11 所示。

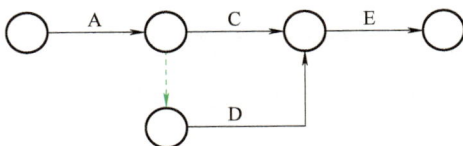

图 3-11　两节点之间只能有一条箭线

（4）绘制规则

1）一个网络计划图中只允许有一个开始节点和一个结束节点。

2）一对节点之间只能有一条箭线。这是因为双代号网络计划图中，两个代号代表着一项工作，如果一对节点之间有两条甚至更多条箭线存在，就无法分清这两个代号究竟代表哪一项工作，如图 3-12a 所示。这种情况下正确的表示方法是引入虚箭线，如图 3-12b 所示。

图 3-12　双代号网络图的绘制（1）

3）网络计划图中不允许出现闭合回路。在网络计划图中，如果从一个节点出发顺着某一条线路又能回到原出发的节点，这种线路就称为闭合回路，如图 3-13a 所示，节点①、②、③、④就是一条闭合回路。它表示的工作关系是错误的，在工艺流程上是相互矛盾的，每一项工作都无法开始，也无法结束。

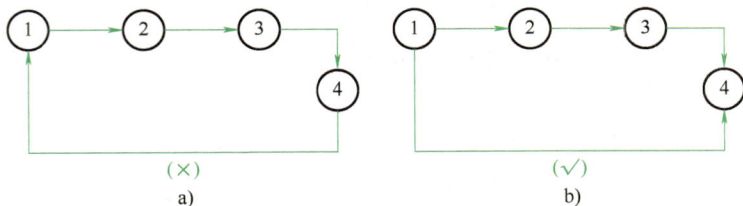

图 3-13　双代号网络图的绘制（2）

4）在网络计划图中不允许出现线段、双向箭头，并应避免使用反向箭线。表示工程进度计划的网络图是一种有向无回的图，即施工进度方向的网状流程图，是沿着箭头指引的方向前进的，因此，不允许出现无箭头的线段和双箭头的箭线。箭线所表示的工作是需要占用时间的，而时间是不可逆的，使用反向箭线容易引起闭合回路，在时标网络计划图中，反向箭线更是不允许出现的。

5）网络计划图的布局应合理。不仅要求工作关系正确，而且要尽量避免箭线的交叉，如图 3-14a 所示。网络图中箭线的交叉一般通过整理图是可以避免的，如图 3-14b 所示。

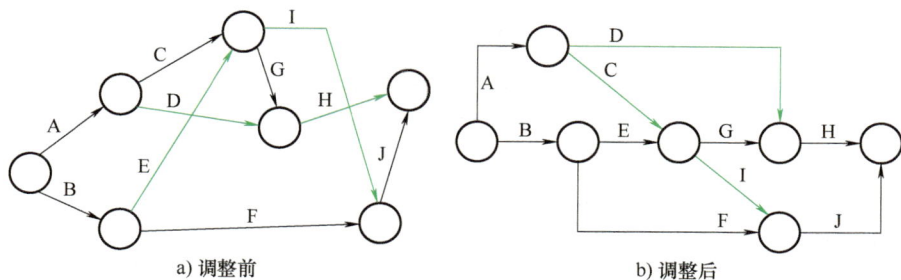

图 3-14 双代号网络图的绘制（3）

当箭线的交叉是不可避免时，应采用"暗桥""断线"或"指向"等方法来加以处理，如图 3-15 所示。

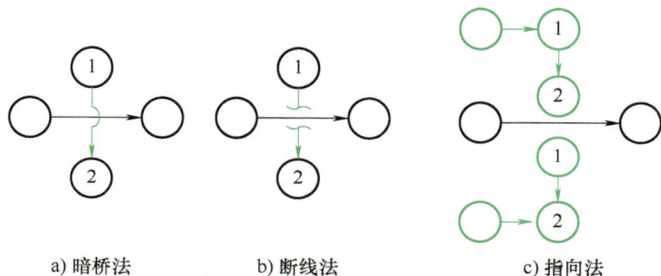

图 3-15 双代号网络图的绘制（4）

6）节点编号从小到大，即箭尾节点编号永远小于箭头节点编号。

（5）双代号网络图的绘制步骤

1）熟悉图纸、调查研究、分析情况。计划编制前要全面熟悉和审查图纸，与设计单位和建设单位联系，了解设计意图和主要构造；摸清工程有关的自然、技术、经济条件，充分估计劳动力、材料及机械设备使用和供应的情况，了解上级单位的指示及协作单位的情况，做好资料的收集工作。

2）确定施工方案。网络图是表达计划安排的一种方法，是由施工方法所决定的。因此只有某项工程在一定的自然条件、物资条件、技术条件下用什么方法施工确定以后，才可着手编制网络计划。

3）确定工作项目，工程任务的分解。网络图中工作项目划分的粗细程度，是根据网络图的用途而定的。一般来说，供领导掌握使用的网络图，工作项目可划分的粗些，图面简单，便于抓住关键。而在工地上供基层管理人员及工人班组使用的网络图，项目要划分得细一些，便于施工。也可以做分部、分项工程的网络图，按分部工程或施工阶段编制网络计划。

4）确定施工顺序。确定施工顺序对编制进度计划来说是关键。根据施工方案和多年的施工经验及各项工作之间在工艺上组织上的制约关系，确定工程各施工项目的先后顺序。即明确指出各工作在开始之前应完成哪些工作（紧前工作），或者工作结束之后有哪些工作（紧后工作）。

5）计算各项工作的持续时间。首先要根据图纸计算出每项工作的工程量，如果分层分段施工，则工程量的计算也分层分段来算。然后根据定额查出某项工作所需工时数，再根据劳动力安排情况，确定工作天数，即该工作的持续时间。当考虑资源和费用问题时，还应给出相应的数据。确定工作的持续时间至关重要，工作持续时间的可靠性，直接影响计划的质量。若时间定得太短，则会造成人为的紧张局面，甚至工作无法完成；如果时间定得太长，又造成时间上的浪费。在确定工作的持续时间时，应不受工作重要性、指令工期等条件的约束，也就是应按正常情况下所需时间来确定。

6）制定工作项目一览表。以上项目可以汇总成表，以便于画图，见表3-7。

表3-7　工作关系表

工作代号							
工作名称（工作内容）							
紧前工作（紧后工作）							
持续时间							

表中工作名称（工作内容）一项，一定要按施工先后顺序填写。第三行可以是紧前工作，也可以填紧后工作，根据施工顺序来填写，目的是确定网络计划中工作之间的制约关系。表中的工作编号，可以在绘制网络图以后按照编号的要求，统一编注和填写。

7）绘制网络计划的初始方案。具备上述条件以后，就可以着手绘制网络图，一般先绘制草图，重点应放在工序之间的逻辑关系上，即要全面正确地反映各项工序之间的顺序关系。草图绘制时，根据拟定的紧前工作关系，可按后退法绘制，如果拟定的是紧后工作关系，则可按前进法绘制，当然紧前工作关系和紧后工作关系也可以相互转换。

8）整理成图。由于绘制草图时，主要目的是表明各工作关系，所以布局上不是十分合理，同时难免会有多余虚工作等。因而整理草图的工作主要有：去掉多余的虚箭线，调整位置，尽量去掉箭杆线的交叉，检查工作关系是否正确，检查是否符合绘图规则。

9）节点的编号。节点的编号代表工序的名称，编号的要求是：由小到大、从左到右，箭头的号码大于箭尾的号码，不允许重号，但可不必连续编号，以便增减新的节点。

绘制方法

【例3-1】 根据以下工作的逻辑关系（表3-8），绘制双代号网络图。

表3-8　工作的逻辑关系

工作代号	A	B	C	D	E	F	G	H
紧后工作	C、D	E、F	E、F	G、H	G、H	H	—	—

分析：

1）确定起始工作和结束工作：在紧后工作名称里找不到的为开始工作A、B，没有紧后工作的G、H为结束工作。

2）B与C、D与E的紧后工作完全一样，所以其箭头汇于同一节点。

3）F和D与E的紧后工作有相同的H，又有不同的G，H单独出现在F的紧后，所以直接跟，那H在D与E的后面应该间接跟，此时会出现虚工作。

4）节点编号。

先从前向后正确绘出工作的紧前紧后逻辑关系，然后调整网络形状为合适即可，如图 3-16 所示。

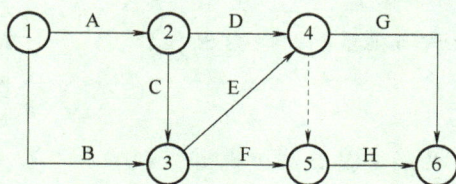

图 3-16 双代号网络图

【例 3-2】 根据以下工作的逻辑关系（表 3-9），绘制双代号网络图。

表 3-9 工作的逻辑关系

工作代号	A	B	C	D	E	F	G	H	I	J
紧后工作	B、C	D、E、F	D、E、F	H	G	J	I	J	J	—

分析：

1）确定起始工作和结束工作：在紧后工作名称里找不到的为开始工作 A，没有紧后工作的 J 为结束工作。

2）B、C 的紧前工作和紧后工作完全一样，所以会出现虚工作，增加一个节点。

3）H、I、F 紧后工作完全一样，其箭头汇于同一节点。

4）对节点进行编号。

先从前向后正确绘出工作的紧前紧后逻辑关系，然后调整网络形状为合适即可，如图 3-17 所示。

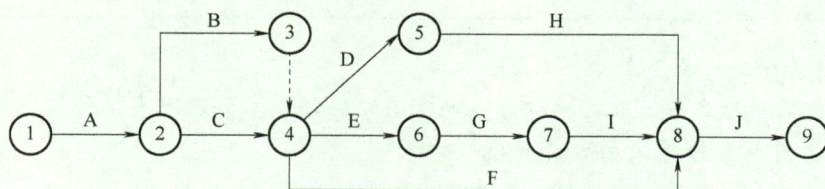

图 3-17 双代号网络图

【例 3-3】 根据以下工作的逻辑关系（表 3-10），绘制双代号网络图。

表 3-10 工作的逻辑关系

工作代号	A	B	C	D	E	F	G	H
紧后工作	D、E	C、F	D、E	G	G、H	G、H	—	—

分析：

1）确定起始工作和结束工作：在紧后工作名称里找不到的为开始工作 A、B，没有紧后工作的 G、H 为结束工作。

2）A 与 C、E 与 F 的紧后工作完全一样，所以其箭头汇于同一节点。

3）D 和 E、F 的紧后工作有相同的 G，又有不同的 H，G 单独出现在 D 的紧后，所以直接跟，那 G 在 E、F 的后面应该间接跟，此时会出现虚工作。

4）节点编号。

先从前向后正确绘出工作的紧前紧后逻辑关系，然后调整网络形状为合适即可，如图 3-18 所示。

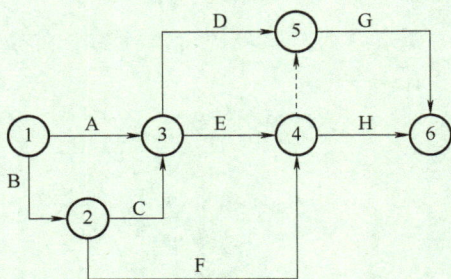

图 3-18　双代号网络图

【例 3-4】　根据以下工作的逻辑关系（表 3-11），绘制双代号网络图。

表 3-11　工作的逻辑关系

工作代号	A	B	C	D	E	F	G	H
紧前工作	—	A	B	B	B	C、D	C、E	F、G
持续时间/d	1	3	1	6	2	4	2	1

分析：

1）可先根据紧前工作转化为紧后工作，见表 3-12。

表 3-12　紧前紧后工作

工作代号	A	B	C	D	E	F	G	H
紧前工作	—	A	B	B	B	C、D	C、E	F、G
紧后工作	B	C、D、E	F、G	F	G	H	H	—

2）确定开始工作 A 和结束工作 H。

3）C、D 的紧后工作有相同的部分，也有不同的部分，会出现虚工作。相同的部分 F 单独出现，于 D 是直接跟，于 C 是间接跟的。

4）F、G 的紧后工作完全一样，其箭头汇于同一节点。

绘制双代号网络图如图 3-19 所示。

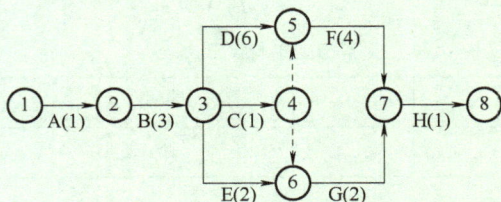

图 3-19　双代号网络图

双代号网络图的绘制需要反复练习，才能熟练掌握。

二、计算双代号网络图时间参数

1. 时间参数的概述

通过绘制双代号网络图，只是把工程项目工作之间的逻辑关系表达出来了，但要想利用其进行定量分析和管理，必须通过网络图的时间参数计算才能实现。

（1）计算时间参数的目的

1）确定完成整个计划的总工期，各项工作的最早可能开始时间和最早可能完成时间。

2）确定各工作的最迟必须开始时间和最迟必须完成时间，各项工作的机动时间与计划中的关键工作及关键线路。

3）时间参数是绘制时标网络图的基础，网络图经过时间参数计算后，才可绘制时间坐标网络图，以便为网络计划下达执行提供依据。

4）时间参数是网络计划调整与优化的前提条件，时间参数计算后发现工期超出合同工期，工程费用消耗过高，由时标网络图绘出的资源调配图看出资源供应明显不均衡等，必须对原网络计划图进行必要的调整与优化，以达到既定的计划管理目标。

（2）时间参数的分类

网络计划的时间参数按其特性可分为两类：控制性时间参数和协调性时间参数。

1）控制性时间参数。

① 最早时间系列参数，它包括：工作的最早开始时间（ES）、工作的最早完成时间（EF）、节点的最早可能实现时间（ET）。

② 最迟时间系列参数，它包括：工作的最迟开始时间（LS）、工作的最迟完成时间（LF）、节点的最迟必须实现时间（LT）。

2）协调性时间参数。它包括：工作的总时差（TF）、工作的局部时差（或工作的自由时差）（FF）、工作的相干时差（IF）、工作的独立时差（DF）

这里所说的时差，即机动时间，意味着一些工作可以适当地推迟开始或者结束，而并不影响整个计划的完成日期。

（3）时间参数的计算假定

为了使网络图时间参数计算都建立在统一的网络模型上，并共同规定时间计算的起点，有以下计算假定：

1）网络计划图中工作的持续时间是已知的，即为肯定型网络模型。

2）工作的可能开始或完成，或者必须开始或完成时间均以单位时间终了时刻为计算标准。

常用的网络计划的时间参数及符号见表3-13。

表 3-13　网络计划的时间参数及符号

参数	名称	符号	英文
工期	计算工期	T_C	Computer Time
	要求工期	T_R	Require Time
	计划工期	T_P	Plan Time
	持续时间	$t_{i,j}$	Time（Day）

（续）

参数	名称	符号	英文
节点时参	最早实现时间	ET_i	Earliest Time
	最迟实现时间	LT_i	Last Time
工作时参	最早开始时间	$ES_{i,j}$	Earliest Staring Time
	最早完成时间	$EF_{i,j}$	Earliest Finishing Time
	最迟完成时间	$LF_{i,j}$	Latest Finishing Time
	最迟开始时间	$LS_{i,j}$	Lastest Staring Time
	总时差	$TF_{i,j}$	Total Float Time
	自由时差	$FF_{i,j}$	Free Float Time

2. 节点时间参数的计算

双代号网络的时间参数计算有两类：一是节点时间参数计算，二是工作时间参数计算。两类时间参数互为关系。

节点时间参数是以节点为对象计算的。节点是工序的连接点，表示其前面工作的结束和后面工作的开始，所以节点时间参数是工作持续时间的开始或结束时刻的瞬间。节点时间参数分为两个，即节点的最早可能实现时间和节点的最迟必须实现时间。

（1）节点的最早可能实现时间（ET）

节点的最早可能实现时间（ET）（图3-20）是指以计划起始节点的时间 $ET_{(1)} = 0$，沿着各条线路达到每一个节点的时刻，它表示该节点紧前工作的全部完成，其后的紧后工作最早可能开始的时间。节点最早时间不一定等于该节点前各工作的最早完成时间，因为这些工作最早开始时间可能不同，工作持续时间也可能不等，由于进入这个节点的紧前完成不全部结束，其紧后工作就不能开始，因此，计算时取进入节点的紧前工作完成时间的最大值，作为该节点的最早可能实现时间，见式（3-1）。

$$ET_{(i)} = \max\{ET_{(j)} + t_{(i,j)}\} \quad (j = 2, 3, 4, \cdots, n) \tag{3-1}$$

式中：$t_{(i,j)}$——工作的持续时间；

n——网络计划图中终节点的编号。

计算方法：从前往后，（只加内向箭线）累加取大。从始节点顺向计算至终节点。

计算口诀：顺向相加，取大值。

图3-20 节点时间参数

【例3-5】 如图3-21所示，求此网络计划各节点的最早可能实现时间，以及网络计划总工期。

分析：

1）令 $ET_① = 0$，则有 $ET_② = ET_① + t_B = 0 + 1 = 1$。

2）$ET_③ = ET_① + t_A = 0 + 5 = 5$，或 $ET_③ = ET_② + t_A = 1 + 3 = 4$，两者之间取大值，所以舍去 4，取 $ET_③ = 5$。

同理可得其他节点早时间参数 ET 值。具体计算过程如下：

3）$ET_④ = ET_② + t_F = 1 + 2 = 3$，或 $ET_④ = ET_③ + t_E = 5 + 6 = 11$，两者之间取大值，所以舍去 3，取 $ET_④ = 11$。

4）$ET_⑤ = ET_④ + 0 = 11 + 0 = 11$，或 $ET_⑤ + t_D = 5 + 5 = 10$，两者之间取大值，所以舍去 10，取 $ET_⑤ = 11$。

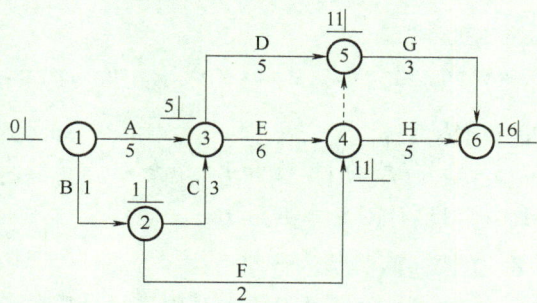

图 3-21 双代号网络图

5）$ET_⑥ = ET_④ + t_H = 11 + 5 = 16$，或 $ET_⑥ = ET_⑤ + t_G = 11 + 3 = 14$，两者之间取大值，所以舍去 14，取 $ET_⑥ = 16$。

至此，计算网络计划终节点的早时间参数为 $ET_⑥ = 16d$，则网络计划总工期为 16d。

（2）节点的最迟必须实现时间（LT）

节点最迟必须实现时间（LT）是指在计划工期确定的情况下，从网络计划图的终节点开始，逆向推算出各个节点的最迟必须实现时刻。计算时从最终节点开始并取 $ET_{(n)} = LT_{(n)}$，即最终节点的最迟必须实现时间等于计划工期。箭尾节点的最迟必须实现时间等于箭头所指节点的最迟必须实现时间减去工作持续时间。对于分枝节点，也就是节点连接很多箭尾时，则应对每一条箭线都进行计算，然后取其最小值作为该节点的最迟必须实现时间，计算见式（3-2）：

$$LT_{(i)} = \min\{LT_{(j)} - t_{(i,j)}\} \quad (j = n-1, n-2, \cdots, 1) \tag{3-2}$$

计算方法：从后往前（只看外向箭线，包括虚箭线），递减取小。依次一个节点一个节点地去计算，不要看线路，不要远看，只看前后两个节点。从结束节点逆向计算至开始节点。

计算口诀：逆向相减，取小值。

【例 3-6】 如图 3-22 所示，求此网络计划各节点的最迟可能实现的时间，以及网络计划总工期。

分析：

1）令 $LT_⑥ = ET_⑥ = 16$，则有 $LT_⑤ = ET_⑥ - t_G = 16 - 3 = 13$。

2）$LT_④ = LT_⑤ - 0 = 13 - 0 = 13$，或 $LT_④ = LT_⑥ - t_H = 16 - 5 = 11$，两者之间取小值，所以舍去 13，取 $LT_④ = 11$。

同理可得其他节点早时间参数 LT 值。具体计算过程如下：

3）$LT_③ = LT_⑤ - t_D = 13 - 5 = 8$ 或 $LT_③ = LT_④ - t_E = 11 - 6 = 5$，两者之间取小值，所以舍去 8，取 $LT_③ = 5$。

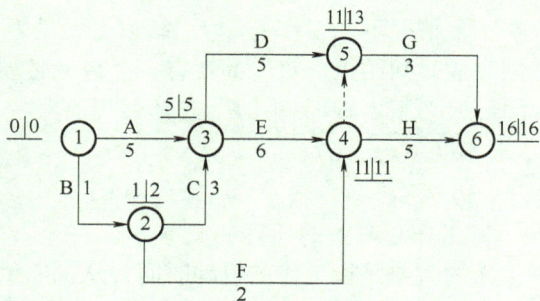

图 3-22 双代号网络图

4）$LT_{②}=LT_{③}-t_C=5-3=2$，或 $LT_{②}=LT_{④}-t_F=11-2=9$，两者之间取小值，所以舍去 9，取 $LT_{②}=2$。

5）$LT_{①}=LT_{③}-t_A=5-5=0$，或 $LT_{①}=LT_{②}-t_B=2-1=1$，两者之间取小值，所以舍去1，取 $LT_{①}=0$。

至此，节点的 ET 值和 LT 值全部计算结束。网络计划终节点的早时间参数为 $ET_{⑥}=16d$，则网络计划总工期为16d。

3. 工作时间参数的计算

工作时间参数是以工作为对象进行计算的，包括各项工作的最早可能开始时间和最早可能完成时间；及各项工作的最迟必须完成和最迟必须开始时间，利用上节所述节点时间参数计算的结果，可以方便地计算各项工作的工作时间参数。

（1）工作的最早可能开始时间（ES）

工作的最早可能开始时间（ES）是指一项工作在具有了一定工作条件和资源条件后可以开始工作的最早时间。在工作流程上，各项工作要等到其紧前工作都结束以后方能开始。很明显工作（i,j）的最早可能开始时间就等于箭尾节点（i）的最早可能实现时间，计算见式（3-3）：

$$ES_{(i,j)}=ET_{(i)} \tag{3-3}$$

（2）工作的最早可能完成时间（EF）

正常情况下，工作（i,j）若能在最早可能开始时间开始，对应就有一个最早可能完成时间，它就等于箭尾节点的最早可能实现时间或者工作的最早可能开始时间加上工作（i,j）的持续时间 $t_{(i,j)}$，计算见式（3-4）：

$$EF_{(i,j)}=ET_{(i)}+t_{(i,j)}=ES_{(i,j)}+t_{(i,j)} \tag{3-4}$$

（3）工作的最迟必须完成时间（LF）

工作的最迟必须完成时间（LF）是指一项工作在不影响工程按总工期结束的条件下最迟必须完成的时间，它必须在紧后工作开始之前完成。计算工作的最迟必须完成时间应从终节点逆箭线方向向起始节点逐项进行计算。工作（i,j）就等于箭头节点（j）的最迟必须实现时间 $LT_{(j)}$，计算见式（3-5）：

$$LF_{(i,j)}=LT_{(j)} \tag{3-5}$$

（4）工作的最迟必须开始时间（LS）

在正常情况下，工作（i,j）结束得迟是因为开始得迟，所以工作（i,j）如果能在最迟必须完成时间结束，对应的就有一个最迟必须开始时间，它等于工作（i,j）的箭头节点（j）的最迟必须实现时间 $LT_{(j)}$ 或其最迟必须完成时间 $LF_{(i,j)}$ 减去工作（i,j）的持续时间 $t_{(i,j)}$，计算见式（3-6）：

$$LS_{(i,j)}=LT_{(i)}-t_{(i,j)}=LF_{(i,j)}-t_{(i,j)} \tag{3-6}$$

（5）工作总时差的计算

工作的时差是指工作的机动时间，从上面例题的计算结果可以看出，在计划工期不变的条件下，有些工作的最早可能开始（或完成）时间与最迟必须开始（或完成）时间是不同的，两者之间有一定的差值，这个差值就称为时差。按照时差的不同性质和作用，可以分为工作的总时差、局部时差、相干时差和独立时差等。

工作的总时差 $TF_{(i,j)}$，是指在不影响任何一项紧后工作（j,k）的最迟必须开始时间的条件下，工作（i，j）所拥有的最大机动时间。一项工作（i，j）不影响计划按总工期完工的活动范围是从工作（i，j）的最早可能开始时间到最迟必须完成时间，所以总时差是在这个范围内扣除工作（i，j）本身的持续时间后，所具有的剩余时间，用公式（3-7）来计算：

$$TF_{(i,j)} = LF_{(i,j)} - ES_{(i,j)} - t_{(i,j)} \qquad (3\text{-}7)$$

稍加变化就得
$$TF_{(i,j)} = LS_{(i,j)} - ES_{(i,j)} = LF_{(i,j)} - EF_{(i,j)} \qquad (3\text{-}8)$$

用节点时间参数来表达为

$$TF_{(i,j)} = LT_{(j)} - ET_{(i)} - t_{(i,j)} \qquad (3\text{-}9)$$

上述计算工作总时差 $TF_{(i,j)}$ 的三个公式是等价的。工作总时差具有以下性质：

1）如果总时差等于零，其余时差也都等于零。

2）总时差不但属于本工作，而且与前后工作都有关系，它为一条线路所共有。

3）总时差最小的工作为关键工作，关键工作组成的线路为关键线路。

4）总时差等于0说明该工作没有机动时间；总时差大于0，说明本工作有机动时间；总时差小于0说明计划工期超过了上级规定工期，应进行调整。

（6）工作的局部时差（FF）

工作的局部时差（FF）是指在不影响任何一项紧后工作（j，k）的最早可能开始时间的条件下，工作（i，j）所具有的机动时间。它的范围是从工作（i，j）的最早可能开始时间到紧后工作最早可能开始时间中，扣除工作本身的持续时间后，所具有的剩余时间，公式（3-10）表示为

$$FF_{(i,j)} = ES_{(j,k)} - ES_{(i,j)} - t_{(i,j)} \qquad (3\text{-}10)$$

或
$$FF_{(i,j)} = ET_{(j)} - ET_{(i)} - t_{(i,j)} \qquad (3\text{-}11)$$

工作（i，j）的局部时差反映了工作（i，j）最早可能完成时间到其紧后工作（j，k）最早可能开始时间之间的时间间隔，它有时被称为自由时差，它属于总时差的一部分。一般地，局部时差只可能存在于有多条箭线汇集的节点之前的工作中，局部时差的主要特点是：

1）局部时差属于本工作，不能传递。

2）局部时差小于或等于总时差，即 FF≤TF。

3）使用局部时差对紧后工作没有影响，后继工作仍可按其最早可能开始时间开始。

（7）工作的相干时差（IF）

工作的相干时差（IF）是指可以与紧后工作共同利用的机动时间。具体地说，是在工作总时差中，除局部时差外，剩余的那部分时差。其计算见式（3-12）：

$$IF_{(i,j)} = LT_{(j)} - ET_{(j)} \qquad (3\text{-}12)$$

相干时差的特点：

1）相干时差可以传递，前后工作可以共用。

2）相干时差+局部时差=总时差。

（8）工作的独立时差（DF）

工作的独立时差（DF）是指本工作所独有而其前后工作不可能利用的时差。具体地说，它是在不影响紧前工作最迟完成时间及紧后工作最早开始时间的条件下，本工作所拥有的机动时间。可用式（3-13）计算：

$$DF_{(i,j)} = ET_{(j)} - LT_{(i)} - D_{(i,j)} \qquad (3\text{-}13)$$

独立时差的特点：

1）独立时差属于本工作，不能传递。

2）独立时差小于或等于局部时差。

3）使用独立时差对紧前，紧后工作都没有影响。

其中，在几个时差中的总时差和局部时差最为常用，因此工作的六个时间参数计算常用图上计算法，其计算图例如图 3-23 所示（或将 $EF_{(i,j)}$ 和 $LS_{(i,j)}$ 交换位置也可）。

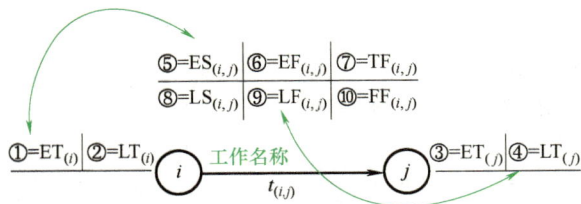

加上工作的开始和完成两个节点的 4 个时间参数，为计算方便，分别将其编号：

图 3-23 工作时间参数与节点时间参数图例参考

①$= ET_{(i)}$，②$= LT_{(i)}$，③$= ET_{(j)}$，④$= LT_{(j)}$，⑤$= ES_{(i,j)}$，以此类推⑩$= FF_{(i,j)}$，如图 3-23 所示。

因为计算工作时间参数之前，网络计划的所有节点的两个时间参数（早时间参数 ET 值和迟时间参数 LT 值）已经全部计算完毕，工作时间参数与节点时间参数的关系如下：

令⑤=①，则有⑥=⑤$+t_{(i,j)}$。

令⑨=④，则有⑧=⑨$-t_{(i,j)}$。

又根据总时差和局部时差的定义：则有

⑦=⑨-⑥=⑧-⑤，⑩=③-⑥

至此，每个工作的 6 个时间参数就可以顺利计算了。

巧匠锦囊

试计算上题网络计划各工作时间参数，各工作持续时间如图 3-19 所示。工作时间参数与节点时间参数之间关系探秘——⑤=①等，⑨=④等，⑤加 $t_{(i,j)}$ 得⑥，⑨减 $t_{(i,j)}$ 得⑧，⑨⑥相减得总时差，③⑥相减得自由时差（也称局部时差）。

【例 3-7】 试计算上题网络计划各工作的时间参数，各工作持续时间如图 3-21 所示。

【解】 由以上计算法可知：

1）A 工作：

最早开始时间等于①节点最早开始时间，即 $ES_A = 0$，最早完成时间等于 A 工作最早开始时间加 A 工作工期，即 $EF_A = ES_A + 5 = 5$。

A 工作最迟完成时间不能迟于③节点最迟开始时间，即 $LF_A = 5$，A 工作最迟开始时间等于 A 工作最迟完成时间减去 A 工作时间，即 $LS_A = LF_A - 5 = 0$。

A 工作的总时差等于这项工作最迟开始时间减去最早开始时间，或者等于最迟完成时间减去最早完成时间，如果两者相等，表示该工作没有机动时间，总时差为零。所以 $TF_A = 5-5 = 0-0 = 0$。

A 工作的局部时差等于这项工作的紧后工作的最早可能开始时间减去该工作最早完成时间，如果该项工作的结束节点的两个时间参数相等，则该工作的总时差与局部时差相等，否则不等，如果该工作总时差为零，则局部时差一定为零。且满足 FF<TF，所以 $FF_A = TF_A = 5-5 = 0$。

2）B 工作：

最早开始时间等于①节点最早开始时间，即 $ES_B = 0$，B 工作最早完成时间等于 B 工作最早开始时间加 B 工作工期即 $EF_B = ES_B + 1 = 0 + 1 = 1$。

B 工作最迟完成时间不能迟于②节点最迟开始时间，即 $LF_B = 2$，B 工作最迟开始时间等于 B 工作最迟完成时间减去 A 工作时间，即 $LS_B = LF_B - 1 = 2 - 1 = 1$。

B 工作的总时差等于这项工作最迟开始时间减去最早开始时间，或者等于最迟完成时间减去最早完成时间，$TF_B = 2 - 1 = 1 - 0 = 1$。

B 工作的局部时差等于这项工作的紧后工作的最早可能开始时间减去该工作最早完成时间，$FF_B = 1 - 1 = 0$。

3）C 工作：

$ES_C = ET_② = 1$，则 $EF_C = ES_C + t_C = 1 + 3 = 4$。

$LF_C = LT_③ = 5$，则 $LS_C = LF_C - t_C = 5 - 3 = 2$。

$TF_C = LF_C - EF_C = 5 - 4 = 1$ 或者 $TF_C = LS_C - ES_C = 2 - 1 = 1$。

$FF_C = ET_③ - EF_C = 5 - 4 = 1$。

同理，可以求得 D、E、F、G、H 各工作的时间参数，结果如图 3-24 所示。

注意：虚工作虽然消耗时间为零，但也可能存在机动时间的，其总时差和局部时差不一定为零，如图 3-24 中虚工作④-⑤就是有时差的。

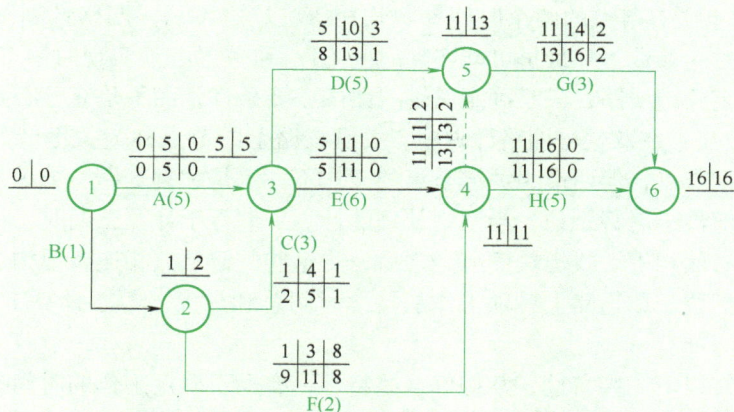

图 3-24　双代号网络图时间参数图上计算法

4. 关键线路的确定

计算网络计划时间参数的目的之一是找出计划中的关键线路。找出了关键线路也就抓住了工程进度计划的主要矛盾，便于管理和调控。

（1）概念

1）线路：是指网络计划图中顺箭线方向由起点至终点的一系列节点和箭线组成的通路，在一个网络计划中，一般都存在许多条线路，但也有只有一条线路的网络计划图，每条线路均由若干项工作组成，这些工作的持续时间之和就是这条线路的长度，即线路的总持续时间。

2）关键线路：任何一个网络计划中至少有一条最长的线路，这条线路的总持续时间决定了这个网络计划的总工期。在这种线路中，没有任何机动时间，线路上的任何工作有延误就会使总工期相应地延长；任何工作的持续时间如有缩短，则可使总工期缩短，这种线路是按期完成计划的关键所在，因而称之为关键线路。在关键线路上的各项工作称为关键工作，关键工作没有任何机动时间，即工作的总时差为零。

3）非关键线路：在网络计划中除了关键线路之外的线路都称为非关键线路，在非关键线路中总是或多或少地存在有时差，其中存在时差的工作称为非关键工作，需要指出的是非关键线路并不是全由非关键工作组成，在任何一条线路上，只要有一项非关键工作，这条线路就是非关键线路，它的总长度小于关键线路。

4）关键线路的特性：

① 关键线路上各工作的总时差均为零（在 $LT_{(n)} = ET_{(n)}$ 条件下，否则总时差为最小）。

② 关键线路是从网络计划起点到终点之间持续时间最长的线路。

③ 关键线路在网络计划中不一定只有一条，有时存在多条。

④ 非关键工作如果使用了总时差，就会转化为关键工作。

⑤ 当非关键线路延长的时间超过它的总时差，关键线路就转变成为非关键线路。

（2）关键线路的确定方法

1）工作总时差法：

① 关键线路上所有工作的总时差均为零，反之亦真。这是确定关键线路的充分必要条件。因此只要连接网络计划中总时差为零的工作，就可以确定出关键线路。

② 关键线路上所有节点的两个时间参数均相等，反之不真。网络计划图中每一个节点（i）都具有两个时间参数，即最早可能实现时间 $ET_{(i)}$ 和最迟必须实现时间 $LT_{(i)}$ 利用节点时间参数相等来确定关键线路，只是确定关键线路的必要条件，而不是充分必要条件。

2）关键节点法：在双代号网络计划中，关键线路上的节点称为关键节点。关键工作两端的节点必为关键节点，但两端为关键节点的工作不一定是关键工作。关键节点的最迟时间与最早时间的差值最小。特别地，当网络计划的计划工期等于计算工期时，关键节点的最早时间与最迟时间必然相等。找出关键节点之后，将这些关键节点相连，便构成从起点节点到终点节点的通路，位于该通路上各项工作的持续时间总和最大（等于计算工期），这条通路就是关键线路。

关键节点具有以下一些特性，掌握好这些特性，有助于确定工作的时间参数。

① 开始节点和完成节点均为关键节点的工作，不一定是关键工作。

② 以关键节点为完成节点的工作，其总时差和自由时差必然相等。

③ 当两个关键节点间有多项工作，且工作间的非关键节点无其他内向箭线和外向箭线时，则两个关键节点间各项工作的总时差均相等。在这些工作中，除以关键节点为完成的节点的工作自由时差等于总时差外，其余工作的自由时差均为零。

④ 当两个关键节点间有多项工作，且工作间的非关键节点有外向箭线而无其他内向箭线时，则两个关键节点间各项工作的总时差不一定相等，因为有外向箭线的工作在计算总时差时，要考虑两个或两个以上的紧后工作的时间参数。在这些工作中，除以关键节点为完成的节点的工作自由时差等于总时差外，其余工作的自由时差均为零。

结论：关键线路上的节点都是关键节点，但关键节点连起来不一定是关键线路。

① 若工作的最早开始时间等于工作的最迟开始时间，即 ES＝LS，则说明此工作没有时

差，为关键工作。

② 若工作的最早开始时间不等于工作的最迟开始时间，即 $ES \neq LS$，则说明此工作有机动时间可利用。

巧匠锦囊

　　总时差为零，局部时差一定为零。关键工作的总时差只有在 $ET_n = LT_n$ 时，才有 $TF = 0$，否则，当 $LT_n > ET_n$ 即网络计划工期大于计算工期时（即网络结束节点两个时间参数不同时），$TF = LT_n - ET_n = $ 最小。

3）介于以上原因，总时差最小的为关键工作的说法也是对的。

【例 3-8】　网络图的关键线路有一条为①→③→④→⑥，关键线路上的 A、E、H 都是关键工作，关键线路上的箭线可以以双箭线表示，也可以用加粗的箭线表示，如图 3-24 所示。

【例 3-9】　根据表 3-14 工作的逻辑关系，绘制双代号网络图，计算时间参数，并判断关键线路。

表 3-14　工作的逻辑关系

工作	A	B	C	D	E	F
紧前工作	—	A	A	B	B、C	D、E
时间/d	2	5	3	4	8	5
紧后工作	B、C	D、E	E	F	F	—

【解】　1）绘制双代号网络图，如图 3-25 所示。

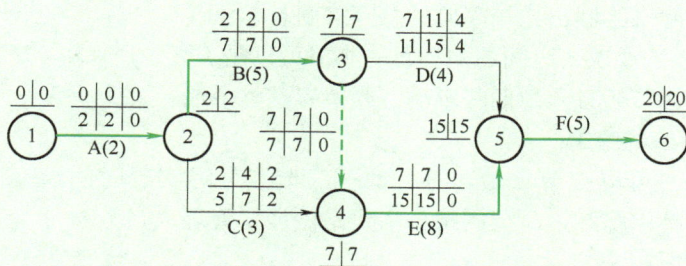

图 3-25　双代号网络图

2）计算节点时间参数，如图 3-25 所示，该网络 6 个节点的早时间参数 ET 值和迟时间参数 LT 值都相等，6 个节点全都是关键节点，但工作并不都是关键工作，把关键节点连起来也并不一定是关键线路。

3）计算工作时间参数，如图 3-25 所示。

4）总时差为零的是关键工作，把关键工作连起来就是关键线路，该网络计划的关键线路为①→②→③→④→⑤→⑥。

注意：虚工作总时差为零，也在关键线路上。

巧匠锦囊

总时差与局部时差啥时候相等？

当工作的结束节点的两个时间参数相等时，TF＝FF；否则，不等。

三、时间坐标网络图的绘制与计算

1. 时间坐标网络的概念

时间坐标网络简称时标网络，是在一般网络图的上方或下方增加一个时间坐标，箭线的长短即表示该工作的工期，是网络图的另一种表达形式。与一般网络图相比，时标网络更能够表达进度计划中各项工作之间恰当的时间关系，使网络图更易于理解，对施工组织管理和计划调整使用更方便。

（1）时标坐标网络的特点

1）时标网络图结合了横道图与网络图的优点。

2）时标网络图能直接反映出各项工作的开始和结束时间、机动时间及关键线路。

3）时标网络图能清楚地表示出哪些工作需要同时进行，以帮助材料员确定在同一时间内各种材料、机械等资源的大致需要量。

4）优化后的时标网络图，可以直接作为进度计划下达到执行单位使用。

5）时标网络图的调整比较麻烦，当某些箭线的长度和节点的位置需要变动，往往导致整个网络图发生变动。

（2）时标网络图的应用

1）对工作项目少或工艺过程较简单的施工进度计划，编制时能迅速方便地边绘制、边计算、边调整。

2）对于大型复杂的工程，可以先用时标网络图的形式绘制各分部工程或分项工程的网络图，然后再综合起来绘制出比较简单的总网络图。

3）根据网络图的层次，时间的刻划每一小格可以是1天、1个月、1个季度或1年。在时间安排时，应考虑节假日和雨期的影响，要留有调整余地。

2. 时间坐标网络的绘制

时间坐标网络图可以按节点最早开始时间、节点最迟实现时间绘制，分别称为早时标网络和迟时标网络。主要是供计划管理人员分析计划和实施资源优化所用。

时间坐标网络

（1）按节点最早开始时间绘制时标网络图

1）首先绘制普通双代号网络计划图，并进行节点时间参数计算，必要时也可进行工作时间参数计算。

2）绘制时间坐标。

3）将节点按早时间参数 ET 值进行定位；从开始节点开始画，直到结束节点。

4）连线：从箭尾节点开始按工作持续时间画实心箭线，如果与箭头节点刚好相连，则连之；假如连不上，用竖直短画线隔开，然后用虚线与箭头节点连之；当然也可用波浪线相连。

5）没有虚线的那条线路即为关键线路。

6）虚线长度表示该项工作的局部时差（即自由时差）。

【例 3-10】　将所示的一般网络图，按照节点早时间参数改成早时标网络图。

【解】　1）整理检查一般双代号网络图，并进行节点时间参数和工作时间参数计算，如图 3-26 和图 3-27 所示。

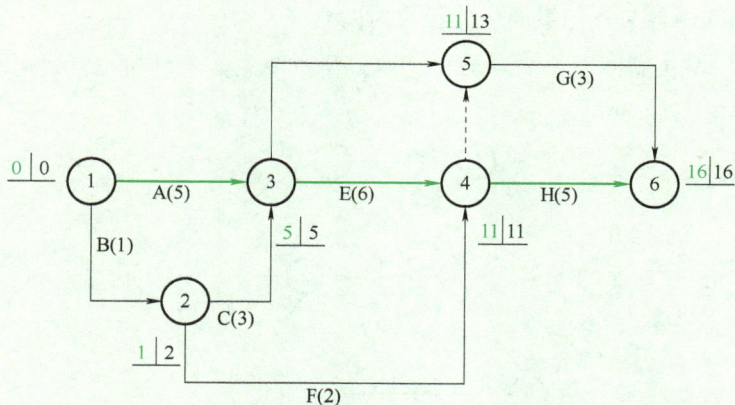

图 3-26　带有节点时参的一般双代号网络图

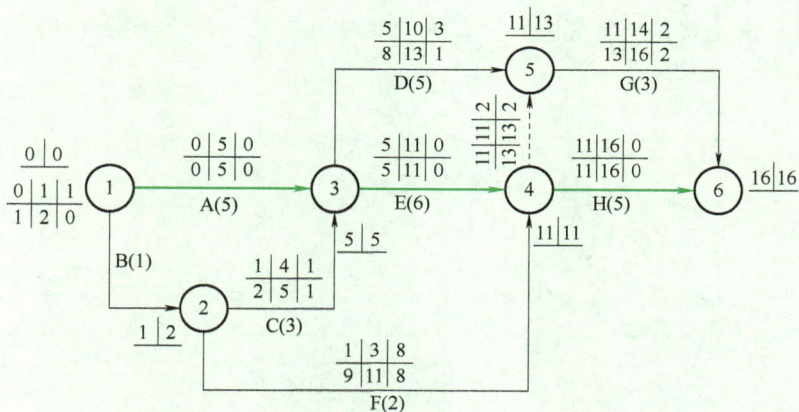

图 3-27　带有工作时参的一般双代号网络图

2）做出时间坐标标尺。

3）将节点按早时间参数 ET 值定位。

4）连线：从每项工作的箭尾节点开始按工作持续时间长短画实心箭线，①→②，①→③，③→④，④→⑥几项工作箭头与箭头节点刚好连上，其他工作连不上，用虚线连之即可，如图 3-28 所示。

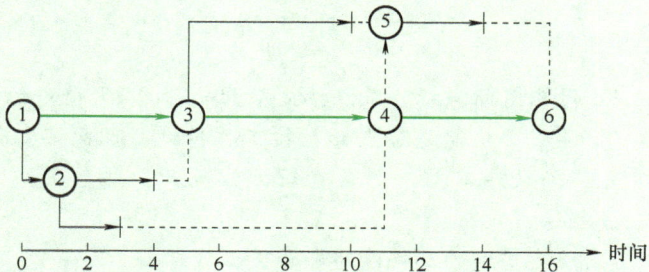

图 3-28　双代号早时标网络图

由图 3-28 可知①→③→④→⑥为关键线路，其他为非关键线路。

还需注意的是：

① 时标网络图中所有节点的位置应按节点的最早可能实现时间绘制。

② 工作用实箭线表示，箭线的长度表示工作持续时间的长短；虚工作仍用虚箭线表示；机动时间用虚线表示，并在实箭线与虚箭线分界处加一个截止短线。

③ 时标网络图中各节点的纵向位置没有时间含义。

【例3-11】 将图 3-29 所示的一般网络图，按照节点最早时间标画成时标网络图。

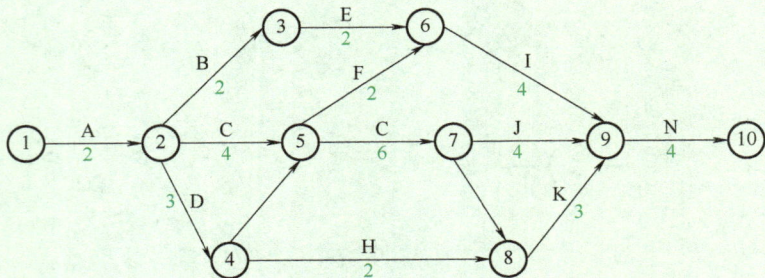

图 3-29 一般网络图

【解】 1）首先计算一般网络图中各节点的时间参数，作为绘制时标网络图的依据，并找出关键线路，如图 3-30 所示。

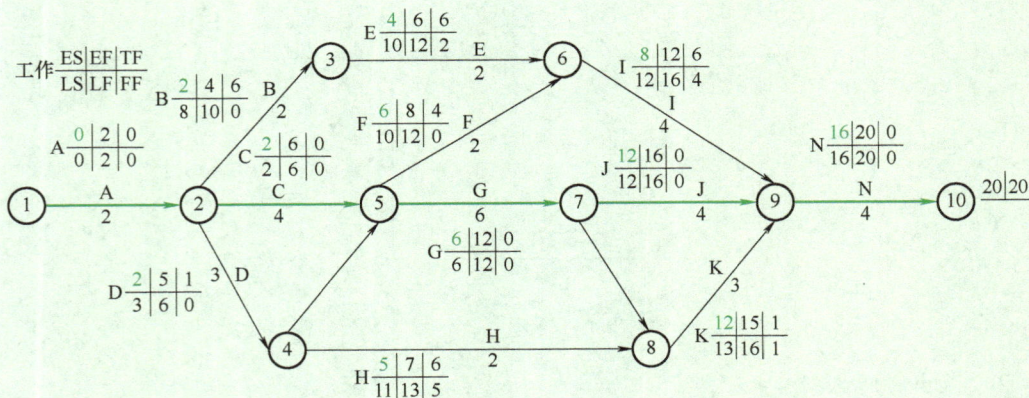

图 3-30 一般网络图节点时间参数计算

2）做出时间坐标，节点按最早开始时间 ET 值定位。

3）连线。从箭尾节点开始按工作持续时间画实心箭线，如果与箭头节点刚好相连，则连之；如果连不上，用竖直短画线隔开，然后用虚线与箭头节点连之；当然也可用波浪线相连。

4）没有虚线的那条线路即为关键线路。

5）虚线长度表示该项工作的局部时差（即自由时差）。

根据以上步骤，按节点最早开始时间标画的时标网络图如图 3-31 所示。

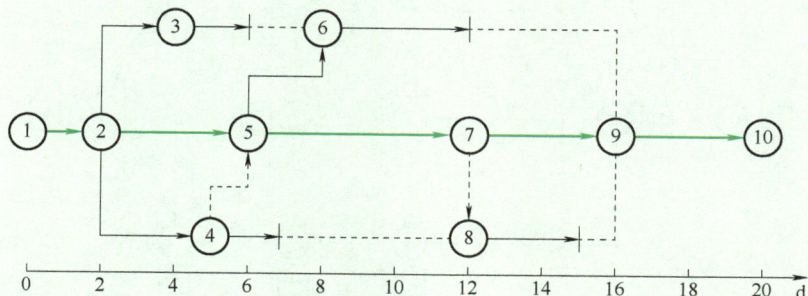

图 3-31　按节点最早开始时间标画的时标网络图

（2）按节点最迟开始时间绘制时标网络图

按节点最早开始时间绘制的时间坐标网络图，特点是"前紧后松"，线路的机动时间多半分布在后面，在图中可以直接得到各工作的局部时差。

也可以按节点的迟时参绘制时间坐标网络图，迟时间坐标网络图绘制，是将节点按节点迟时参定位，然后从箭头节点开始逆向按工作持续时间画实箭线，从网络终节点画到始节点，连线时，如果箭尾与箭尾节点刚好相连，则连之，若连不上，也用虚线连之，或用波浪线连即可。但迟时标网络上虚线长度不能代表任何机动时间，不利于调整优化网络计划，工程上不常用，所以略。

任务设计与实施

1. 设计实施路径

1）根据所学知识，完成任务 1 工程背景 1 的双代号网络图的绘制。

2）根据所学知识，完成任务 1 工程背景 2 的双代号时标网络图的绘制与计算。

2. 呈现实施成果

要求：将实施结果打印在一张 A4 纸上，并粘贴在空白处。

图 3-32 为任务 1 工程背景 1 参考方案，查阅资料，可以有多种方案。

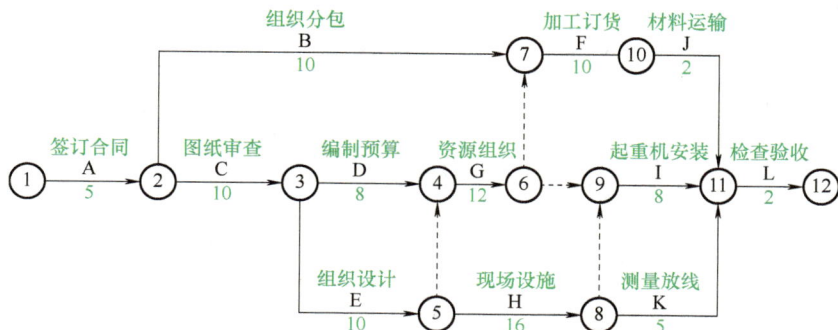

图 3-32　某大型工程施工准备阶段网络图

图 3-33 为任务 1 工程背景 2 双代号网络图设计方案参考，试改成双代号时标网络图，标出关键线路。图 3-34 为双代号网络图学习要点思维导图作为学习参考。

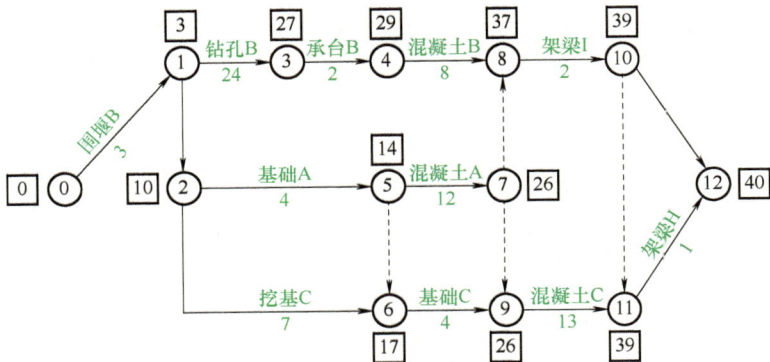

图 3-33 某桥梁施工网络图

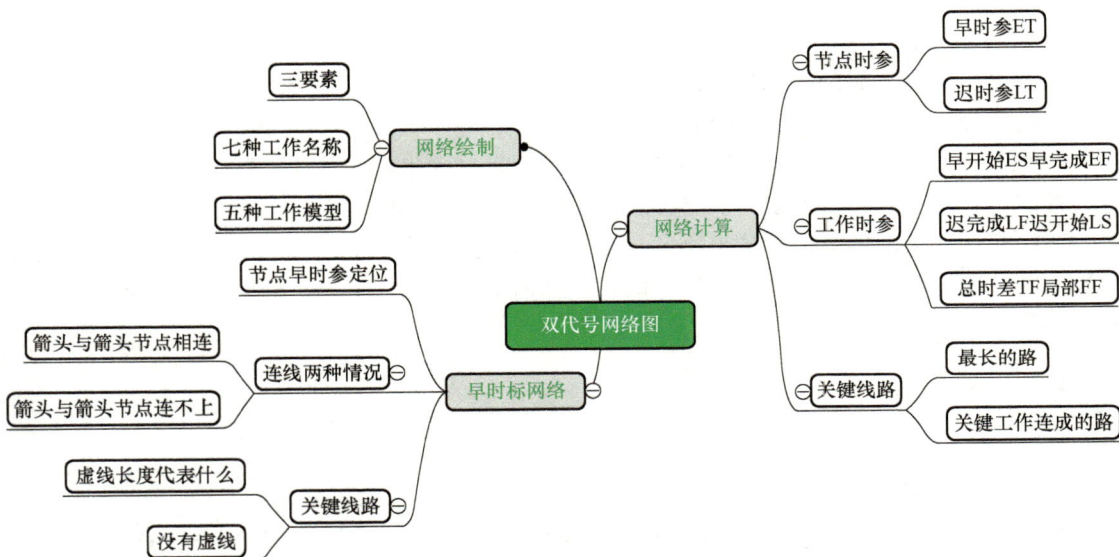

图 3-34 双代号网络图学习要点

任务评价

任务活动		任务评价（线上/线下）					
序号	名称	出勤与态度20%	自评10%	互评10%	小组评价10%	教师评价50%	总评
1	任务1工程背景1解答双代号网络绘制与计算						
2	任务1工程背景2解答时标网络绘制						

学习提示：

1. 双代号网络图的绘制与计算相当重要，几乎所有的职业资格考试都有这部分内容，又由于学习难度大，不容易掌握，需要下大气力学懂学透；

2. 时间坐标网络是从双代号网络图演变过来的，所以双代号绘制与计算是基础，基础打牢了，学习并不困难；

3. 这部分学习是为将来优化调整和工程监督管理网络计划做准备的，所以意义重大

任务拓展

查阅资料，准备工程案例，分析工程上是如何利用双代号网络图指导施工的。

任务2　绘制与计算单代号网络图

任务导入

工程背景： 如图3-35所示，某钢筋混凝土三跨桥梁工程，桥台或桥墩按甲→乙→丙→丁的顺序组织施工，工艺顺序是挖土→基础→钢筋混凝土桥台（墩），最后安装上部结构，顺序按Ⅰ→Ⅱ→Ⅲ进行。另外，桥墩丙需打桩。其工序工期表见表3-15。

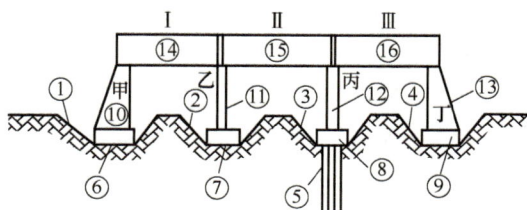

图3-35　某三跨桥梁立面示意图

表3-15　工序工期表

序号	工作名称	时间/d	序号	工作名称	时间/d
①	挖土甲	4	⑨	基础丁	8
②	挖土乙	2	⑩	桥台甲	16
③	挖土丙	2	⑪	桥墩乙	8
④	挖土丁	5	⑫	桥墩丙	8
⑤	打桩丙	12	⑬	桥台丁	16
⑥	基础甲	8	⑭	上部结构Ⅰ	12
⑦	基础乙	4	⑮	上部结构Ⅱ	12
⑧	基础丙	4	⑯	上部结构Ⅲ	12

试绘制单代号网络计划图，计算时间参数，判断关键线路。

通过学习单代号网络计划绘制和计算，比较与双代号网络图的优劣，同时学习单代号搭接网络的绘制和时间参数的计算以及关键线路的判定，比较两者在工程上的应用特征与特点，为将来职业资格考试和工程进度管理实践打下基础。

任务目标

1. 掌握单代号网络图的绘制方法，并能进行单代号网络图的时间参数计算，判断关键线路；

2. 了解单代号搭接网络计划在公路工程项目管理中的应用，并掌握比较简单的搭接网络时间参数计算；

3. 发扬工匠精神，树立责任意识、质量意识、合同意识。

相关知识

一、单代号网络图的绘制与计算

1. 单代号网络图的绘制

（1）三要素

单代号网络图的绘制比较简单，与双代号网络图一样，单代号网络图也是由节点、箭线、线路所组成，但其含义则与双代号网络图不完全相同。

1）节点：单代号网络图中的节点可以用圆圈或方框表示，一个节点表示一项具体的工作。节点所表示的工作的名称（或工作的代号）、工作的持续时间和节点的编号一般都标注在圆圈内，节点常用图例如图3-36所示。

当然，有时节点也可以方形框表示。

图 3-36　单代号网络图节点图例

2）箭线：在单代号网络图中，箭线表示工作之间的相互关系，它既不消耗时间也不消耗资源。单代号网络图中没有虚箭线，箭线的箭头方向表示工作的前进方向。

3）线路：与双代号网络图中线路的含义相同，单代号网络图的线路是指从起点节点至终点节点，沿箭线方向顺序经过一系列箭线与节点所形成的若干条通路，其中持续时间最长的线路为关键线路，其余的线路称为非关键线路。

（2）绘制规则

单代号网络图的绘图规则与双代号网络图基本相同，主要有：

1）单代号网络图中严禁出现循环回路。

2）单代号网络图中不能出现双向箭头或无箭头的连线。

3）单代号网络图中，不能出现无箭尾节点的箭线或无箭头节点的箭线。

4）绘制网络图时，箭线不宜交叉；若交叉不可避免时，可采用过桥法或指向法，其画法与双代号网络图相同。

5）单代号网络图中的所有节点都必须编号且不能出现重复编号；箭尾节点的编号应小于箭头节点的编号，如图3-37所示。

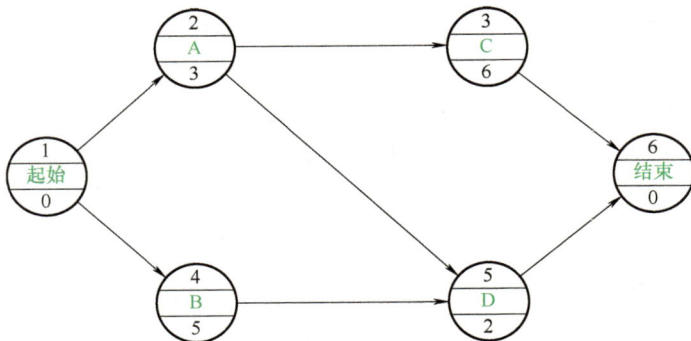

图 3-37　单代号网络图

巧匠锦囊

单代号网络计划中只有两个虚工作：起始工作与结束工作。单代号网络图中，只能有一个起点节点和一个终点节点，当网络存在不止一个起始工作和不止一个结束工作时，应在网络图的左端或右端分设一项虚工作，作为该网络图的起点节点（St）和终点节点（Fin）。

【例3-12】　表3-16给出了某项目各工作之间的关系，请绘制单代号网络图。

表3-16　工作之间的关系

工作名称	A	B	C	D	E	F	G
紧前工作	—	—	A	A、B	A、B	C、D	E

【解】　1）可转化为紧后工作，见表3-17。

表3-17　转化为紧后工作

工作名称	A	B	C	D	E	F	G
紧后工作	C、D、E	D、E	F	F	G	—	—

2）分析起始工作和结束工作，一般为尽量避免箭线交叉，可把比较具有复杂关系的工作放在图的中间部位，如工作D。

3）因起始工作和结束工作分别有两个：A和B，F和G，所以需要用两个虚工作开始和结束工作，以免出现两个网络起点和两个终点。

4）然后，根据紧前紧后的关系直接画箭线就可以了，如图3-38所示。

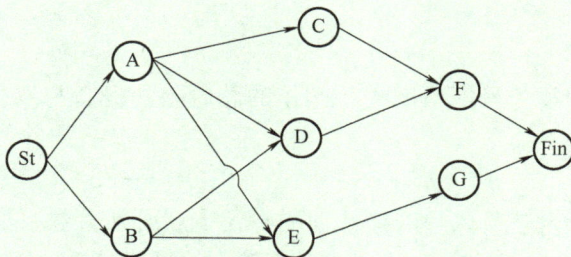

图3-38　单代号网络图

单代号网络图的绘制难度比双代号网络图要小得多，但有时不太容易避免箭线交叉的情况，这一点与双代号不同。

请自主练习下一道题，根据表3-18给出的各工作之间的关系，绘制单代号网络图。

表3-18　工作之间的关系

工作名称	A	B	C	D	E	F	G
紧后工作	B、C、D	E、F	E、F、G	I、G	H	H、I	J

2. 单代号网络图的计算

由于单代号网络图中用节点表示工作，所以它只有工作时间参数的计算，而不存在节点参数的计算。

（1）工作的最早时间参数

1）工作的最早可能开始时间（ES）。

① 定义：表示该工作的所有紧前工作都已完工，本工作可以开工。

② 计算方法：从开始节点起，沿箭线方向，依次计算每一个节点时，只看内向箭线，取所有紧前工作中，最早完成时间最大者，作为该工作最早可能开始时间 ES_i，直至结束节点。

③ 规定：开始节点最早可能开始时间为零，即 $ES_1=0$。

2）工作的最早可能完成时间（EF）：

$$EF_i=ES_i+t_i \ (i=1, 2, 3, \cdots, n)$$

（2）工作的最迟时间参数

1）工作的最迟必须完成时间（LF）。

① 规定：结束节点最迟必须完成时间等于结束节点的最早可能完成时间，即 $LF_n=EF_n$。则 $LS_n=LF_n-t_n$。

② 计算方法：从结束节点开始，逆箭线方向，依次计算每一个节点时，只看外向箭线。取所有紧后工作中，最迟必须开始时间的最小者，作为该工作的最迟必须完成时间，直至开始节点。

单代号网络的计算

2）工作的最迟必须开始时间（LS）。

① 定义：表示该工作开工不能迟于这个时间，若迟于这个时间，将会影响计划的总工期。

② 计算：

$$LS_i=LF_i-t_i \ (i=1, 2, 3, \cdots, n)$$

（3）工作的时差

1）总时差 TF_i：在单代号网络图中，工作的总时差的概念与双代号网络图完全相同。其计算公式为

$$TF_i=LF_i-ES_i-t_i=LF_i-EF_i=LS_i-ES_i$$

2）局部时差 FF_i：由于单代号网络计划图中无节点时间参数。工作 i 的所有紧后工作中，最早可能开始时间不一定相同，因而在计算工作的局部时差时公式稍有变化，即

$$FF_i=\min\{ES_j\}-ES_i-t_i=\min\{ES_j\}-EF_i \ \ (i<j)$$

式中 $\min\{ES_j\}$——工作 i 的所有紧后工作中最早可能开始时间的最小者。

（4）时间参数计算图例（图3-39）

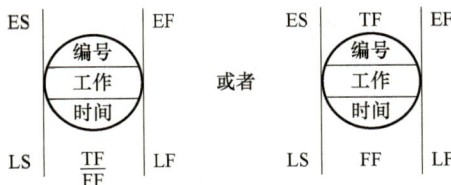

图 3-39 单代号工作时间参数计算图例

【例 3-13】 计算图 3-40 所示的单代号网络时间参数。

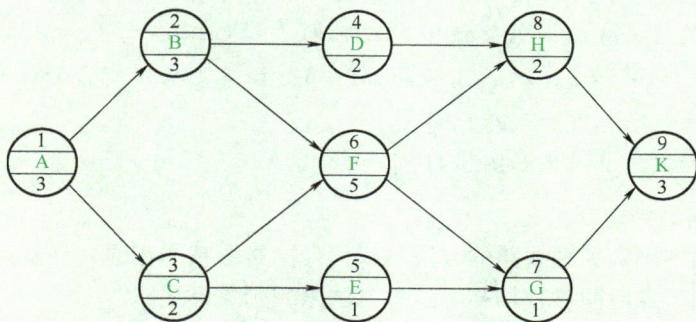

图 3-40 单代号网络图

【解】 用图上计算法：

1）先计算工作的 ES 和 EF，令开始工作 $ES_① = 0$，顺向相加，则 $EF_① = 0+3 = 3$；依次类推，$ES_② = EF_①$，$EF_② = ES_② + t_B = 3+3 = 6$。

$ES_③ = EF_① = 3$，$EF_③ = ES_③ + t_C = 3+2 = 5$。

因工作 F 的紧前工作有两个 B 和 C，B 的最早完成时间是第 6d，而 C 的最早完成时间是第 5d，所以，F 的最早开始时间应遵循"顺向相加取大值"，取 6。因此有 $ES_⑥ = 6$，$EF_⑥ = 6+5 = 11$，其他各工作早时间参数如图 3-41 所示。

2）再计算工作的 LF 和 LS，由 $LF_K = 16$，逆向相减，则有 $LS_K = LF_K - 3 = 13$。

退回到 F 工作时，同样需要选择，因为 F 同是 H 和 G 的紧前工作，H 的最迟开始时间是第 11d，而 G 的最迟开始是第 12d，按照"逆向相减取小值"，应取 $LF_F = 11d$，如果取 12d 开始，H 工作就来不及做，必然会影响总工期。则有 $LS_F = 11-5 = 6d$，本网络图中，类似的还有 B 工作和 C 工作，计算方法一样的。各工作的迟时间参数计算结果如图 3-41 所示。

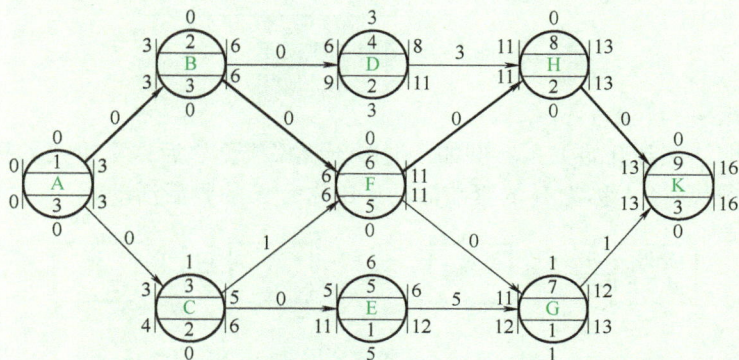

图 3-41 单代号网络图时间参数计算

3）计算总时差和局部时差。总时差计算比较简单，直接用工作的 LF-EF 或者用 LS-ES 即可。

局部时差的计算，理解起来就稍显难一些，如果一项工作的所有紧后工作的最早开始时间都一样，根据定义，直接用这个时间减去本工作的最早完成时间即可，但如果不一样，就要选较小的值去减该工作的最早完成时间。如 C 工作，$FF_C = ES_E - EF_C = 5 - 5 = 0$，而不能是 $ES_F - EF_C = 6 - 5 = 1$（×），因为局部时间是指不影响所有紧后工作最早可能开始的前提条件下本工作所拥有的机动时间。

各项工作的时差计算结果如图 3-41 所示。

（5）关键线路的判定

单代号网络图中确定关键线路的方法与双代号网络图基本相同。只是由于没有节点时间参数，所以不能用节点时间参数均相等这种方法来判别关键线路。

在单代号网络图中，总时差为零的工作为关键工作，由关键工作所组成的自始至终的线路为关键线路。

例 3-12 的关键线路是 A→B→F→H→K。即①→②→⑥→⑧→⑨。

二、单代号搭接网络图的绘制

1. 搭接网络的概念

虽然单代号网络计划容易绘制，但其形式不太适合改成时标网络，调整工期也不如双代号网络图方便。

前面所述无论是双代号网络计划还单代号，都是假定紧前工作完全结束了，紧后工作才开始，但事实上在工程中，前后工作往往存在搭接关系，并不是一项工作完全结束了，另一项工作才开始，其实是有很多不同的约束关系的，如图 3-42 所示。

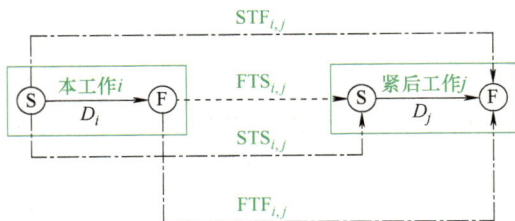

图 3-42 搭接关系图示

（1）FTS（结束到开始）关系

FTS 关系，即结束到开始关系。例如，混凝土浇捣成型之后，至少要养护 7d 才能拆模，如图 3-43 所示。通常将 A 称为 B 的紧前活动，B 称为 A 的紧后活动。

图 3-43 混凝土浇捣成型后养护拆模工序

（2）STS（开始到开始）关系

STS 关系，即开始到开始关系，是通过前项工作开始到后项工作开始之间的时距（STS）来表达的，表示在 i 工作开始经过一个规定的时距（STS）后，j 工作才能开始进行，如图 3-44 所示。

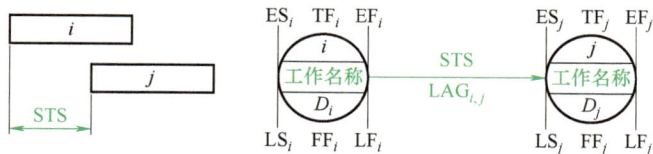

图 3-44 STS（开始到开始）**关系**

STS 关系的时间参数计算式为

$$ES_j = ES_i + STS_{i,j}$$

如道路工程中的铺设路基和浇筑路面，当路基工作开始一定时间且为路面工作创造一定条件后，路面工程才可以开始进行。铺路基与浇路面之间的搭接关系就是 STS 关系，如图 3-45 所示。

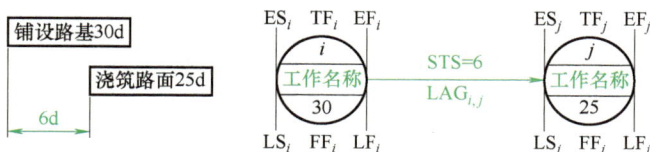

图 3-45 STS（开始到开始）**关系实例**

（3）FTF（结束到结束）关系

FTF 关系，即结束到结束关系，是通过前项工作结束到后项工作结束之间的时距（FTF）来表达的，表示在 i 工作结束后，j 工作才可结束，如图 3-46 所示。

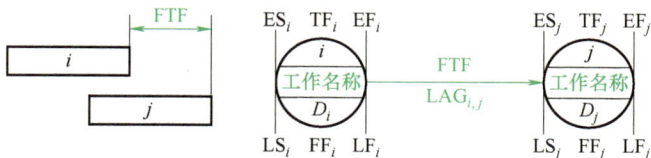

图 3-46 FTF（结束到结束）**关系**

FTF 关系的时间参数计算式为

$$ES_j = ES_i + D_i + FTF_{i,j} - D_j$$

如基坑排水工作结束一定时间后，浇注混凝土工作才能结束，如图 3-47 所示。

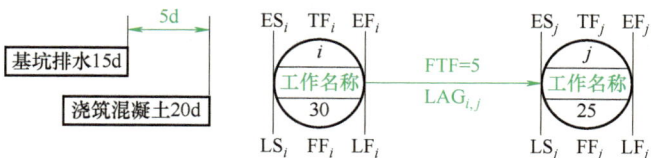

图 3-47 FTF（结束到结束）**关系实例**

（4）STF（开始到结束）关系

STF 关系，即开始到结束关系，是通过前项工作开始到后项工作结束之间的时距（STF）

来表达的，它表示 i 工作开始一段时间后，j 工作才可结束，如图 3-48 所示。STF 关系的时间参数计算式为

$$ES_j = ES_i + STF_{i,j} - D_j$$

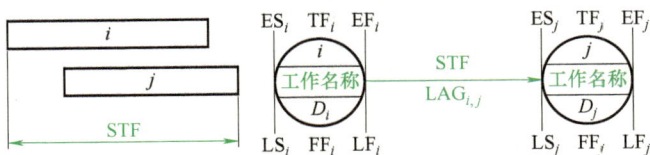

图 3-48　STF（开始到结束）关系

例如，当基坑开挖工作进行到一定时间后，就应开始进行降低地下水的工作，一直进行到地下水水位降到设计位置，如图 3-49 所示。

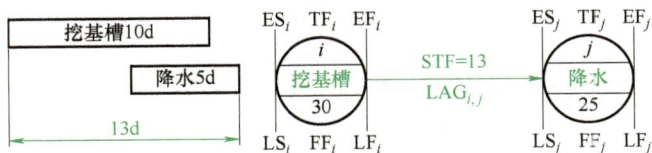

图 3-49　STF（开始到结束）关系实例

（5）混合搭接关系

混合搭接关系是指两项工作之间的相互关系是通过前项工作的开始到后项工作开始（STS）和前项工作结束到后项工作结束（FTF）双重时距来控制的。即两项工作的开始时间必须保持一定的时距要求，而且两者结束时间也必须保持一定的时距要求，如图 3-50 所示。

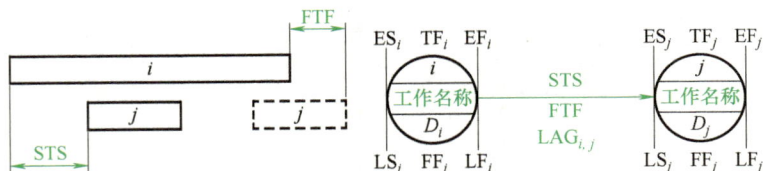

图 3-50　混合搭接关系

混合搭接关系中的 ES_j 和 EF_j 应分别计算，然后再选取其中最大者。

例如，某修筑道路工程，工作 i 是修筑路肩，工作 j 是修筑路面层，在组织这两项工作时，要求路肩工作至少开始一定时距 $STS = 4$ 以后，才能开始修筑路面层；而且面层工作不允许在路肩工作完成之前结束，必须延后于路肩完成一个时距 $FTF = 2$ 才能结束。则路面工作的 ES_j 和 EF_j 关系，如图 3-51 所示。

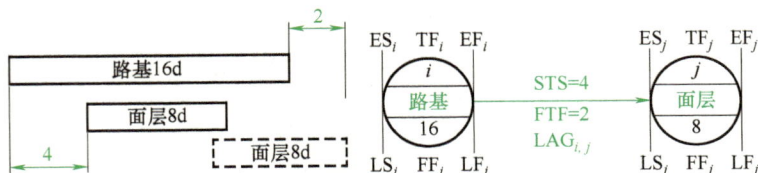

图 3-51　混合搭接关系实例

2. 搭接网络图的绘制

与双代号网络图或者单代号网络图的绘制方法一样，要绘制一个项目进度的搭接网络图，首先必须分解这个工程项目，即将项目分解成若干项工作；然后确定出各项工作之间的搭接关系，并依据实际情况计算出各种关系所需的时距大小；最后根据搭接关系及其时距，按照一般网络计划图的绘制方法，画出搭接网络图。

由此可见，绘制搭接网络图的关键是确定各项工作之间的搭接关系及其时距，而这些关系及时距大小由工程项目的实际情况决定，只要知道工作间的各种搭接关系及其时距，就不难绘制搭接网络图，如图 3-52 所示。

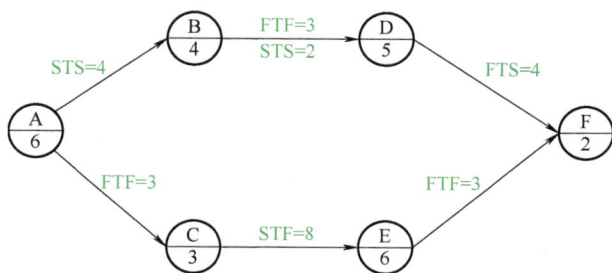

图 3-52　单代号搭接网络图

任务设计与实施

1. 设计实施路径

1）根据所学知识完成任务导入中工程背景中单代号网络图的绘制。

2）根据所学知识完成该单代号搭接网络图的计算。

2. 呈现实施成果

要求：将实施结果打印在一张 A4 纸上，并粘贴在空白处。

图 3-53 为任务 2 工程背景单代号网络图绘制的参考方案，试进行时间参数计算和关键线路判定。

搭接网络计划
时间参数计算

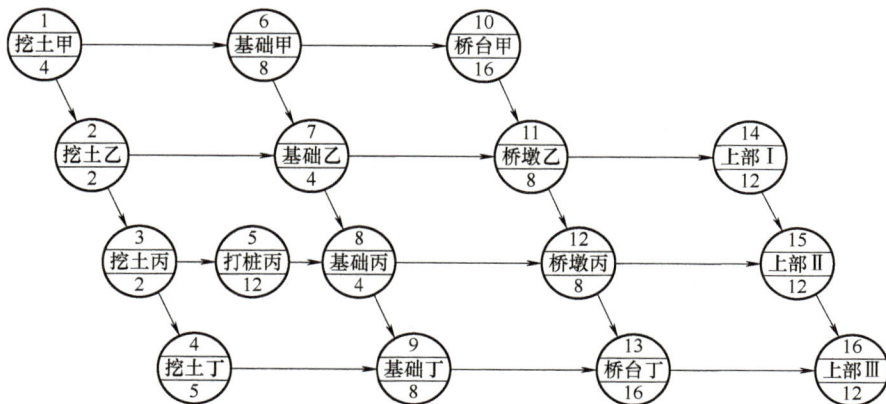

图 3-53　某桥梁施工单代号网络图

任务评价

任务活动		任务评价（线上/线下）					
序号	名称	出勤与态度 20%	自评 10%	互评 10%	小组评价 10%	教师评价 50%	总评
1	单代号网络绘制与计算						
2	搭接网络在工程上的应用						

学习提示：

1. 单代号网络图的绘制简单，计算也不复杂，多练习就能熟练掌握；

2. 搭接网络往往以单代号网络的形式表达，所以放在单代号这一节学习，其计算还比较复杂的，现在的学习为以后的职业资格考试打基础，应查阅资料了解其在工程上的应用，以拓宽视野，提高认识

任务拓展

查阅资料，准备工程案例，分析工程上是如何利用单代号网络图指导施工的。

任务3　绘制与计算流水作业网络图

任务导入

工程背景： 某工程项目有四座小桥，每座小桥施工过程简化为三道工序，每座桥梁分别为基础施工 a = 14d，墩台施工 b = 25d，梁板架设 c = 9d，请安排流水施工设计绘制流水作业网络计划。

任务目标

1. 熟悉并掌握流水作业网络图绘制特点，能根据流水作业规律绘制流水施工进度图；

2. 了解引入最小流水步距后流水施工网络图绘制特点，能绘制保证专业队连续施工（即引入最小流水步距）的施工网络图；

3. 发扬工匠精神，树立责任意识、质量意识、合同意识。

相关知识

一、流水网络计划的概念

如项目二所述，流水施工是一种比较科学的施工组织方法，工程上应尽量采用，用横道图绘制流水施工，既形象又简单易画，但优化调整不如网络计划方便，所以怎样把流水施工原理和网络计划技术结合起来，就形成一种新的网络技术即流水网络计划。

紧凑法流水施工
表上工期计算法

在应用流水网络图时，先不考虑专业队施工是否连续的绘制方法，相当于前面所讲述的紧凑法流水施工组织方法；然后再考虑流水施工尽可能保证连续的绘制方法，这些对于工程施工指导意义巨大。

流水网络图既可以绘制成双代号，也可以绘制成单代号。

二、双代号流水网络图的绘制与计算

1. 双代号流水施工网络图的绘制方法

（1）紧凑法组织流水施工的双代号流水网络图的绘制

【例 3-14】 请绘制表 3-19 和表 3-20 所示的流水施工网络图。

表 3-19 流水施工（1）

工序	施工段		
	小桥 I	小桥 II	小桥 III
基础 a	I_a	II_a	III_a
下部 b	I_b	II_b	III_b
上部 c	I_c	II_c	III_c

表 3-20 流水施工（2）

工作	I_a	I_b	I_c	II_a	II_b	II_c	III_a	III_b	III_c
紧后	I_b、II_a	I_c、II_b	II_c	II_b、III_a	II_c、III_b	III_c	III_b	III_c	—

表 3-19 和表 3-20 为 3 个施工段、三道工序的工作逻辑关系表，如果按照双代号网络五种工作模型分析，是可以画出的，但由于出现太多的虚工作，就会容易出错，且消耗太多的时间。有什么方法可以直接绘制而且不会出错呢？

巧匠锦囊——双代号流水网络图绘制口诀

无论施工段和工序数目多少，双代号流水施工网络绘制皆可按照以下方法，以【例 3-14】为例说明如下：

1）一层圈数同工段（如第一层节点数代表施工段数目 $m=4$ 个）；

2）中层圈数公式算［中间各层节点数目为 $2×(m-1)=2×3=6$（个）］；

4）几个工序几层线（层数代表工序数目 n，即施工过程数=4 个）；

5）外围都是实箭线（外围箭线都是实心箭线）；

5）中间箭线实虚间（中间各层箭线为一实一虚，实虚相间）；

5）竖向虚箭引实线（竖向虚箭线都是从实心箭线引出的）。

【例 3-15】 已知施工段数目 $m=4$，工序 $n=4$，试绘制流水施工网络计划。

【解】 绘图顺序和方法如上所述，结果如图 3-54 所示。

如果施工段数目和工序（施工过程）数目发生了改变，方法不变。大家现在重新绘制【例 3-14】所述流水施工网络图，是不是更快更有把握了呢？

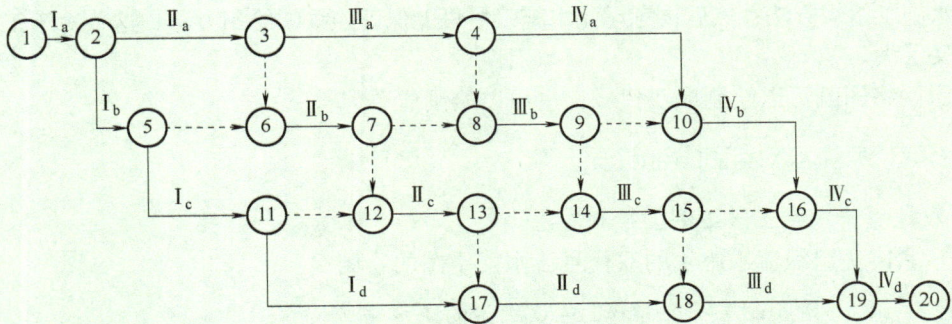

图 3-54 双代号流水施工网络图绘制（紧凑法）

（2）保证专业队连续施工的双代号流水施工网络图的绘制

流水施工组织原则要求施工组织是连续的，这样才能保证施工队不窝工，但上述绘制方法不能保证这一点，只能满足一具备施工条件就组织施工，即专业队有空闲时间，而且有工作面，没有兼顾专业队有没有窝工的情况。那怎么能保证专业队施工是连续的，这就要求计算工序（专业队）施工的最小流水步距，计算方法详见项目二，怎么把流水步距引入网络图，以显示这种组织思想呢？

【例3-16】 假如根据每项工作的持续时间用大差法（累加数列错位相减）已经从计算得到【例3-15】的3个最小流水步距分别是 K_{ab}、K_{bc}、K_{cd}。试绘制保证 a、b、c、d 四道工序都能连续施工的流水网络计划图。

【解】 根据定义，只需在原网络计划中引入流水步距这个参数即可，如图 3-55 所示。

方法：增加节点数目，引入虚工作，然后对节点重新编号，因为增加 3 个流水步距，节点数从 20 个增至 23 个（思考：为什么？）。

因为：$K_{ab} \geq I_a$，K_{ab} 和 I_a 之后才进行 I_b 的施工，同理 $K_{bc} \geq I_b$，$K_{cd} \geq I_c$，这样就确保最小流水步距能够实现。

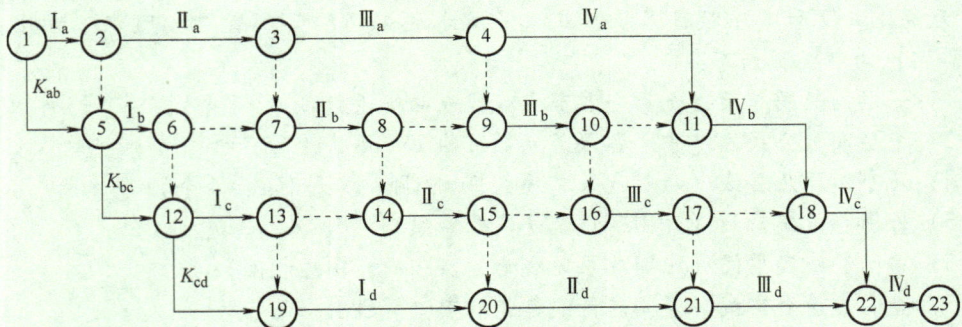

图 3-55 双代号流水施工网络图绘制（连续施工）

接下来只要进行时间参数的计算，判断关键线路就可以了。

2. 双代号流水施工网络图的计算

时间参数的计算同双代号网络图，具体方法不再赘述。

【例3-17】 某项工程分为4个施工段,该工程有三道工序即A、B、C,分别组织3个专业队进行流水施工,各道工序在每个施工段的作业时间见表3-21。试绘制两种情况下的双代号流水施工网络图:①紧凑法流水施工组织;②保证专业队连续作业的流水施工组织。

表3-21 各工序在各个施工段上的作业时间

工序	各施工段的作业时间/d			
	I	II	III	IV
A	2	3	3	2
B	2	2	3	3
C	3	3	3	2

【解】 (1)根据表3-21可以绘制一般双代号流水施工网络图(紧凑法)并计算时间参数,如图3-56所示,总工期为16d,以加粗线表示关键线路。

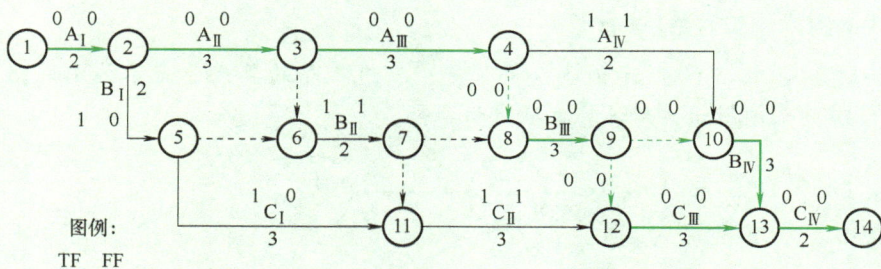

图3-56 紧凑法双代号流水施工网络图时间参数计算

(2)组织专业队连续作业流水施工

1)计算流水步距K。相邻两工序之间的流水步距按照前面介绍的方法计算得$K_{A,B}=4d$,$K_{B,C}=2d$。

2)流水施工总工期T。流水施工总工期$T=\sum K+\sum T=4+2+3+3+3+2=17d$。

进行双代号流水施工网络图及时间参数计算,如图3-57所示。以加粗线表示关键线路如图所示。

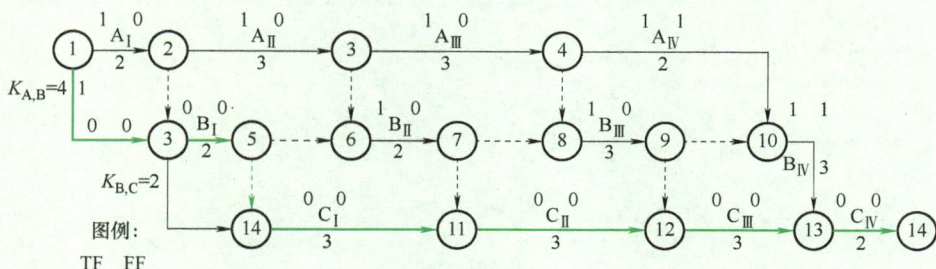

图3-57 引入流水步距的双代号流水施工网络图时间参数计算

三、单代号流水网络图的绘制与计算

1. 单代号流水施工网络图的绘制

单代号流水网络的绘制非常简单,很有规律,只要根据工序的先后关系绘制即可,如

图 3-58 和图 3-59 所示。

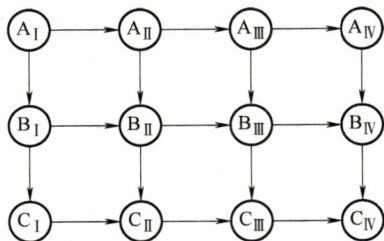

图 3-58 紧凑法单代号流水施工网络图

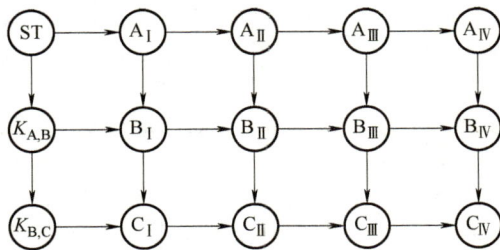

图 3-59 引入流水步距的单代号流水施工网络图

【例 3-18】 工程背景同【例 3-16】，绘制单代号流水施工网络图，如图 3-58、图 3-59 所示。

2. 单代号流水施工网络图的计算

【例 3-19】 如图 3-60 所示为 3 个施工段、三道工序的单代号流水施工网络计划图，各工作持续时间如图所示，请计算各项时间参数。

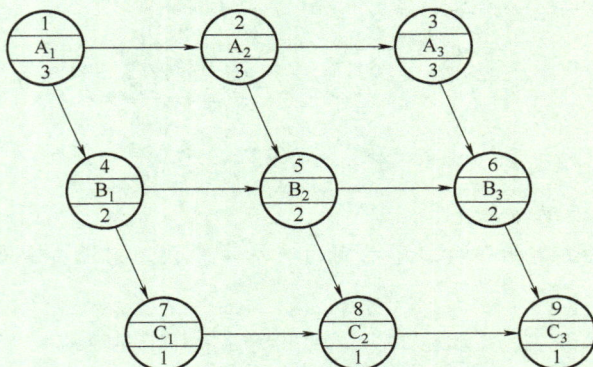

图 3-60 单代号流水施工网络图

【解】 工作的时间参数计算方法与前述相同，计算结果如图 3-61 所示，计算过程此处略。

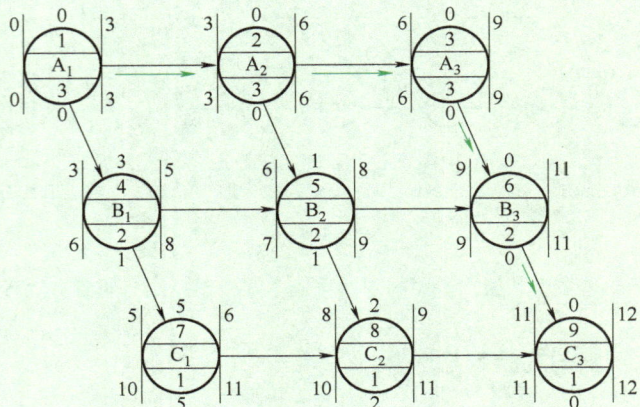

图 3-61 单代号流水施工网络图时间参数计算

任务设计与实施

1. 设计实施路径

1）根据所学知识完成本任务开始时工程背景的双代号流水施工网络图的绘制；需要说明是否考虑专业队连续施工。

2）根据所学知识完成本任务开始时工程背景的单代号流水施工网络图的绘制；需要说明是否考虑专业队连续施工。

2. 呈现实施成果

要求：将实施结果打印在一张 A4 纸上，并粘贴在空白处。

图 3-62 为绘制流水施工网络思维导图，作为参考。

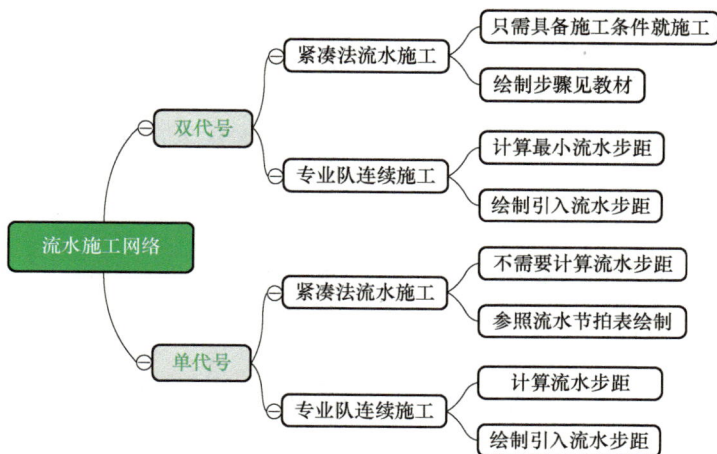

图 3-62　流水施工网络思维导图

任务评价

任务活动		任务评价（线上/线下）					
序号	名称	出勤与态度 20%	自评 10%	互评 10%	小组评价 10%	教师评价 50%	总评
1	双代号流水施工网络图的绘制						
2	单代号流水施工网络图的绘制						

学习提示：

1. 流水施工网络也分双代号与单代号，单代号绘制规律性强，比较简单；双代号绘制也有规律，但相比较不易掌握，需要反复练习；

2. 注意绘制流水施工网络图有没有考虑专业队施工是否需要连续，否则绘制出来的图也是有区别的，如果考虑连续施工，就需要求最小流水步距，并将流水步距代入网络图中，否则计算出来的工期也可能不同；

3. 现在的学习为以后的职业资格考试打基础，应查阅资料了解其在工程上的应用，以拓宽视野，提高认识

任务拓展

查阅资料，准备工程案例，分析工程上是如何利用流水网络图指导施工的（如果工程

项目规模庞大，也许流水施工只是局部采用，但其组织思想是不能忽略的）。

任务 4 网络优化

任务导入

工程背景：某一跨中桥施工，由于种种原因，桥台基础完成后才开始梁板预制工作，其网络进度图如图 3-63 所示。整个工程计划的间接费率为 0.45 万元/d，正常工期时的间接费为 14.1 万元。试对此计划进行费用优化，求出费用最少的相应工期。

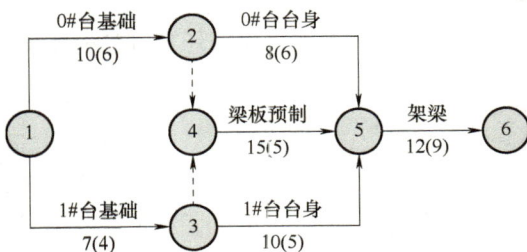

图 3-63　网络进度图

网络计划经计算后，得出的是初始方案，这个方案只是一种可行方案，要获得最佳方案，还必须进行网络计划的优化。

任务目标

1. 了解网络优化的目的和类型，能用循环压缩法对初始网络计划进行工期优化；
2. 了解并熟悉网络工期-费用优化方法，能通过多次压缩关键线路的方法找到工程项目费用最低时的工期；
3. 了解网络资源优化的目的和原理，熟悉资源有限、工期最短的网络优化方法；
4. 发扬工匠精神，树立责任意识、质量意识、安全意识。

相关知识

网络计划经计算后，得出的是初始方案，这个方案只是一种可行方案，要获得最佳方案，还必须进行网络计划的优化。网络计划的优化就是通过利用时差，不断改善网络计划的初始方案，在满足既定的条件下，按照某一衡量指标（如时间、成本、资源）来寻求最优方案。根据网络优化条件和目标的不同，通常有工期优化、费用优化和资源优化几种。

一、工期优化

1. 工期优化的方法

网络计划编制后，最常遇到的问题是计算工期大于上级规定的要求工期时，通过压缩关键线路上的关键工作的持续时间，达到缩短工期，满足工期要求的目的。各项工作的工程量一定，工期与投入的资源在一定条件下往往是成反比关系。

常见的缩短关键路线的方法有：优化原来的组织计划和压缩关键工作的持续时间。

工期优化仅从时间角度进行考虑，即只计算工期，不计算资源。在网络计划中，关键路线控制着施工任务的总工期，当计划的总工期超过了上级要求的总工期时，必须从关键路线着手优化。

网络工期优化

（1）优化原来的组织计划

1）作业方式的选择：顺序作业方式工期最长，平行作业方式工期最短，流水作业方式工期介于二者之间；条件允许时，可以采用平行流水作业，将工期缩短。特别是路基、路面工程可以划分成多段，采用流水作业或平行作业，都可以缩短工期，如图3-64所示。

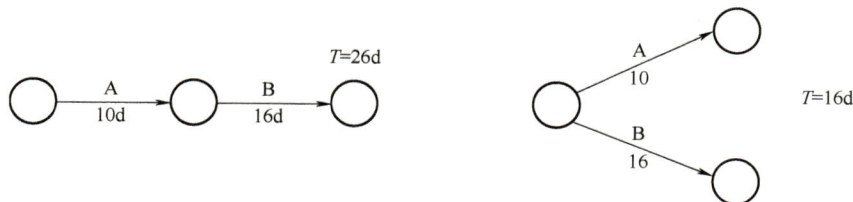

图3-64 作业方式的改变

2）作业顺序的选择：对多个施工段，多道工序，其施工的顺序不同，其工期也不一样。如果找到一个最佳的施工顺序进行施工使工期缩短，那么，就可以在不增加资源的情况下，达到缩短工期的目的。具体见项目二。

3）从计划外增加资源：从计划外增加资源，如增加机械设备、运输车辆、劳动力等，来加速关键工作的完成，从而使计划工期缩短。常见的方法有：延长非关键工作的持续时间和推迟非关键工作的开始。

【例3-20】 如图3-65所示的网络计划图，计划工期为25d，上级要求23d完成。在工作面允许的情况下，按照劳动量相等的原则，我们可以把C工作延长2d，把E工作延长1d，从C工作中抽走4人，从E工作中抽走1人，B工作增至12人，工作缩至3.5d完成，这样就可以使工期满足要求，但关键路线发生了变化，如图3-66所示。

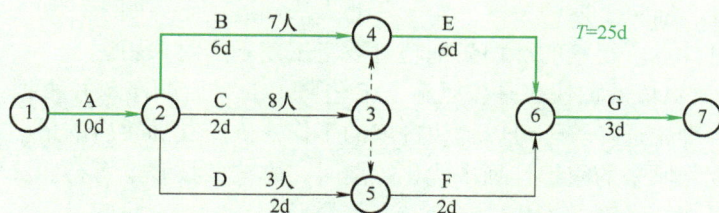

图3-65 优化前的网络计划图

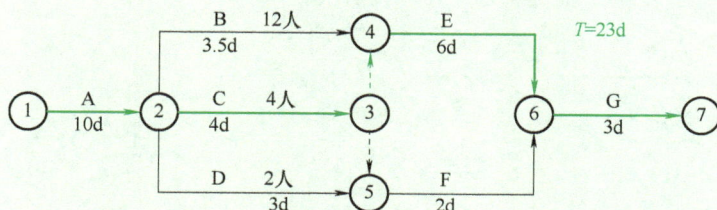

图3-66 优化后的网络计划图

【例3-21】 如图3-67所示的网络图，计划工期27d，上级要求25d完工。在工作面允许的情况下，推迟C工作的开始时间，将C工作的8人全部投入B工作，如图3-68所示。

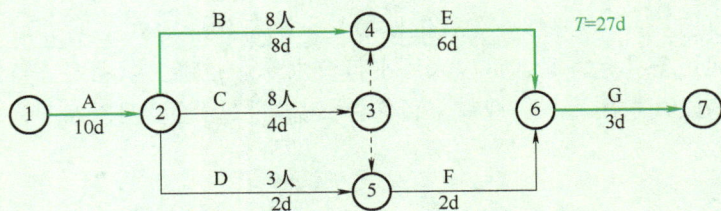

图 3-67 优化前的网络计划图

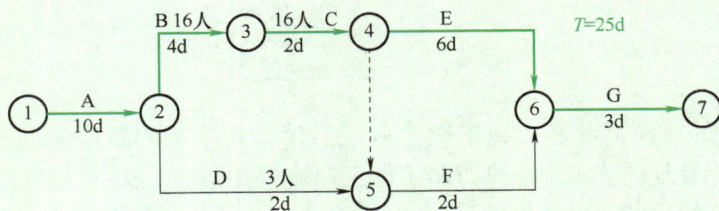

图 3-68 优化后的网络计划图

（2）压缩关键工作的持续时间（循环压缩法）

在工作面允许、资源充足的情况下，可以通过从计划外增加资源，压缩关键工作的持续时间，达到压缩工期的目的。需要注意的是，在压缩关键路线的同时，会使某些时差较小的次关键路线升为关键路线，这时需要再次压缩新的关键路线，如此反复，逐渐逼近，直到达到规定工期为止。

1）平均加快法：平均加快法是将超过规定工期的时间，平均分摊到所有采取适当措施可能加快施工速度、缩短工期的关键工作上。此方法常适用于当网络计划的各项工作采用正常持续时间，通过计算所得到的计划工期超过规定工期不多时采用。

2）依次加快法：依次加快法是按照施工工艺要求的先后顺序，并根据技术上可行、经济上合理的原则，事先选择若干可以加快进度的工作，确定其加快后的最短持续时间。此方法通常是在应用优化原来的组织计划来优化工期时，先按照技术上可行、经济上合理的原则事先选择若干可以加快进度的工作，来确定其加快后的最短持续时间。

【例 3-22】 如图 3-69 所示的网络计划图，计划工期为 68d，上级规定工期为 60d，试采用压缩关键工作的持续时间方法进行工期优化。

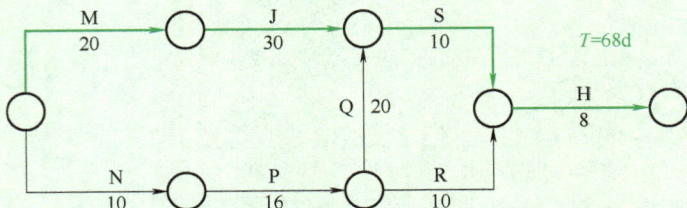

图 3-69 初始网络计划图

第一次，J 工作压缩 5d，M 工作压缩 3d，第一次优化后的网络计划图如图 3-70 所示。

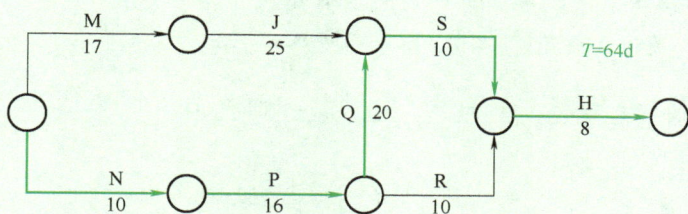

图 3-70　第一次优化后的网络计划图

第二次，Q 工作压缩 4d，第二次优化后的网络计划图如图 3-71 所示。

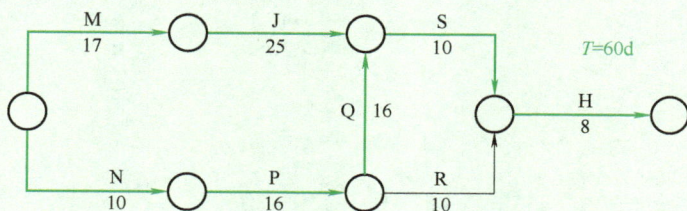

图 3-71　第二次优化后的网络计划图

3）顺序法和加权平均法：顺序法是按关键工作开工时间来确定，先干的工作先压缩；加权平均法是按关键工作持续时间长度的百分比压缩，但是这两种方法没有考虑需要压缩的关键工作所需的资源是否有保证及相应的费用增加幅度。

4）选择法：当网络有优先选系数时，选择这种方法，即根据工作的实际情况，按顺序优先压缩资源充足，对总费用影响小的以下工作：

①　缩短持续时间对质量影响不大的工作；

②　有充分备用资源的工作；

③　缩短持续时间所需增加的费用最少的工作。

【例 3-23】　某工程双代号时标网络计划图如图 3-72 所示，要求工期为 110d，对其进行工期优化。

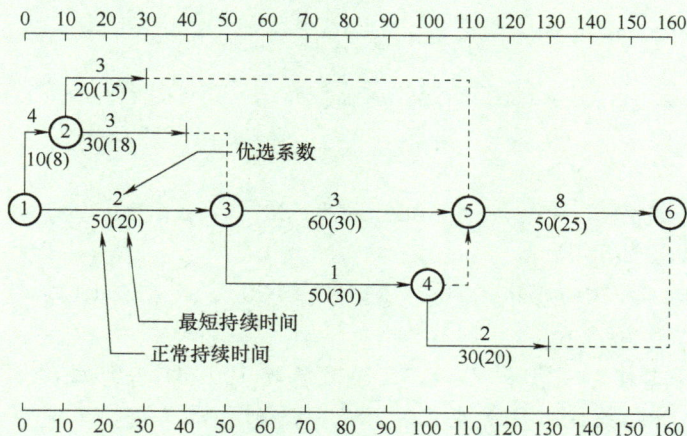

图 3-72　【例 3-23】原始网络计划图

【解】　1）计算并找出初始网络计划的关键线路（图 3-73）、关键工作：关键线路为 ①→③→⑤→⑥，关键工作有①→③，③→⑤和⑤→⑥。

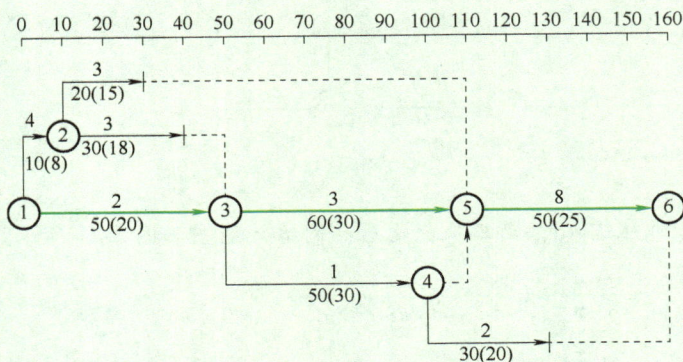

图 3-73　关键线路

2）求出应压缩的时间：$\Delta T = T_c - T_r = 160 - 110 = 50d$；

3）确定各关键工作能压缩的时间；

4）选择关键工作压缩作业时间，并重新计算工期 T'_c：

第一次：选择工作①→③，压缩 10d，成为 40d；工期变为 150d，①→②和②→③也变为关键工作，如图 3-74 所示。

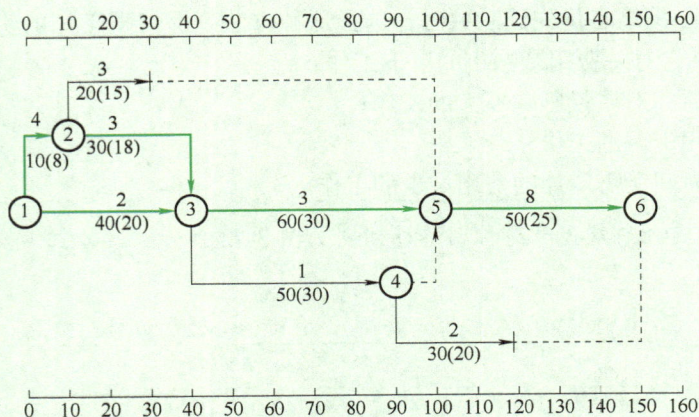

图 3-74　第一次压缩

第二次：选择工作③→⑤，压缩 10d，成为 50d；工期变为 140d，③→④和④→⑤也变为关键工作，如图 3-75 所示。

第三次：选择工作③→⑤和③→④，同时压缩 20d，成为 30d；工期变为 120d，关键工作没变化，如图 3-76 所示。

第四次：选择工作①→③和②→③，同时压缩 10d，①→③成为 30d，②→③成为 20d；工期变为 110d，关键工作没变化。至此，达到要求工期，不需再压缩，如图 3-77 所示。

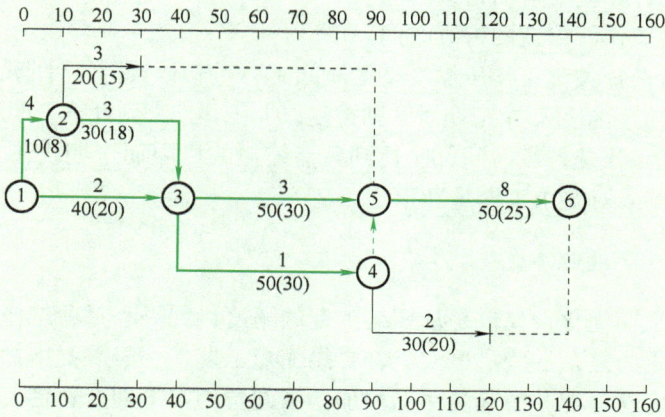

图 3-75　第二次压缩

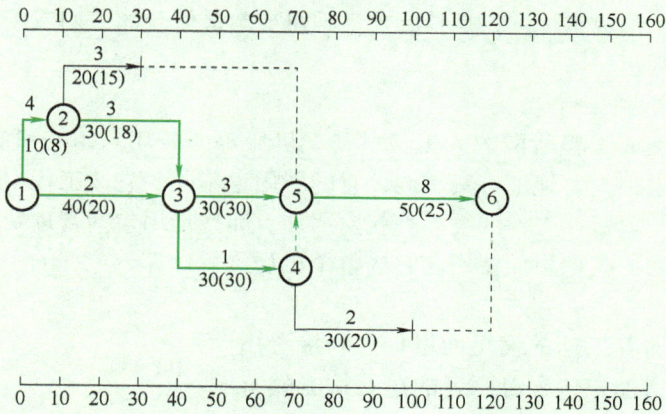

图 3-76　第三次压缩

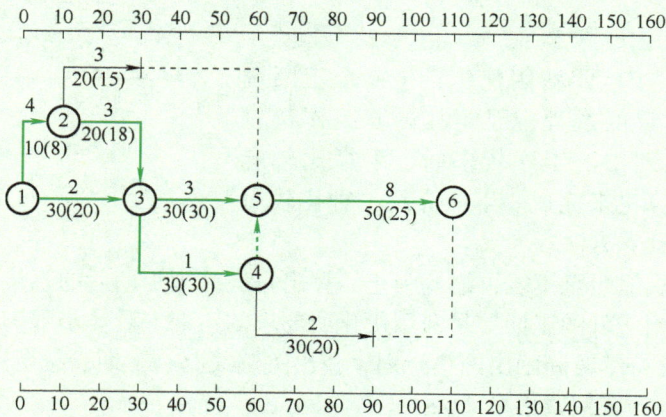

图 3-77　第四次压缩

2. 工期优化的步骤

1）计算并找出网络计划的计算工期、关键线路及关键工作。

2）按要求工期计算应缩短的持续时间。

3）确定各关键工作能缩短的持续时间。

4）按上述因素选择关键工作压缩其持续时间，并重新计算网络计划的计算工期。

5）当计算工期仍然超过要求工期时，则重复以上步骤，直到计算工期满足要求工期为止。

6）当所有关键工作的持续时间都已达到其能缩短的极限而工期仍不能满足要求时应对原组织方案进行调整或对要求工期重新审定。

二、费用优化（工期成本优化）

前面所讨论的工期优化，仅仅是从压缩工期的角度，如果和每项工作的实际花费结合起来，问题就会变得更为复杂一些。事实上，要想缩短工期，一般需要增加劳动力或加班加点或增加其他资源，而这些都会引起费用的增加，因此费用与工期有着密切的关系。网络计划的费用优化就是求出工程总费用最低的工期，或者工期一定时，所花费的总费用最小，这样的研究对工程造价资金意义重大。工程总费用由直接费用与间接费用组成。

费用优化又称工期成本优化，是指寻求工程总成本最低时的工期或按要求工期寻求最低成本的计划安排过程。

1. 时间和费用的关系

直接费用是指完成工程所需的人工、材料、机械等的费用。由于所采用的施工方案不同，它的费用差异也很大。施工方案不同，它的费用也不同。它按工程中的每项工作进行计算，工作的持续时间愈短，工作的直接费就愈增加。间接费用包括管理费用、福利、利息和一切不便计入直接费的其他附加费用。它按整个工程进行计算，工程的工期愈长，间接费也就愈多。

由于直接费用随着工期的缩短而增加，间接费用随着工期的增长而增加，包含着两者的总费用必然有一个最低点，这就是费用优化所要寻求的目标。因此，对于一个工程项目来说，就有一个工期-费用优化问题见（图3-78）。

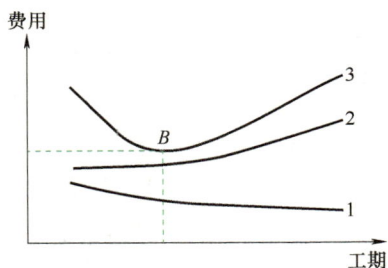

图3-78　工期-费用曲线
1—直接费用　2—间接费用　3—费用总和

2. 工期-费用优化计算

由于网络计划的工期-费用优化，是一个不断调整、逐渐逼近较优解的过程，因此其计算工作量较大，尤其当网络计划中的工序较多时，手算比较麻烦，一般应借助计算机来完成。下面介绍一种比较简单实用的费用优化计算方法。

将正常工期逐次缩短至不能再缩短为止，算出每次缩短工期后的直接工程费、间接费和总费用，其中总费用最低的工期就是费用优化所要求的工期。具体步骤为：

1）按工作正常持续时间画出网络计划，找出关键线路、工期、总费用；

2）计算各工作的直接费用率 ΔC_{i-j}；

3）压缩工期；

4）计算压缩后的总费用：

$$C_{\mathrm{T}}' = C_{\mathrm{T}} + \Delta C_{i-j} \times \Delta T_{i-j} - 间接费用率 \times \Delta T_{i-j}$$

5）重复3）、4）步骤，直至总费用最低。

巧匠锦囊

1. 压缩关键工作的持续时间。

2. 不能把关键工作压缩成非关键工作。

3. 选择直接费用率或其组合（同时压缩几项关键工作时）最低的关键工作进行压缩，且其值应不大于间接费率。

4. 向关键工作要时间，向非关键工作要费用。

【例3-24】　如本任务任务导入中的工程背景案例，表示某一跨中桥施工，由于种种原因，桥台基础完成后才开始梁板预制工作，其网络进度图如图3-79所示。整个工程计划的间接费率为0.35万元/d，正常工期时的间接费为14.1万元。试对此计划进行费用优化，求出费用最少的相应工期。

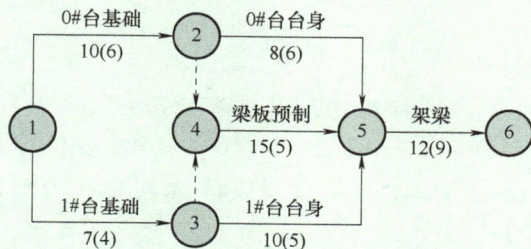

图3-79　某一跨中桥施工网络进度图

【解】　1）按工作正常持续时间画出网络计划，找出关键线路、工期、总费用：

$$T = 37d$$

总费用＝直接费用+间接费用＝$[(7.0+9.2+5.5+11.8+6.5+8.4)+14.1]$万元＝62.5万元，如图3-80所示。

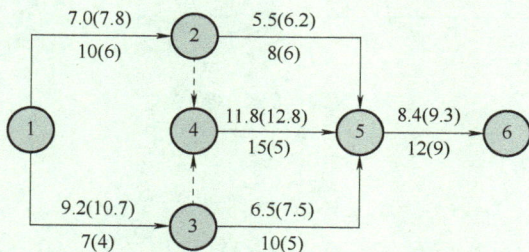

图3-80　某一跨中桥施工网络图关键线路

2）计算各工作的直接费用率ΔC_{i-j}，见表3-22。

表3-22　计算各工作的直接费用率

工作代号	正常持续时间/d	最短持续时间/d	正常时间直接费/万元	最短时间直接费/万元	直接费用率/（万元/d）
①→②	10	6	7.0	7.8	0.2
①→③	7	4	9.0	10.7	0.5
②→⑤	8	5	5.5	6.2	0.35
④→⑤	15	5	11.8	12.8	0.1
③→⑤	10	5	6.5	7.5	0.2
⑤→⑥	12	9	8.4	9.3	0.3

3）压缩工期：

第一次：选择工作④→⑤，压缩7d，成为8d；工期变为30d，②→⑤也变为关键工作，如图3-81所示。

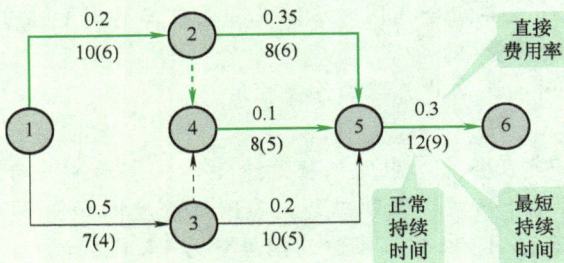

图3-81　第一次压缩

计算压缩后的总费用：

$$C_T' = C_T + \Delta C_{i-j} \times \Delta T_{i-j} - 间接费用率 \times \Delta T_{i-j}$$

$$= (62.5 + 0.1 \times 7 - 0.35 \times 7) 万元 = 60.75 万元$$

第二次：选择工作①→②，压缩1d，成为9d；工期变为29天，①→③、③→⑤也变为关键工作，如图3-82所示。

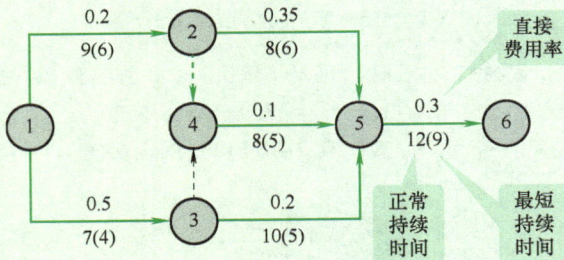

图3-82　第二次压缩

计算压缩后的总费用：

$$C_T' = C_T + \Delta C_{i-j} \times \Delta T_{i-j} - 间接费用率 \times \Delta T_{i-j}$$

$$= (60.75 + 0.2 \times 1 - 0.35 \times 1) 万元 = 60.60 万元$$

第三次：选择工作⑤→⑥，压缩3d，成为9d；工期变为26d，关键工作没有变化，如图3-83所示。

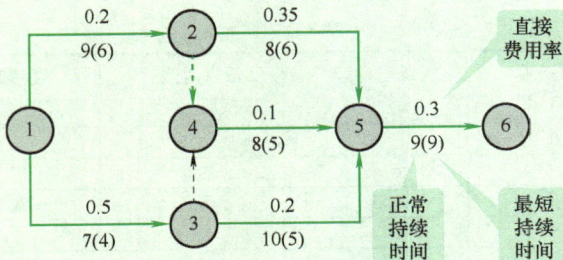

图3-83　第三次压缩

计算压缩后的总费用：

$$C'_T = C_T + \Delta C_{i-j} \times \Delta T_{i-j} - 间接费用率 \times \Delta T_{i-j}$$
$$= (60.60 + 0.3 \times 3 - 0.35 \times 3) 万元 = 60.45 万元$$

第四次：选择直接费用率最小的组合①→②和③→⑤，但其值为 0.4 万元/d，大于间接费率 0.35 万元/d，再压缩会使总费用增加。

所以，优化方案在第三次压缩后已经得到。

最优工期为 26d，其对应的总费用为 60.45 万元，网络计划图如图 3-83 所示。

三、资源优化

这里所说的资源包括人力、材料、动力、机械设备等。如果工作进度安排不恰当，就会在计划的某些阶段出现对资源需求的"高峰"，而在另一些阶段出现对资源需求的"低谷"。这种资源的不均衡，会造成资源供应不足，或资源供应过剩，同时也会给工程组织和管理带来许多麻烦。资源优化的目的，就是为了解决这些问题。资源优化的两种情况：

1. 资源有限的工期最短

当一项工程计划经过调整资源均衡之后，如果所需要的资源很充足，就可以下达实施了。但是，当资源供应有限时，就要根据有限的资源去安排工作，即备用库法。

备用库法分配有限资源的基本原理为：设想可供分配的资源储藏在备用库中，任务开始后，从库中取出资源，按工作的"优先安排规则"给即将开始的工作分配资源，并考虑到尽可能的最优组合，分配不到资源的工作就推迟开始时间，随着时间的推移和工作的结束，资源陆续返回到备用库中。当库中的资源达到能满足，即将开始的一项或几项工作的资源需要时，再从备用库中取出资源，按这些工作的优先安排规则进行分配。这样反复循环，一直到所有工作都分配到资源为止。

资源分配的优先安排规则为：

1）优先安排机动时间小的工作。

2）当几项工作的机动时间相同时，优先安排持续时间短的和资源强度小的工作。

应注意的是：优先保障关键工作的资源安排和力争减少资源的库存积压，提高利用率。灵活地运用以上优先安排规则，考虑尽可能最优组合。

2. 规定工期的资源均衡

在工期限定的情况下，当对资源的需求出现"高峰"时，我们通常对非关键工作进行调整，以使资源尽量达到均衡，调整的方法有以下三种：

1）利用时差，推迟某些工作的开始时间。推迟规则为：①优先推迟资源强度小的工作（资源强度是指单位时间内的资源需要量）；②当有几项工作的资源强度相同时，优先推迟机动时间大的工作。

2）在条件允许的情况下，可在资源需求量超限的时段内中断某些工作，以减少对资源的需要量。

3）改变某些工作的持续时间。由于资源优化假定条件太多，工程上用于施工阶段的较少，可以用在资源配置理论研究上，一般结合时标网络进行调整。

📖 任务设计与实施

1. 设计实施路径

（1）任务要求：1）用思维导图的形式表达工期优化的步骤；2）用思维导图的形式表

达工期-成本优化的步骤。（注：不管哪种优化类型，优化的关键步骤是循环压缩关键线路）

（2）练习任务导入中工程案例的工期-成本优化过程。

2. 呈现实施成果

要求：将实施结果打印在一张 A4 纸上，并粘贴在空白处。

图 3-84 为工期优化和费用优化思维导图，作为参考。

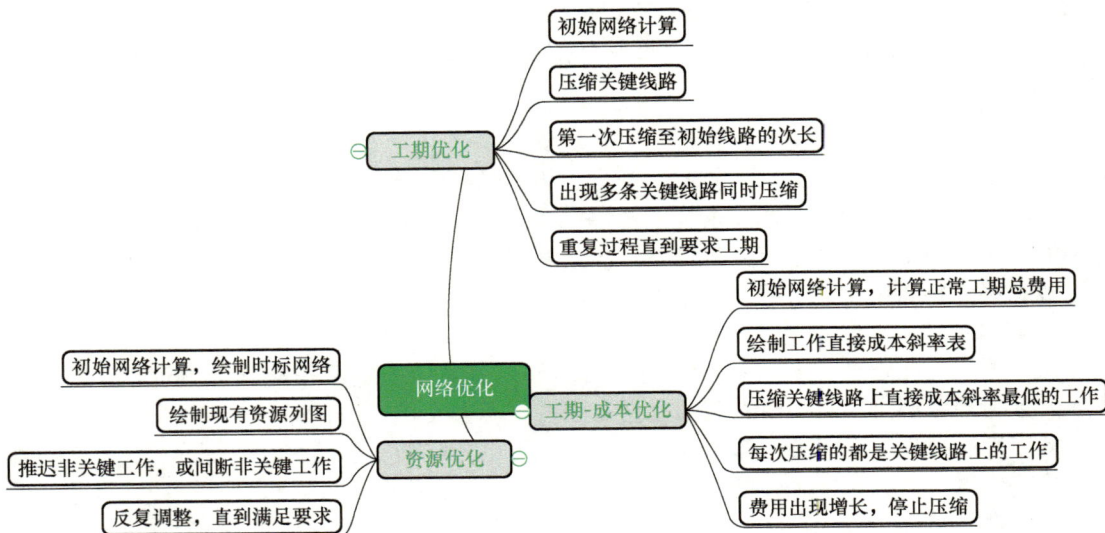

图 3-84　工期优化和费用优化思维导图

任务评价

任务活动		任务评价（线上/线下）					
序号	名称	出勤与态度20%	自评10%	互评10%	小组评价10%	教师评价50%	总评
1	工期优化						
2	工期-费用优化						

学习提示：

1. 工期优化，循环线路压缩法是学习其他网络优化类型和方法的基础，应反复练习，同时也是职业资格考试的高频考点；

2. 工期-成本优化对工程的指导意义较大，尽管掌握起来有一定难度，也需重点学习；

3. 这部分的学习为以后的职业资格考试打基础，应查阅资料了解其在工程上的应用，以拓宽视野，提高认识

任务拓展

1）查阅资料，准备工程案例，分析工程上是如何利用网络计划进行优化的。

2）网络的优化往往以双代号网络为基础，分析一下为什么？

项目四

编制公路工程总体施工组织设计

任务 1　认知总体施工组织设计编制

任务导入

工程背景：某高速公路 CL-3 标施工标段路线长度 5.650km，起点桩号 K29+850.000，终点桩号 K35+500.000。设计速度 120km/h。路基填土为 850630m³，石灰 57423.2t，碎石土 76974m³，开挖土方 183596m³，湿喷桩 8.4 万延米，混凝土约为 4.3 万 m³。

本标段设互通式立交 1 处，为长荡湖互通式立体交叉，其中主线桥 4 座，跨主线 C 匝道桥 1 座。本标段共设通道 10 道：机耕通道 5 道；汽车通道 3 道；人行道 2 道。共设涵洞 17 道：圆管涵 13 道，箱涵 3 道；盖板涵 1 道。改移道路：2.2km。

本工程项目工期要求为：2022 年 8 月 1 日—2024 年 5 月 31 日，共 22 个月。2024 年 5 月完成主体工程并移交给路面工程。本标工程造价约为：1.59 亿元，合同工期：22 个月。

试编制该施工标段总体施工组织设计。

了解公路工程施工组织设计的类型及作用，了解公路工程总体施工组织设计编制依据、内容及编制程序等。

素养课堂——
绿水青山就是
金山银山

任务目标

1. 了解施工阶段公路工程项目总体施工组织设计的概念与编制范畴，根据所学专业知识能读懂总体施工组织设计的思路，能归纳其主要编制内容；

2. 熟悉施工部署、施工方案的编制方法与编制内容；

3. 熟悉施工进度计划、资源计划的编制方法与编制内容；

4. 了解施工平面布置图、临时工程计划的编制方法与编制内容；

5. 了解施工措施的编制方法与编制内容；

6. 拥有国家情怀和职业自豪感，树立责任意识、法律意识、安全意识、质量意识、合同意识、环保意识。

相关知识

一、实施性总体施工组织设计文件

施工组织设计在公路建设的各个阶段都需要编制，其名称和编制内容及详细程度都有区别，认识施工总体组织设计的内容与作用，熟悉其编制方法对工程施工管理具有重要意义。施工阶段需要编制实施性的施工组织设计文件，而总体施工组织文件又是各单位工程施工组织设计和分部分项工程施工方案的编制依据，一般是针对整个建设项目或某施工标段的全部施工过程而编制的，其内容和体量往往十分庞大，公路工程总体施工组织设计的主要内容概括为：

1) 编制说明；
2) 编制依据；
3) 工程概况；
4) 施工总体部署；
5) 主要工程项目的施工方案；
6) 施工进度计划；
7) 各项资源需求计划；
8) 施工总平面图设计；
9) 大型临时工程；
10) 主要分项工程施工工艺；
11) 本工程需研究的关键技术课题及需进行总结的技术专题；
12) 各项保证措施。

总体施工组织
设计编制内容

其中，各项保证措施包括：季节性施工技术措施，质量管理与质量控制的保证措施，安全管理与安全保证措施，项目职业健康安全管理措施，环境保护和节能减排的措施及文明施工等。

由于公路工程项目（或某标段）线长面广，往往规模庞大、施工类型繁多、管理复杂，实际编写时还需要将以上12条细化，见表4-1。视工程规模大小不同，依表中所列条目按实际情况逐条编制按实取舍即可。

表 4-1 实施性施工组织设计文件组成内容表

编号	主要条目	施组内容	备注
一	编制依据、编制范围及设计概况		
（一）	编制依据		
（二）	编制范围		
（三）	设计概况		
二	工程概况		
（一）	线路概况（附地理位置图）		
（二）	主要技术标准		
（三）	主要工程内容和数量		
（四）	征地拆迁数量、类别，特殊拆迁项目情况		
（五）	工程特点		
（六）	控制工程及重难点工程		

（续）

编号	主要条目	施组内容	备注
三	建设项目所在地区特征		
（一）	自然特征（地形地貌、地质、水文、气象等）		
（二）	交通运输情况		
（三）	沿线水源、电源、燃料等可资利用的情况		
（四）	当地建筑材料的分布情况		
（五）	其他与施工有关的情况（卫生防疫、地区性疾病、民俗等）		
四	施工组织安排		
（一）	建设总体目标（安全、质量、工期、环保等）		
（二）	施工组织机构、队伍部署和任务划分		
（三）	总体施工安排和主要阶段工期		
（四）	施工准备和建设协调方案		
（五）	各专业工程施工工期		
（六）	分项工程施工进度计划		
（七）	工程接口及配合		
（八）	联调联试及运行试验		
（九）	施工总平面布置示意图（含线路纵断面缩图）、总体形象进度图、横道图、网络图		
五	临时工程和过渡工程		
（一）	大型临时工程		
1	铺轨基地（存砟场）		
2	制（存）梁场		
3	轨道板（双块式轨枕）预制场		
4	材料厂		
5	铁路岔线、便桥		
6	铁路便线、便桥		
7	混凝土集中拌和站		
8	填料拌和站		
9	汽车运输便道（含运梁便道）		
10	临时通信		
11	临时电力线		
12	临时给水干管		
13	钢梁拼装场		
14	临时渡口、码头、栈桥		
15	其他		
（二）	过渡工程		
（三）	小型临时工程		
六	控制工程和重难点工程（包括高风险工程）施工方案		
（一）	××××重点土石方		

（续）

编号	主要条目	施组内容	备注
（二）	××××桥梁		
（三）	××××隧道		
（四）	…………		
七	施工方案		
（一）	施工准备		
（二）	路基工程		
（三）	桥涵工程		
（四）	隧道工程		
（五）	枢纽和站场工程		
（六）	轨道工程		
（七）	通信工程		
（八）	信号工程		
（九）	信息工程		
（十）	电力工程		
（十一）	电力牵引供电工程		
（十二）	房屋工程		
（十三）	其他站后工程		
（十四）	改移道路工程		
（十五）	重点过渡工程		
（十六）	联调联试		
（十七）	运行试验		
（十八）	其他		
八	资源配置方案		
（一）	主要工程材料设备采购供应方案		
（二）	分年度主要材料设备计划		
（三）	关键施工装备的数量及进场计划		
（四）	劳动力计划		
（五）	投资计划		
（六）	临时用地与施工用电计划		
九	管理措施		
（一）	标准化管理		
（二）	质量管理措施		
（三）	安全管理措施		
（四）	工期控制措施		
（五）	投资控制措施		

注："施组内容"栏用"√"或"/"表示"有"或"没有"该条目内容，对于因图纸未到等原因造成条目内容暂时空缺或单独成册的在备注栏予以说明。

知识链接

由于总体施工组织设计内容十分庞大，且每个项目的特点又各不相同，这就决定每个工程实例的编制顺序和重点也不可能完全一样，但重点内容是不能缺少的。

二、公路施工组织设计编制程序

编制施工组织设计要遵循一定的程序，要按照施工的客观规律，协调和处理好各个影响因素的关系，用科学的方法进行编制。同时，必须注意有关信息的反馈。其编制程序如图 4-1 所示。

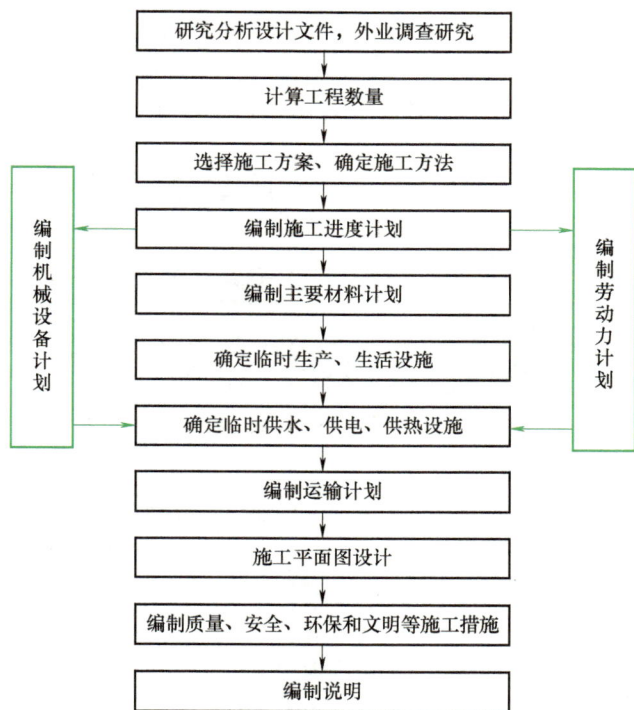

总体施工组织设计
编制参考文本

施工组织设计
编制程序

图 4-1　施工组织设计编制程序

1）分析设计资料，进行必要的调查研究。

2）计算工程数量。

3）选择施工方案，确定施工方法。

4）编制工程进度图。

5）计算人工、材料、机具需要量，制订供应计划。

6）制订临时工程，供水、供电、供热计划。

7）工地运输组织。

8）布置施工平面图。

9）编制技术措施与计算技术经济指标。

10）确定施工组织管理机构。

11）编制质量、安全、环保和文明施工措施计划。

12）编写说明书。

任务设计与实施

1. 设计实施路径

（1）任务要求：1）查阅工程案例，结合专业课知识以思维导图的形式分析公路工程总体施工组织设计编制内容；2）查阅工程案例，以思维导图的形式绘制公路工程总体施工组织设计中进度计划和资源计划的编制内容。

（2）根据所学知识，并查阅资料，试初步列出任务导入中的工程背景施工项目总体施工组织设计的提纲及主要内容。

2. 呈现实施成果

要求：将实施结果打印在一张 A4 纸上，并粘贴在空白处。

图 4-2 为公路工程项目施工组织设计编制内容的思维导图，作为参考。

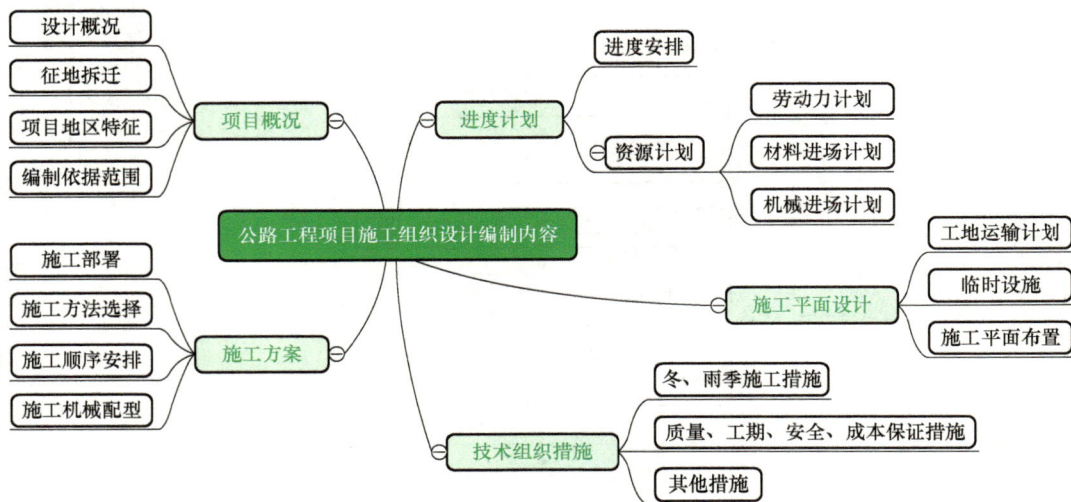

图 4-2　公路工程项目施工组织设计编制内容

任务评价

任务活动		任务评价（线上/线下）					
序号	名称	出勤与态度20%	自评10%	互评10%	小组评价10%	教师评价50%	总评
1	项目总体施工组织设计内容						
2	了解项目总体施工组织设计编制程序						

学习提示：

1. 公路工程项目总体施工组织设计内容庞大复杂，建议结合工程实例学习；

2. 公路工程项目总体施工组织设计编制程序也不是靠背书就能掌握，需要积累经验，现阶段以学习案例为主，有个逐步内化的过程

任务拓展

查阅案例，分析进度计划与资源计划之间，临时设施和施工平面布置之间的联系。

任务 2　编制施工部署与施工方案

任务导入

工程背景 1：如何确定一座桥梁的施工顺序呢？

工程背景 2：桥梁基础工程施工方法如何选择？

工程背景 3：沥青路面施工机械如何选择与组合？

施工方案有广义和狭义之分，狭义的施工方案其实重点是指施工技术方案，主要是对施工方法的选择、施工机械的选配和现场施工顺序的确定；广义的施工方案是一个全局的概念，它不仅包括施工技术方案，还包括组织方案，如施工机构建立、施工平面安排、进度计划、工料机计划、各项保证措施等，比如后面项目提到的分部分项工程施工方案或分部分项工程专项施工方案更多表达的是广义的施工方案的概念。作为施工组织设计文件的组成部分的施工方案，更倾向于狭义的施工方案，即确定施工方法、选配施工机械、确定施工顺序。

任务目标

1. 了解并掌握施工部署的编制内容；
2. 了解并掌握施工方案的编制内容；
3. 发扬工匠精神，树立责任意识、法律意识、安全意识、质量意识、环保意识。

相关知识

主要项目的施工方案的制定反映施工企业的施工技术水平和组织管理水平，重难点工程和危大工程的施工方案分析和编制尤其重要。

一、施工部署

公路工程一级、二级建造师职业资格考试明确指出施工方案是施工组织设计的核心，指的也是侧重于施工技术方案的概念，施工方案的编制是总体施工组织设计中占据篇幅最多的，它是各专业施工技术规范在施工组织设计文件中的集中体现，只有学好了路基、路面、桥涵、隧道等施工技术，才能顺利编制好施工方案的内容。

1. 施工部署的概念

施工部署又是一个关于施工组织设计的重要概念，但其表述各式各样，极易给初学者造成困扰，这是由于施工组织设计过程和内容的复杂性造成的。

施工方案与施工部署两种表述的语境不同，根本区别在于施工方案的外延不同，前者侧重指施工技术方案，后者不仅指施工技术方案还包括全部的施工组织管理方案，本书参照前种说法和表述。

应该注意的是，施工部署重在战略思想，施工方案重在实施，这一点上是有区别的。

2. 施工总体部署的内容

（1）设定管理目标

管理目标包括质量、安全、环保、进度、成本等目标。

（2）设置项目组织机构

项目组织机构内容包括：①项目管理人员数量，人员组成方式与来源；②项目部与及部室负责人职务、姓名、分工及联系方式；③组织机构图。

1）路桥施工项目组织机构：即项目经理部，是以具体路桥施工项目为对象，以实现质量、工期、成本、安全和文明施工相统一的综合效益为目标的一次性、临时性组织机构，是施工企业派驻施工现场实施管理的权力机构，负责施工现场的全面管理工作。

2）项目经理部的功能：

① 项目经理部实行项目经理负责制。在项目经理的领导下，负责施工项目从开始到竣工的全过程施工生产管理活动，它对作业层负有管理与服务的职能并向公司负责。

② 项目经理部是一个组织整体。其作用包括完成企业赋予的基本任务，即项目管理和专业管理的任务；要促进管理人员的合作，协调部门之间、管理人员之间的关系；要凝聚管理人员的力量，调动每个人的积极性，发挥其应有的作用，为共同的目标而努力工作。

③ 项目经理部是代表施工企业履行工程承包合同的主体，是最终产品质量责任的承担者，要代表企业对业主全面负责。

3）公路工程施工项目经理部的组织结构模式：一般有四种，即直线式、职能式、直线职能式、矩阵式，如图 4-3 ~ 图 4-6 所示。目前，主要采用的有直线式和直线职能式，大型项目可采用矩阵式。

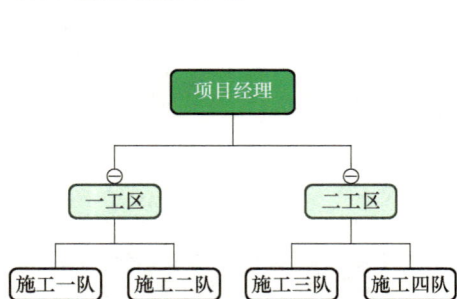

图 4-3 直线式项目经理部机构图

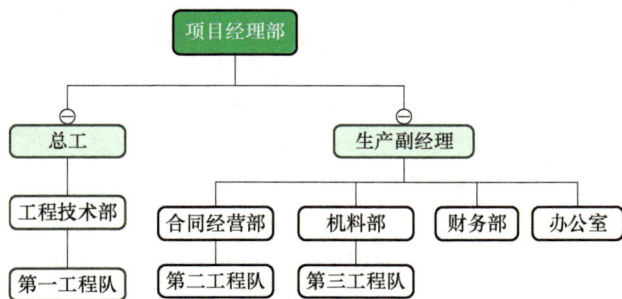

图 4-4 职能式项目经理部机构图

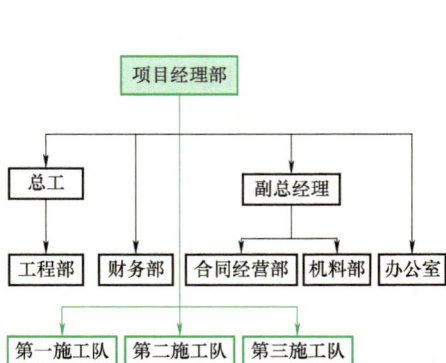

图 4-5 直线职能式项目经理部机构图

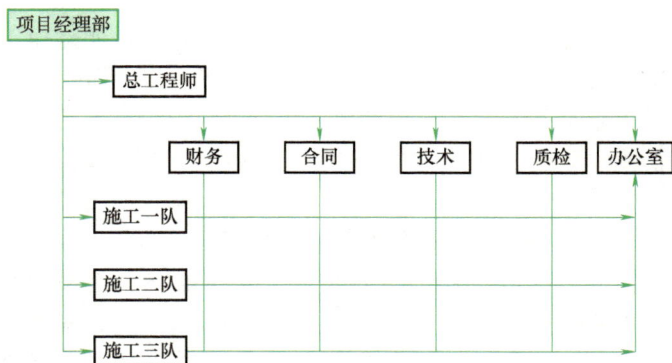

图 4-6 矩阵式项目经理部机构图

施工项目机构将根据本工程的实际情况，由项目经理组织项目机构，并成立"项目经理部"，实行项目经理负责制，对公司和项目全面负责。项目经理部一般设置工程技术部、安全管理部、材料设备部、合同经营部、财务部和办公室6个职能部门，职能部门设置和人员的配备应适应工作的需要。在管理层下设置各专业作业队，即作业层，作业队下设作业班组。

（3）划分施工任务

划分各参与施工单位的工作任务及施工阶段，明确总包与分包、各施工单位之间分工与协作的关系，确定各单位的主要工程项目和次要工程项目。在划分任务之前还应对施工段落进行合理划分。

1）施工段落的划分：公路施工标段里程较长，为了方便管理，将整个项目划分为几个施工段并分别管理、同时施工，以加快进度，减少管理难度。

施工段落的划分应符合以下原则：

① 为便于各段落的组织管理及相互协调，段落的划分不能过小，应适合采用的施工方法和施工工艺，即采用目前市场上拥有的效率高、能保证施工质量的施工机械，保证正常的流水作业和必要的工序间隔，从而保证施工质量；也不能过大，过大起不到方便管理的作用。段落的大小应根据单位本身的技术能力、管理水平、机械设备状况结合现场情况综合考虑。

② 各段落之间工程量基本平衡，投入的人力、材料、施工设备及技术力量基本一致，都能够在一个合理的（或最短的）工期内完成工程。

③ 避免造成段落之间的施工干扰，如施工交通、施工场地、临时用地干扰等，即段落之间应有独立的施工道路及临时用地，土石方填、挖数量基本平衡，避免或减少跨段落调配，以避免造成段落之间相互污染或损坏修建的工程及影响工效等。

④ 工程性质相同的地段（如石方、软土段）或虽施工复杂难度较大但施工技术相同的地段尽可能避免化整为零，以免影响效率、影响质量。

⑤ 保持构造物的完整性，除了特大桥之外，尽可能不肢解完整的工程构造物。

2）施工队伍选择与布置：在项目确定或施工段落划分以后，应确定施工队伍的布置。如果涉及专业分包施工队伍的选择，需要并经允许进行专业分包的工程，要选择合适的专业分包队伍；通过分包合同明确其总包与分包的关系，划分其责任；要明确各专业分包单位之间的分工协作关系，确定其分期分批的主攻任务和穿插任务。

施工队伍的布置应根据项目或施工段落划分情况，结合施工作业方式进行。一般路基工程可按照工程项目来划分和布置，如土方施工队、石方施工队、涵洞与通道施工队、桥梁施工队排水和防护工程施工队、路面基层施工队、路面面层施工队等；也可以按照专业作业方式划分，如机械土石方施工队、人工土石方施工队、砌筑工程施工队、钢筋工程施工队、模板工程施工队、混凝土浇筑工程施工队等。

对于一般大型项目，其划分和施工队伍的布置常常采用上述两种方法交替使用，即某一项目既按照专业划分若干个作业班组进行施工，又按照工程项目来划分与布置。例如，涵洞与通道施工队中又可根据涵洞、通道数量的多少划分为基础开挖、基础砌筑、模板安装、混凝土浇筑、盖板预制、盖板安装等，桥梁施工队中又可划分为基础施工、下部构造、上部构造、桥面铺装等。

（4）确定施工顺序

要在总体上确定各单位工程、分部工程、分项工程的施工顺序，分清主次，统筹安排，保证重点，兼顾其他，以确保工期，并实现施工的连续性和均衡性。

根据工程项目总目标的要求，确定合理的工程施工分期、分批开展的顺序。在工程项目施工区段的划分基础上，进行施工流向的顺序安排。这里包含了工艺顺序和组织顺序，其中以组织顺序为主。

在确定施工开展顺序时，主要应考虑以下几点：

1）在保证总工期的前提下，实行分期、分批施工。这样既可使各期工程迅速建成，尽早投入使用，又可在全局上实现施工的连续性和均衡性，减少临设数量，降低工程成本。至于分几期施工，各期工程包含哪些内容，则要根据工程规模和施工难易程度等情况来确定。

2）统筹安排各类项目施工，保证重点、兼顾其他，确保项目按期完成，要根据其重要程度及在施工生产中所处的地位进行排序，通常应优先安排的项目有：

① 按生产工艺要求，须先行投入施工或起主导作用的项目。

② 工程量大、施工难度大、工期长的项目。

③ 运输系统、动力系统。

④ 公路运行需要的服务区、收费站的办公楼及部分建筑等，以便施工临时占用。

⑤ 供施工使用的工程项目，如采砂（石）场、木材加工厂、各种构件加工厂、混凝土搅拌站等施工辅助项目以及其他施工服务项目，如临时设施等。

对于工程项目中工程量小、施工难度不大、周期较短而又不急于使用的辅助项目，可以考虑与主体工程相配合，作为平衡项目穿插在主体工程的施工中进行。

3）所有项目施工顺序均应按照"先地下、后地上，先深、后浅，先主体、后附属，先结构、后装饰"的原则进行安排。

4）考虑施工的季节性影响，例如，大量土方的施工，最好避开雨期；水中基础的施工要避开洪水期；高寒地区的冬期，应停止混凝土的施工作业等。

5）如果是采用项目总承包模式，上述内容的第1）点就是必须考虑的问题，而且尤为重要。

（5）拟定主要项目的施工方案

施工总体部署时需要拟定一些主要工程项目的施工方案。这些项目通常是工程项目中工程量大、施工难度大、技术复杂、工期长，对整个项目的建成起关键性作用的建筑物（构筑物），或是全场范围内工程量大、影响全局的特殊分部分项工程。拟定主要工程施工方案的目的是为工程项目开工进行技术和资源的准备，同时也是为了现场的合理布置。施工方案的拟定包括选择施工方法、确定工艺流程、配备施工机械设备、确定需要的临时工程（临时设施）等。

（6）主要施工阶段工期分析（或节点工期分析）

根据拟定的施工方案，结合工程量、水文地质等条件，分析确定主要施工阶段与关键节点时间，以便于进行总体工期控制。

（7）编制施工准备计划

1）施工准备工作的分类。根据施工阶段的不同，可将施工准备工作分为两类：

① 工程项目开工前的施工准备（全场）。这是在工程正式开工之前所进行的全面施工准备工作，其目的是为工程正式开工创造必要的施工条件。

② 各施工阶段施工前的施工准备（分部分项工程施工准备）。这是在工程项目开工之

后，每个施工阶段正式施工之前所进行的施工准备工作，其目的是为该施工阶段正式施工创造必要的施工条件。施工场地的临时排水是公路工程施工准备工作中很重要的内容。

从上述的分类可以看出：不仅在工程项目开工之前要做好施工准备工作，而且随着工程施工的进展，在各个施工阶段开展施工之前同样也要做好施工准备工作。施工准备工作既要有阶段性，又要有连贯性；要有计划、有步骤、分期、分阶段地进行，要贯穿于工程项目施工的全过程。

2）施工准备工作计划的内容：要按照施工部署和施工方案的要求以及施工总进度计划的安排编制施工准备工作计划，其内容主要包括：技术准备、劳动组织准备、物资资源准备和施工现场准备等。

二、施工方案

如前所述，施工方案包含的范围可大可小。具体说来，大范围的施工方案包括：施工方法的确定、施工机械和设备的配置、施工顺序的安排、施工作业的组织、施工进度的确定、施工现场的布置及施工措施的拟定。例如，在初步设计阶段，施工方案的范围就大，而在施工阶段编制施工组

施工准备工作
计划内容

织设计时，施工方案所涉及的范围就较小，有时主要是施工方法的确定、施工机械和设备的配置以及施工流向与作业组织。在施工组织设计内容中所列的施工方案就是小范围的，而进度计划、资源计划和施工平面布置是单独的内容，但是，在考虑施工方案的施工方法、施工机械、施工流向时，必然与施工进度、资源使用以及施工平面布置密切相关，有时候，很难绝对划分出哪部分是施工方案。初学者尤其要注意内容划分的相对性和包容性。施工部署包含施工方案，施工方案包含进度安排，但是进度计划又是施工组织设计的独立内容，同时进度计划与资源计划之间又存在着作用和反作用的关系等。

施工方案的以上 6 项内容中前两项属于施工技术问题，也称为施工技术方案；后 4 项属于科学施工组织和管理问题，也称为施工组织方案。施工技术是施工方案的基础，同时又要满足科学施工组织与管理方面的要求，科学施工组织与管理又必须保证施工技术的实现，两者是相互联系、相互制约的关系。为了更好地协调各种关系，互相创造条件，施工技术组织措施成为施工方案各项内容必不可少的延续和补充。

当进行旧路改造时，一般不允许中断交通，因此，施工组织设计的施工部署或施工方案中一定要单独编写保证交通畅通的措施，这对设计方和施工方尤为重要。

1. 施工方法的选择

施工方法的确定是指施工工艺方法的选择与确定。施工方法是施工方案的核心，起着决定性作用。选择施工方法时，应就其技术上的先进性、经济上的合理性、方法上的适用性、可行性等方面综合评价后来选定。

（1）选择施工方法应遵守的原则

1）可行、适用。选择的施工方法应具有实现的条件。

2）保证工期。应考虑对工期的影响，保证合同工期的实现。

3）经济合理。选择的施工方法在耗费上应合理，能够降低成本费用。

4）保质量、保安全。选择的施工方法要能够保证工程质量和施工安全。

5）有利于提高劳动生产率。可通过机械化施工、厂（场）化预制、装配化施工实现。

6）尽可能选择先进的施工技术。

（2）施工方法的选择依据

合同文件（或招标文件）及业主对施工的要求；设计（图）的要求；现场条件的限制；施工力量（人员、技术、设备、管理等）；工期要求；安全、质量、环保要求等。同时，施工方法的确定要受企业机械和设备的限制。

【例4-1】 实例分析桥梁基础工程施工方法的选择（图4-7）。

桥梁基础工程施工，仅钻孔灌注桩就有多种施工机械可供选择，是选择潜孔钻机还是冲击式钻机，或是冲抓式钻机，还是旋转式钻机，应进行比较分析。钻机一旦确定，施工方法也就确定了。扩大开挖基础，可以人力开挖，也可以机械开挖，选择人力施工还是机械施工必须考虑前面叙述的几个方面。假如没有机械，人力施工又能满足施工要求，地下水位较低，又不是控制工程，那么选择人力施工比较适合。如果有反铲挖土机，当然用机械施工省力又省工，施工进度也快。

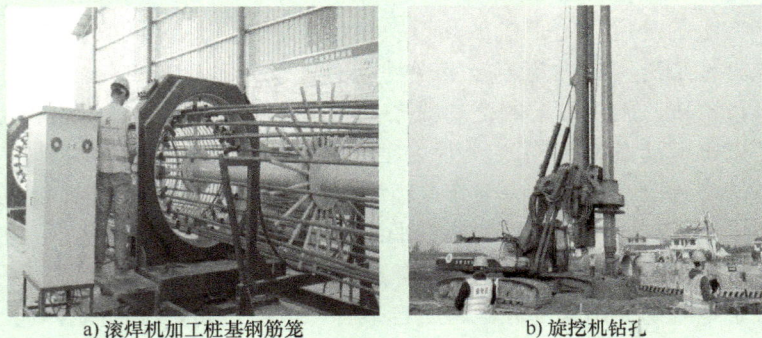

a) 滚焊机加工桩基钢筋笼　　　　b) 旋挖机钻孔

图4-7　桥梁基础工程施工方法

（3）选择施工方法的内容

1）土石方工程：①计算土石方工程量，确定土石方开挖或爆破方法，选择土石方施工机械；②确定放坡坡度系数、土壁支撑形式或搭设方法；③选择排除地面、地下水的方法，确定排水沟、集水井或井点布置；④确定土石方平衡调配方案。

2）基础工程：①浅基础中垫层、混凝土基础和钢筋混凝土基础施工的技术要求；②桩基础施工的施工方法以及施工机械选择。

3）防护工程：①浆砌块（片）石的砌筑方法和质量要求；②弹线及样板架的控制要求；③确定脚手架搭设方法及安全网的挂设方法。

4）钢筋混凝土工程：①确定模板类型及支撑方法，对于复杂的还需进行模板设计及绘制模板放样图；②选择钢筋的加工、绑扎和焊接方法；③选择混凝土的搅拌、输送及浇筑顺序和方法，确定混凝土搅拌、振捣和泵送方法等，设备的类型和规格，确定施工缝的留设位置；④确定预应力混凝土的施工方法、控制应力和张拉设备。

5）桥梁安装工程：①确定桥梁安装方法和起重机械；②确定梁板构件的运输方式及堆放要求。

6）路面工程：①确定路面摊铺机和拌和站生产能力；②确定路面施工机械组合方式。

施工方法选择时应尽量采用新技术，把推行新技术、新工艺、新材料、新方法表达出来。

2. 施工机械和设备的配置

施工方法确定后，要配置与施工方法相适应的施工机械和设备。施工机械和设备的配置应遵循"需要与可能、先进与适用、经济与合理"的原则。通常要考虑以下方面：

1）技术条件。包括技术性能，工作效率，工作质量，能源耗费，劳动力的节约，使用中的安全性、适用性、通用性和专用性，维修的难易程度等。

2）经济条件。包括购置价、使用寿命、使用费、维修费用等；如果是租赁机械，则应考虑企业现拥有的机械设备及当地可租赁的机械、设备。

施工组织设计中进行施工方案设计时，其中重要的一环，就是选择施工机械的问题。一旦选定了施工机械，并布置到现场，这些机械设备就将整个工程组织起来。但是，建设工程项目的范围非常广泛，施工项目的对象与施工条件又是单一性的；要求都能拥有与之相适应的机械种类和容量是困难的；而现有的机械设备中存在着选用何种设备更为经济的问题。

（1）选择施工机械考虑的因素

1）保证工程质量：根据工程的技术要求，考虑施工机械的技术性能是否与施工质量及技术规范的要求相适应，能否达到相应的施工质量要求。对于技术要求高的作业项目，应考虑采用性能优良或专用的机械，以保证工程质量和较高的生产率。但不可片面追求高性能专用机械，须在满足工程质量要求的前提下，考虑专用机械的适应性，避免降低机械的性能范围使用施工机械，以免造成机械损失。高档机械有较强的作业能力但成本高，用在低等级公路路面施工会"大材小用"，得不偿失；用低档机械来完成高等级路面施工则难以保证质量；反之使用，则可有效地降低成本。因此要了解各种机械的"经济质量"。

2）保证施工安全：在工程施工中，机械应具有可靠性和安全性，如行驶稳定，有翻车或落体保护装置、防尘隔音、危险施工项目可遥控作业等。

3）充分体现经济性：施工机械经济性选择的基准是单位实物量成本，主要和机械固定资产消耗及运行费等因素有关。固定资产消耗与施工机械的投资成正比，包括折旧费、大修费和投资的利息等费用；而机械的运行费用则是与完成工作量成正比的费用，包括劳动工资、直接材料费、燃料费、劳保设施费等。一般在选择机械时，必须权衡工程量与机械费用的关系，同时要考虑机械的先进性和可靠性，这是影响经济效益的重要因素。例如，采用大型机械进行施工，虽然一次性投入大，但它可以分摊到较大的工程量当中，对工程成本影响较小；采用先进的机械设备，因其技术性能优良，构造简易，易于操作，故障与维修费大大降低，最终可取得较好的经济效益。

4）保证施工机械的适应性：公路机械化施工的范围非常广泛，施工条件千变万化，选用施工机械时应从机械类型及机械的技术性能两方面考虑机械的适应性。其一，机械的类型及其技术性能应适合于工地的气候、地形、土质，施工场地大小、运输距离、施工断面形状尺寸、工程质量要求等。其二，机械的容量或生产效率要与工程进度及工程量相符合，尽量避免因机械生产效率不足或剩余造成延缓工期或低负荷作业现象。在条件允许的情况下，尽量选择最能满足施工内容的机种和机型。

5）尽量选用系列产品：整个机械化施工中，应减少同一工程机械的品种类型，力求尽可能使用统一标准化的系列产品，以便于维修和管理。

6）拟选施工机械与其他配套机械的组合要合理可行：拟选机械在工作容量、数量搭配、生产效率及动力搭配方面，应与配套的组合机械彼此适应，协调一致。如挖掘机的斗容量应与运输车辆的车厢容量保持适当的比例关系，一般以3~5斗装满车厢为宜。而运输车辆的生产率应略大于挖掘机的生产率，以求最大限度地发挥挖掘机的机械效能。

在实际的机械化施工组织过程中，一般在施工方案确定的情况下，选择施工机械除了满足上述原则，还须考虑以下因素：①在现有的或可能利用的机械中选择。②满足施工需要，避免大机小用。③合理选择主导机械，充分发挥主导机械的作用，力求组合机械最佳匹配。由于施工作业进度一般以主导机械的生产能力为主来制定，或者说主导机械的生产能力决定着施工速度和进度，所以，要慎重选择施工主导机械，且以主导机械的生产能力为主配置辅助机械。此外，还应从全局出发，充分考虑主导机械的重复利用。④工程量大时，选择大型机械；工程量小时，选择常规和标准机械。

7）考虑机械的经济运距：施工对象和机械经济运距对土石方工程机械特别重要。超过经济运距，机械生产率将下降。

8）根据工程规模大小经济地选择机械：原则上工程规模大选择大容量的施工机械较为经济。在大型的土方工程的施工中，虽然运输、安装、拆除施工机械所需的费用以及折旧费等固定费用相当庞大，但它可以分摊到较大的工程量中去，结果影响工程成本较小。如果大型的土方工程中，我们采用为数众多的小型机械施工，尽管并不妨碍机械效率的发挥，但在经济上很不合算。这些小型施工机械在总的施工费用大大超支的情况下，照样可以达到很高的时间利用率与机械效率水平，但是它并不经济。工程规模小时，选择施工机械的余地极为有限。一般不应考虑施工机械效率，应当使用现有施工机械。但对大型机械的使用，必须考虑进入现场后能有一段时间的使用，否则不经济。

9）要维修方便，工作可选性好：实际施工中，尽量选一些工况性能好的机械。机械出故障在所难免，因此机械的可修复性十分重要。

10）使用安全而污染环境少的施工机械：所选施工机械应选振动小、噪音低、粉尘少的机械，减少对工人健康损害和环境污染。

（2）施工机械合理组合的原则

1）以主作业机械为基准：综合施工机械化作业方式的机械组合是由主作业机械和从属作业机械组成。组合时应以主作业机械为基准，其他从属机械都应以确保主作业机械充分发挥效率为选配标准。当然，最理想的情况是所有各个环节的机械其生产能力都相等，但实际上很难做到。所以实际的组合都是以从属机械的生产能力略大于主作业机械的生产能力为原则。

例如，挖土机和若干倾卸车组合起来进行施工，就是较典型的综合机械化作业方式。这种组合，挖土机是主作业机械，倾卸车则是从属作业机械。应根据挖土机的容量从运距来决定倾卸车的容量和台数。

2）尽量减少组合数：组合个数越多，机械的工作效率就越低。如果把 A、B 两台机械组合起来，每台工作效率假定都是 0.9，那么两台组合起来的工作效率：$0.9 \times 0.9 = 0.81$，如组合的机械中有一台发生故障，整个组合就要停工；而组合数越多不但效率降低，停工的可能性也越大。

3）做到组合的并列化：组合中的主作业机械如果因故障而停工，则一系列的从属作业机械尽管其性能完好，也一样停工。因而主作业机械应备用一台。一般在大型的工程中，最好组成几个综合作业线并列施工，即使某条作业线的主作业机械发生故障而停工，其他作业线仍在施工，不致过多降低生产率。

施工机械的经济选择和优化组合确定后，就可以按施工进度安排投入使用，这就要求做好施工机械的组织工作。投入使用前要做两项工作：①首先，注意现场施工机械的检修，务必使机械状况良好，并按施工进度安排制订出机械进出场的时间表和使用的机械类别、台数、施工量的形象图或进度表。②在施工过程中，先要做好施工机械的调度工作。由于施工现场受到地形、地质条件和气候等的影响，虽然已有了较好的施工计划，但现场情况的变化使施工机械施工情况也发生变化是常有的事，这就要求及时发现及时解决。其次，要做好施工机械实际运转记录。实际运转记录非常重要，它能反映每班的工作内容、运转小时、台班产量、动力燃料消耗、故障排除和维护保养情况，从中可以分析出完成工程量的好坏，未能完成任务的原因，以便及时采取措施挽救。它也是基层单位经济核算的主要依据。

（3）公路工程施工机械的选择依据

施工机械的工作参数表示机械的技术性能，是选用机械的主要依据。

1）工作容量：常以机械装置的尺寸、作用力（功率）和工作速度来表示。例如，挖掘机和铲运机的斗容量，推土机的铲刀尺寸等。

2）生产率：指单位时间内机械完成的工程数量。机械的生产率与许多因素有关，主要有：①机械本身的工作容量及机械的技术性能；②工作对象的性质和状态，即作业项目和施工条件；③机械工作能力发挥的程度，即合理地使用；④施工组织完善的程度，即合理的选用。

由于上述因素的不同，生产率的表示方法有以下三种：①理论生产率，指机械在设计标准条件下，连续不停工作时的生产率。理论生产率只与机械的形式和构造（工作容量）有关，与外界的施工条件无关。一般机械技术说明书上的生产率就是理论生产率。它是选择机械的一项主要参数。②技术生产率，指机械在具体施工条件下，连续工作的生产率。它考虑了工作对象的性质和状态以及机械能力发挥的程度等因素。这种生产率是可以争取达到的生产率。③实际生产率，是机械在具体施工条件下，考虑了施工组织及生产时间的损失等因素后的生产率。

3）机械的尺寸：指机械的外形大小，包括构造尺寸和工作尺寸。工作尺寸指机械工作装置运动所能达到的范围。如挖掘机的构造尺寸有全长、全宽、全高、最低离地高度等，工作尺寸有最大挖掘半径、最大挖掘深度、最大挖掘高度等。

4）机械的质量：构造质量（自重）、工作质量（有荷载时的质量）和运输质量（整体或拆散运输时的质量）。

5）自行式施工机械的移动速度：工作性速度、运输性速度、前进速度、后退速度。

6）动力：是驱动各类施工机械进行工作的原动力。施工机械动力包括动力装置类型和功率。

7）工作性能参数：一般列在机械的说明书上，选择、计算和运用机械时可参照查用。

（4）施工条件与施工机械的选择

1）根据作业内容选定机械：公路工程施工的内容很多，与之有关的作业概括起来分为：清理草木、挖方、挖土装载、运输、铺土、夯实等。

2）根据运距和道路情况选定机械：在选择施工机械时，还要考虑机械的经济运距和道路条件。所谓经济运距，是指机械施工时，较为经济的运距范围。道路条件是指道路的类别、路况、坡度、路面阻力等。表 4-2 为经济运距及道路条件适用的施工机械。

根据作业内容
选择施工机械

表 4-2　经济运距及道路条件适用的施工机械

施工机械	履带式推土机	履带式装载机	轮式装载机	拖式铲运机	自行式铲运机	翻斗车
经济运距/m	<100	<100	<150	100~500	200~1000	>200
道路条件	土路，不平	土路，不平	土路，不平	土路，不平	土路，不平	一般土路

3）根据土质选择施工机械：土是机械施工的主要对象之一。土的性质和状态直接关系到机械作业的质量、功效和成本。因此，土质也是选择施工机械的重要根据之一。为了便于选择施工机械，按照土的性质和状态将土分为黏土、壤土、砂土、砂砾石、软岩、块石（或漂石）和岩石等。根据土质选择开挖及运输施工机械见表4-3，根据土质选择压实施工机械见表4-4。

表 4-3　根据土质选择开挖及运输施工机械

土质	推土机	铲运机	正铲挖掘机	反铲挖掘机	转载机	松土器	平地机	自卸汽车	钻孔机	凿岩机
黏土和壤土	√	△	√	√	√	√	√	√	√	√
砂土	√	√	√	√	√	√	√	√	√	√
砂砾石	√	×	√	√	√	×	△	√	√	√
软岩和块石	△	×	√	△	√	√	√	√	√	△
岩石	×	×	√	×	△	√	√	√	√	△

注：×为不适用，√为适用，△为尚可适用。

表 4-4　根据土质选择压实施工机械

土质	轮胎压路机 10~50t	光面压路机 3~15t	履板压路机 4~30t	羊角碾 3~30t	振动压路机 3~25t	振动板 小于1t
砂砾石	√	△	√	×	√	√
砂质石	√	△	√	△	√	√
黏土和壤土	√	√	√	√	△	×

注：×为不适用，√为适用，△为尚可适用。

4）根据气象条件选择施工机械：雨水会直接恶化土的状态，因此，要充分考虑施工期间的气象情况和土质条件。土质较干燥可使用轮式机械，但在土质十分潮湿或作业场所泥泞时，就不得不使用效率较差的履带式机械。

5）根据工程量选择施工机械：在施工期限内，按照施工计划中的月工作强度和日工作量选择施工机械。要求使用机械能够按月或日完成计划工作量。

6）根据施工工序选择施工机械：不同的工序对施工机械选择的要求不同。例如，同为压实，路基工程和路面工程有不同的选择；同为路面工程，基层、面层施工选用的施工机械也不同，基层要求压实度，而面层除要求压实度外还要求平整度；甚至对于基层施工、初压、复压和终压不同的施工过程也需根据要求选择施工机械。

影响机械施工的因素很复杂，除了上述情况外，还要考虑油料提供、机械维修与管理、机械的调迁等。因此要综合分析各因素，抓住主要矛盾，选择经济实用的机械。

（5）施工机械需要量的计算

1）不同类型施工机械数量的确定：根据工程量、作业量、机械的利用率和生产率确定，可用下式计算：

$$R = Q/DCK_B$$

式中　R——需要机械的台数；

　　　Q——计划时段内应完成的工程量；

　　　D——计划时段内的作业量；

　　　C——机械的台班生产率（机械产量定额）；

K_B——机械的利用率。

2）经济车辆数的确定：在机械化施工中，运输车辆常与其他机械设备搭配组合进行综合机械化施工作业。这种组合方式在施工过程中运用较多，所占的机械费用也比较高，若运输车辆不能与其他机械设备进行最佳匹配，就会造成一定的机械费用损失或浪费。

【例4-2】　实例分析沥青路面施工机械选择与组合。

公路沥青路面施工是一项庞大的机械化施工过程，高性能机械设备能否充分发挥好作用，取决于施工组织者根据各种因素综合分析后，对机械设备的选择。有一高速公路双向6车道沥青路面施工项目，路面为三层结构，从下往上分别为8cmAC-25＋6cmAC-20＋4cmAC-13结构，根据业主总体进度要求推算，每天需完成单向3车道800m的单层沥青路面铺筑工作，沥青混合料的需求量较大，经推算，需每小时供应300~400t，现施工单位有2台3000型间歇式沥青混合料拌和机（每小时额定产量300t）及1台4000型间歇式沥青混合料拌和机（每小时额定产量400t）。施工单位经过综合考虑，认为选择4000型间歇式拌和机较为稳妥，主要从施工质量控制方面考虑，一台拌和机施工质量较2台稳定，产能能达到要求，施工安装方便，并有类似工程成功经验。先确定了主要机械设备后，再考虑拌和场满足施工的装载机和运输车辆的数量及型号。

根据道路摊铺速度和宽度，有两种摊铺机方案选择，一是采用一台摊铺机，加长熨平板，一次摊铺全幅路面，二是采用两台摊铺机，前后错开摊铺。第一种方案虽然施工简单，但机械调整和现场施工质量不易控制，过长的熨平板会导致悬臂段过长而弯曲，路面摊铺时横向平整度及坡度偏差较大，横向离析较严重，因此，采用两台摊铺机阶梯前进摊铺。压路机的选择主要考虑压实功率、碾压速度及机械稳定性，采用进口双钢轮完成初压，国产25t胶轮压路机完成复压，终压采用进口双钢轮压路机，碾压吨位要达到对应路面材料和厚度对压实功的要求，又要求机械性能足够稳定，行进速度控制平稳，以达到路面平整度要求。

3. 施工顺序的安排

施工顺序的安排是施工方案中的重要内容之一。路桥工程点多、线长，以及结构各异、自然条件复杂等特点决定了安排一个项目的施工顺序，要考虑多方面的影响因素。施工顺序是建筑产品施工活动概念中、施工组织在时间上先后顺序安排的体现。因此施工项目都存在着合理的施工顺序，且合理的施工顺序可以缩短工期。整个建设工程的施工顺序，即哪些项目应该先施工，哪些项目应该后施工；一个单位工程的施工顺序，即哪些分部（分项）工程应该先施工，哪些又应该后施工；一个分项工程的施工顺序，即工种的工艺顺序或操作顺序。要根据技术规律、工程特点、工艺及操作要求等来安排施工顺序。

（1）施工顺序确定的原则

1）首先要考虑影响全局的关键工程的合理施工顺序。如路线工程中的某大桥、某隧道、某深路堑，若不在前期完成，将导致其他工程不能施工（如无法运输材料、机械等）而拖延工期，此时应集中力量首先完成关键工程。

2）对工期起控制作用（即位于网络计划关键线路上）的工程应优先安排施工。

3）必须充分考虑自然条件的影响。安排工程项目施工顺序时，必须考虑水文、地质、气象等的影响。如桥梁的基础工程一定要安排在汛期之前完成或安排在汛期之后进行等。

4）施工顺序要与施工方法、施工机具协调一致。如现浇钢筋混凝土上部构造的施工顺序与采用架桥机进行装配化施工顺序就显然不同。

5）要考虑施工组织条件对施工顺序的影响。如某种关键机械能否按时供应，某拆迁工程能否按时拆迁，高寒山区的生活条件或生活供应能否按时解决等。

6）必须符合工艺要求。公路工程项目的各施工过程或工序之间，存在着一定的工艺顺序要求。如钻孔灌注桩在钻孔后应尽快灌注水下混凝土，以防坍孔，所以两道工序必须紧密衔接。

7）必须考虑施工质量要求。在安排施工顺序时，要以能确保工程质量作为前提条件之一，否则要重新安排或采取必要的技术措施。

8）必须考虑安全生产的要求。在安排施工顺序时，必须力求各施工过程的衔接，不能产生不安全因素，以防安全事故的发生。

9）尽力体现施工过程组织的基本原则，即施工过程的连续性、协调性、均衡性以及经济性。

10）方便流水作业或平行流水作业的组织。

以上原则一般是不允许打乱的；当然，上述所说的施工顺序也并不是完全固定的。首先，由于施工条件不同，在特殊情况下变动上述某一施工顺序也可能是必要和合理的。其次，遵循上述所说的施工顺序也并不意味着必须先施工的工程全部完工后才能进行在顺序上应后施工的工程，先后施工工程之间的交叉和穿插作业是可以的，甚至是必要的。这里重要的是要掌握一个合理的交叉搭接的界限。这种合理的交叉搭接界限也是因条件不同而互异的。一般的原则是后一环节的工作必须在前一环节提供了必要的工作条件后才能开始，而后一环节工作的开始既不应该影响前一环节工作，也不应该影响本身工作的连续与顺利进行。

（2）施工顺序确定的依据

1）依据合同约定的施工顺序的安排，如重点工程、难点工程、控制工期的工程以及对后续影响较大的工程确定先开工。

2）按设计图纸或设计资料的要求确定施工顺序。

3）按施工技术、施工规范与操作规程的要求确定施工顺序。

4）按施工项目整体的施工组织与管理的要求确定施工顺序。

5）结合施工机械情况和施工现场的实际情况确定施工顺序。

6）依据本地资源和外购资源状况确定施工顺序。

7）依据施工项目的地质、水文及本地气候变化，对施工项目的影响程度确定施工顺序。

施工顺序，有空间上的顺序，也有时间上的顺序。所谓空间顺序，是指同一工程内容（如同一分部、分项工程）的前后、左右、上下的施工顺序，即施工的方向或流向。任何工程的施工都得从某一个地方开始，然后向一定的方向推移。有时，这种顺序要受到工程结构或施工工艺的影响，通常是比较固定的。所谓时间顺序，是指不同工程内容（如单位工程中各不同分部分项工程）施工的先后顺序。在一个单位工程中，任何分部、分项工程同它相邻的分部、分项工程的施工总是有些宜于先施工，有些则宜于后施工。这中间，有一些是由于施工工艺的要求一般是固定不变的，另外有一些因施工的先后顺序并不受工艺的限制而有很大的灵活性。

【例4-3】 实例分析一座桥梁的施工顺序。

桥梁工程施工顺序是指各分部、分项工程或作业项目之间的先后施工的次序。单座桥梁的施工顺序因桥梁本身的形式、基础类型、施工方法不同而异。通常将全桥分为下部建筑、上部建筑（包括检查设备）、附属工程三部分。应先将它们各部分的施工顺序安排好，再将三部分联系在一起构成全桥施工顺序。

（一）基础工程施工顺序

1. 明挖基础（扩大基础）施工顺序

施工准备→草袋围堰（有地表水时）→人工或机械开挖基坑→坑壁支扩→排水→砌石或立模灌注混凝土基础。

2. 钻孔桩基础施工顺序

（1）一根挖孔桩施工顺序

施工准备→开挖桩孔→设置孔口护壁→开挖井身→视地质情况随挖孔进度设置井身护壁→孔内排水及通风→孔底清理→吊装制备好的钢筋骨架→灌注孔内混凝土。

（2）对于同一墩台各挖孔桩之间施工顺序安排

① 承台与桩孔的开挖顺序，以先挖孔后挖承台基础比较好，这样便于排除地面水，并且挖孔时孔口场地平整宽敞，利于操作。

② 桩孔的开挖顺序，要注意相邻孔壁发生坍塌的危险和施工干扰，因此需视土质情况而定。土质松软者，同一墩台有四根桩时，应先挖对角两孔，灌注混凝土后再挖另一对角两孔；五孔者，先挖中间一孔，灌注混凝土后，再挖对角孔。当土质一般或较紧密并无水时，四孔者可同时开挖；五孔者先挖中间一孔，灌注混凝土后，同时开挖其余四孔；多于五孔者，应根据桩孔排列间距及土质情况，采用跳跃式开挖或一次全部开挖。

③ 有涌水的地层，应先开挖一孔作抽水坑用，使其他各孔在无水条件下开挖，以利于改善施工条件，提高工效。

（二）墩台施工顺序

桥梁墩台施工方法主要有就地灌注、石砌和预制拼装等，一般采用就地灌注较为普遍。一般实体墩台就地灌注施工顺序如下：

施工准备→模板制作或组合钢模板试拼→模板安装→灌注混凝土至托盘下30~40cm→预埋接榫（接茬钢筋）→养生、拆模。

（三）桥梁施工顺序

1. 就地灌注钢筋混凝土简支梁施工顺序

施工准备→搭设脚架或铺设垫木→制、立底模→制作、绑扎底部钢筋→制、立内模→制作、绑扎好全部钢筋→检查钢筋、立外模及端模→预埋全部泄水管→进行钢筋、模板全面检查→搭设灌注脚手平台→灌注混凝土→养生、拆模。

2. 悬臂灌注混凝土连续梁施工顺序

施工准备→靠近墩（台）身用万能杆件拼制成托架→立0号块模板→绑扎钢筋→灌注0号块（墩顶梁段）混凝土→养生、拆模→预施应力及管道压浆→在0号块上及托架上拼装挂篮→由挂篮两边对称进行1号段施工→分段块顺序，对两悬臂梁块同时施工至合龙段，完成全桥梁体灌注施工。

施工顺序安排
注意事项

三、施工阶段路桥工程施工方案确定时应注意的主要问题

1. 施工段落的划分和施工流向以及施工顺序（侧重施工组织）

1）路基土石方段落划分和路基工程的施工顺序及施工流向。重点考虑地形，挖填尽可

能在一个组织段落内，还有环境、机械、人员组织等影响因素。施工便道往往会决定路基工程的施工顺序及施工流向，如借用先完成的路基作桥梁场地。

2）结构物的施工组织。主要有挡土墙、涵洞等位置对施工顺序的影响，以及桥梁位置对施工流向的影响。

3）路面工程。拌和场的位置往往会决定施工流向，而沥青混合料的温度和水泥稳定土类的延迟时间等技术要求往往决定施工段的长度。

2. 选择施工方法应考虑的主要因素

1）工程特点：技术、规模、构造这几个主要方面影响施工方法的选择。

2）工期要求：如为了加快进度，需权衡采用预制、现浇方法的利弊等。

3）施工组织条件：首先考虑自然客观条件，它决定或影响施工方法的选择；其次是企业的条件和经验，往往偏好选择自己成熟和擅长的施工方法，发挥企业的主观能动作用。

3. 施工机械选择应重点考虑的问题

1）确定哪些是重点的或主控的机械设备，以及其类型和数量。

2）根据企业自有机械设备的类型和数量最大限度地提高其机械设备利用率。

3）考虑最佳或最有效的机械的配合或组合。

4）以经济适用为目标来选择机械设备。

任务设计与实施

1. 设计实施路径

（1）任务要求：1）查阅工程案例，结合专业课知识以思维导图的形式分析公路工程总体施工组织设计施工部署的主要内容；2）查阅工程案例，以思维导图的形式绘制公路工程总体施工组织设计中施工方案主要编制内容。

（2）根据本任务内容，结合所学专业施工课知识，完成"任务导入"中的三个工程背景项目的工作任务。

2. 呈现实施成果

要求：将实施结果打印在一张 A4 纸上，并粘贴在空白处。

图 4-8 为公路工程项目总体施工部署主要内容思维导图的绘制，作为学习参考。

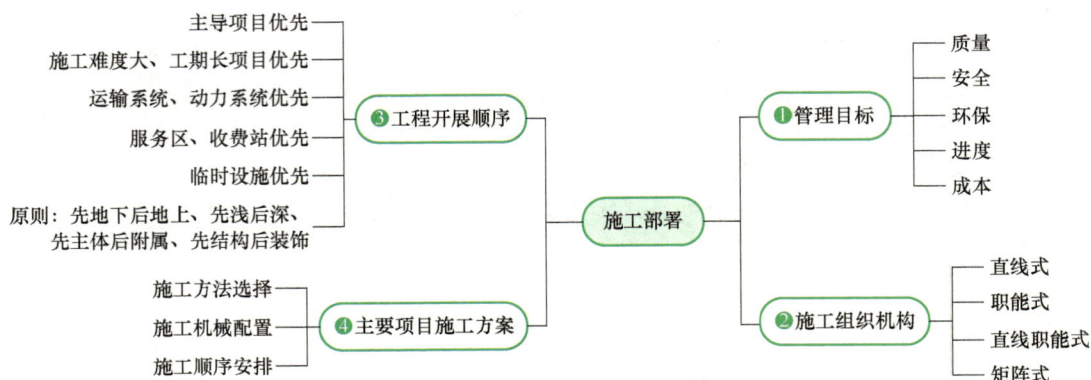

图 4-8 公路工程项目总体施工部署主要内容

任务评价

任务活动		任务评价（线上/线下）					
序号	名称	出勤与态度20%	自评10%	互评10%	小组评价10%	教师评价50%	总评
1	总体施工部署主要内容						
2	施工方案编制主要内容						

学习提示：

1. 公路工程项目总体施工部署侧重于整体规划，施工方案重在实施，建议结合工程实例学习；

2. 公路工程项目总体施工方案也不是靠背书就能掌握，需要积累经验，现阶段以学习案例为主，有个逐步内化的过程

任务拓展

查阅案例，分析施工方案广义概念与狭义概念，即大范围概念和小范围概念之间的区别与联系。

任务3　编制施工进度与资源计划

任务导入

工程背景1： 某路线上有四座桥施工，已知 B 桥共有 12 根桩，桩径 1.2m，土层为软石，每桩孔深 20m，采用回旋钻机 2 台，陆地上钻孔，共有工人 50 名，实行三班制作业，已知人工定额为 16.1 工日/10m，钻孔机定额为 5.58 台班/10m，试确定施工图阶段 B 桥钻孔工序主导工期。

工程背景2： 某标段公路工程项目包括路基、桥涵、挡土墙等工作，试绘制网络进度图，并计算工期。

工程背景3： 试分析某桥梁工程施工进度计划与资源计划之间的关系。

施工进度计划编制的成果通过施工进度图体现，在施工技术方案已经确定的情况下，施工进度图是施工组织设计文件的关键内容，它规定了各个施工项目的完成期限和整个工程的总工期，集中体现了施工组织设计时间组织的成果，是指导施工的纲领性文件。

任务目标

1. 了解并掌握施工进度计划编制的依据、方法和内容；

2. 能根据工程项目任务分解编制主要工序主导工期表，并能进行人工、机械等资源的合理配置；

3. 能比较三种进度图的优缺点及其绘制方法和绘制步骤；

4. 了解并掌握根据已有的进度计划编制劳动力计划、材料进场计划和机械设备配置计

划的方法和内容；

5. 发扬工匠精神，树立责任意识、法律意识、安全意识、质量意识、合同意识、环保意识和成本意识。

相关知识

施工进度计划是根据确定的施工方案和工程项目的开展顺序，对工程项目的所有施工过程进行时间上的安排，并反映整个施工过程中各分部、分项工程及各工序之间的衔接关系。施工进度计划的作用：①确定各个施工项目的施工期限及其开工、竣工日期，安排工程施工进度；②确定各工程项目、各分部工程及工序之间的衔接关系，找出它们中的关键工作和非关键工作，调整、控制工程施工进度；③为编制作业计划、物资供应计划、机械使用计划、资金使用计划等施工组织文件提供依据。

一、施工进度计划的编制

1. 编制施工进度计划的依据

编制施工进度计划主要依据包括：①工程的全部施工图纸及有关水文、地质、气象和其他技术经济资料；②上级或合同规定的开工、竣工日期；③主要工程的施工方案；④各类有关定额；⑤劳动力、机械设备供应情况。

2. 施工进度计划的编制内容

施工进度计划编制的成果通过施工进度图体现，施工进度图是施工组织文件的核心部分，它规定了各个施工项目的完成期限和整个工程的总工期，集中体现了施工组织设计的成果。施工进度图一般应包括以下基本内容：①主要工程的工程数量及其分布情况；②各施工项目的施工期限，即开始和结束时间；③各施工项目的施工顺序与衔接情况，专业队之间配合、调动安排；④施工平面示意图；⑤劳动力的动态需要量图。

3. 施工进度计划的形式

施工进度计划通常都是以图表表示的，主要形式有横道图、垂直图和网络图等三种。

（1）横道图

横道图也称水平图或甘特图，是在工程实践中应用较广的工程进度图。它以时间为横坐标，以各分部、分项工程或工序为纵坐标，按一定先后施工顺序和工艺流程，用带时间比例的水平横线表示对应项目或工序持续时间的施工进度计划表。横道图有两大部分组成，左面部分是以分部、分项工程或工序为主要内容的表格，包括序号、项目名称（工序名称）、施工方法和相应的工程量、定额和劳动量等计算依据；右面部分是指用横线表示的指示图表，它是由左面表格中的有关数据得到的。指示图表用横向线条形象地表示出分部分项工程的施工进度，横线的长短表示施工期限；横线的位置表示施工过程；线上的数字表示劳动力数量；横线的不同符号表示作业队或施工段别，表示出各施工阶段的工期和总工期，并综合反映了各分部、分项工程（或）工序相互间的关系，如图4-9所示。

1）横道图的优点：①较为简单、直观、易懂，容易编制；②便于表达施工计划的总工期和各分部、分项工程的持续时间；③便于完成施工计划所需要的劳动力、材料、机械设备及资金等各种资源需要量。

施工横道图（图 4-9）

项目	单位	数量	开工	竣工	拟投入人力/人工日	拟投入机械/台班
1.施工准备			2022.12.20	2023.4.15	50	10
2.路基土石方	万m³	131.6021	2023.4.1	2024.5.20	270	180
3.涵洞、通道	m/道	403.5216	2023.4.15	2024.3.15	50	28
4.防护及排水工程	m³	27791.2300	2023.4.15	2024.11.30	165	39
5.桥梁工程			2023.4.15	2024.10.31		
(1)基础工程	m³	12648.2800	2023.4.15	2023.9.30	270	114
(2)墩柱系梁工程	m³	5260.8400	2023.5.30	2024.1.10	340	80
(3)桥台盖梁工程	m³	5270	2023.6.15	2024.3.1	360	80
(4)梁体预制	m³	17314	2023.9.1	2024.8.31	360	72
(5)梁体安装	m³	17314	2023.11.15	2024.9.30	160	32
(6)桥面及附属	m³	6542.9900	2024.3.15	2024.10.31	150	15
6.其他	m³		2024.12.1	2024.12.25	60	5

工期时间轴：2022年（12月）、2023年（1—12月）、2024年（1—12月）

劳动力安排示意图（纵坐标 100~1400）：
50人、320人、660人、1000人、1360人、1150人、800人、500人、300人、180人、60人

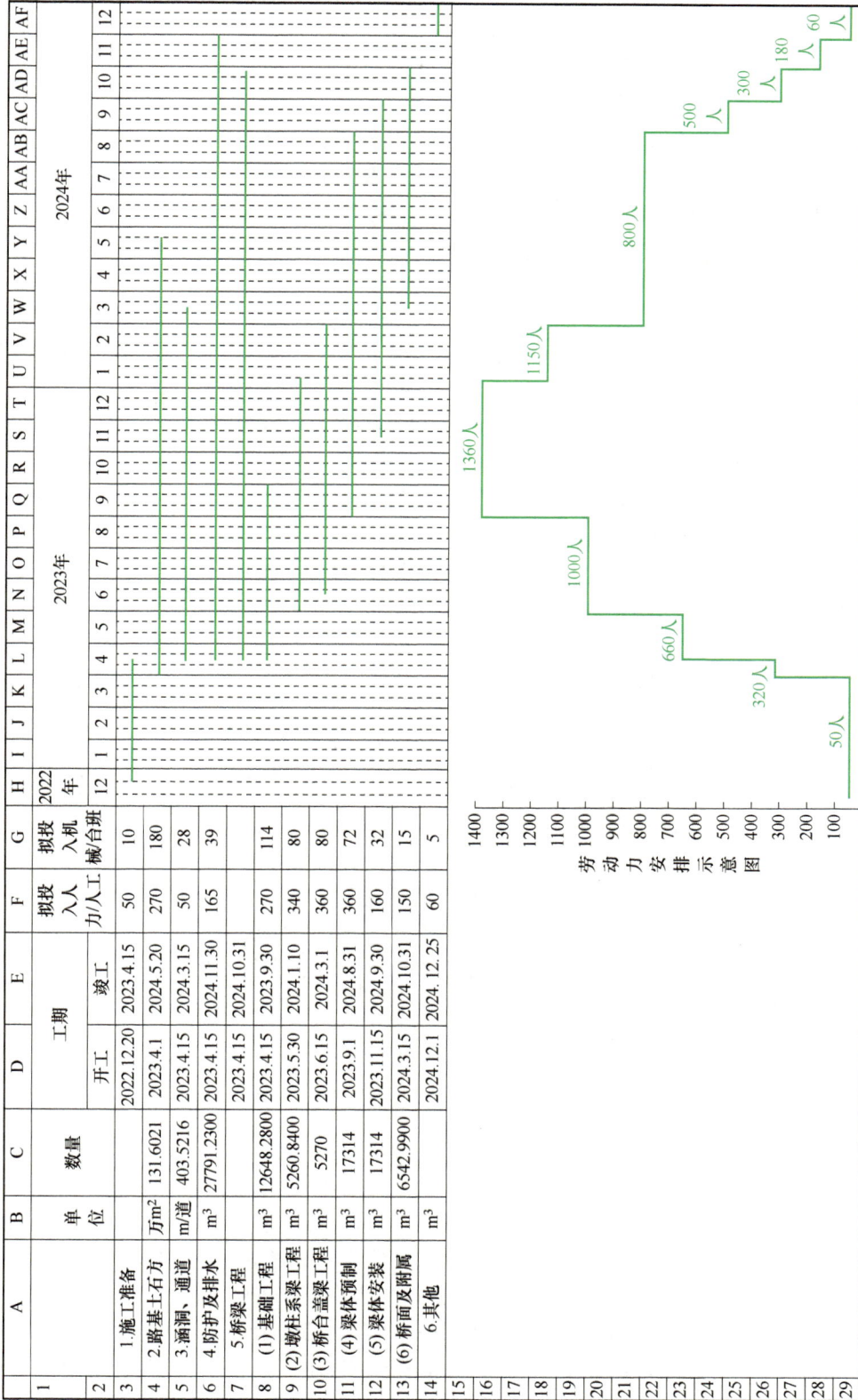

图 4-9 施工横道图

2）横道图的缺点：

① 分部、分项工程（或工序）的逻辑关系不明确，仅反映工作之间的前后衔接关系；

② 施工日期和施工地点的关系不明确；

③ 不能绘制对应施工项目的平面示意图；

④ 工程数量实际分布不具体，也无法表示，不能进行定量分析，不能使用计算机；

⑤ 不能反映工作的机动时间，从而进行施工计划的优化；

⑥ 只能反映平均的施工进度，无法表示施工地点和里程。

因此，横道图一般适用于编制集中性工程施工进度计划或简单工程的施工进度计划。

（2）垂直图

垂直图是在流水作业水平图表的基础上通过扩充和改进而成的，纵坐标表示施工期限，横坐标表示里程或工程位置，用不同的线条或符号表示各项工程及施工进度，资源平衡可在图表右侧以曲线表示。

垂直图一般由三部分组成，上部表示各工程项目的工程量按里程分布的具体情况和构造物的具体位置、结构形式等；图表中部用不同的斜线或符号表示了各工序的施工进度和作业组织形式，对应进度线右侧按时间单位以一定的比例绘出劳动力动态图；而在图表下部则按里程画出施工组织平面示意图，如图4-10所示。

1）垂直图的优点：消除了水平图表的不足，能准确、清楚地表达工程数量的分布情况、工程项目与各专业队之间的相互关系、施工的紧凑程度及施工期限，施工平面示意图概括了工程施工的基本情况。从垂直图中可以直接找出任何一天各施工队的施工地点和正在进行的施工项目，可随时了解施工任务的完成情况，也可预测在正常施工条件下的施工进程。

2）垂直图的缺点：①不能确定关键工作和非关键工作；②不能确定工作的机动时间；③不能进行计划方案的优化；④不能使用电子计算机，因而绘制和修改进度图的工作量很大。

垂直图是编制施工进度图的一种较好方式，适用于任何工程。

（3）网络图

网络图与横道图、垂直图比较，不但能反映施工进度，而且更能清楚地反映出各个工序、各施工项目之间错综复杂的相互关系、相互制约的生产和协作关系，如图4-11所示。不论是集中性工程，还是线形工程，都可以用网络图表示工程进度，尤其是时标网络图更能准确、直观地表达工程进度，因此，这是一种比较先进的工程进度图的表示形式，其缺点是阅读起来不如横道图和垂直图直观。

4. 施工进度计划编制方法

（1）确定施工方法

确定施工方法时，首先应考虑工程特点、现有机具的性能、施工环境等因素。如一般路堤（或路堑）宜用推土机施工，需要远运的挖方宜用挖掘机配合自卸汽车施工，填方均不大的路基土方常选用平地机施工。再如采用预制装配施工的板桥、管涵等工程，必须有相应的吊装、运输设备。其次要考虑施工单位的机械效益配置情况。当机具量少、型号单一时，应选择能发挥机械效益的施工方法，即使是机具齐全，也必须考虑施工方法的经济性。最后要考虑施工技术操作上的合理性。如果在一个固定位置上有大量的施工作业，最好选用适于固定式机具作业的施工方法；如果是分散作业或路面工程，则选择移动式施工机具较为适宜。

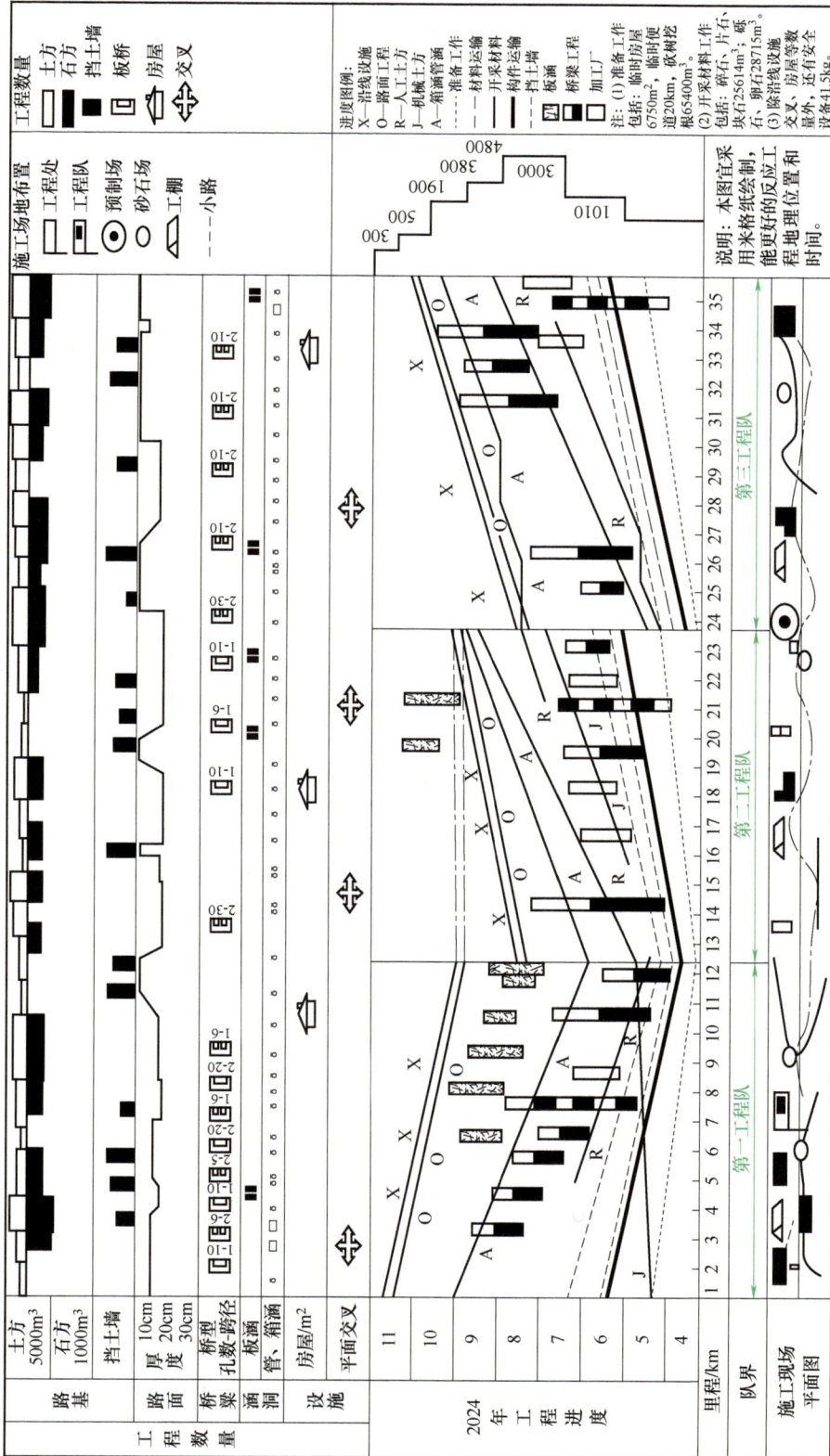

图 4-10　某工程施工垂直图

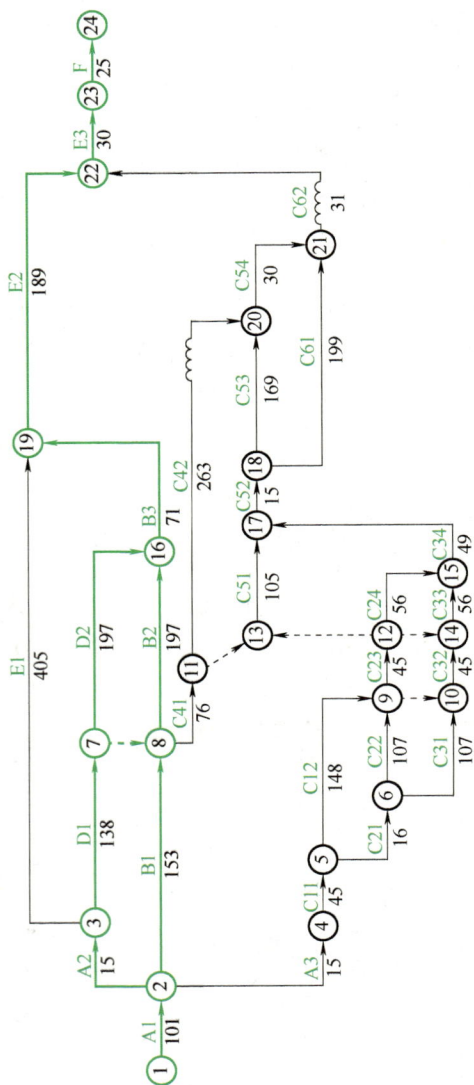

图 4-11 某工程标段施工网络图

注：A 准备工作；B 路基工程（B1 清理表面、填前碾压、路基挖方、路基填方；B2 路基挖方、填方、台背回填；B3 路基整修）；
C 桥梁工程（C1 基础工程；C2 下部墩柱工程；C3 盖梁及台帽；C4 T 梁预制；C5 T 梁安装；C6 桥面铺装及桥面系）；D 涵洞通道工程
（D1 开挖基坑、基础、部分涵台身砌筑及盖板预制；D2 涵台身砌筑及涵洞盖板安装、附属）；E 防排水工程
（E1 截水沟、挡土墙、框格护坡；E2 框格护坡、拱形骨架护坡；E3 收尾、整修）；F 其他工程。

选择施工方法应在技术上具有合理性，并满足先进性和可行性；应尽量采用机械施工，提高机械化水平，加快施工进度。

（2）选择施工组织方法

根据具体的施工条件选择最先进、最合理、最经济的施工组织方法，是编制施工进度图的关键。流水作业法是工程施工较好的组织方法，有些工程技术复杂、施工头绪多、涉及面广的大型工程，则应考虑采用平行流水作业法、立体交叉流水作业法、网络计划法等。如工作面受限制时，工期要求不紧的小型工程只能采用顺序作业法。

（3）划分施工项目或分解施工过程

施工方法确定后就可划分施工项目。每项工程都是由若干个相互关联的施工项目所组成。如桥梁工程施工准备、基础工程、下部工程、上部工程、桥面系、引道工程等施工项目组成。施工项目（单位工程、分部工程、分项工程、工序等）划分粗细程度与施工进程图的用途、工程结构特点有关。通常按所采用的定额的细目或子目来划分，便于查阅定额。

划分施工项目时，必须明确哪一项是主导施工项目。主导施工项目就是施工难度大，耗用资源多或施工技术最复杂，需要使用专门机械设备的工序或单位工程。主导施工项目常常控制施工进度，应首先安排好主导施工项目的施工进度，其他施工项目的进度要密切配合。在公路工程中，高级路面、重点土石方、特殊路基、大中桥等通常都是主导施工项目。

划分施工项目应结合施工条件和劳动组织等因素，与施工方法相一致，使进度计划能够完全符合施工实际进展情况，真正起到指导施工的作用。

（4）排列施工次序

按照客观的施工规律和合理的施工顺序，将所划分的施工项目进行排序，如施工准备、路基处理、路基填筑、涵洞、防护及排水、路面基层、路面面层等。路面基层施工项目必须放在路基填筑、涵洞施工项目的后面。注意不要漏列、重列。施工进度图的实质是科学合理地确定这些施工项目的排列次序。

（5）找出最优施工次序

设计阶段的施工进度图，一般不明确划分施工段。在实施性进度中，为更好地安排施工进度，缩短施工工期，应划分施工段，组织流水作业，按约翰逊-贝尔曼法则找出最优或较优施工次序，并在施工进度图中表示。

（6）计算工程量与劳动量/作业量

各实施项目的工程量计算应与所选择的施工方法一致，当划分施工段，排好次序组织作业时，根据施工图纸及有关工程数量的计算规则，分段计算各个施工项目的工程量，以及为保证施工质量和安全应附加的工程量，并填入相应表格中。如土方工程分别采用人工、机械、爆破3种方法施工时，其工程量计算并不完全相等。为便于计算劳动量（工日）、作业量（台班），工程量的单位应与定额规定的单位一致。

劳动量或作业量是施工项目的工程量与相应时间定额的乘积。计算劳动量时要注意施工现场的具体情况和施工的难易程度。同样是挖基坑的工程数量，挖普通土和挖硬土的劳动量不同；同样是砌筑的工程数量，材料的运距不同，劳动量也不同。

1）劳动量（作业量）的计算：所谓劳动量，就是划分的施工过程（细目）的工程量与相应的时间定额的乘积。人工操作时称劳动量，是劳动力数量与生产周期的乘积；机械操作时称自

主导工期与劳机配置

然数作业量，是机械台数与生产周期的乘积。

劳动量可按下式计算：

$$D=Q/C_人 \text{ 或 } M=Q/C_机 \tag{4-1}$$

$$D=Q \cdot S_人 \text{ 或 } M=Q \cdot S_机 \tag{4-2}$$

式中　D、M——完成某施工过程所需要的劳动量（工日）或机械台班作业量（台班）；

　　　　Q——完成某施工过程所需要的工程数量；

　　　　C——完成施工过程所需要的产量定额；

　　　　S——完成施工过程所需要的时间定额（工日或台班）。

2）生产周期（工序持续时间）的计算：

① 以施工单位现有的人力、机械的实际数量以及工作面大小，来确定完成该劳动量所需的持续时间（生产周期）。一般可按下式计算：

$$t_人=D/(R_人 \times N) \text{ 或 } t_机=M/(R_机 \times N) \tag{4-3}$$

式中　t——完成某施工过程的生产周期（即持续时间）；

　　　R——完成某施工过程所需的工人人数或机械台数；

　　　N——每天生产工作班制数。

② 根据规定的工期来确定施工队（班组）人数或机械台数。一般按下式计算：

$$R_人=D/(t \times N) \text{ 或 } R_机=M/(t \times N) \tag{4-4}$$

③ 主导工期与工作班制。由以上计算可知，当某分部、分项工程所配置的劳动量或工作量确定后，可根据该项目所投入的劳动力和机械数量，分别计算人工和各机械的施工工期。其中工期最长的项目为主导项目，主导项目的工期成为主导工期。

主导工期的长短主要取决于各种分部、分项工程中各项作业的人工和机械的投入量，人工和机械的投入量与工作面有关，是可调节的，因此，施工过程的主导作业和其主导工期也是可以改变的。

一般情况下，应以人工作业工期为主导工期，其他作业应调节机械投入量或作业班制以满足人工工期要求，条件允许的情况下，可采用在 24 小时内组织二班或三班作业，缩短作业的持续时间。二班或三班作业主要适用于工艺要求连续施工或突击缩短工期的作业项目，以及需要调节工期的作业项目。一般情况下，桥梁工程中可采用二班制或三班制，而在路线工程则可采用一班制或二班制作业。

【例 4-4】　某水泥混凝土路面工程，其工程量为 50000m^2，分散拌和、手推车运输混凝土，路面厚度 20cm，假设施工队有工人 200 人，2 台真空吸水机组，2 台混凝土切缝机、4 台 50L 混凝土拌和机以及一台 10000L 以内的洒水汽车，试计算施工图阶段施工进度图中该项工程的劳动量、生产周期以及当要求工期为 150d 时，一班制作业所需人数和机械台数。

【解】

1. 定额编号

因属于施工图设计阶段，故采用"公路工程预算定额"，其定额表号为［281-(2-2-17)-1］。

2. 劳动量计算

由上述定额查得人工时间定额为 174.2 工日/1000m^2，则劳动量为：

$$D_R=Q \times S_人=50000m^2 \times 174.2 \text{ 工日}/1000m^2=8710 \text{ 工日}$$

3. 机械作业量计算

由上述定额查得机械时间定额为：水泥混凝土真空吸水机组 2.47 台班/1000m²；混凝土切缝机 2.486 台班/1000m²；250L 以内混凝土搅拌机 5.28 台班/1000m²，10000L 以内的洒水汽车 1.12 台班/1000m²，则机械的作业量为：$D_i = Q \times S_i$

混凝土真空吸水机组：$M_A = 50000m² \times 2.47$ 台班/1000m² = 123.5 台班

混凝土切缝机：$M_B = 50000m² \times 2.486$ 台班/1000m² = 124.3 台班

混凝土搅拌机：$M_C = 50000m² \times 5.28$ 台班/1000m² = 264 台班

10000L 以内的洒水汽车：$D_D = 50000m² \times 1.12$ 台班/1000m² = 56 台班

4. 生产周期计算

（1）人工：$t_人 = D/(R_人 \times N) = 8710$ 工日/（200 人 × 1 班制）= 43.5d ≈ 44d

（2）混凝土真空吸水机组：$t_A = M_A/(R_A \times N) = 123.5$ 台班/（2 台 × 1 班制）= 62d

（3）混凝土切缝机：$t_B = M_B/(R_B \times N) = 124.3$ 台班/（2 台 × 1 班制）= 62d

（4）混凝土搅拌机：$t_C = M_C/(R_C \times N) = 264$ 台班/（4 台 × 1 班制）= 66d

（5）10000L 以内的洒水汽车：$t_D = M_D/(R_D \times N) = 56$ 台班/（1 台 × 1 班制）= 56d

如无特殊要求，则混凝土搅拌机为主导资源量，本工程的生产周期按主导工期 66d 控制。

5. 工人数及机械台数计算

（1）当要求 150d 工期时，工人数及机械台数计算：

$$由于 \quad t_i = D_i/(R_i \times N)，\quad 所以 \quad R_i = D_i/(t_i \times N)$$

1）施工人数：$R_人 = 8710$ 工日/（150d × 1 班制）= 58 人

2）混凝土真空吸水机：$R_A = 123.5$ 台班/（150d × 1）≈ 1 台

3）混凝土切缝机：$R_B = 124.3$ 台班/（150d × 1）≈ 1 台

4）混凝土搅拌机：$R_C = 264$ 台班/（150d × 1）≈ 2 台

5）10000L 以内的洒水汽车：$R_D = 56d/(150d × 1)$ ≈ 1 辆

（2）如果以人工工期作为主导工期，试安排相应的施工机械数量：

1）混凝土真空吸水机：$R_A = 123.5$ 台班/（44d × 1）≈ 3 台

2）混凝土切缝机：$R_B = 124.3$ 台班/（44d × 1）≈ 3 台

3）混凝土搅拌机：$R_C = 264$ 台班/（44d × 1）≈ 6 台

4）10000L 以内的洒水汽车：$R_D = 56d/(44d × 1)$ ≈ 2 辆

计算过程中应结合实际的施工条件认真考虑以下几点：①各施工项目均应按一定技术操作程序进行；②保证工作面和劳动人数的最佳施工组合；③相邻施工项目应有良好的衔接和配合，互不影响工程进度；④必须保证施工安全和工程质量；⑤确定技术间歇时间（混凝土的养生和油漆的干燥等），确定组织间歇时间（施工人员或机械的转移及施工中的检查、校正等属于最小流水步距以外增加的间歇时间）。

（7）初步拟定工程进度

按照客观的施工规律和合理的施工顺序，采用确定的施工组织方法、施工段之间最优或较优施工次序及各施工项目的作业持续时间，就可以拟定工程进度。在拟定时应考虑施工项目之间的相互配合，如某路线工程采用流水施工，为了使各施工项目尽早投入施工生产，首先集中人力、物力进行第一段的施工准备工作，完成后小桥涵等人工构造物可以投入施工，完成后路基施工开始，之后开始路面施工等，其他辅助工作（材料加工及运输等）应与工程进度相配合。

拟定工程进度时，应特别注意人工的均衡使用。施工开始后，人工数目应逐渐增加，然后在较长时间内保持稳定，接近完工时又应逐渐减少。此外，还应力求避免材料、机械及其他技术物资使用的不均衡现象。初步拟定方案若不能满足规定工期要求，或超过定期物资资源供应量，应对工期进度进行调整。

（8）施工进度计划的检查与调整

施工组织设计是一个科学的有机整体，编制的正确与否直接影响工程的经济效益。施工管理的目的是使施工任务能如期完成，并在企业现有资源条件下均衡地使用人力、物力、财力，力求以最少的消耗取得最大的经济效果。因此，当施工进度计划初步完成后，应按照施工过程的连续性、协调性、均衡性及经济性等基本原则进行检查与调整，这是一个细致的、反复的过程。

1）施工工期：施工进度计划的工期应当符合上级或合同规定的工期，并尽可能缩短，以保证工程早日交付使用，从而达到最好的经济效果。

2）劳动力消耗的均衡性：每天出勤的工人人数力求不发生大的变动，即劳动力消耗力求均衡。劳动力分布图表明劳动力需要量与施工期限之间的关系，图 4-12 是劳动力分布的三种典型图式。如前所述，正确的施工组织设计应该使劳动力需要量均衡，以减少服务性的各种临时设施和避免因调动频繁而形成的窝工。图 4-12a 在短期内出现高峰现象，图 4-12b 表示劳动力安排起伏不定，这两种图式在施工安排上力求避免。图 4-12c 是最好的情况。

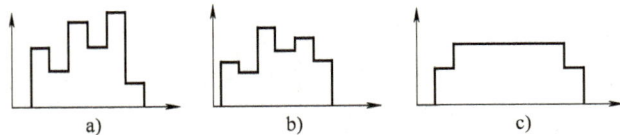

图 4-12 劳动力分布

任何一项工程的施工组织设计，由于施工人数和施工时间不同，均有可能出现上述三种情况中的一种。故在编制施工进度图时，应以劳动力需要量均衡为原则，对施工进度进行恰当的安排和必要的调整。

劳动力消耗的均衡性，可用劳动力不均衡系数 K 表示。劳动力不均衡系数的值大于或等于 1.0，一般不超过 1.5。其值按下式计算：

$$K = R_{max} / R_{平均} \qquad (4-5)$$

式中 R_{max}——施工过程中最高出工人数峰值；

$R_{平均}$——施工过程中加权平均工人人数。

3）施工工期和劳动力均衡性的调整：

① 如果要使工期缩短，则可对工期较长的主导劳动量施工采取措施，如增加班制或工作人数（包括机械数量），来达到缩短总工期的目的。

② 若所编制计划的工期不允许再延长，而劳动力出现较大的不均衡，则可在允许的范围内，通过调整工序的开工或完工日期，使劳动力需要量较均衡。

由于特定的条件，工期没有严格限制，而在投资、主要材料及关键设备等某一方面有时间或数量的限制时，就要将这些特定条件作为控制因素进行调整。复杂的工程要获得符合工期要求、均衡流水原则的最合理的计划方案，必须进行多次反复调整计算，这个计算过程十分复杂，当前电子计算机技术的出现，为优化计算提供了理想的工具。

5. 进度计划编制步骤

以上各项工作完成后，即可着手编制不同阶段的施工进度计划。

（1）横道图的编制步骤

1）编制作业工期计算表：

① 准备好作业工期计算表，见表4-5。

表 4-5　作业工期计算表

序号	施工项目	施工方法	工程数量		定额编号	主导工期	工程数量		使用人数		人工作业工期
			单位	数量			定额	数量	作业班制	每班人数	
1	2	3	4	5	6	7	8	9	10	11	12

机械作业量（台班）						实用机械台数与作业工期								
机		机		机		机			机			机		
定额	数量	定额	数量	定额	数量	班制	台数	工期	班制	台数	工期	班制	台数	工期
13	14	15	16	17	18	19	20	21	22	23	24	25	26	27

② 根据施工图纸和有关资料及施工条件，按规定方法划分施工项目，计算实际工程数量。

③ 编制合理的施工顺序，确定施工方法，按要求列项，将施工项目（工序）列项，并填入表中第2栏，将施工方法填入第3栏。

④ 在表4-5中逐项计算各施工过程的实际工程数量、劳动量（作业量），某些工程数量可从图纸或概预算中转来。

⑤ 在表4-5中逐项确定施工单位作业班制、使用人数和机械台数及规格、作业工期，或确定主导工期，反求人工和机械数量。

⑥ 在表4-5中逐项确定主导工期。

2）绘制施工进度线：

① 参照图4-9，绘制进度图的图框和表格。

② 将作业工期计算表中的施工项目、有关数据，转抄于图中。

③ 按合同或上级规定的开、竣工日期，在图中填出日历。

④ 按作业工期计算表计算的主导工期，根据施工项目（工序）之间的逻辑关系，确定施工作业组织方法（顺序作业法、平行作业法、流水作业法等），在进度图上合理设计各施工项目的施工起止日期，用直线或不同符号、不同颜色的线条在施工进度图上绘制作业进度。进度图的习惯表示方法是以线的位置表示施工项目，以线的长短表示工期，线上的注字

说明人工、机械数量和作业班制，线的符号表示不同施工段、工种、专业队等。

⑤ 绘制劳动力、材料等资料的数量-时间曲线。

⑥ 在施工项目进度安排上进行反复比较，反复修改，同时修改作业工期计算表，直至合理为止。

⑦ 在进度图的适当位置编写施工进度图的说明，并列出图例。

3）进行多方案的反复平衡比较、最后择优定案。

（2）垂直图的编制

1）编制作业工期计算表：编制垂直图表的作业工期计算表，其内容和方法与横道图表的编制内容和方法基本方法相同。但列项时线形工程要按里程顺序，并以公里为单位计量列项；集中型工程要按工程的桩号顺序，并单独计量列项。

2）绘制施工进度线：

① 根据施工项目的多少，参照图4-10绘制图表轮廓、表格、标注里程。

② 将作业工期计算表中的施工项目，按数量、里程、不同符号，展绘于进度图表的上部各栏中。

③ 按合同或上级规定的开、竣工日期，将进度日历绘于图左的纵坐标上。

④ 将工程的空间组织、施工平面设计草图，按里程展绘于进度图的下部。

⑤ 按各施工项目的主导工期、施工方法、施工作业组织方法，依据施工组织原则，用不同符号的斜线或垂线，进行施工项目的进度安排设计，此项设计工作要反复比较、修改。

对于小桥涵工程，首先要明确施工组织方法，然后根据每座小桥涵工程的开、竣工日期，在各小桥涵的相应位置用直线或其他符号垂直地给出施工期。

对于大中桥工程，其绘制方法与小桥涵工程相同，但应将桥梁上、下部工程用两种线条符号表示。

对于路基工程，当路基工程的施工组织方法确定之后，可根据工程量、施工力量配制、施工条件，逐公里或逐施工段按主导工期，以斜线表示时间与里程之间的进度关系。在绘制路基进度线时，必须充分考虑各项施工工程之间的关系。由于多方面的原因，路基施工进度线可能是一条或多条直线，也可能是一条或多条连续或间断的折线。

对于路面工程，一般组织成一段或多段连续施工，所以进度线一般是一条或多条斜线。斜线的垂直高度为路面施工的总工期，斜线的水平长度等于路面总里程。安排路面施工进度时，不得与路基进度线相交，避免路基施工间断，违反施工的客观规律。

⑥ 绘制资源（人工、材料、机具等）消耗数量-时间曲线。

⑦ 进行反复比较、修改，检查总工期是否符合合同或上级规定，资源需要量是否均衡，避免出现高峰低谷，力求各线靠近而不相交等。

⑧ 编写施工进度图的说明，绘制图例。

3）进行多方案比较评价，择优定案。

（3）网络图的编制

1）工程项目分解：将一个庞大的工程项目，划分为若干个单项工作（工序），或将各个施工项目（工序）在各个施工段上的操作重新命名为其他工作名称。

2）确定施工方法和作业组织方法：工程项目分解后，确定各单项工作的施工方法。应尽量采用流水作业法，或几种作业方法综合运用。

3）划分施工段：按流水作业法的要求划分施工段，这样更容易得到最佳的网络计划。

4）确定各单项工作（工序）的相互关系和持续时间（流水节拍）：明确单项工作（工序）之间的紧前或紧后逻辑工作关系，按规定的方法计算各项工作的持续时间，还要估计因气候或其他原因的停工时间，将各项工作的相互关系和持续时间（流水节拍）填入"工作关系草表"。

5）列表：将前几项内容反复斟酌，确认无不合理之处后，列出正式的"工作关系表"。通常"工作关系表"的内容包括：工作代号、工作名称、紧前（紧后）工作、持续时间等。

6）绘制双代号网络草图：根据工作关系表，按照绘图技巧和绘图方法，绘制双代号网络草图，并进行网络图的计算，找出关键线路，确定计划总工期。

7）整理成图：经过网络图的计算和反复检查调整，确认工期满足要求，资源基本平衡，将优化后的网络草图，合理布局，重新成图。

对于规模较大、内容复杂的网络图，可先规划，分块绘制，再拼接起来，统一检查调整。

二、资源计划的编制

在施工进度计划确定以后，即可编制资源组织计划，资源组织计划必须依照施工进度计划进行编制。只有根据已确定的施工进度计划，计算出各个施工项目每天所需的各种资源种类和数量，将同一时间内所有施工项目的各种资源的数量分别累加，才可计算出每种资源随时间而变化的需要量。施工进度计划的变动必然影响到资源组织计划的变化，因此资源组织计划应与施工进度计划相对应。反之，当资源组织不平衡或受到限制满足不了进度计划的要求时，则必须对进度计划进行调整以满足资源的要求。资源组织计划编制方法如下：

（施工进度图编制注意事项）

1）根据所需资源数量的种类确定其主要资源，编制资源组织计划。所谓主要资源一般为：劳动力，主要材料、成品、半成品、预制构件，主要施工机械和对项目作业时间起控制作用的主导施工机械。

2）编制资源组织计划的表格，其内容根据资源种类和重要性及供应情况不同而可采用不同的形式，但是一般应包括以下内容：序号、名称、规格、单位、数量、来源、运输方式、计划时间、备注等。

3）计算每个施工项目单位时间的资源需要量；其方法根据设计工程数量和定额消耗量计算某种资源消耗总数量，除以施工进度计划中该项目实际作业天数（或单位时间），则得每个施工项目单位时间的某种资源需要量。

4）累计汇总，将同一时间内各施工项目的同一资源数量累加，则得其所需要的资源，然后填写表格。

5）根据资源需要量、资金计划、施工进度计划和工期及交通运输能力进行优化，综合平衡。

1. 劳动力计划的编制

根据已确定的施工进度计划可计算出各个施工项目每天所需的人工数，将同一时段内有施工项目的人工数进行累加，即可计算出每日人工数随时间变化的劳动力需要量。同时还可编制劳动力需要量计划，附于施工进度图之后，为现场主管部门提供劳动力进退场时间，保证及时调配，协调平衡，以满足施工的需要。如现有劳动力不足或过多时，应提出相应的解决措施，或者增开工作面，以按时或提前完成任务。劳动力需要量计划见表4-6。

表 4-6　劳动力需要量计划

序号	工种名	需要人数及时间										备注
		年度					年度					
		一季度	二季度	三季度	四季度	合计	一季度	二季度	三季度	四季度	合计	
1	2	3	4	5	6	7	8	9	10	11	12	13

编制：　　　　　　　　　　　　　　　　　　　　　　　　　　　　复核：

【例 4-5】　某桥台基坑开挖土方为 400m³，坑深 7m，无地下水，不设挡板，人工开挖，机械垂直吊土（吊头为架子车）至坑口，架子车运距为 50m，基坑平均面积 30m²、二班制作业要求工期为 7d，求所需的劳动力数量。

【解】　（1）计算每班开挖人数

因

$$P = \frac{基坑平均开挖面积(m^2)}{F(m^2/人)}$$

其中　F——每人占用的最小工作面，一般为 2m²（根据所使用的工具实测确定）。

所以，每班开挖人数为：

$$P = \frac{30m^2}{2(m^2/人)} = 15 人$$

（2）根据工期和工程量计算所需劳动力

要求 7d 完成任务，出工率按规定不少于 85%，经调查每 1m³ 需要 0.44 工日，挖完 400m³ 土方，则需要的劳动力为：

$$P = \frac{400m^3 \times 0.44 工日}{7d \times 0.85} = 29 人$$

（3）按保证每个劳动力最小工作面，计算二班制需要劳动力数量

$$15 人 \times 2 = 30 人$$

因此，选用按工程量计算需 29 人即能保证每人的最小工作面，充分发挥每个人的工作效率又可保证工期要求，这样是合理的劳动力配置。

从上述案例可以看出：第一，人力施工在不受工作面限制时，直接查定额与工程量相乘计算需要的工日数，并除以工期即得劳动力数量；第二，人力施工受到工作面限制时，必须按保证每个人最小工作面这个条件来计算劳动力的需要量，否则会在施工过程中窝工。

（1）半机械化施工方法施工时所需劳动力的计算

半机械化施工方法主要是有的施工项目采用机械施工，有的项目采用人力施工。如路基土石方工程，填、挖、运、压实等工序采用机械施工，而边坡、路拱、路肩修整及边坡夯实采用人工施工。

半机械施工方法在计算劳动力需要量时除根据定额计算工程量外，还要考虑充分发挥机械的工作效率并能保证工期的要求，否则会出现窝工或者机械的工作效率降低，影响工程的成本。

（2）机械化施工方法所需劳动力的计算

机械化施工方法所需要的劳动力主要是司机及维修保养人员和管理人员（即机械辅助施工人员）。因此计算机械施工方法所需的劳动力与机械的施工班制有关，即一班制、二班

制、三班制，一班制配备的驾驶员少于二班制、三班制工作的人数，辅助人员也相应减少。其次是与投入施工的机械数有关，投得多所需要劳动力也多。只有同时考虑上述两个方面的问题，才能够较准确地计算所需的劳动力数量。

计算劳动力数量时选择的定额标准不同，其结果也是不同的。

编制竞标性施工组织设计时必须按标书上的要求和规定执行。编制指导施工的实施性施工组织设计时可根据本企业的定额标准或结合施工项目具体情况采取一些补充定额，只要符合实际施工水平和工人的技术、素质水平就是可行的。因为实施性施工组织设计是编制施工成本的依据，而施工成本是项目经济承包及施工队、班（组）经济承包的依据。因此计算劳动力数量时不采用偏高或偏低的定额。

2. 主要材料计划的编制

主要材料包括施工需要的由专业厂家生产的材料、地方供应和特殊的材料，以及有关临时设施和拟采取的各种施工技术措施用料，预制构件及其他半成品亦列入主要材料计划中。

材料的需要量可按照工程量和定额规定进行计算，然后根据施工项目的施工进度编制年、月主要材料计划表（表4-7）。主要材料（包括预制构件、半成品）计划应包括材料的规格、名称、数量、材料的来源及运输方式等，材料计划是为物资部门提供采购供应、组织运输和筹建仓库及堆料场的依据。

表4-7　主要材料计划表

序号	材料名称及规格	单位	数量	来源	运输方式	年					年					备注
						一季度	二季度	三季度	四季度	合计	一季度	二季度	三季度	四季度	合计	
1	2	3	4	5	6	7	8	9	10	11	12	13	14	15	16	17

编制：　　　　　　　　　　　　　　　　　　　　　　　　　　　　　　　　　　　复核：

计算材料需要量主要是根据完成的工程量和所选用材料消耗定额进行的。在编制竞标性施工组织设计时，要根据标书上指定材料消耗标准进行计算材料需要量并列出主要材料需用量计划表。实施性施工组织设计采用企业的或行业的材料消耗定额，一般实施性施工组织总设计，计算主要材料的需要量计划是比较粗线条的，并列出其需要量计划表，而单位工程或分部、分项工程的实施性施工组织设计计算所需要的材料种类一般都比较细，几乎除了低值易耗品外都要进行计算其需要量，提出计划，作为领发料的依据及材料核算的依据。

材料消耗量完成单位合格产品所必须消耗的材料数，按用途划分为以下4种：主要材料、辅助材料、周转性材料、其他材料。材料消耗量计算方法主要有：

1）凡有标准规格的材料，按规范要求计算定额计量单位耗用量。

2）凡设计图纸标注尺寸及下料要求的按设计图纸尺寸计算材料净用量。

3）换算法。

4）测定法，包括实验室试验法和现场观察法。

材料损耗量指在正常施工条件下不可避免的材料损耗，如现场内材料运输损耗及施工操作过程中的损耗等。

$$材料损耗率=（损耗量/净用）×100\%$$
$$材料损耗量=材料净用量×损耗率$$
$$材料消耗量=材料净用量+损耗量$$
或
$$材料消耗量=材料净用量×（1+损耗率）$$

【例4-6】 某公路工程，桥梁及涵洞等小型构筑物的混凝土均计划采用商品混凝土，混凝土设计方量分别为 C20 水泥混凝土 1350m³，C25 水泥混凝土 2324m³，C30 水泥混凝土 2236m³，C50 水泥混凝土 2865m³。采用测定法，在正常施工时，测定不同混凝土的损耗率均为 0.52%，试计算各种混凝土材料的计划用量。

分析：

该材料为工程主要材料，有相应的设计图为依据，因此工程量的材料净用量为设计图计算出的用量，材料消耗量还要考虑混凝土在运输、浇注、温缩等环节的损耗量，该损耗没有标准参考，采用测定方法确定。各材料的计划消耗量为：材料消耗量=材料净用量×（1+损耗率）。

【解】

C20 水泥混凝土计划消耗量 $=1350m^3×（1+0.52\%）=1357m^3$

C25 水泥混凝土计划消耗量 $=2324m^3×（1+0.52\%）=2336m^3$

C30 水泥混凝土计划消耗量 $=2236m^3×（1+0.52\%）=2248m^3$

C50 水泥混凝土计划消耗量 $=2865m^3×（1+0.52\%）=2880m^3$

3. 主要机械、设备使用计划的编制

在确定施工方法时，已经考虑了各个施工项目应选择何种施工机具或设备。为了做好机具、设备的供应工作，应根据已确定的施工进度计划，将每个项目采用的施工机械种类、规格和需用数量，以及使用的具体日期等综合起来编制施工机具、设备计划表（表4-8），以配合施工，保证施工进度的正常进行。

表 4-8 主要施工机具、设备计划表

序号	机具名称及规格	数量		使用期限		年度、季度需要量																	备注
						年								年									
						一季度		二季度		三季度		四季度		一季度		二季度		三季度		四季度			
		台班	台数	开始时间	完成时间	台班	数量	台班	数量	台班	数量	台班	数量	台班	数量	台班	数量	台班	数量	台班	数量		
1	2	3	4	5	6	7	8	9	10	11	12	13	14	15	16	17	18	19	20	21	22	23

主要施工机具、设备需要量包括基本施工过程、辅助施工过程所得的主要机具、设备，并应考虑设备进、出厂（场）所需台班以及使用期间的检修、轮换的备用数量。

机械台班需要量计算先根据施工方案确定选择机械配备方案及机械种类的匹配要求，再根据工程量和机械时间定额，考虑施工所需各种机械的施工班制；工作日是否包含节假日等因素，进行计算各种机械的台班需要量。

（1）机械台班需要量的计算

机械台班需要量计算可按下式计算：

$$M = Q \times S \tag{4-6}$$

式中　M——机械台班需要量（台班）；

　　　Q——某种机械完成的工程量（m^3）；

　　　S——某种机械完成工程量的时间定额，即完成单位合格产品需要的时间。

（2）机械台数的计算

计算各种机械的台班数之后，可以求出各种机械的台数，可按下式计算：

$$R = M/(T_i \times N) \tag{4-7}$$

式中　R——所求的机械台数需要量；

　　　N——每昼夜的工作班制（一、二、三班工作制）；

　　　T_i——实际工作天数，施工日历天数扣除法定的节假日及气候影响的折减。

【例4-7】　某路基工程土方量为20000m^3，采用小于8m^3拖式铲运机施工，推土机配合，土质为硬土，运距为400m，试计算拖式铲运机的台班数。气候系数0.9，二班制，工期1.5月，工作日系数0.71（扣除法定节假日）。

【解】

1）查定额：铲运机的时间定额为0.79台班/100m^3，推土机的时间定额为0.11台班/100m^3。

2）所需台班数为：

　　　铲运机$M = Q \times S_{铲} = 20000m^3 \times 0.79$台班/100$m^3 = 158$台班

　　　推土机$M = Q \times S_{推} = 20000m^3 \times 0.11$台班/100$m^3 = 22$台班

3）计算实际工作天数：

$$T_i = 1.5 \times 30d \times 0.71 \times 0.9 = 28.7d$$

4）计算机械需要量：

由　　　　　　　　$t = M_i/(R_i \times N) \quad R_i = M_i/(t_i \times N) \quad (N=2)$

则铲运机需要量为：

$$R_{铲} = \frac{158 \text{台班}}{28.7d \times 2} \approx 3 \text{台}$$

故采用3台。

推土机需要量为：

$$R_{推} = \frac{22 \text{台班}}{28.7d \times 2} \approx 1 \text{台}$$

故采用1台。

计算出来所需要的机械台数，要考虑备用量，因为机械不可有100%的出勤率和完好率，所以必须考虑机械使用的备用量。备用量的确定主要依据工程量的大小、机械工作时间的长短、机械状况的优劣及定期维修、不定期修理等因素。

【例4-8】 某路基工程，土方横向调配远运，运距为8km，要求每天完成1000m³的施工任务。主机为斗容量为1m³的挖掘机，辅机采用载重量为12t的自动倾卸汽车，二班制作业。计算自卸车的需要量。

【解】

1）根据现场实际情况，测定如下数据：

装车时间 $t' = 4.9$min，卸车时间 $t'' = 1.4$min，辅机等待时为2.6min，平均运距 $V_{cp} = 31.8$km/h $= 530$m/min

2）每天完成工程量 $Q_w = 1000$m³

完成工程量规定时间 $T = 2 \times 8 \times 60 = 960$min

每台车的生产效率 $q_1 = 12$t（即每车定额容量为6.2m³）

采用汽车工作时间利用系数0.8。

运距 $= 8$km。

3）辅机生产效率为：

$$q_w = \left(\frac{6.2 \times 960}{\dfrac{4.9 + 1.4 + 2 \times 8 \times 1000 + 2.6}{530}} \right) \text{m}^3 \times 0.8 = 123.78\text{m}^3$$

$$N_i = \frac{1000\text{m}^3}{123.78\text{m}^3} = 8.07 \approx 8 \text{ 辆}$$

为了保证主机的工作效率，考虑辅机的工作状态优劣及辅机停机修理等因素，辅机配备也需要备用数量，因此，在提出机械使用数量时应计入备用数量。

任务设计与实施

1. 设计实施路径

1）阅读工程背景案例，绘制其工序工期表。

2）查阅工程案例，结合专业课知识分析进度图的不同表达方式分别适用在工程施工哪个阶段，各有什么优缺点。

3）分析资源计划编制与进度计划编制之间的关系。

2. 呈现实施成果

要求：将实施结果打印在一张A4纸上，并粘贴在空白处。

图4-13为公路工程项目工序工期计算的思维导图，作为参考。

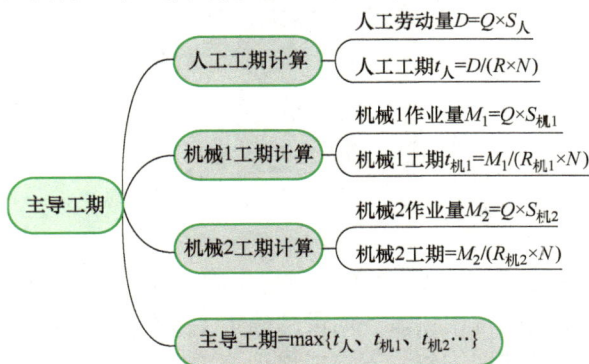

主导工期
- 人工工期计算
  - 人工劳动量$D = Q \times S_{人}$
  - 人工工期$t_{人} = D/(R \times N)$
- 机械1工期计算
  - 机械1作业量$M_1 = Q \times S_{机1}$
  - 机械1工期$t_{机1} = M_1/(R_{机1} \times N)$
- 机械2工期计算
  - 机械2作业量$M_2 = Q \times S_{机2}$
  - 机械2工期$t_{机2} = M_2/(R_{机2} \times N)$
- 主导工期$= \max\{t_{人}、t_{机1}、t_{机2}\cdots\}$

图4-13 公路工程项目工序主导工期计算

任务评价

任务活动		任务评价（线上/线下）					
序号	名称	出勤与态度20%	自评10%	互评10%	小组评价10%	教师评价50%	总评
1	进度图在工程上的应用						
2	资源计划编制内容						
3	工期表绘制						

学习提示：

1. 进度图的形式多样，建议结合工程实例学习；

2. 进度图绘制从分析工序的主导工期开始，所以绘制工序工期表是基础

任务拓展

查阅案例，分析公路工程项目施工上常用的进度图图式有哪些？分别用在什么规模的项目管理上，各有什么特点？

任务4 设计施工平面布置图

任务导入

工程背景：某公路一级企业进行某高速公路合同段的施工，在其编制的施工组织设计中包括施工平面布置图，图中应该包含哪些内容？

工程进度图是施工过程时间组织的具体成果，施工平面布置图是施工过程空间组织的具体成果，它们都是施工组织设计规定的文件。前者表达各个项目和时间的关系，后者表达施工期间各项临时设施、管理机构、永久性建筑之间的空间关系。

任务目标

1. 了解并掌握公路工程项目施工总平面图设计的依据、原则与内容，设计的方法与步骤；

2. 了解并掌握公路工程项目施工临时设施的类型及设计中应注意的要点；

3. 发扬工匠精神，树立责任意识、法律意识、安全意识、质量意识、环保意识和成本意识。

相关知识

施工平面图设计是施工过程空间组织的具体成果，即根据施工过程空间组织的原则，对施工过程所需的工艺路线、施工设备、原材料堆放、动力供应、场内运输、半成品生产、仓

库、料场、生活设施等进行空间的特别是平面的科学规划与设计，并以平面图的形式加以表达。这项工作被称为施工平面图设计。

施工平面布置是一项综合性的规划课题，在很大程度上取决于施工现场的具体条件。它涉及的因素很广，不可能轻易获得令人满意的结果，必须通过方案的比较和必要的计算与分析才能决定。

公路工程施工的正常进行，除了安排合理的施工进度之外，还需在开工前充分做好各项准备工作，如各种临时设施（临时道路、临时供水、供电、通信、工棚、办公室、工地运输等）的设计。临时设施设计是施工平面图设计的一部分，尤其是实施性施工平面图设计，除了应确定各临时设施的相对位置外，还应确定各个临时设施的容量、面积等。

一、工地运输与临时设施设计

1. 工地运输设计

工地运输组织的任务：编制运输计划、确定运输量、选择运输方式、计算运输工具的需要量等。

公路施工需要运输的物资有建筑材料、构件、半成品以及机械设备、施工及生活用品等。这些物资由外地运到工地（即场外运输），一般都由专业运输单位承运。工地内的运输（即场内运输）通常由施工单位承担。不论哪种运输，都应有组织、有计划地进行。

（1）确定运输量

每日需要运输物资的 t·km（或 t·m³）数称为运输量或货运量，可根据具体情况计算。一般情况下，工地运输的货运量可按下式计算：

$$q = \sum_i^n Q_i \cdot L_i / T \cdot K \tag{4-8}$$

式中　q——每日货运量（t·km）；

　　　Q_i——各种物资的年度需用量，或整个工程的物资用量，i 为货物种类；

　　　L_i——运输距离（km）；

　　　T——工程年度运输工作日数，或计划运输天数；

　　　K——运输工作不均匀系数，公路运输取 1.2，铁路运输取 1.5。

若已用差额曲线或累积曲线编制运输计划，则每日需要运输的物资数量和运输工作日数为已知，每日货运量公式为：

$$q = \sum_i^n Q_i \cdot L_i \cdot K \tag{4-9}$$

式中　Q_i——每日运到工地的物资数量（t/d）；

　　　i——货物种类。

其余符号意义同前。

（2）选择运输方式

目前工地运输的方式有铁路运输、公路运输、水路运输和特种运输（索道、管道等）。选择运输方式，必须充分考虑各种影响，例如：运量大小、运距和物资性质；现有运输设备条件；利用永久性道路的可能性；地形、地质及水文等自然条件；敷设、运输和装卸费用多少等。

一般来说，当货运量较大，运距远，又具备条件时，宜采用铁路运输；内部加工场地与原材料供应点之间可采用窄轨铁路运输；运距短、地形复杂、坡度较陡时，宜采用汽车运输。当有几种可能的运输方式可供选择时，应通过比较后确定。

场内运输大多采用汽车运输，在场地狭小或运输长大笨重构件时，如隧道、特大桥等的施工，也可采用窄轨铁路运输或索道运输。

（3）计算运输工具需要量

运输方式确定后，即可用下式计算每班作业所需运输工具的需要量：

$$N=Q \cdot K_1/q \cdot T \cdot n \cdot K_2 \tag{4-10}$$

式中　　N——所需的运输工具台数；

Q——全年（季）度最大运输量（t）；

K_1——运输不均衡系数，场外运输一般采用1.2，场内运输采用1.1；

q——汽车台班产量（t/台班），根据运距按定额确定；

T——全年（季）的工作天数；

n——每日的工作班数；

K_2——运输工具供应系数，一般取0.9。

2. 临时设施设计

施工总平面图的布置中，需要在工程正式开工前充分做好各项准备工作，建造相应的临时设施，如工棚、仓库、供水、供电、通信设施等。

各种临时设施的数量视工程具体情况以及施工安排、施工计划经过计算确定，因它们的使用期限一般都很短，通常都根据不同的使用要求，采用不同的结构形式。

（1）加工场地组织

工地临时加工场地组织的任务是确定建筑面积和结构加工场（站、厂）的建筑面积。通常参照有关资料或根据施工单位的经验确定，也可以按公式计算。

1）钢筋混凝土构件预制厂、木工房、钢筋加工间等的场地或建筑面积用下式确定：

$$A=K \cdot Q/T \cdot S \cdot a \tag{4-11}$$

式中　　A——所需建筑面积（m^2）；

Q——加工总量（m^3、t 等）；

K——生产不均匀系数，取1.3~1.5；

T——加工总工期，月、日、班；

S——每平方米场地的月（日、班）平均产量，场地面积指工、机整个（台）工作面积；

a——场地或建筑面积利用系数，取0.6~0.7。

2）水泥混凝土拌和站占地面积用下式计算：

$$A_T=N \cdot A \tag{4-12}$$

式中　　A_T——拌和站面积（m^2）；

A——每台拌和机所需的面积（m^2）；

N——拌和机台数（台），用下式计算：

$$N=Q \cdot K/T \cdot R \tag{4-13}$$

式中　　Q——混凝土总需要量（m^3）；

K——不均衡系数，取1.5；

T——混凝土工程施工总工作日；

R——混凝土拌和机台班产量（m^3/台班）。

3）大型沥青混凝土搅拌设备的场地面积及布置，根据设备说明书的要求确定。

（2）临时仓库设计

工地临时仓库分为转运仓库、中心仓库和现场仓库等。临时仓库组织的任务是确定材料储备量和仓库面积、选择仓库位置和进行仓库设计等。

（3）行政、生活用临时建筑设计

此类临时房屋的建筑面积取决于工地的人数，包括施工人员和家属人数。编制施工组织设计时，应尽量利用工地附近的现有建筑物，或提前修建能利用的永久房屋，如道班房、加油站等，不足部分修建临时建筑。临时建筑应按节约、适用、装拆方便的原则设计，其结构形式按当地气候、材料来源和工期长短确定。通常有帐篷、活动房屋和就地取材的简易工棚等。

（4）临时供水、供电、供热设计

工地临时供水、供电、供热应解决以下问题：确定用量、选择供应来源、设计管线网络等。如供应来源由工地自行解决，还需要确定相应的设备。

（5）其他临时工程设施设计

在施工组织设计中，还会遇到其他的临时工程设施，如便道、便桥、临时车站、码头、堆场、通信设施等。对于新建道路工程，这些临时工程设施更多。

3. 施工现场临时工程管理

（1）项目驻地建设

1）驻地选址：

① 满足安全、实用、环保的要求，以工作方便为原则，具备便利的交通条件和通电、通水、通信条件。

② 用地合法，周围无塌方、滑坡、落石、泥石流、洪涝等自然灾害隐患，无高频、高压电源及油、气、化工等其他污染源。

③ 距离集中爆破区 500m 以外，不得占用独立大桥下部空间、河道、互通匝道区及规划的取、弃土场。

④ 进场前组织相关人员按照施工安全和环保的要求进行现场查勘，编制选址方案。

2）场地建设：

① 可自建或租用沿线合适的单位或民用房屋，但应坚固、安全、实用、美观，并满足生活需求，自建房还应安装拆卸方便且满足环保要求。

② 自建房屋最低标准为活动板房，建设宜选用阻燃材料，搭建不宜超过两层，每组不超过 10 栋，组与组间的距离不小于 8m，栋与栋之间的距离不小于 4m，房间净高 2.6m。驻地办公区、生活区应采用集中供暖设施，严禁电力取暖。

③ 宜为独立式庭院，四周设有围墙，有固定出入口。有条件的，可在出入口设置保卫人员。

④ 办公、生活用房建筑面积和场地面积应满足办公和生活需要。

⑤ 办公区、生活区及车辆、机具停放区等布局应科学合理，分区管理，合理规划人车路线，尽可能减少不同区域间的互相干扰。区内场地及主要道路应做硬化处理，排水设施完善，庭院适当绿化，环境优美整洁，生活、生产污水和垃圾集中收集处理。

3）硬件实施：

① 项目部一般设项目经理室（书记办公室）、项目总工程师办公室、项目副经理办公

室、各职能部门办公室、档案资料室、试验室、会议室等。

② 项目部驻地办公用房面积应满足办公需要，一般不低于表 4-9 的规定。

表 4-9　项目部驻地办公用房面积标准

各室名称	配备标准/m²	备注
办公室	6	人均面积
会议室	60	具备多媒体功能
档案资料室	20	—
试验室	180	各操作室合计面积

③ 驻地办公用房应实用、美观、隔热、通风、防潮，各室功能应满足要求。

4）其他要求：

① 驻地内消防设施应满足《建设工程施工现场消防安全技术规范》（GB 50720—2011）的有关规定，在适当位置设置临时室外消防水池和消防砂池，配置相应的消防安全标识和消防安全器材，并经常检查、维护、保养。

② 驻地内应设消防通道，并保证消防车道的畅通，禁止在车道上堆物、堆料或挤占消防通道。

③ 驻地内使用的电气设备和临时用电应符合《建筑与市政工程施工现场临时用电安全技术标准》（JGJ/T 46—2024）的规定。

④ 生活污水排放应进行规划设计、设置多级沉淀池，通过沉淀过滤达到排放标准。厕所污水应通过集中独立管道进入化粪池，封闭处理。

⑤ 驻地内应设置一个大型垃圾处理场，容积不小于 3m×2m×1.5m，将各种垃圾集中存放，定期按环保要求处置。

⑥ 驻地内应设有必要的防雷设施，在条件允许情况下驻地应设置报警装置和监控设施。

（2）预制梁场布设

1）场地选址：

① 以方便、合理、安全、经济、环保及满足工期为原则，结合施工合同段所属预制梁板的尺寸、数量、架设要求以及运输条件等情况进行综合选址。

② 应满足用地合法，周围无塌方、滑坡、落石、泥石流、洪涝等地质灾害。无高频、高压电源及其他污染源；距离集中爆破区 500m 以外；不得占用规划的取、弃土场。

③ 原则上不宜设在主线征地范围内。若确实存在用地困难等特殊情况需要将预制场设于主线征地范围内时，应报项目建设单位审批。

2）场地布置形式：预制场的布置取决于现场的面积、地形、工程规模、安装方法、工期及机械设备情况等，条件不同，布置方法差异较大。以下是预制场的几种布置形式：

① 路基外预制场：该类型预制场比较普遍，制梁区使用大型龙门吊，在路基外设预制厂。

② 路基上预制场：在其他地方设置预制场困难时，可将预制场设在路基上。要求桥头引道上有较长的平坡，并且路基比较宽（一般应大于 24m），布置时首先要留足桥头架桥机的拼装场地，并偏向一侧设置梁区，以便留出道路。

③ 桥上预制场：桥梁施工在城市市区内部，现场没有预制场地，若在城外预制梁片，

运梁十分困难，可考虑在桥墩之间拼装支架，制作安装 2~3 孔主梁，然后把施工完成的跨径部分作为预制场，并依次使预制场扩展出去。要求预制台座可活动、大梁安装采用跨墩龙门吊较方便。

3）场地建设：

① 场地建设前施工单位应将梁场布置方案报监理工程师审批、方案内容应包含各类型梁板的台座数量、模板数量、生产能力、存梁区布置及最大存梁能力等。

② 宜采用封闭式管理，场地内应按办公区、生活区、构件加工区、制梁区和存梁区、废料处理区等科学合理设置，功能明确，标识清晰。生活区应与其他区隔开，生活用房按照驻地建设相关标准建设。

③ 各项目预制场应统筹设置，建设规模和设备配备应结合预制梁板的数量和预制工期相适应，一般不低于表 4-10 规定。

表 4-10 预制场规模和相关设备配备表

项目	要求
钢筋棚	至少 1 座
台座数量	应与预制时间、数量相匹配
吊装设备	满足起吊吨位要求，至少 2 台
模板数量	按照台座数量的 1/6~1/4 匹配
自动喷淋养护设施	每片梁板设喷管不得少于 3 条（顶部 1 条，侧面 1 条），喷管长为梁体长度+1m，喷头间距 0.5m
必备的施工辅助设施	横隔板钢筋定位架、钢筋骨架定位架、横隔板底模支撑架
其他施工设备	满足施工需要

④ 场内路面宜做硬化处理，主要运输道路应采用不小于 20cm 厚的 C20 混凝土硬化，基础不好的道路应增设碎石掺石屑垫层。场内不允许积水，四周设置砖砌排水沟，并采用 M7.5 砂浆抹面。

⑤ 预制梁场应尽量按照"工厂化、集约化、专业化"的要求规划、建设，每个预制梁场预制的梁板数量不宜少于 300 片。若个别受地形、运输条件限制的桥梁梁板需单独预制，规模可适当减小，但钢筋骨架定位胎膜、自动喷淋养护等设施仍应满足施工生产要求。

⑥ 预制梁场钢筋加工、混凝土拌和应尽量使用合同段既有的钢筋加工场、拌和站。

⑦ 预制梁板钢筋骨架应统一采用定位胎膜进行加工，并设置高强度砂浆垫块确保钢筋保护层。

⑧ 设置自动喷淋养护设备，预制梁板采用土工布包裹喷淋养护（北方地区应根据气候情况采用蒸汽保湿养护），养护水应循环使用。

（3）拌和站设置（图 4-14）

在公路工程中设置的拌和站分水泥混凝土拌和站、沥青混合料拌和站和稳定土拌和站。

1）拌和站选址：

① 应满足用地合法，周围无塌方、滑坡、落石、泥石流、洪涝等地质灾害。无高频、高压电源及其他污染源；距离集中爆破区 500m 以外；不得占用规划的取、弃土场。

预制梁板台座布设及其他要求

② 拌和站选址应根据本合同段的主要构造物分布、运输、通电和通水条件等特点综合选址，尽量靠近主体工程施工部位，做到运输便利，经济合理，并远离生活区、居民区，尽量设在生活区、居民区的下风向。

2）场地建设：

① 拌和站应根据工程实际情况集中布置，宜采用封闭式管理，四周设置围墙，入口设置大门和值班室。

② 拌和站建设应综合考虑施工生产情况，合理划分拌和作业区、材料计量区、材料车、输车辆停放区、试验区、集料堆放区及生活区，内设洗车池（洗车台）、污水沉淀池和排水系统。生活区应与其他区隔离，生活用房按照"驻地建设"相关标准建设。

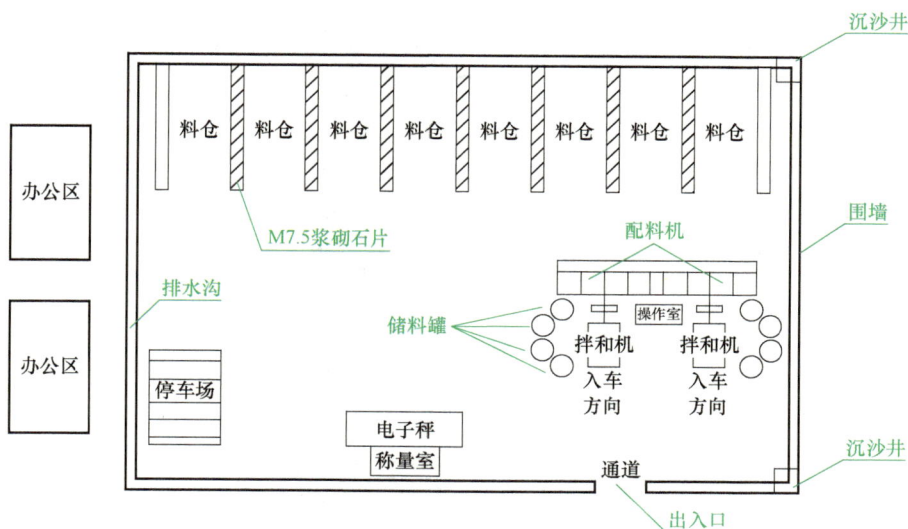

图 4-14　某水泥混凝土拌和站平面布置示意图

③ 拌和站场地面积、搅拌机组配置及产能应满足生产、施工需求和工程进度要求，一般不低于表 4-11 的规定。

表 4-11　拌和站建设标准

拌和站类型	场地面积/m²	每个拌和站搅拌机组最低配置
水泥混凝土拌和站	5000	2 台拌和机（每台至少有 3 个水泥罐、4 个集料仓）
沥青混凝土拌和站	3500	1 台拌和机（每台至少有 3 个沥青罐、冷热集料仓各 5 个）
稳定土拌和站	15000	1 台拌和机（每台至少有 3 个水泥罐、4 个集料仓）

注：1. 场地面积为拌和站（含备料场）面积；对于崇山峻岭、条件困难地区的面积可适当调减。
　　2. 场地面积，搅拌机组配置可结合施工进度要求、备料场大小等情况优化调整。

④ 场地（包含堆料区、加工区）应做硬化处理，主要运输道路应采用不小于 20cm 厚的 C20 混凝土硬化，基础不好的道路应增设碎石掺石屑垫层，场内排水宜按照中间高四周低的原则预设不小于 1.5% 的排水坡度，四周宜设置砖砌排水沟，并采用 M7.5 砂浆抹面。

⑤ 拌和站各罐体宜连接成整体，安装缆风绳和避雷设施，每一个罐体应喷涂成统一的颜色，并绘制项目名称及施工单位的名称，两者竖向平行绘制。

拌和站原料堆放、便道建设和便桥建设

各种临时工程设施的数量视工地具体情况而定，因它们的使用期限一般都很短，通常都采用简易结构。全部临时建筑及临时工程设施都应在设计完成之后，再编制临时工程表。临时工程表是施工组织设计规定的文件之一，它的内容和格式见表4-12。

表 4-12 临时工程表

序号	设置地点	工程名称	说明	单位	数量	工程数量							备注
1	2	3	4	5	6	7	8	9	10	11	12	13	14

【例 4-9】 某新建隧道工程，原有道路及新建道路位置如图4-15所示，新建道路在隧道两侧均有桥梁项目，1#桥长160m，2#桥长320m，请根据已知信息布置临时施工设施。

分析：

原有道路与新建道路不重合，因此需安排便道通至隧道两个洞口及两座桥梁，通往两个隧道口及两座桥梁的便道4个，如图4-15所示，桥梁隧道洞口点比较分散，可由4个施工队伍分别进行施工，因此在施工地点就近设置4个施工场地。绘制好的临时设施平面图如图4-15所示。

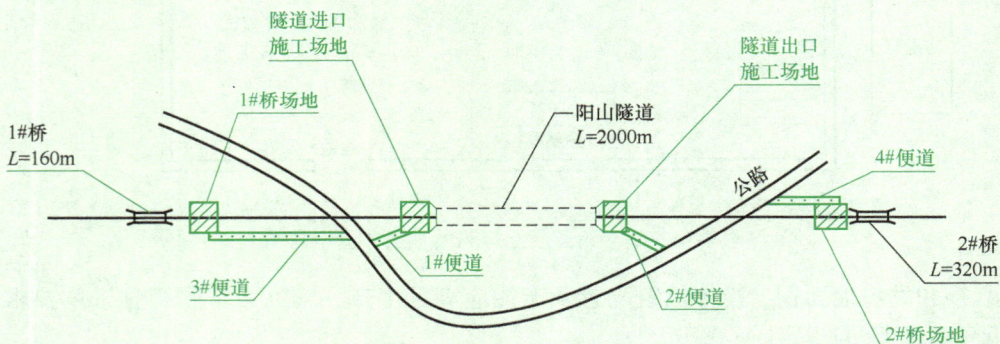

图 4-15 公路临时设施平面图

二、施工总平面布置图设计

1. 施工总平面图的作用

正确解决各施工细目（分项）之间的时间关系和空间关系，是施工组织设计顺利实施的必要前提。工程进度图解决了时间关系问题，而整个工地在施工期间所需的各项设施、管理机构、永久建筑之间的空间关系则需用施工总平面图表示。施工总平面图是整个拟建项目施工场地的总体规划布置图，它是加强施工管理、指导现场文明施的重要依据。

2. 施工总平面图布置的原则

施工平面布置是一项综合性的工作，施工总平面图的布置应遵循"有利生产、方便生活、保护环境、安全可靠"的原则，要求做到以下几点：

1）在保证施工顺利的前提下，充分利用原有地形、地物，少占农田，因地制宜，以降低工程成本。

2）充分考虑水文、地质、气象等自然条件的影响，尤其要慎重考虑避免自然灾害（如洪水、泥石流）的措施，保护施工现场及周围生态环境。

3）场区规划必须科学合理，应以生产流程为依据，并有利于生产的连续性。

4）场内运输形式的选择及线路的布设应力求使材料直达工地，尽量减少二次倒运和缩短运距。

5）一切设施和布局必须满足施工进度、方法、工艺流程、机械设备及科学组织生产的需要。临时房屋及设施符合劳动保护、安全和防火的规定和要求。

6）必须符合环保、消防和文明施工的规定和要求。

3. 施工平面图设计的依据

施工平面图设计的依据：①工程平面图。②施工进度计划和主要施工方案。③各种材料、半成品的供应计划和运输方式。④各类临时设施的性质、形式、面积和尺寸。⑤各加工车间、场地规模和设备数量。⑥水源、电源资料。

4. 施工平面图的设计任务

施工平面图的设计任务：①分析有关调查资料。②合理确定起重、吊装、运输机械的布置（它直接影响仓库、料场、半成品制备场的位置和水、电线路以及道路的布置）。③确定混凝土、沥青混凝土拌和站的位置。④考虑各种材料、半成品的合理堆放。⑤布置水电路线。⑥确定各临时设施的位置和尺寸。⑦决定临时道路位置、长度和标准。

5. 公路施工总平面图的内容

1）原有地形地物。如河流、山峰、文物及自然保护区、高压铁塔、重要通信线、地质不良路段、国家测量标志、气象台、水文站、变电站等。

2）沿线的生产、行政、生活等区域的规划及其设施。例如，施工管理的相关机构，如业主的办事机构、监理机构、工程处、施工队等；工地附近与施工有关的永久建筑设施，如已有公路、铁路、车站、码头、居民点、地方政府所在地等。

3）沿线的便道、便桥及其他临时设施。

4）基本生产、辅助生产、服务生产设施的平面布置。

为工程施工服务的临时设施及其位置，如采石场、采砂场、便道、便桥、仓库、码头青拌和基地、生活用房等。

5）安全消防设施以及防洪、防火、安全设施等。

6）施工防排水临时设施。

7）新建线路中线位置及里程或主要结构物平面位置。如大中桥、隧道、集中土石方、交叉口、特殊路基等重点工程的位置。

8）标出需要拆迁的建筑物。

9）划分的施工区段。

10）取土和弃土场位置。

11）标出已知的公路、铁路线路方向和位置与里程及与施工项目的关系，以及因施工需要临时改移的公路的位置。

12）控制测量的放线标桩位置。

许多规模宏大的施工项目工期往往很长。随着工程的进展，施工现场的面貌将不断改变。在这种情况下，应按不同阶段分别绘制若干张施工总平面图，或者根据工地的变化情况及时对施工总平面图进行调整和修正，以便适应不同时期的需要。

6. 施工总平面图的形式

施工总平面图可用两种形式表示。一种是根据公路路线的实际走向按适当的比例绘制，这种图形直观，图中所绘内容的位置准确。另一种是将公路路线绘成水平直线，将图中各点的平面位置以路中心线为基准相对移动，这种图形只能表示图中内容相对于路线的位置，但它可以采用不同的纵横间比例将长度缩短，还可以略去若干次要的路段。目前多采用按路线实际走向绘制总平面图，绘图比例一般为1：5000或1：2000。

施工平面图的类型有施工总平面图和单位工程、分部分项工程施工平面图。

7. 施工总平面布置图的设计步骤

1）场外交通的引入：设计整个施工项目的施工总平面布置图时，首先应从研究大宗材料、成品设备等进入工地的运输方式入手。可供选择的运输方式有水路、公路、铁路，据此布置进场道路。

2）仓库与材料堆场的布置：仓库与材料堆场的布置通常考虑设置在运输方便、位置适中、运距较短并且安全防火的地方，并应区别不同材料、设备和运输方式来设置。

3）加工厂布置：混凝土搅拌站根据工程的具体情况可采用集中、分散或集中与分散相结合的形式。当现浇混凝土量大时，宜在工地设置混凝土搅拌站；当运输条件好时，采用集中搅拌最有利；当运输条件较差时，以分散搅拌为宜。

预制加工一般设置在施工场地的空闲地带上，如材料进场专用线转弯的扇形地带或场外临近处。

钢筋加工厂区别不同情况采用分散或集中布置。对于需进行冷加工、对焊、点焊的钢筋和大片钢筋网，宜设置中心加工厂；其位置应靠近预制构件加工厂；对于小型加工件，用简单机具加工钢筋时，可在靠近使用地点的分散的钢筋加工棚里进行。金属结构、锻工、电焊和机修等车间在生产上联系密切，应尽可能布置在一起。

4）布置场内运输道路：根据各加工厂、仓库及各施工对象的相应位置，研究货物运输线路，规划场内运输做到合理规划临时道路，以便材料的运输、使用；保证运输通畅；选择合适的路面结构。临时道路的路面结构应当根据运输情况和运输工具的不同类型而定。

【例 4-10】 某高速公路第 LZ3 合同段中条山隧道位于山西省运城市的西南部，起点位于盐湖区解州镇，终点为芮城县陌南镇石坡村，呈南北走向，起迄里程 K10+360～K15+600，全长 5.24km。

主要工程内容为中条山隧道左洞长 5016.74m，其中 Ⅱ 级围岩 2599.06m，Ⅳ 级1640.63m，Ⅴ 级 735.05m，明洞 42m，起迄里程 ZK10+330.31～ZK15+347.05；右洞长4990m，其中 Ⅱ 级围岩 2620m，Ⅳ 级 1605m，Ⅴ 级 723m，明洞 42m，起迄里程 YK10+360～YK15+350，路基土方 4.535 万 m³（开挖土方 4.24 万 m³，填土方 4.54 万 m³），路基防护排水，M7.5 浆砌片石 1009m³，C20 预制块 87m³。

项目承包单位隧道施工队有 3 个，路基施工队 1 个，项目经理部设置在隧道洞口一侧。请根据已知信息绘制公路施工总体平面图。

分析：

该隧道项目施工采用两端对称施工，由隧道施工 3 个施工队伍完成，路基土方工程由路基工程队完成，临时项目需考虑施工便道连接老路与隧道口，施工临时场地需采取就近原则，安排在两个隧道口。施工总平面图如图 4-16 所示。

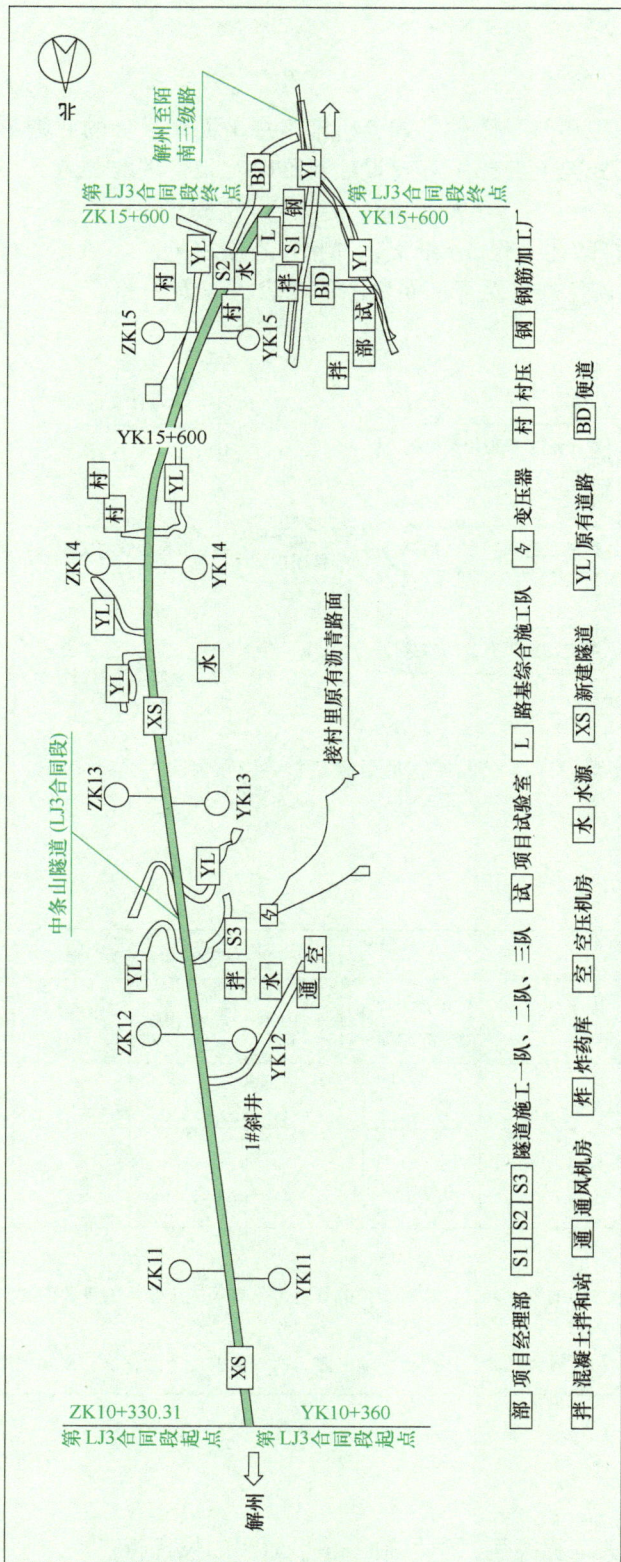

图 4-16　施工总平面图

部 项目经理部　　S1 S2 S3 隧道施工一队、二队、三队　　试 项目试验室　　L 路基综合施工队　　ㄅ 变压器　　村 村庄　　钢 钢筋加工厂

拌 混凝土拌和站　　炸 炸药库　　空 空压机房　　水 水源　　XS 新建隧道　　YL 原有道路　　BD 便道

通 通风机房

任务设计与实施

1. 设计实施路径

1）结合专业课知识以思维导图的形式分析施工总平面图设计的原则与内容。

2）以思维导图的形式绘制公路工程建设项目临时工程管理的要点。

2. 呈现实施成果

要求：将实施结果打印在一张 A4 纸上，并粘贴在空白处。

图 4-17 为公路工程项目施工总平面布置图的内容，作为参考。

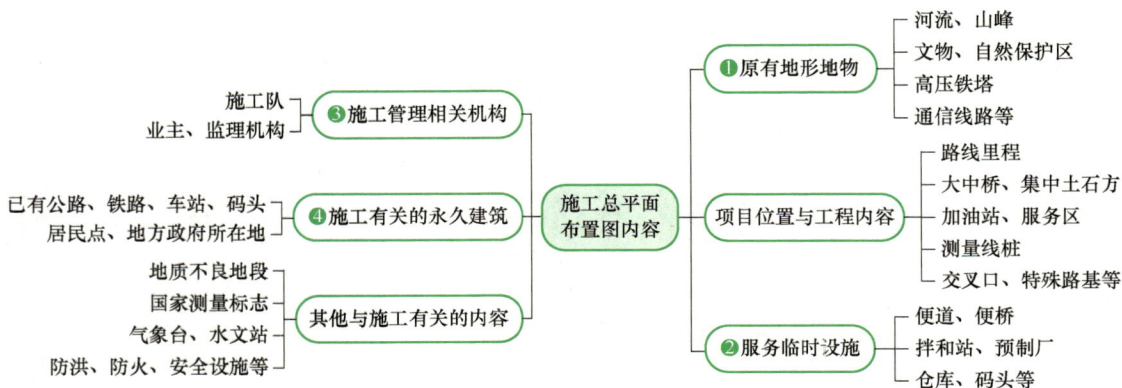

施工队 业主、监理机构 → ❸ 施工管理相关机构

已有公路、铁路、车站、码头 居民点、地方政府所在地 → ❹ 施工有关的永久建筑

地质不良地段 国家测量标志 气象台、水文站 防洪、防火、安全设施等 → 其他与施工有关的内容

施工总平面布置图内容

❶ 原有地形地物 → 河流、山峰 文物、自然保护区 高压铁塔 通信线路等

项目位置与工程内容 → 路线里程 大中桥、集中土石方 加油站、服务区 测量线桩 交叉口、特殊路基等

❷ 服务临时设施 → 便道、便桥 拌和站、预制厂 仓库、码头等

图 4-17 公路工程项目施工总平面布置图的内容

任务评价

	任务活动	任务评价（线上/线下）					
序号	名称	出勤与态度 20%	自评 10%	互评 10%	小组评价 10%	教师评价 50%	总评
1	临时工程管理要点						
2	施工总平面布置图设计原则与内容						

学习提示：

1. 临时设施是施工总平面布置图的组成部分，临时工程的管理也是现场施工管理的重要内容，保证其安全环保问题是重中之重；

2. 施工总平面布置图设计灵活性较大，而且还需要因地制宜，所以需要经验的积累，需要理论与实践相结合

任务拓展

查阅资料，分析相关工程案例，学习施工总平面图的设计特点。

任务5　编制施工措施

任务导入

工程背景： 某高速公路×标段线路起讫里程 K224+000～K240+800，主要工程内容：全程路基、分离立交1处、互通1处、大桥3座、中桥2座、通道17道、涵洞35道。依据《公路桥涵施工技术规范》（JTG/T 3650—2020）中，根据当地多年气温资料，室外昼夜日平均气温连续5d稳定低于5℃时，钢筋、预应力、混凝土及砌体等工程应采取冬期施工的措施。依据《公路路基施工技术规范》（JTG/T 3610—2019）中，在反复冻融地带，昼夜平均气温在-3℃以下，且连续10d以上，或者昼夜平均温度虽在-3℃以上，但冻土没有完全融化时，均应按冬期施工办理。本段工程冬期施工的主要内容包括承台系梁、墩台身施工、箱涵基础及涵身施工、圆管涵管基及路基填筑等。为保证在冬期施工期间内工程施工质量，拟制定冬期施工方案。

任务目标

1. 掌握职工措施编制原则与编制主要内容；
2. 能够独立编制简单项目的施工措施；
3. 发扬工匠精神，树立责任意识、法律意识、安全意识、质量意识、环保意识和成本意识。

相关知识

施工措施包含技术措施与组织措施，公路工程施工技术组织措施也是施工组织设计的内容之一，是不可忽略的，它包括技术方面和组织管理方面的措施，是指前述项目内容中未包括的一些特殊要求，如既有路线附近施工的安全防护的设计与施工，特殊气候条件的施工技术，施工过程的施工管理和控制等方面的要求。

各种保证措施的制定能全面系统地反映承包商对工程施工的筹划水平和承诺，同时对企业和工程项目施工也是一种约束，减少或杜绝施工过程的随意性，可避免施工过程中的重大失误。

施工措施包括质量保证、进度保证、安全文明施工保证及冬、雨期施工等具体措施的编制，同时也体现新技术、新工艺、新材料、新方法在工程施工上的应用。

一、冬、雨期施工保证措施的编制

1. 冬期施工措施

冬期施工时间：按现行冬期施工规程及结合当地经验确定，当室外日平均气温连续3d稳定低于5℃或日最低气温稳定在-3℃即进入冬期施工，当室外日平均气温连续5d稳定高于5℃时解除冬期施工。

（1）施工准备

1）根据工程的施工情况，熟悉掌握各部位施工方法，合理安排施工

各分项工程

冬期措施

进度，保证把各种费用降到最低点。收集当地气象台（站）历年气象资料，设置工地气象观测点，建立观测制度，及时掌握气象变化情况。落实有关工程材料、防寒物资、能源和机具设备。

2）根据施工进度计划，材料部门提前组织有关机具、外加剂和保温供暖设备、材料的进场。对各种保温材料仔细检查其安全可靠性。工地临时供水管道做好保温防冻工作。做好冬期施工混凝土、砂浆及外加剂的试配试验工作，检查施工配合比。

（2）施工组织

1）组织有关人员学习冬期施工方案，并向具体操作人员进行技术交底。

2）进入冬期施工对混凝土试验、保温人员专门组织技术培训，学习工作范围的有关知识，明确职责，专人负责。

3）安排专人进行气温观测，做好记录与气象部门保持联系，及时了解天气情况，防止寒流袭击，积极采取措施，现场设置测温点。

2. 雨期施工措施

1）雨期做好场地排水，保持排水沟畅通。施工场地的临时排水设施与永久性排水设施相结合，流水不得直接排入农田，亦不得污染自然水源和引起河流的淤泥或冲刷等。

2）下列项目尽可能避开雨期施工：①低洼地段的土质路基施工。②工程地质不良地段的路基施工。

3）雨期修筑路堤，应做到随挖随运、随铺随压实，每层面应有 2%~4% 的横坡，并应整平。雨前和收工前将铺填的松土压实完毕，不致积水，且雨后不允许车辆通行。

4）聘请气象部门工作人员为气象顾问，随时掌握气象情况，合理安排施工。

5）在雨期抓紧设备的维修、技术人员培训和学习等工作，做好内业资料整理工作。抓紧原材料的采备工作。

6）大量开展一些受雨水影响小的工作，如桥梁、涵洞砌石工程等。

7）预制场搭设简易防雨工棚，混凝土现浇施工场地备好足量的防雨布。混凝土现场浇筑数量大，又不能停止作业，施工面小的项目，可搭设简易防雨工棚。

二、工程质量保证措施的编制

编制质量保证技术组织措施首先必须弄清楚影响施工进度的因素，这样才能制定对症下药的措施。

1. 影响工程质量的因素

（1）施工人员的因素

人工施工方法、机械设备运行、汽车运输、机具的使用等都离不开人的操作，所以，人的操作正确与否，直接影响工程质量。

1）人的素质不高。包括思想、文化、技术、身体各方面。

2）技术人员责任心不强。在审核图纸、技术交底、测量放桩、现场试验和测试等方面都可能出现问题，影响工程质量。

3）管理人员责任心不强。落实各项质量管理制度不认真。

4）职工责任心不强。在施工过程中，操作不按规范的要求做、达不到质量验标标准，出现次品、废品，影响合格率和优良品率。

5）驾驶员操作不规范容易产生偏差。如拌和未按规范规定的拌和时间，将混凝土放出，或者加水不计量等，都会使混凝土的和易性、坍落度达不到要求，影响混凝土的质量。

（2）气候、水文、地质变化对工程质量的影响

1）气候的影响。工程项目所在地域不同，如南方地区施工与在高寒地区施工，对质量控制和要求不同，不注意就会造成质量事故。

2）水文的影响。工程项目施工期长，一般要跨年度施工，水文对工程质量的影响也很大。如雨期施工混凝土工程提防雨淋，土方施工提防饱和土影响压实工作及洪水的侵袭等。

3）地质的影响。地质变化对工程质量也会产生影响，如隧道工程、地下工程，如地质情况变差，必须保证支护和衬砌的质量，否则会出现吊拱现象。

2. 质量技术组织措施编制要点

（1）强化思想教育、强化质量意识

加强教育，提高项目全员的综合素质：

1）进场前、上岗前进行培训。培训内容：主要技术交底、施工规范及操作规范、安全施工规范、质量验收标准。目的是要让参加施工的每个成员明确自己的工作岗位应遵循的标准，以规范施工行为。

2）进行全项目成员的质量教育，强化质量意识，提高质量觉悟，使参加施工的每个成员都知道自己的工作直接影响工序质量和施工成本。

3）对项目全员进行技术培训。特别是缺乏施工经验的项目或者新工艺，必须经过技术培训，持证上岗。

（2）落实质量管理制度

成立质量管理组织机构，落实质量责任制，实行定人、定点、定岗挂牌施工的制度；工序验收制度；按质论价、奖优罚劣的经济责任制度等。

（3）健全组织机构，充实质量管理人员

成立以项目经理任组长的 QC 小组（质量管理小组，Quality Control Circle），各施工队将根据所承担工程任务的特点，成立多个 QC 小组，针对性地探索和解决施工中的关键质量问题，确保主要工序始终处于质量受控状态，积极开展小组活动。

全面质量
管理体系

（4）完善管理制度，切实抓好落实

工程施工阶段要采取过程控制和动态控制，即从抓工序施工质量入手，确保分项工程优良，以分项工程优良保证分部工程优良，进而确保单位工程优良和标段工程优良。将职责、权限进行目标细化分解，责任到人。

完善制度并使之落实是创优达标的主要途径。在质量管理工作中坚定贯彻执行工程测量双检复核、隐蔽工程检查签证、质量责任挂牌、质量评定奖惩、质量定期检查、质量报告、质量验收签订及重点工程把关制度，质量管理工作制度化、规范化。

各级质检人员有严明的岗位责任制，有明确的工作职责标准、权利和义务，坚持做好经常性的质量检查监督工作，及时解决工程质量方面存在的问题。项目部、施工队、班组要逐级签订质量责任状，将工程质量好坏与职工切身利益挂钩。

（5）严把原材料关

路基工程所用的各种规格的填料无合格试验单不能使用；钢筋、水泥等材料要使用大厂产品，无出厂合格证不准进入施工现场，并认真做好现场抽检复验工作；隧道工程所用材料

严格按照设计文件要求购入，按照国家现行的标准、规程进行检测试验，检测合格后方可使用。

（6）抓好标准化施工作业

严格按设计图纸，施工技术规范、规则、标准施工。每个分项工程施工前，都要进行技术交底，在熟悉质量标准后做出样板工程，再全面展开施工。各工序衔接都要按标准要求交接，上道工序不合格，下道工序不施工。

三、工期保证措施的编制

1. 施工进度（工期）的影响因素

1）施工计划的贯彻与落实：施工计划（包括作业计划、施工任务书）是将施工进度计划进行细化和分解，因此，施工计划完成情况直接影响施工进度的落实。

2）资源的供应数量和及时性：往往由于资源供应量不足或是没有按时进场造成停工待料。

3）机械设备状况不佳：机械在施工过程中，因施工时间过长没有及时维修和保养，造成机械设备损坏需要停机维修，或者机械本身状况不佳，效率不高等，都会造成停工，直接影响施工进度。

4）现场施工协调不及时，产生施工干扰，造成停工现象也会影响施工进度。

5）施工单位的施工顺序未按施工方案规定的执行，造成施工干扰或倒序，使现场施工出现混乱。

6）施工进度调整控制不及时，拖后的工期没有及时解决，从而一拖再拖，影响整个施工进度。

7）对项目重点、难点工程工期安排不合理，致使工期延迟。

2. 施工进度（工期）保证措施的编制要点

1）宣传教育、明确工期目标。

2）施工进度采用网络技术，编制施工进度网络计划，对施工进度实施动态管理，及时根据实际情况调整和控制进度。

3）加强现场管理，做到场内道路畅通，水电供应正常，物资供应计划周详，机械状况良好，保证"三章"的规定要求，防止因物质机械等不良情况造成停工待料、待机影响进度。

4）科学组织施工，及时协调施工中出现的问题，优化资源组合，均衡施工，做到施工不间断，人工施工连续，提高劳动生产效率，确保工期目标。

5）科学安排施工顺序，重点、难点突出，加强技术、管理和保障工作。影响路基填挖方的涵洞、通道采用机械化快速施工，确保路基按时开工。

6）搞好内外部的协调关系。与业主、设计、监理、地方政府等外部关系单位密切协作，互相支持，统一认识，及时处理施工过程中出现与设计不相符的地方，避免影响工期。

3. 农忙季节的施工安排

1）对合同制民工采取特殊津贴，并适当提前发放，让他们提前安排好农活。

2）职工、合同制民工避开在农忙季节时休假。

3）提高机械化施工程度，充分发挥机械化施工作用。

4）对影响沿线当地村民生产生活的排灌系统和通道预先做好安排，优先施工，尽量减少对当地村民的影响。

5）控制工期的项目，劳动密集型项目，避开农忙季节安排。

四、安全文明施工保证措施编制

工程项目施工由于项目形体庞大，客观上存在高空作业、露天作业、爆破作业等危险作业，因此，施工安全占有很重要位置，施工安全好与坏直接影响企业的社会效益和经济效益。出现重大安全事故会影响企业的形象，安全技术组织措施是保证安全施工的技术与管理保障。

1. 施工不安全的因素

1）项目部分成员对施工安全工作重视程度不够，出现对施工安全麻痹思想，认为安全没有问题，对安全工作忽视。

2）对施工安全宣传教育不落实。

3）安全保证体系不落实。

4）操作技术水平不高，违反安全操作规程。

5）施工安全交底不落实。

2. 安全施工保证措施编制要点

1）认真贯彻"安全第一、预防为主"的安全施工方针，建立完善的保证体系，做到管施工必管安全，技术交底必交安全施工的要求。

2）对工程项目全员进行安全教育，强化安全意识。

3）建立健全安全保证体系，强化项目安全领导机构，充实安全监视人员，从组织上落实安全工作。

4）实行各种安全责任制：①完善健全安全岗位责任制。②建立班前交安全、班中监视安全、班后讲评安全的三班制度。③将安全工作纳入承包内容，明确分工、责任到人，做到奖罚分明。④严格对易燃、易爆等危险品的保存和发放制度。⑤现场设置安全防火设施并经常检查。

5）安全技术措施：

① 爆破施工必须由取得"安全技术合格证"者担任爆破工，实施爆破工作。

② 施工与既有线相近时，为保证既有线行车安全必须采取安全防护措施。防护措施方案必须经过设计与验算。如搭设防护棚，根据防护要求进行设计与验算并绘制简图，然后进行施工，确保既有路线的行车安全。

③ 在路基和隧道施工中，技术人员要提出处理危石的施工安全技术措施方案，不能随意地进行施工。如隧道施工由于石质差，在开挖施工过程中出现危石或塌方，必须有从技术上是可行的、安全上有保证的技术措施，进行方案比较，是用人工还是用机械，确定后才可实施。

④ 现场用电安全技术措施。临时动力线、照明线的架设要符合电力安全规范要求，并将设置位置、高度进行设计并绘图，进行施工。

⑤ 现场防火设施的布置要保证消防灭火距离的要求，消防供水量根据消防范围及面积设计。避免随意地无根据地设置消防灭火设施。

3. 环境保护与水土保护措施编制要点

由于公路建设的规模大、线路长、涉及范围广，故其对环境的影响较大。特别施工阶段对沿线环境影响，对附近居民的生产、生活造成干扰，随着机械化施工水平的提高也越来越大。因此在进行设计与施工时应采取各种措施，减少由于施工对环境的影响，具体有以下几个方面。

（1）生态环境的保护措施

对施工界限内外的植被、树木等尽量维持原状。施工需要必须砍伐时，必须事先征得有关部门、所有者和业主的同意，严禁乱砍滥伐；临时用地范围内的裸露地表，应植草或种树进行绿化。借土区、弃土区应采取措施防止水土流失，如修建挡土墙和排水沟等；工程完工后，及时进行现场彻底清理，并按设计要求采用植被覆盖或其他处理措施；营造良好环境，在施工现场和生活区设置足够的临时卫生设施，经常进行卫生清理，同时在生活区周围种植花草、树木，美化生活环境；对各种有害物质（如燃料、废料、垃圾等），按有关规定进行处理，防止对动植物造成损害。

（2）水资源保护

靠近生活水源的施工，应用沟壕或堤坝或采取其他措施隔开生活水源，避免污染生活水源；钻孔灌注桩钻孔的泥浆水及清洗机械、施工设备的废水严禁直接排入江河，禁止机械在运转中产生的油污水未经处理就直接排放，钻孔时禁止维修机械的油水直接排放入江河；施工产生的废浆要用专用汽车拉运至指定地点倾倒，并设渗坑进行处理，不得排放到河流、水沟、灌溉系统里，以免造成河流和水源污染。

（3）大气环境保护及粉尘的防治

在设备选型时选择低污染、低噪声、振动小的设备，安装空气污染控制系统；沥青、水泥混凝土、稳定土拌和站设置应选择离居民地较远，对居民生产、生活影响较小的位置，并采用一定的防尘、防噪声措施；施工时间应符合当地居民的生活习惯；对施工现场和运输道路，配备洒水设备，经常进行洒水湿润，减少扬尘；运输水泥、砂、石、土等如有漏失，及时清扫干净，保持施工现场和施工道路整洁，做到文明施工。

（4）其他注意事项

1）施工中严格按设计要求和规定进行取土、弃土、弃渣、挖基、回填，避免对道路、农田造成污染和水土流失堵塞河道。

2）施工排水和废料的处理按环保要求执行，排列和堆放到指定地点。

3）施工现场材料、机械堆放整齐，施工有条不紊，做到工完料尽。施工过程中要保护当地水源和建筑物。

4）生活区设垃圾箱并带盖。垃圾入箱，及时清理，运至指定地点弃放。

5）对项目全员进行环保教育，增强环保意识，全员动手做好环境保护工作。做好周围的绿化工作，不破坏天然植被。施工完毕将破坏的植被恢复。

6）施工中如发现文物、古迹、宝藏，及时向业主及有关部门报告并负责保护。

任务设计与实施

1. 设计实施路径

1）结合专业课知识以思维导图的形式分析任一种技术组织措施制定的内容。

2）查阅资料，结合工程实例分析各种措施制定的重要性。

2. 呈现实施成果

要求：将实施结果打印在一张 A4 纸上，并粘贴在空白处。

图 4-18 为公路工程雨期施工方案的思维导图，作为参考。

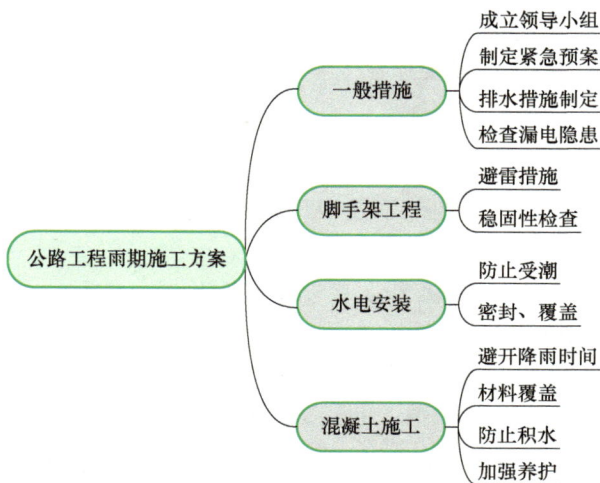

图 4-18 公路工程雨期施工方案

任务评价

任务活动		任务评价（线上/线下）					
序号	名称	出勤与态度 20%	自评 10%	互评 10%	小组评价 10%	教师评价 50%	总评
1	各项保证措施制定要点						
2	冬、雨期施工方案制定内容						

学习提示：

1. 施工措施要结合工程，要有针对性；

2. 季节性施工注意事项和采取措施实用性难，多查阅工程案例有助于提高编制水平

任务拓展

查阅资料，分析工程案例，学习各种保证措施制定的要点。

任务6 公路工程总体施工组织设计编制案例

任务导入

工程背景：某高速公路 CL-3 标施工标段路线长度 5.650km，起点桩号 K29+850.000，终点桩号 K35+500.000。设计速度 120km/h。路基填土为 850630m³，石灰 57423.2t，碎石土 76974m³，开挖土方 183596m³，湿喷桩 8.4 万延米，混凝土约为 4.3 万 m³。

本工程项目工期要求为：2022 年 8 月 1 日—2024 年 5 月 31 日，共 22 个月。2024 年 5 月完成主体工程并移交给路面工程。本标工程造价约为：1.59 亿元，合同工期：22 个月。试编制该工程项目总体施工组织设计。

公路工程项目总体施工组织设计是针对某标段的全部工程施工项目而编制的，主要包括施工部署与施工方案编制、进度计划与资源计划编制、施工平面布置与临时设施编制以及各项施工保障措施编制等，编制时需要抓住主要矛盾，应突出解决重难点问题。

任务目标

1. 熟悉案例中编制依据、编制范围及设计概况、工程概况、建设项目所在地区特征、施工组织安排等的具体内容；并学习其编制方法；

2. 熟悉案例中临时工程和过渡工程、控制工程和重难点工程（包括高风险工程）施工方案的具体内容；并学习其编制方法；

3. 熟悉案例中进度计划、资源计划的配置方案；并学习其编制方法；

4. 熟悉案例中管理措施的制定等；并学习其编制方法；

5. 发扬工匠精神，树立责任意识、法律意识、安全意识、质量意识、环保意识和成本意识。

为保证安全生产施工，本项目根据工程特点还制定了各项施工应急预案，如电器伤害事故应急预案、火灾应急预案、食物中毒应急预案、防爆事故应急预案、机械伤害应急预案、突发事件应急预案、防洪、防台应急预案，限于篇幅，本文略。

总体施工组织设计编制案例

任务设计与实施

1. 设计实施路径

1）学习案例，用思维导图总结归纳公路工程项目总体（指某个合同标段）施工组织设计包含几部分内容？

2）学习案例，找出施工部署与施工方案相关内容，分析其编制顺序。

3）学习案例，找出进度计划与资源计划相关内容，分析其编制顺序。

4）学习案例，找出施工措施相关内容，分析其编制顺序。

2. 呈现实施成果

要求：将实施结果打印在一张 A4 纸上，并粘贴在空白处。

图 4-19 为公路工程总体施工组织设计编制主要内容的思维导图，作为参考。

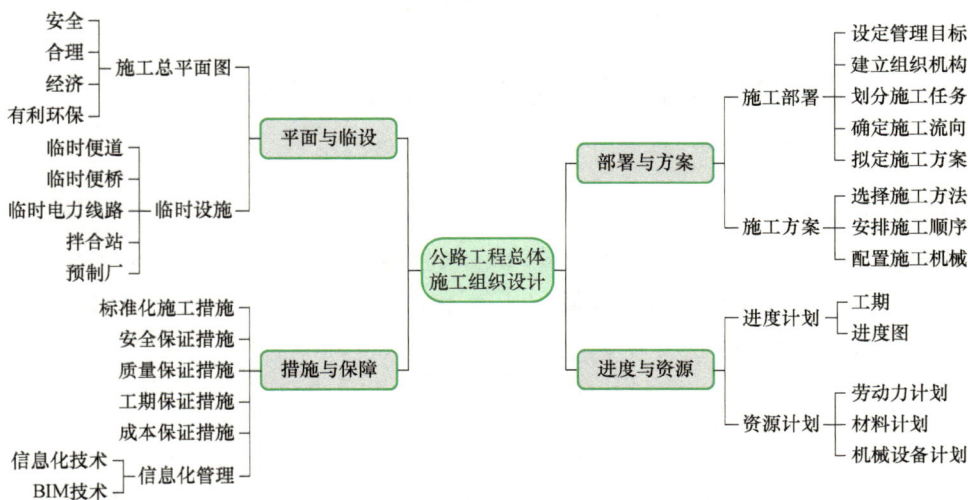

图 4-19 公路工程总体施工组织设计编制主要内容

任务评价

任务活动		任务评价（线上/线下）					
序号	名称	出勤与态度 20%	自评 10%	互评 10%	小组评价 10%	教师评价 50%	总评
1	如何划分概预算的部、项、目、节						
2	制表顺序及相互联系						
3	工程建设其他费计算						

学习提示：

1. 工程项目划分是难点；
2. 费用计算与表格编制是统一的

任务拓展

查阅资料，研究工程实例，学习公路工程项目任一施工标段（合同段）的总体施工组织设计编制内容，分别总结施工方案包含的内容，施工平面布置图画了哪些部分，进度总体计划与劳动力安排和材料计划有什么关联等，所谓"他山之石，可以攻玉"，虽然我们缺乏实践经验，但我们的管理能力也可以在借鉴别人的间接经验上逐步提高的。

编制公路工程单位工程施工组织设计

任务1　编制单位工程施工组织设计

🔧 任务导入

工程背景： 某工程项目第三合同段起讫桩号为 K23+000～K36+250，全长 13.250km，按双向四车道高速公路标准设计，设计速度 120km/h，路基宽度 28m，共设大桥 1 座，分离立交 2 座，涵洞 37 道，通道 31 道，箱通 4 道。桥涵设计荷载采用公路 I 级，设计洪水频率特大桥 1/300，其他桥涵及路基 1/100。

素养课堂——责任比命大

本合同段除 K24+430～K24+583 段为挖方外，全线为填方路基，边坡坡度采用 1∶1.5，坡脚与排水沟内边缘设宽 1m 的护坡道。根据地质资料，本合同段土质主要为低液限亚黏土，少部分为低液限粉土，地下水埋深较浅，部分路基填料 CBR 值达不到设计要求。

试编制该合同段路基工程施工组织设计。

单位工程是建设项目的重要组成部分，只有单位工程都合格，建设项目才能合格，如果说总体施工组织设计给整个项目提供了施工指南的话，那么，单位工程的施工组织设计就是在前者的基础上进一步细化，重在实施。

🔍 任务目标

1. 了解并熟悉公路工程单位工程施工组织设计的编制依据；
2. 了解并熟悉公路工程单位工程施工组织设计的编制内容；
3. 了解并熟悉公路工程单位工程施工组织设计的编制步骤和编制程序；
4. 熟悉公路工程项目上几种重要单位工程（路基工程、路面工程和桥梁工程）施工组织设计编制特点；
5. 发扬吃苦耐劳精神、奉献精神和团队精神，牢固树立责任意识、法律意识、安全意识、质量意识、合同意识、环保意识。

相关知识

一、编制依据

在施工阶段，针对某公路建设项目或某标段（合同段）上的单位工程而编制的施工组织设计，称为公路工程单位工程施工组织设计，和施工阶段的总体施工组织设计一样，都属于实施性的施工组织设计，只是编制的对象不同。例如，专门对某施工标段的路基工程、路面工程、某座大中桥梁工程编制的就称为是单位工程施工组织设计。单位工程施工组织设计是建立在总体施工组织设计的基础上，是对总体施工组织设计的有效补充，它会更细致、更具体、更有实施性。

编制依据主要有：

1）建设单位的意图和要求。

2）工程的施工图纸及标准图。

3）施工组织总设计对本单位工程的工期、质量和成本控制要求。

4）资源配置情况，如施工企业（或承包人）施工技术力量等。

5）建筑环境、场地条件及地质、气象资料，如工程地质勘察报告、地形图和测量控制等。

6）有关的标准、规范和法律。

7）有关技术新成果和类似建设工程项目的资料和经验。

二、编制内容

单位工程施工组织设计的编制内容，一般应包括工程概况、施工方案及施工方法、施工进度计划、施工准备工作计划、各项需用量计划、施工现场平面图及技术经济指标等。有些和总体施工组织设计内容相似，下面简单分述：

1. 工程概况

工程概况是对拟建工程的工程特点、现场施工条件等所做的一个简要的、突出重点的文字介绍，也可用表格的形式，简洁明了。

（1）工程特点

主要介绍工程设计图纸的情况，特别是设计中是否采用了新结构、新技术、新工艺、新材料等内容，提出施工的重点和难点，使人阅后对工程有个总体了解。

（2）施工特点

不同类型的工程，不同条件下的工程施工，均有其不同的施工特点。

（3）现场情况

现场情况亦称建设地点特征。主要说明建筑物位置、地形、地质、地下水位、气温、冬雨期时间、主导风向以及地震烈度等情况。

（4）施工条件

简要介绍现场三通一平情况；当地的资源生产、运输条件；企业内部机械配置等情况及承包方式；现场供电、供水、供气等情况。

2. 施工方案与主要项目的施工方法

1）施工顺序：拟定单位工程内的分部分项工程施工顺序。

2）施工流水方向：如果有采用流水作业施工组织的，需要确定施工流向。

3）施工准备工作：技术准备、组织准备、物资准备等。如开工前，做好线路复测和现场核对，发现问题按有关程序及时提出修改意见并上报审批，同时把主线中心桩、边桩和水准点基桩、主线的控制桩等增设加密至施工需要。同时组织施工调查。做好人员培训和安排、材料的分批进场计划，以及仪器设备的检查和标定等。

4）制定主要项目的施工方法。如果是路基工程，制定土石方施工流程、防排水设施及软基处理办法等；路面工程要分层确定施工方法、制定施工方案；桥梁工程按基础施工、墩台施工、上部结构施工等类型不同分别编制施工方案。

3. 进度计划与资源计划编制

（1）单位工程进度计划的编制依据

1）主管部门的批示文件及建设单位的要求。

2）施工图纸及设计单位对施工的要求。

3）施工企业年度计划对该工程的安排和规定的有关指标。

4）施工组织总设计或大纲对该工程的有关部门规定和安排。

5）资源配备情况。

6）建设单位可能提供的条件和水电供应情况。

7）施工现场条件和勘察资料。

8）预算文件和国家及地方规范等资料。

（2）单位工程进度计划的内容

1）工程建设概况：开竣工日期，施工合同要求，主管部门和有关部门的文件和要求以及组织施工的指导思想等。

2）单位工程进度计划：分阶段进度计划，单位工程准备工作计划，劳动力需用量计划，主要材料、设备及加工计划，主要施工机械和机具需要量计划，主要施工方案及流水段划分，各项经济技术指标要求等。

（3）单位工程进度计划的编制步骤

单位工程进度计划的编制步骤：①收集编制依据；②划分施工过程、施工段和施工层；③确定施工顺序；④计算工程量；⑤计算劳动量或机械台班需用量；⑥确定持续时间；⑦绘制可行施工进度计划图；⑧优化并绘制正式施工进度计划图；⑨编制劳动力计划、材料进场计划和机械配置计划。

应该注意的是，在安排进度时，由于主要机械设备数量有限，为不影响工期，应尽量采用流水施工，在实际的公路桥梁、通道和涵洞施工中，全等节拍流水较少见，更多的是异节拍流水和无拍流水。对于通道和涵洞的流水组织主要是以流水段方式组织流水施工，而流水段方式的流水施工往往会存在窝工（资源的闲置）或间歇（工作面的闲置）。

根据流水施工的组织原理，异步距异节拍流水实质上是按无节拍流水组织，引入流水步距概念目的就是为了清除流水施工中存在的窝工现象。消除窝工和消除间歇的方法都采用累加数列错位相减取大差的方法，构成累加数列的方法。当不窝工的流水组织时，其流水步距计算是同工序各节拍值累加构成数列；当不间歇（即无多余间歇）的流水组织时，其施工段的段间间隔计算是同段各节拍值累加构成数列，错位相减取大差的计算方法。两种计算方法相同。

1）不窝工的无节拍流水工期＝流水步距和+最后一道工序流水节拍的和+要求间歇和。

2）无多余间歇的无节拍流水工期＝施工段间间隔和+最后一个施工段流水节拍的和+要求间歇和。

3）有窝工并且有多余间歇的无节拍流水工期，一般通过绘制横道图来确定；如果是异节拍流水时往往是不窝工或者无多余间歇流水施工中的最小值，此时一般是无多余间歇流水工期最小。

【例5-1】　某工程有相同的五座通道，每座通道的工序和流水节拍如下：挖基2d→清基2d→浇基4d→台身8d→盖板4d→回填6d。浇基后至少要等待4d才能进行台身施工，台身完成后至少要等待2d才能进行盖板施工。

求（1）计算不窝工的流水工期，绘制流水横道图。计算无多余间歇的流水工期。

（2）有窝工而且有多余间歇流水时的流水工期是多少？

【解】　（1）该流水施工属于异节拍按照不窝工有间歇（即分别流水）的流水形式组织施工，根据题意，第3道工序与第4道工序之间的要求间歇 $Z_3=4$，第4道工序与第5道工之间的要求间歇 $Z_4=2$。

① 各个工序之间的流水步距计算，按照累加数列错位相减取大差的方法得，$K_1=2$，$K_2=2$，$K_3=4$，$K_4=24$，$K_5=4$。

② 计算不窝工有多余间歇（分别流水）的流水工期：

$$T=\sum K+\sum t+\sum Z=[(2+2+4+24+4)+5\times6+(4+2)]d=(36+30+6)d=72d$$

③ 不窝工有多余间歇（分别流水）的流水横道图如图5-1所示。

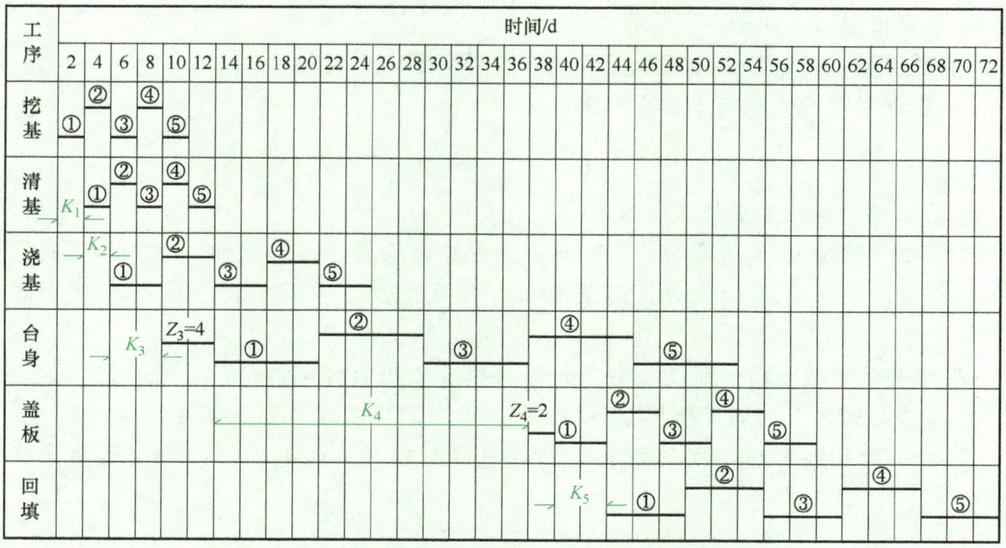

图5-1　五座通道不窝工有多余间歇的流水横道图

（2）计算无多余间歇的流水工期：

① 各施工段之间的时间间隔计算，同段节拍累加错位相减取大差就等于流水节拍的最大值8。

② 计算无多余间歇的流水工期：

$$T=各施工段之间的时间间隔和+最后一个施工段流水节拍和+$$
$$要求间歇和=[(5-1)\times8+26+(4+2)]d=(32+26+6)d=64d$$

（3）有窝工且有多余间歇时间流水时的流水工期是两者中最短的工期（即无多余间歇流水工期）=64d。

不窝工流水施工与无多余间歇流水施工，都是流水施工组织，有什么不同？

答：只不过是两种连续的不同表达罢了，一种是专业队在不同施工段上是连续施工的，另一种是施工段上前后工序（专业队）是连续施工的。

除了全等节拍流水，其他各种流水作业，都不可能做到两种都连续的。

4. 施工平面布置图

（1）重点工程施工场地布置图

一般来说，大桥、隧道、立交枢纽等都是重点工程，其施工场地布置图应在有等高线的地形图上按比例绘制。图上应详细绘出施工现场、辅助生产、生活等区域的布置情况，绘出原有地物情况。

（2）其他局部平面布置图

对于大型项目，因施工周期长，管理工作量大，附属、辅助企业多，必要时应绘制其他的平面布置图。这类图主要有以下几种：

1）砂石料场平面布置图。

2）大型附属企业，如沥青混合料拌和厂、预制构件厂、主要材料加工厂（木工厂、机修厂）等平面布置图，如图5-2所示。

3）临时供水、供电、供热基地及管线分布平面图。

4）主要施工管理机构的平面布置图。

路面工程的线性流水施工组织。

① 各结构层的施工速度和持续时间。要考虑影响每个施工段的因素，水泥稳定碎石的延迟时间、沥青拌和能力、温度要求、摊铺速度、养护时间、最小工作面的要求等。

② 相邻结构层之间的速度决定了相邻结构层之间的搭接类型，前道工序的速度快于后道工序时选用开始到开始搭接类型STS，否则选用完成到完成搭接类型FTF。

③ 相邻结构层工序之间的搭接时距的计算。时距＝最小工作面长度两者中快的速度。

如果规定前道工序和后续工作的开始时间间隔，后续工作就永远追不上前序工作，这样就可以保证后面的工序有足够的工作面。反之，如果前序工作是后道工序，就要规定后续工作到达终点的时间间隔，否则前序工作就跑到后续工作前面去了，就出现矛盾了，没有工作面怎么施工呢？

【例5-2】 某高速公路跨线桥梁项目，5m×30m预应力连续箱梁，桩柱式桥墩，现场采用场地预制龙门吊吊装施工，先简支后连续施工，采用自建水泥混凝土拌和厂供应混凝土，钢筋加工、木工等作业区采取就近原则，生活办公区与施工作业区分开并就近安排，桥梁位置如图5-2所示，请根据已知信息绘制该桥梁施工平面布置图。

分析：

桥梁采用吊装，30m 箱梁重量较大，起重机吊装存在安全问题较多且效率低，因此采用龙门吊施工，需利用桥下场地作为制梁场，梁板强度达到后利用顺桥向铺地轨道的龙门吊直接吊装，可省去场地和梁的二次倒运，施工速度快，价格低，安全有保证。拌和站、水泥及砂石材料场地安排在拟建桥梁边上，钢筋工、木工及加工场地采用现场开放式棚架。办公及生活区与作业区分开，临近单独安排场地。单位工程施工平面图如图 5-2 所示。

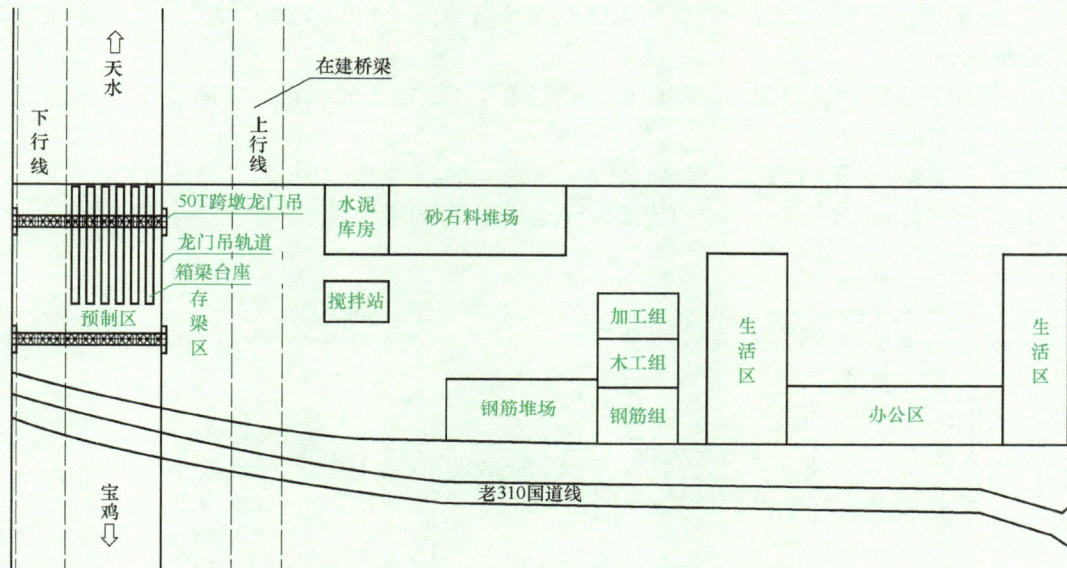

图 5-2　单位工程施工平面图

5. 施工保证措施

单位工程施工组织设计也需要编制各项技术组织保证措施，如质量保证措施、安全施工措施、文明环保施工措施、工期措施、成本措施、信息化保障施工措施及其他措施等。

三、编制程序

1）熟悉设计图纸，弄清设计意图。

2）进行现场调查了解，熟悉施工组织总设计的内容。

3）计算工程量，进行工料分析统计。

4）确定项目的质量目标。

5）确定施工方案和各分项工程的施工方法。

6）编制施工进度计划。

7）编制材料、构件、加工半成品的需用量及进场时间计划。

8）编制施工机械、设备的需用量及进场时间计划。

9）编制劳动力需用量及各工种进场时间计划。

10）编制生产、生活临时设施需用计划。

11）编制施工准备工作计划。

12）编制项目所需的验证、确认、监控、检验、试验及产品的验收准则。

13）确定和准备各类记录。

14）设计和绘制施工现场平面布置图。

15）主要施工技术措施。

16）报上级部门审批。

任务设计与实施

1. 设计实施路径

1）查阅工程案例，结合专业课知识以思维导图的形式分析公路工程单位工程施工组织设计编制内容。

2）查阅工程案例，以思维导图的形式绘制单位工程施工组织设计编制程序。

2. 呈现实施成果

要求：将实施结果打印在一张 A4 纸上，并粘贴在空白处。

图 5-3 为公路工程单位工程施工组织设计编制内容的思维导图，作为学习参考。

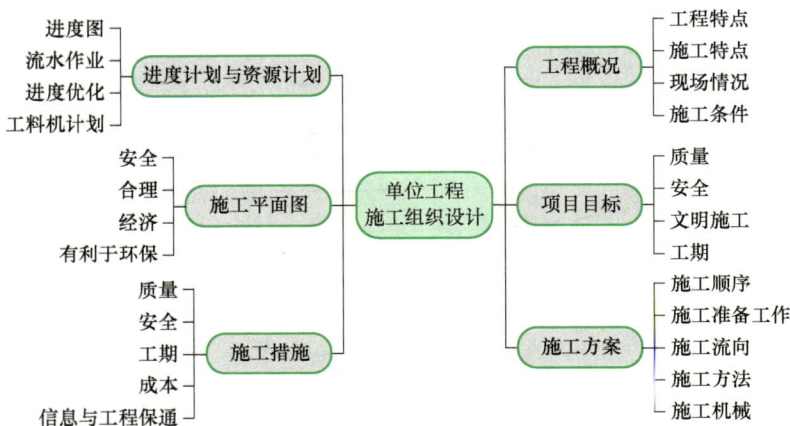

图 5-3　公路工程单位工程施工组织设计编制内容

任务评价

任务活动		任务评价（线上/线下）					
序号	名称	出勤与态度20%	自评10%	互评10%	小组评价10%	教师评价50%	总评
1	单位工程施工组织设计编制内容						
2	单位工程施工组织设计编制依据						

学习提示：

1. 公路工程项目单位工程施工组织设计内容庞大复杂，建议结合工程实例学习；

2. 公路工程项目单位工程施工组织设计编制程序也不是靠背书就能掌握，需要积累经验，现阶段以学习案例为主，有个逐步内化的过程

任务拓展

查阅案例，分析单位工程施工组织设计编制前要做哪些调查，有哪些准备工作？

任务2　认知公路工程单位工程施工组织设计编制特点

任务导入

工程背景1：编制一份某标段路基工程施工组织设计文件。

工程背景2：编制一份某标段路面工程施工组织设计文件。

工程背景3：编制一份某标段大／中桥施工组织设计文件。

路基、路面、桥梁是公路工程的重要组成部分，因其施工技术不同，施工组织设计编制也各有特点。

任务目标

1. 了解并熟悉某一施工标段上的路基工程施工组织设计编制特点和重点；
2. 了解并熟悉某一施工标段上的路面工程施工组织设计编制特点和重点；
3. 了解并熟悉某桥梁工程施工组织设计编制特点和重点；
4. 发扬工匠精神，树立责任意识、质量意识、安全意识与环保意识。

相关知识

一、路基工程施工组织设计编制特点

路基工程施工组织设计重点考虑：确定施工方法和土方调配；编制施工进度计划；确定工地施工组织；规定各工程队施工所需的机械数量。

1）确定施工方法。按照土的种类、土方数量、运距、施工机械等具体条件，并根据工程期限和各种施工方法的技术经济指标来决定施工方法，正确地选用土方机械，并据以进行土方调配。土方调配与施工方法的选择两者密切相关，互为影响，必须同时考虑，最后的调配结果应与所选用机械的经济运距相适应。

2）确定土方调配。根据路基横断面计算出土石方的断面方数，经复核后，即可进行土石方调配。调配时需考虑技术经济条件，尽量在经济合理的范围内移挖作填，使路堑和路堤中土石方数量达到平衡，减少废方与借方。在全部土石方合理调配后，即可得出路基土石方施工方数。

在平原地区的路基施工中，路基填方为主导工序，土方调配应重点处理好摊铺、碾压以及与桥涵施工的关系，做到分段施工，使工作面得到充分利用。

3）编制施工进度计划。施工方法和土方调配决定以后，即可计算得出路基工程的施工方数，然后根据所采用的施工定额，求出劳动力的工日数和施工机械的台班数量；然后根据路基

工程的施工期限安排工地的施工日期和施工程序，求出需要的工人人数和机械台数；最后确定工人和机械的劳动组织，并决定其转移的次序，保证在规定期限内完成路基施工任务。

4）确定工地施工组织。现场施工，应根据施工进度计划所安排的施工方法、施工期限、施工程序来进行。每一施工工地应按照所规定的施工程序，将路基土石方专业施工队所承担的施工地段具体按各种土方施工机械（如推土机、铲运机、挖土机等）所施工的地段划分为施工分段，该施工分段将开挖路堑与填筑路堤的地点规划在一段，成为完整的挖、运、填、压的工作循环。

5）对于高填深挖大量集中的重点土石方工程，须详细进行所选定的不同施工方法的开挖设计与填筑设计，并绘制每一施工循环的平面布置略图。此外还应编制工人和机具的供应计划，以及筹划所需的机具修理、水电供应和施工所需的其他办公与生活用品的供应组织，以保证工程的顺利开展。

二、路面工程施工组织设计编制特点

除了与总体施工组织设计内容基本相同外，还要根据路面工程的自身特点，在确定施工方案和进度计划时，充分考虑以下几点：

1）路面各结构层的质量检验和材料准备以及试验路段。在施工组织时要进行各个结构层的质量检验，可参见施工技术部分。路面材料选择采购、场外运输、试验路段的铺筑以便获取数据，这也是施工组织应注意的问题。

2）按照均衡流水法组织施工。路面工程各结构层之间的施工是线性流水作业方式。在编制施工组织设计的进度计划时应考虑到路面工程施工的工序之间的逻辑关系，注意各结构层的施工可以采用搭接流水方式以加快施工进度。

因此，要分析各结构层之间的施工进度（速度），根据施工速度选择搭接类型：前道工序速度快于后道工序时选用开始到开始（STS）类型，否则用完成到完成（FTF）类型，并根据各结构层施工速度和所需要的工作面大小计算出搭接时距，同时还要考虑到各结构层可能需要技术间歇时间的影响，以及路面各结构层的质量检验所需的时间等。

3）路面施工的特殊技术要求。路面的各种结构层有其特殊的技术要求以及各种"缝"的施工要求和注意事项。特别是对于沥青结构层和水泥混凝土结构层的技术要求以及设备的配置与施工时间的关系。

4）布置好堆料点、运料线、行车路线。由于路面用料数量很大，以及对于各结构层的平整度有一定的要求，所以对于堆料地点、运料路线以及机械的行驶位置都应予以适当的规定，即做好工地布置。

5）主要施工机械的数量和规格。拌和设备的生产能力与材料的初凝时间或者温度要求相适应，从而决定机械的数量和规格等。例如，所需的机械设备有摊铺集料设备、拌和设备（路拌）、整形设备、碾压设备、养护设备。应注意时间上是否能衔接上。

6）劳动力、其他设备、材料供应计划。

三、桥梁工程施工组织设计编制特点

1）桥涵施工组织设计分类不同，内容有浅有深。

2）桥梁工程包括：基础及下部构造、上部构造、防护工程、引道工程等分部工程，每项分部工程又分为若干分项工程，如基础及下部构造分为明挖基础、桩基、管柱、承台、沉井、桩的制作、钢筋加工安装、墩台安装等分项工程。

3）桥涵工程施工方法与施工顺序在结构设计时已大体决定。例如，桥梁主体工程包括下部工程、上部建筑以及附属工程（河床加固、锥体护坡等）。

如桥墩（台）的施工顺序为：挖基、立模板、基础片石混凝土、基础回填土、墩（台）身混凝土、绑扎钢筋、墩（台）帽钢筋混凝土、锥坡填土、浆砌片石护坡。又如涵管的施工顺序为：挖基、砌基础、安装管节、砌洞口、防水层、进出口铺砌、回填土。

4）桥梁下部的桥墩施工时，如果设备或者模板数量有限可采用流水施工方式组织施工。对于采用流水施工时应注意流水施工的相关时间参数：流水节拍、流水步距、技术间歇等。当很多个桥墩流水施工时，表示其流水关系显得工作（工序）太多和过于繁杂，如果采用简化方法表示，应注意原本各工作（工序）之间衔接的逻辑关系。经过简化成为墩与墩的关系时，墩与墩的逻辑关系就变成搭接关系；或者多个墩相同工序合并为一个工作，就简化成为相同墩的不同工作之间的逻辑关系，此时的逻辑关系也变成搭接关系。

任务设计与实施

1. 设计实施路径

1）查阅工程案例，结合专业课知识以思维导图的形式分析路基工程施工组织设计编制内容。

2）查阅工程案例，以思维导图的形式绘制桥梁工程总体施工组织设计编制内容。

2. 呈现实施成果

要求：将实施结果打印在一张 A4 纸上，并粘贴在空白处。

任务评价

任务活动		任务评价（线上/线下）					
序号	名称	出勤与态度20%	自评10%	互评10%	小组评价10%	教师评价50%	总评
1	路基工程施工组织设计编制内容						
2	桥梁工程施工组织设计编制内容						

学习提示：

1. 建议结合工程实例学习，分析路基、路面施工方案如何制定；
2. 建议结合工程实例学习，分析桥梁施工方案如何制定

任务拓展

查阅案例，试分析不同工程案例中的路基工程施工组织设计有什么相同和不同之处。

编制公路工程分部分项工程施工组织设计/施工方案

任务1　编制分部分项工程施工方案

任务导入

工程背景： 某市某环城大道第Ⅰ标段跨京广铁路汉西车站高架桥孔跨布置为 3 跨连续刚构，全长共计 255m（70m＋115m＋70m）。桥面宽 25.5m，为分离的上、下行两幅桥面，单幅桥面宽 12.75m。箱梁截面形式为单箱单室直腹板，箱梁顶板横向设 1.5% 的单向全超高横坡。

素养课堂——
警钟长鸣

本桥平面位于 $R=1000$m 的右偏圆曲线、$L=159.752$m 的左偏缓和曲线上，纵断面位于 $i=+3.8\%$、-1.8490% 的纵坡和 $R=2000$m 的竖曲线上；与京广铁路线斜交，交叉点铁路里程为 K1197＋642，与铁路线夹角为 135°。

桥跨布置采用（70＋115＋70）m 变高度预应力混凝土连续刚构。包括 A026#～A029#墩，共 $\Phi1.2$m 钻孔桩 24 根，$\Phi2.0$m 钻孔桩 24 根，承台 8 个，墩柱 8 个，梁体采用三向预应力体系。

试编制挂篮专项施工方案。

分部工程是单位工程的重要组成部分，分项工程是分部工程的组成部分，只有分项工程都合格，分部工程才能合格，分部工程合格，单位工程才能合格。分部分项工程施工组织设计是针对分部分项工程而编写的，有时也称为分部分项工程施工方案，特别地，对公路工程项目上的施工危险性较大的分部分项工程专门针对安全问题而编制的施工方案也被称为专项施工方案。

任务目标

1. 了解并熟悉分部分项工程施工方案的编制依据、编制原则和编制特点；
2. 了解并熟悉分部分项工程施工方案的编制内容；
3. 发扬工匠精神，树立责任意识、安全意识、合同意识等。

相关知识

施工方案是针对单位工程或分部分项工程，根据施工图纸、施工现场勘察调查收集的资料和信息、施工验收规范、质量检查验收标准、安全操作规程、施工机械性能手册等资料，按照科学、经济、合理的原则，确定的施工顺序和施工工艺与方法。

一、施工方案的特点和要求

施工方案是施工组织设计的核心，是决定整个工程全局的关键，方案一经确定，工程施工的进程、工程资源的配置、工程质量与施工安全、工程成本等现场组织管理就被确定下来。施工组织的各个方面都与施工方案发生联系并受其影响。所以，施工方案的优劣，很大程度上决定了施工组织设计质量的好坏和施工任务能否圆满完成，它应具有以下特点和要求。

1）技术超前：这是对施工方案的基本要求，指结合现场施工超前考虑下步施工方案，提前做好施工准备，达到高产、稳产，避免因方案滞后导致履约压力的出现。

2）切实可行：指施工方案要能从实际出发，符合现场实际情况，有较强的操作性。

3）安全可靠：施工方案必须符合相关安全规程，有保证安全施工的技术措施。

4）经济合理：施工方案应尽可能地采用降低施工费用的有效措施，挖掘施工潜力，使施工费用降至最低限度。

5）技术先进：即能有效地采用新技术、新方法、新工艺、新材料（简称"四新"技术），从而能提高工效、缩短工期、保证施工安全和质量。

二、编制依据

分部分项工程施工前应根据施工组织设计编制施工方案，是对所属的单位工程施工组织设计的进一步细化，分部分项工程施工方案是以分部分项工程为编制对象，具体实施施工全过程的各项施工活动的综合性文件。一般是同单位工程施工组织设计的编制同时进行，用以具体指导其施工过程。施工方案由项目技术负责人负责编制。其编制依据有：

1）计划文件：如上级主管部门对工程项目批准建设的文件及有关建设要求；建设单位在施工招标文件中对工程进度、质量、造价等具体要求。

2）设计文件：施工图设计资料，如已进行图纸会审的，应有图纸会审记录、工程预算定额、劳动定额及有关标准图等。

3）合同文件：施工合同中双方认可的有关规定等。

4）建设地区基础资料：如施工现场调查资料，包括施工现场条件（指地形、地质、水文、气象、交通运输以及供水、供电、供气等）情况，劳动力、施工机具设备、材料及半成品、预制构件等供应情况，施工企业（或承包人）同类工程施工经验，及施工企业（或承包人）施工技术力量等。

5）有关的标准、规范和法律：如《中华人民共和国建筑法》，国家、行业最新规范《公路路基施工技术规范》（JTG/T 3610—2019）、《公路路面基层施工技术细则》（JTG/T F20—2015）、《公路装配式混凝土桥梁施工技术规范》（JTG/T 3654—2022），各省、各地区《高速公路施工技术规范》或其他各级公路施工技术规范等。

6）类似建设工程项目的资料和经验。

7）单位工程施工组织设计：如果该分部分项工程是某单位工程的一个分部或分项工程，则应遵守单位工程施工组织设计的有关施工部署和具体要求。

8）施工企业年度计划：对本工程开工、竣工时间的要求及有关事项等。

知识链接——
建筑法节选

三、编制原则和内容

1. 编制原则

1）应遵守国家和地方政府的有关法律法规，符合国家现行的技术规范和标准。涉外工程应符合所在国的法律法规、技术规范和标准。

2）优先采用经过论证的四新技术。

3）坚持"谁施工、谁编制、谁负责"的原则。

4）主要施工方案在制订过程中要进行充分的方案比选，以保证施工方案的先进性、经济合理性。要特别重视结构计算、临时工程设计等工作。各种主要施工方案比选资料、结构计算、临时工程设计等资料应作为附件留存，上报审批时应同时报送。

2. 编制内容

1）编制依据。设计资料、相关规范和标准等。

2）工程概况。结合专项施工技术涉及的地质条件，地理环境，交通、水电和施工交叉情况，着重介绍与专项施工技术方案有关的内容。

3）工艺流程及操作要点、关键技术参数与技术措施等。确定工艺程序，编制详细的施工工艺流程图，写明各工序的工艺要点及详细的质量标准、检验方法和频率。

4）施工技术方案设计图。设计图包括施工总体布置图；工程结构构件及临时设施安装图、移动路线图；关键构（部）件细部图、连接结构图；材料数量表；组装、连接要求；图纸说明。设计图纸要求：按照制图规范执行，内容全面，标注和说明清楚，能满足实施要求；设计图纸中要明确临时设施和安全防护设施；绘制、审核、批准均应书面签名。

5）技术方案的主要有关计算书。包括编制依据：相关设计规范、设计手册、设计计算软件等；各工况受力计算分析及工况受力图。对于重大临时设施设计委外设计计算的，受托单位应具有相应资质，要有计算人、审核人签字，并加盖受托计算单位公章。要有计算结论，注意事项和建议。

6）安全、环保、质量保证、文物保护及文明施工措施。

7）预案措施。危险性较大的分部分项工程安全专项施工方案编制应符合相关法规的要求。

📖 任务设计与实施

1. 设计实施路径

（1）任务要求：1）查阅工程案例，结合专业课知识以思维导图的形式分析公路工程分部分项工程施工方案编制内容；2）查阅工程案例，以思维导图的形式绘制分部分项工程施工方案编制依据。

（2）根据本任务内容、专业知识及查阅工程资料，试编制一份"任务导入"中工程背景下上部结构悬臂浇筑施工方案。

（3）查阅资料，分析施工组织设计与施工方案的区别与联系？

2. 呈现实施成果

要求：将实施结果打印在一张 A4 纸上，并粘贴在空白处。

图 6-1 公路工程分部分项工程施工方案编制内容思维导图提供学习参考。

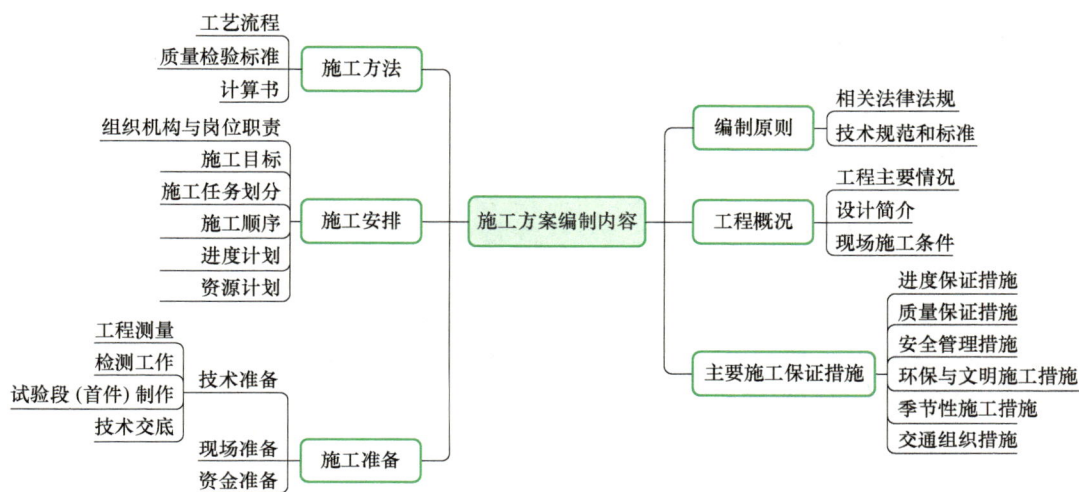

图 6-1　公路工程分部分项工程施工方案编制内容

任务评价

任务活动		任务评价（线上/线下）					
序号	名称	出勤与态度20%	自评10%	互评10%	小组评价10%	教师评价50%	总评
1	分部分项工程施工组织设计编制内容						
2	分部分项工程施工组织设计编制依据						
3	比较施工方案与施工组织设计不同之处						

学习提示：

1. 公路工程分部分项工程施工方案是直接指导现场施工的，实施操作性强，建议结合工程实例学习；

2. 施工组织设计与施工方案的区别，需要积累经验，现阶段以学习案例为主，有个逐步内化的过程

任务拓展

查阅案例，结合工程实例分析分部分项工程施工方案编制前有哪些准备工作？

任务2 编制危大工程专项施工方案

任务导入

工程背景1：编制挂篮专项施工方案。

工程背景2：编制高墩作业专项施工方案。

工程背景3：编制上面层 SMA 沥青混合料专项施工方案。

道路桥梁施工过程由于其影响因素多，施工环境复杂，施工技术难度大，存在多种安全隐患，稍不留意就有可能发生较大的人身伤亡事故，造成巨大的生命财产损失。为了把好最后一道安全关，对危险性较大的工程（简称"危大工程"）必须编制专项施工方案，以杜绝安全事故的发生。

特别规定：对重点、难点分部（分项）工程和危险性较大工程的分部（分项）工程，施工前应编制专项施工方案：对于超过一定规模的危险性较大的分部（分项）工程，应当组织专家对专项方案进行论证。

任务目标

1. 了解并掌握危大工程的概念，熟悉危大工程的划分；
2. 熟悉危大工程专项施工方案的编制内容；
3. 发扬工匠精神、吃苦耐劳精神，牢固树立责任意识、质量意识等。

相关知识

一、认识危险性较大的分部分项工程

1. 路桥施工安全隐患排查

安全隐患排查工作要做到事前预防，否则后果不堪设想。

2. 需编制专项施工方案的危大工程（表 6-1）

路桥施工常见安全隐患

表 6-1 危险性较大的分部分项工程

序号	类别	需编制专项施工方案	需专家论证、审查
1	基坑开挖、支护、降水工程	1. 开挖深度不小于 3m 的基坑（槽）开挖、支护、降水工程 2. 深度小于 3m 但地质条件和周边环境复杂的基坑（槽）开挖、支护、降水工程	1. 深度不小于 5m 的基坑（槽）的土（石）方开挖、支护、降水 2. 开挖深度虽小于 5m，但地质条件、周围环境和地下管线复杂，或影响毗邻建（构）筑物安全，或存在有毒有害气体分布的基坑（槽）开挖、支护、降水工程
2	滑坡处理和填、挖方路基工程	1. 滑坡处理 2. 边坡高度大于 20m 的路堤或地面滑坡坡率陡于 1:2.5 的路堤，或不良地质地段、特殊岩土地段的路堤	1. 中型及以上滑坡体处理 2. 边坡高度大于 20m 的路堤或地面斜坡坡率陡于 1:2.5 的路堤，且处于不良地质、特殊治土地段、特殊岩土地段的路堤

（续）

序号	类别	需编制专项施工方案	需专家论证、审查
2	滑坡处理和填、挖方路基工程	3. 土质挖方边坡高度大于20m、岩质挖方边坡高度大于30m或不良地质、特殊岩土地段的挖方边坡	3. 土质挖方边坡高度大于20m、岩质挖方边坡高度大于30m且处于不良地质、特殊岩土地段的挖方边坡
3	基础工程	1. 桩基础 2. 挡土墙基础 3. 沉井等深水基础	1. 深度不小于15m的人工挖孔桩或开挖深度不超过15m，但地质条件复杂或存在有毒有害气体分布的人工挖孔桩工程 2. 平均高度不小于6m且面积不小于1200m² 的砌体挡土墙的基础 3. 水深不小于20m的各类深水基础
4	大型临时工程	1. 围堰工程 2. 各类工具式模板工程 3. 支架高度不小于5m，跨度不小于10m，施工总荷载不小于10kN/m²；集中线荷载不小于15kN/m 4. 搭设高度24m及以上的落地式钢管脚手架工程；附着式整体和分片提升脚手架工程；悬挑式脚手架工程、吊篮脚手架工程；自制卸料平台、移动操作平台工程；新型及异型脚手架工程 5. 挂篮 6. 便桥、临时码头 7. 水上作业平台	1. 水深不小于10m的围堰工程 2. 高度不小于40m的墩柱、高度不小于100m的索塔的滑模、爬模、翻模工程 3. 支架高度不小于8m；跨度不小于18m，施工总荷载不小于15kN/m²；集中线荷载不小于20kN/m 4. 50m及以上落地式钢管脚手架工程。用于钢结构安装等满堂承重支撑体系，承受单点集中荷载7kN以上 5. 猫道、移动模架
5	桥涵工程	1. 桥梁工程中的梁、拱、柱等构件施工 2. 打桩船作业 3. 施工船作业 4. 边通航边施工作业 5. 水下工程中的水下焊接、混凝土浇筑等 6. 顶进工程 7. 上跨或下穿既有公路、铁路、管线施工	1. 长度不小于40m的预制梁的运输与安装，钢箱梁吊装 2. 跨度不小于150m的钢管拱安装施工 3. 高度不小于40m的墩柱、高度不小于100m的索塔等的施工 4. 离岸无掩护条件下的桩基施工 5. 开敞式水域大型预制构件的运输与吊装作业 6. 在三级及以上通航等级的航道上进行的水上、水下施工 7. 转体施工
6	隧道工程	1. 不良地质隧道 2. 特殊地质隧道 3. 浅埋、偏压及邻近建筑物等特殊环境条件隧道	1. 隧道穿越岩溶发育区、高风险层、沙层、采空区等工程地质或水文地质条件复杂地质环境；V级围岩连续长度占总隧道长度10%以上且连续长度超过100m；Ⅵ级围岩的隧道工程 2. 软岩地区的高地应力区、膨胀岩、黄土、冻土等地段 3. 埋深小于1倍跨度的浅埋地段；可能产生坍塌或滑坡的偏压地段；隧道上部存在需要保护的建筑物地段；隧道下穿水库或河沟地段

（续）

序号	类别	需编制专项施工方案	需专家论证、审查
6	隧道工程	4. Ⅳ级及以上软弱围岩地段设的大跨 5. 小净距隧道 6. 瓦斯隧道	4. Ⅳ级及以上软弱围岩地段跨度不小于18m的超大跨度隧道 5. 连拱隧道；中夹岩柱小于1倍隧道开挖跨度的小净距隧道；长度大于100m的偏压棚洞 6. 高瓦斯或瓦斯突出隧道 7. 水下隧道
7	起重吊装工程	1. 采用非常规起重设备、方法，且单件起吊重量在10kN及以上的起吊吊装工程 2. 采用起重机械进行安装的工程 3. 起重机械设备自身的安装、拆卸	1. 采用非常规起重设备、方法，且单件起吊重量在100kN及以上的起重吊装工程 2. 起吊重量在300kN及以上的起重设备安装、拆卸工程
8	拆除、爆破工程	1. 桥梁、隧道拆除工程 2. 爆破工程	1. 大桥及以上桥梁拆除工程 2. 一级及以上公路隧道拆除工程 3. C级及以上爆破工程、水下爆破工程

二、编制专项方案

1. 专项施工方案编制依据及相关规定

施工单位应当依据风险评估结论，对风险等级较高的分部分项工程编制专项施工方案，并附安全验算结果，或组织专家进行论证、审查。

项目实施前，施工单位应当按照《危险性较大的分部分项工程安全管理规定》（住房和城乡建设部令第37号）、《公路水运工程安全生产监督管理办法》（交通运输部令2017年第25号）和《公路工程施工安全技术规范》（JTG F90—2015）等规定，识别项目危大工程和超过一定规模的危大工程，并组织工程技术人员制专项施工方案。

专项施工方案应当由施工单位技术负责人审核签字、加盖单位公章，并由总监理工程师审查签字、加盖执业印章后方可实施。

危大工程实行分包并由分包单位编制专项施工方案的，专项施工方案应当由总承包单位负责人及分包单位技术负责人共同审核签字并加盖单位公章。

对于超过一定规模的危大工程，施工单位应当组织召开专家论证会对专项施工方案进行论证，实行施工总承包的，由施工总承包单位组织召开专家论证会。专家论证前专项施工方案应当通过施工单位审核和总监理工程师审查。

专项施工方案实施前，编制人员或者项目技术负责人应当向施工现场管理人员进行方案交底。

施工现场管理人员应当向作业人员进行安全技术交底，并由双方和项目专职安全生产人员共同签字确认。

2. 专项施工方案主要内容

1）工程概况：工程基本情况、施工平面布置、施工要求和技术保证条件等。

2）编制依据：相关法律、法规、规范性文件、标准及图纸（国标图集）、施工组织设计等。

3）施工计划：包括施工进度计划、材料与设备计划。

4）施工工艺技术：技术参数、工艺流程、施工方法、检查验收等。

5）施工安全保证措施：组织保障、技术措施、应急预案、监测监控等。

6）劳动力计划：专职安全管理人员、特种作业人员等。

7）计算书及图纸。

任务设计与实施

1. 设计实施路径

（1）任务要求：1）查阅工程案例，结合专业课知识以思维导图的形式分析路桥施工安全隐患；2）查阅工程案例，以思维导图的形式绘制专项施工方案编制内容。

（2）根据本节内容、专业知识及查阅工程资料，试编制"任务导入"中工程背景项目的施工专项方案。

2. 呈现实施成果

要求：将实施结果打印在一张 A4 纸上，并粘贴在空白处。

图 6-2 为路桥施工安全隐患排查的思维导图作为参考。

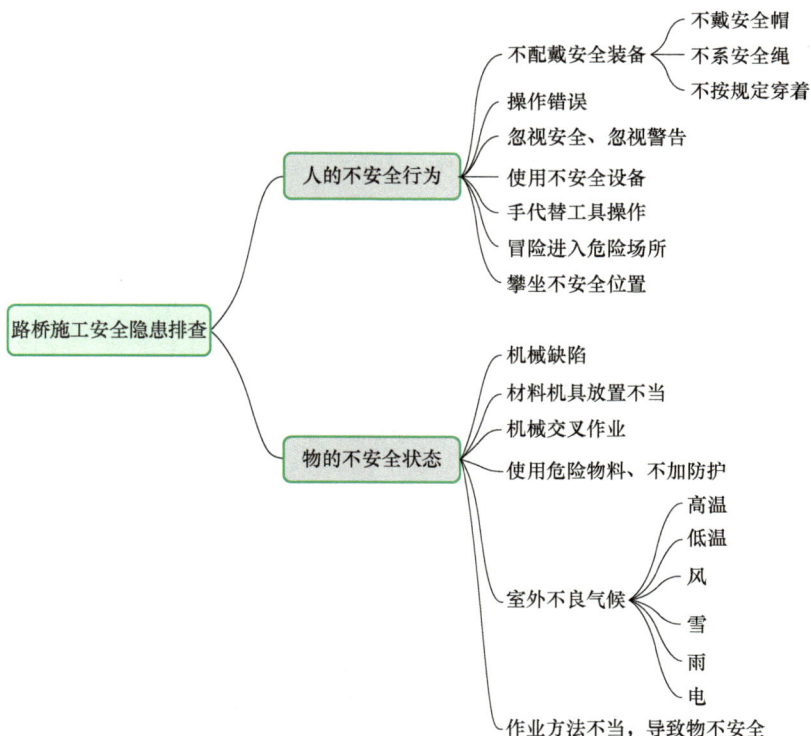

图 6-2 路桥施工安全隐患排查

任务评价

任务活动		任务评价（线上/线下）					
序号	名称	出勤与态度 20%	自评 10%	互评 10%	小组评价 10%	教师评价 50%	总评
1	路桥施工安全隐患分析						
2	专项施工方案编制内容						

学习提示：

1. 建议结合工程实例学习，分析路桥施工安全隐患；

2. 建议结合工程实例学习，分析专项施工方案如何编制，其编制内容有哪些

任务拓展

查阅案例，分析专项施工方案编制要点。

学习场（下）

编制公路工程概预算

公路工程定额应用

任务1　认知公路工程定额

🔧 任务导入

工程背景：施工图设计阶段，某一桥梁桥台耳背墙施工，试确定每 10m³ 耳背墙浇筑所消耗的人工、材料、机械设备定额及基价。

建筑安装企业在计划管理中，为了组织和管理施工生产活动，必须编制各种计划，而计划的编制又依据各种定额和指标来计算人力、物力、财力等需用量，因此，定额是计划管理的重要基础。

定额是根据一定的生产力水平进行施工企业测算或通过科学合理的方法计算合成得来的，它反映一定时期内生产力发展水平，所以，不管是进行施工现场组织还是进行费用测算，定额都是重要的参照和依据。

素养课堂——定额
应用中的匠心

🔍 任务目标

1. 了解并熟悉公路工程定额的概念、分类；
2. 熟悉并掌握公路工程定额表的组成，能进行定额基价的计算；
3. 了解并熟悉公路工程定额的总说明及章、节说明及表下小注对定额使用的影响；
4. 发扬工匠精神，具备合同、责任、质量、安全及环境意识等。

💡 相关知识

一、定额的概念、特点及作用

1. 定额的概念

定额是在正常的生产（施工）技术和组织条件下为完成单位合格产品所规定的人力、机械、材料、资金等消耗量的标准。

由于定额是在正常施工条件下，完成规定计量单位的符合国家技术标准、技术规范（包括设计、施工、验收等技术规范）和质量评定标准，并反映一定时间施工技术和工艺水平所必需的人工、材料、施工机械台班消耗量的额定标准。在建筑材料、设计、施工及相关规范未有突破性的变化之前，其消耗量具有相对的稳定性。

在我国，凡经国家或其授权机关颁发的定额是具有法令性的，不得擅自修改和滥用。定额要保持相对的稳定性，但也要随着技术条件、管理条件的变化，及时地进行修订并补充，直到重新颁布新定额为止。

2. 定额的特点

公路工程定额具有科学性、系统性、统一性、法令性、相对稳定性等特点。

经过多年的修订和调整，交通运输部以［2018］第86号公告公布了《公路工程建设项目投资估算编制办法》（JTG 3820—2018）、《公路工程建设项目概算预算编制办法》（JTG 3830—2018）作为公路工程行业标准；同时公布了《公路工程估算指标》（JTG/T 3821—2018）、《公路工程概算定额》（JTG/T 3831—2018）、《公路工程预算定额》（JTG/T 3832—2018）、《公路工程机械台班费用定额》（JTG/T 3833—2018），作为公路工程行业推荐性标准，自2019年5月1日起施行。

定额的特点

3. 定额的作用

定额的作用主要表现在以下6个方面。

（1）定额是计划管理的重要基础

建筑安装企业在计划管理中，为了组织和管理施工生产活动，必须编制各种计划，而计划的编制又依据各种定额和指标来计算人力、物力、财力等需用量。因此，定额是计划管理的重要基础。

（2）定额是提高劳动生产率的重要手段

施工企业要提高劳动生产率，除加强政治思想工作、提高群众积极性外，还要贯彻执行现行定额，把企业提高劳动生产率的任务具体落实到每个工人身上，促使他们采用新技术和新工艺改进操作方法，改善劳动组织，降低劳动强度，使用更少的劳动量，创造更多的产品，从而提高劳动生产率。

（3）定额是衡量设计方案的尺度和确定工程造价的依据

同一工程项目的投资多少，是使用定额和指标，对不同设计方案进行技术经济分析与比较之后确定的。因此，定额是衡量设计方案经济合理性的尺度。

（4）定额是推行经济责任制的重要环节

推行的投资包干和以招标承包为核心的经济责任制，其中签订投资包干协议，计算招标物制价和投标标价，签订总包和分包合同协议，以及企业内部实行适合各自特点的各种形式的承包责任制等，都必须以各种定额为主要依据。因此，定额是推行经济责任制的重要环节。

（5）定额是科学组织和管理施工的有效工具

建筑安装是多工种、多部门组成的一个有机整体而进行的施工活动，在安排各部门各工种的活动计划中，要计算平衡资源需用量、组织材料供应；要确定编制定员，合理配备劳动组织，调配劳动力，签发工程任务单和限额领料单，组织劳动竞赛，考核工料消耗，计算和分配工人劳动报酬等都要以定额为依据。因此，定额是科学组织和管理施工的有效工具。

（6）定额是企业实行经济核算制度的重要基础

企业为了分析比较施工过程中的各种消耗，必须用各种定额为核算依据。因此，工人完成定额的情况是实行经济核算制的主要内容。以定额为标准，来分析比较企业各种成本，并通过经济活动分析，肯定成绩，找出薄弱环节，提出改进措施，以不断降低单位工程成本，提高经济效益。

二、定额的分类

工程建设定额是一个综合概念，是工程建设中各类定额的总称，它包括许多种类定额。由于具体的生产条件各异，根据使用对象和组织生产的目的不同，编制出不同的定额。

按计价依据的作用分，定额一般分两部分：工程定额和费用定额。公路工程的工程定额指《公路工程估算指标》（JTG/T 3821—2018）、《公路工程概算定额》（JTG/T 3831—2018）、《公路工程预算定额》（JTG/T 3832—2018）等；公路工程的费用定额是指《公路工程机械台班费用定额》（JTG/T 3833—2018）、《公路工程建设项目投资估算编制办法》（JTG 3820—2018）、《公路工程建设项目概算预算编制办法》（JTG 3830—2018）中规定的各项费用定额和费率。

公路工程定额分类方法有多种，通常有两种分类方法比较重要，一种是按生产要素分类，另一种是按使用用途分类。

1. 按生产要素分类

在施工生产中起主要作用的有三大要素，即劳动力、材料、机械。公路工程定额是建立在实物量法的编制基础上的，所以工、料、机三种因素在公路定额中是主要内容。据此将定额分为劳动消耗定额、材料消耗定额和机械设备消耗定额三种，分类图如图 7-1 所示。

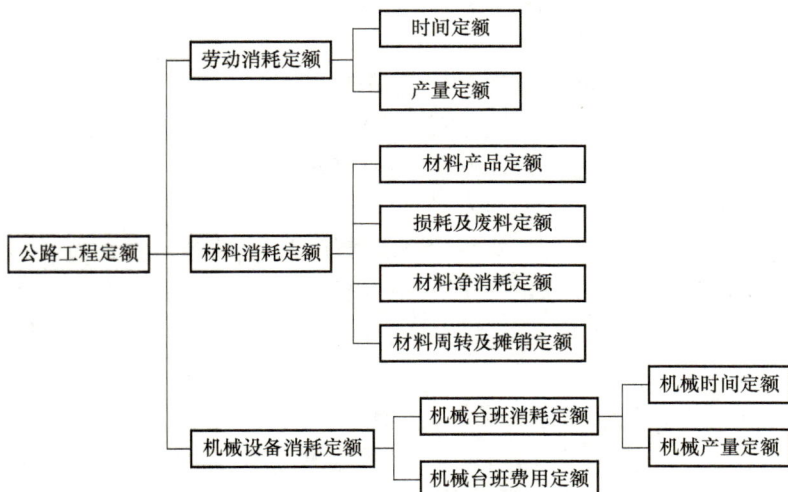

图 7-1　公路工程定额生产要素分类图

（1）劳动消耗定额

劳动消耗定额简称劳动定额，亦称工时定额或人工定额。它是在正常的生产技术和生产组织条件下，为完成单位合格产品所规定的劳动量消耗标准，它反映工人劳动生产率的社会平均先进水平。劳动消耗定额分时间定额和产量定额。

1）时间定额。时间定额是指在技术条件正常、生产工具使用合理和劳动组织正确的条件下，工人为生产单位合格产品所必须消耗的工作时间。工人的工作时间有些可以计入时间定额内，有些是不能纳入时间定额中的，即工人的工作时间包括定额时间和非定额时间两种，如图7-2所示。

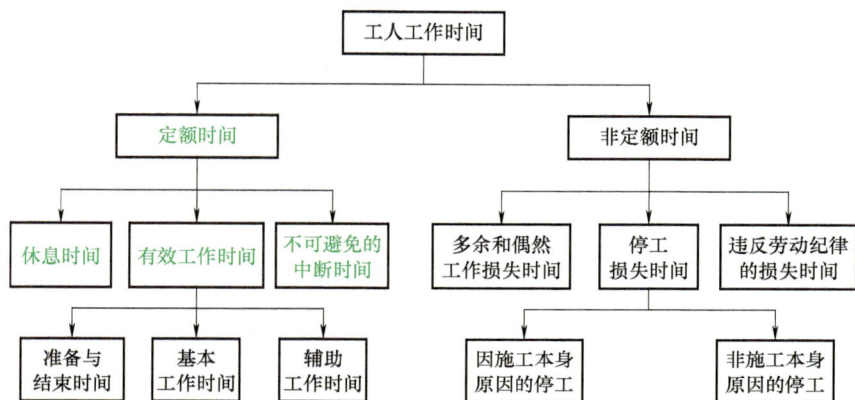

图7-2 工作时间分类

定额时间包括：与完成产品有直接关系的工作时间（即有效工作时间），由于技术操作和施工组织的原因而中断的时间（不可避免的中断时间），工人工作中为了恢复体力所必需的暂时休息或喝水、大小便等生理上的要求所消耗的时间（即休息时间）。

时间定额以工日为单位，每个工日除潜水工作按6小时、隧道工作按7小时计算外，其余均为8小时。时间定额的计算方法如下：

$$S = D/Q \tag{7-1}$$

式中　S——时间定额（劳动量单位/产品单位）；

　　　D——耗用劳动量数量，一般单位为工日；

　　　Q——完成合格产品数量（产品实物单位）。

或者　　　　单位产品的时间定额 $= \dfrac{1}{\text{每工日产量定额}} = \dfrac{\text{班组成员工日数总和}}{\text{班组完成产品数量总和}}$

2）产量定额。产量定额是指在技术条件正常、生产工具使用合理和劳动组织正常的条件下，工人在单位时间内完成合格产品的数量。产量定额与时间定额是互为倒数的关系，其计算方法如下：

$$C = Q/D = Q/S \tag{7-2}$$

式中　C——产量定额（产品单位/劳动量单位）。

其余符号意义同前。

或者　　　　单位产品的产量定额 $= \dfrac{1}{\text{每工日时间定额}} = \dfrac{\text{班组完成产品数量总和}}{\text{班组成员工日数总和}}$

【例7-1】《公路工程预算定额》（JTG/T 3832—2018）中表［1-1-4］内容见表7-1。人工挖土质台阶（普通土），产品单位为1 000m²。

【解】 时间定额：28.1工日/1 000m²；产量定额：1 000m/28.1工日＝35.59m/工日。

表7-1 1-1-4 挖土质台阶

工程内容：1）画线挖土，台阶宽不小于1m；2）将土抛到填方处。

（单位：1 000m² 天然密实方）

顺序号	项目	单位	代号	人工挖台阶			挖掘机挖台阶		
				松土	普通土	硬土	松土	普通土	硬土
				1	2	3	4	5	6
1	人工	工日	1001001	17.4	28.1	43.7	1.6	1.9	2.1
2	1.0m³ 以内履带单斗挖掘机	台班	8001027	—	—	—	1.12	1.3	1.49
3	基价	元	9999001	1.849	2.986	4.644	1.508	1.755	2.004

（2）材料消耗定额

材料消耗定额简称材料定额，是指在生产（施工）组织和生产（施工）技术条件正常，材料供应符合技术要求，节约和合理使用材料的条件下，完成一定合格产品所需消耗材料的数量标准。它包括材料的净用量和必要的工艺性损耗及废料数量。

材料是指工程建设中使用的原材料、产品、半成品、构配件、燃料以及水、电等动力资源的统称。材料作为劳动对象构成工程的实体，需要数量很大，种类繁多。所以材料消耗量的多少，消耗是否合理，不仅关系到资源的有效利用，影响市场供求状况，而且对建设工程的项目投资、建筑产品的成本控制都起着决定性影响。材料消耗定额的计算方法如下：

$$材料消耗定额＝完成单位合格产品的材料净用量×（1+材料损耗率）\qquad(7-3)$$

【例7-2】《公路工程预算定额》（JTG/T 3832—2018）中表［4-6-4］内容见表7-2，采用非泵送现浇C30水泥混凝土系梁时，由于混凝土在搅拌运输过程中不可避免的消耗，以及振捣后体积变得密实等原因，每完成10m³实体需消耗10.2m³的C30水泥混凝土混合料。即混凝土的损耗率为2%，水泥混凝土所用的各种原材料的损耗率也应为2%，则完成10m³；实体的原材料消耗定额按式（7-3）计算，基本定额［见《公路工程预算定额》（JTG/T 3832—2018）的附录二］见表7-2，混凝土材料配合比计算如下：

$$32.5级水泥＝（1+2\%）×377kg/m³×10m³＝3 845kg$$

$$中（粗）砂＝（1+2\%）×0.46m³/m³×10m³＝4.69m³$$

$$4cm碎石＝（1+2\%）×0.83m³/m³×10m³＝8.47m³$$

完成10m³实体合格产品（地面以上系梁）所需的其他材料的消耗定额还有：型钢0.084m³、钢模板0.196m³、螺栓0.12kg、铁件0.34kg、水18m³、其他材料费12.5元。

表 7-2　4-6-4 盖梁、系梁、耳背墙及墩梁固结

工程内容：1）定型刚模板安装、拆除、修理、涂脱模剂、堆放；2）钢筋除锈、制作、电焊、绑扎及骨架吊装入模；3）混凝土浇筑、捣固、养护。

Ⅰ 混凝土　　　　　　　　　　　　　　　　　　（单位：10m³ 实体）

顺序号	项目	单位	代号	盖梁		系梁				耳背墙	墩梁固结现浇段
				非泵送	泵送	非泵送		泵送			
						地面以下	地面以上	地面以下	地面以上		
				1	2	3	4	5	6	7	8
1	人工	工日	1001001	12.3	11.0	6.1	12.1	4.3	10.4	17.7	16.4
2	普 5-32.5-4	m³	1503033	—	—	—	—	—	—	(10.2)	—
3	普 30-32.5-4	m³	1503034	(10.2)	—	(10.2)	(10.2)	—	—	—	(10.2)
4	泵 25-32.5-4	m³	1503084	—	(10.4)	—	—	(10.4)	(10.4)	—	—
5	HPB300 钢筋	t	2001001	0.0	0.0	—	—	—	—	—	—
6	型钢	t	2003004	0.1	0.1	—	0.084	—	0.084	—	—
7	钢管	t	2003008	0.0	0.0	—	—	—	—	—	—
8	钢模板	t	2003025	0.2	0.2	0.07	0.196	0.07	0.196	0.086	0.154
9	螺栓	kg	2009013	0.1	0.1	0.56	0.12	0.56	0.12	9.52	15.97
10	铁件	kg	2009028	30.9	30.9	1.88	0.34	1.88	0.34	5.62	9.62
11	水	m³	3005004	12.0	18.0	12	12	18	18	12	12
12	中（粗）砂	m³	5503005	5	6	4.69	4.69	5.82	5.82	4.9	4.69
13	碎石（4cm）	m³	5505013	8.5	7.6	8.47	8.47	7.59	7.59	8.47	8.47
14	32.5 级水泥	t	5509001	3.8	4.4	3.845	3.845	4.368	4.368	3.417	3.417
15	其他材料费	元	7801001	109.8	109.8	11.5	12.5	11.5	12.5	84.8	207.4
16	60m³/h 内混凝土输送泵	台班	8005051	—	0.1	—	—	0.12	0.14	—	—
17	25t 以内汽车式起重机	台班	8009030	0.7	0.3	0.31	0.64	0.08	0.31	1.1	1.26
18	小型机具使用费	元	8099901	11.4	9.4	10.8	11	9	9.2	15.7	14.2
19	基价	元	9999001	6.033	5.822	3.838	5.887	3.684	5.633	6.274	7.020

材料消耗定额还有两种表现形式，即材料产品定额和材料周转定额。

1）材料产品定额，是指一定规格的原材料，在合理的操作条件下，获得合格产品的数量。这种定额形式在公路工程定额中应用较少，这里不予以叙述。

2）材料周转定额，即周转性材料（如模板、支架的木料）的周转定额。产品所消耗材料中包括工程本身使用的材料和为工程服务的辅助材料，即所谓的周转性材料。周转性材料

应按规定进行周转使用，其合理周转使用的次数和用量称为周转性材料的周转定额。在现行预算定额中，周转性材料均按正常周转次数摊入定额中，具体规定详见《公路工程预算定额》（JTG/T 3832—2018）总说明书及附录。

材料消耗定额不仅是实行经济核算，保证材料合理使用的有效措施，也是确定材料需用量，编制材料计划的基础，同时也是定额承包或组织限额领料、考核和分析材料利用情况的依据，因此，应对材料定额的组成予以熟悉掌握。

（3）机械设备消耗定额

1）机械台班消耗定额。机械设备消耗定额简称机械定额，一般可分为按台班数量计算的定额和以货币形式表示的定额（如小型机具使用费等）。按台班数量计算的机械设备定额又称机械台班消耗定额，它是指在正常的施工条件下，要完成单位数量合格产品所消耗的台班数量标准，或在单位时间内机械完成的产品数量。机械台班消耗定额和劳动定额一样，具有两种表现形式，即机械时间定额和机械产量定额。

机械时间定额是指在一定的操作内容及质量、安全要求的条件下，某种机械完成单位合格产品所必须消耗的工作时间。机械的工作时间也与工人的工作时间一样，包括定额时间和非定额时间，如图7-3所示，在测定机械定额的时间定额时是不能将非定额时间纳入其中的。

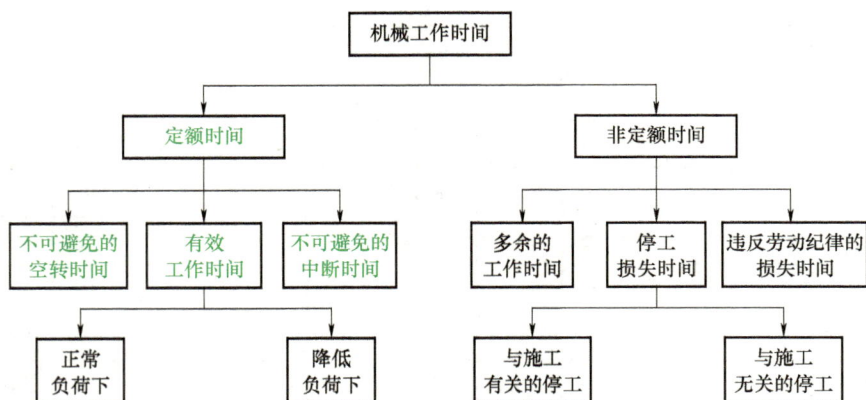

图7-3 机械工作时间

机械时间定额以"台时"或"台班"为单位，一台机械工作一个小时为一台时，潜水设备每台班按6小时计算，变压器和配电设备每昼夜按一个台班计算，除此之外，各类台班均按8小时计算。

机械产量定额是指在一定的操作内容及质量、安全要求的条件下，某种机械每单位作业量（如台班、台时等）所完成的合格产品的数量标准。机械时间定额和机械产量定额互为倒数。

【例7-3】《公路工程预算定额》（JTG/T 3832—2018）的表［1-1-9］内容见表7-3，2.0m³以内履带式单斗挖掘机挖装硬土，产品单位为1 000m³；天然密实方。

【解】 时间定额：1.47台班/1 000m³；

产量定额：1 000m/1.47台班＝680.27m/台班。

表 7-3 1-1-9 挖掘机挖、装土石方

工程内容：挖掘机就位、开辟工作面、挖土或爆破后石方，装车、移位、清理工作面。

（单位：1 000m³ 天然密实方）

顺序号	项目	单位	代号	挖装土方								
				斗容量/m³								
				0.6 以内			1.0 以内			2.0 以内		
				松土	普通土	硬土	松土	普通土	硬土	松土	普通土	硬土
				1	2	3	4	5	6	7	8	9
1	人工	工日	1001001	2.7	3.1	3.4	5.7	3.1	3.4	2.7	3.1	3.4
2	0.6m³ 以内履带单斗挖掘机	台班	8001025	2.7	3.16	3.64	—	—	—	—	—	—
3	1.0m³ 以内履带单斗挖掘机	台班	8001027	—	—	—	1.7	1.98	2.26	—	—	—
4	2.0m³ 以内履带单斗挖掘机	台班	8001030	—	—	—	—	—	—	1.14	1.3	1.47
5	基价	元	9999001	2 535	2 960	3 391	2 318	2 696	3 062	1 998	2 281	2 568

在公路工程概、预算编制中，按照机械台班消耗定额并根据工程数量可计算出工程所需各种机械台班数量，如【例 7-3】，如果工程数量为 10 000m³，由于 2.0m³ 以内单斗挖掘机挖装硬土 1 000m³，需要 1.47 台班，则挖装 10 000m³；硬土需要 2.0m³ 以内单斗挖掘机的数量应为 14.7 台班。但是，要计算机械使用费，还需要使用机械台班费用定额。

2）机械台班费用定额。机械台班费用定额是以机械的一个台班为单位，规定其所消耗的工时、燃料及费用等数量标准，并可折算为货币形式表现的定额。2018 年，交通运输部发布了《公路工程机械台班费用定额》（JTG/T 3833—2018），用于分析计算台班单价和台班消耗实物（如人工、燃料等）的数量。自 2019 年 5 月 1 日起实施。机械台班基价见表 7-4。

表 7-4 机械台班基价

序号	代号	机械名称			规格型号	不变费用				
						折旧费	检修费	维护费	安拆辅助费	小计
						元				
	8001	一、土、石方工程机械								
1	8001001	推土机	履带式	功率/kW	60 以内 T80	55.21	32.45	85.76		173.42
2	8001002				75 以内 TY100	83.62	49.15	129.90		262.67
3	8001003				90 以内 T120A	110.75	65.10	172.04		347.89
4	8001004				105 以内 T140-1 带松土器	126.72	74.48	196.84		398.04
5	8001005				120 以内	153.08	89.97	237.76		480.81
6	8001006				135 以内 T180 带松土器	209.63	123.21	325.62		658.46
7	8001007				165 以内 T220 带松土器	250.56	147.26	389.18		787.00
8	8001008				240 以内 SH320 带松土器	302.64	177.87	363.40		843.91
9	8001009				320 以内 带松土器	472.42	277.66	522.11		1 272.19
10	8001010		湿地		105 以内 TS140	141.06	70.62	176.59		388.27
11	8001011				135 以内 TS180	228.17	114.24	285.66		628.07
12	8001012				165 以内 TS220	264.13	132.24	330.65		727.02
13	8001013		轮胎式		135 以内 TL180A	168.57	84.40	211.04		464.01
14	8001014				160 以内 TL210A	205.08	102.68	256.73		564.49

（续）

序号	代号	可变费用										定额基价
		人工	汽油	柴油	重油	煤	电	水	木柴	其他费用	小计	
		工日		kg		t	kW·h	m³	kg		元	
	8001		一、土、石方工程机械									
1	8001001	2		40.86							516.56	689.98
2	8001002	2		54.97							621.54	884.21
3	8001003	2		65.37							698.91	1 046.80
4	8001004	2		76.52							781.87	1 179.91
5	8001005	2		89.14							875.76	1 356.57
6	8001006	2		98.06							942.13	1 600.59
7	8001007	2		120.35							1 107.96	1 894.96
8	8001008	2		174.57							1 511.36	2 355.27
9	8001009	2		234.75							1 959.10	3 231.29
10	8001010	2		76.52							781.87	1 170.14
11	8001011	2		98.06							942.13	1 570.20
12	8001012	2		120.35							1 107.96	1 834.98
13	8001013	2		98.06							942.13	1 406.14
14	8001014	2		114.40							1 063.70	1 628.19

　　本定额内容包括：土、石方工程机械，路面工程机械，混凝土及灰浆机械，水平运输机械、起重及垂直运输机械，打桩、钻孔机械，泵类机械，金属、木、石料加工机械，动力机械，工程船舶，工程检测仪器仪表，通风机，其他机械等，共计13类972个子目。

　　本定额中各类机械（除潜水设备、变压器和配电设备外）每台（艘）班均按8h计算，潜水设备每台班按6h计算，变压器和配电设备每台班按一个昼夜计算。

　　本定额由不变费用和可变费用组成。

　　本定额中第1~4项费用（折旧费、检修费、维护费、安拆辅助费）为不变费用。编制机械台班单价时，除青海、新疆、西藏等边远地区外，均应直接采用。至于边远地区因机械使用年限差异及维修工资、配件材料等价差较大而需调整不变费用时，可根据具体情况，由各省级交通运输主管部门制定系数并执行。分别为：

　　1. 折旧费：指施工机械在规定的耐用总台班内，陆续收回其原值（含智能信息化管理设备费）的费用。

　　2. 检修费：指施工机械在规定的耐用总台班内，按规定的检修间隔进行必要的检修，以恢复其正常功能所需的费用。

　　3. 维护费：指施工机械在规定的耐用总台班内，按规定的维护间隔进行各级维护和临时故障排除所需的费用。包括为保障机械正常运转所

　　需替换设备与随机配备工具附具的摊销费用、机械运转及日常维护所需润滑与擦拭的材料费用及机械停滞期间的维护费用等。

　　4. 安拆辅助费：指施工机械在现场进行安装与拆卸所需的人工、材料、机械和试运转费用以及机械辅助设施的折旧、搭设、拆除等费用。

本定额中第5~7项费用（人工费、动力燃料费、车船税）为可变费用。编制机械台班单价时，人工及动力燃料消耗量应以本定额中的消耗值为准，人工单价、动力燃料单价按《公路工程建设项目概算预算编制办法》（JTG 3830—2018）的规定计算。工程船舶和潜水设备的工日单价，按当地有关部门规定计算。分别为：

人工费：指随机操作人员的工作日工资（包括工资、各类津贴、补贴、辅助工资、劳动保护费等）。

动力燃料费：指机械在运转施工作业中所耗用的电力、固体燃料（煤、木柴）、液体燃料（汽油、柴油、重油）和水的费用。

车船税：指施工机械按照国家、省（自治区、直辖市）规定应缴纳的车船税。

【例 7-4】　试分析120kW以内履带式推土机台班基价组成。人工、燃料定额单价见表7-5。

【解】　120kW以内履带式推土机代号为8001005，其不变费用共4项合计为480.81元，可变费用含2项，分别是机上人工费和柴油燃料费，合计875.76元，该机械台班基价组成为不变费用和可变费用，共计1 356.57元/台班。

其中，人工费＝人工工日数×人工基价（即人工定额单价）＝2×106.28＝212.56（元）；

柴油燃料费＝柴油数量×柴油定额单价＝89.14×7.44＝663.20（元）。

表 7-5　人工、燃料定额单价

项目	工资/工日	汽车/kg	柴油/kg	重油/kg	煤/t	电/kW·h	水/m³	木柴/kg
预算价格/元	106.28	8.29	7.44	3.59	561.95	0.85	2.72	0.71

注：如果工程项目所在地的人工、燃料等价格发生改变则其可变费用也会改变，那样按实际情况计算的机械台班单价就不能称为机械台班基价了，只能称之为当时当地的机械台班预算单价，详见后述。

2. 按使用用途分类

在公路基本建设活动中，工程建设工作所处的阶段不同，编制工程造价文件的主要依据——定额是不同的，按使用要求可分为施工定额、预算定额、概算定额、估算指标等，如图7-4所示。

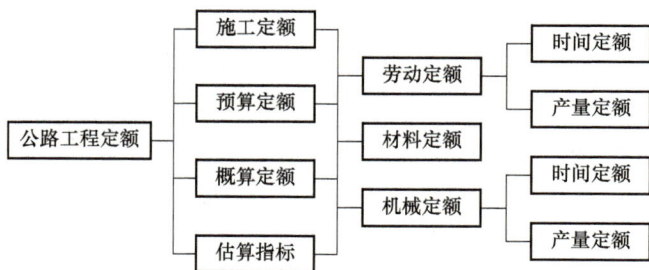

图 7-4　公路工程定额用途分类图

（1）施工定额

施工定额是在施工阶段及施工准备阶段使用的定额，一般只有施工企业内部人员使用。各个施工企业的施工定额不一定相同，为保持企业具有较强的竞争力，企业之间的施工定额应该是保密的。所以，施工企业内部要不断进行深化改革和技术进步，以提高自身定额水平，不断增强投标报价的竞争力。

施工定额是规定建筑安装工人或小组在正常施工条件下，完成单位合格产品的劳动力、材料和机械消耗的数量标准，是施工企业组织生产、编制施工阶段施工组织设计和施工作业计划、签发工程任务单和限额领料单、考核工效、评奖、计算劳动报酬、加强企业成本管理和经济核算、编制施工预算的依据，也是编制预算定额和补充定额的基础。它表现为时间定额和产量定额两种形式。在定额中采用的产品单位一般比较细，其中时间一般以工日或工时计，产品以最小单位（m、m^2、m^3 等）计，则定额子目多、细目划分复杂。下面用【例7-5】说明施工定额的组成情况。

【例7-5】 试计算预制混凝土护筒木模板的综合时间定额和综合产量定额。

【解】《公路工程施工定额》的表［217-9-1（二)-34］内容见表7-6。

每 $1m^2$ 各个工序的时间定额为：制作 1.12 工日；安装 0.108 工日；拆除 0.046 工日；

则预制混凝土护筒木模板的综合时间定额为：1.12+0.108+0.046＝1.274（工日/m^2）；

预制混凝土护筒木模板的综合产量定额为：1/1.274＝0.785（m^2/工日）。

表 7-6 217-9-1（二)-34 木模板

工作内容：1）制作：选配料、画线、下料、刨光、拼钉、制成品分类堆放，机具小修及 50m 内料具取放。2）安装：立模板、支撑、拼钉木带、拉杆、上螺栓、铁件、吊正找平、垫楞、搭拆简单架子。3）拆除：拆除支撑、侧板、螺栓、铁件、搭拆简单架子、清理模板，将模板、材料分类堆放在 50m 内指定地点。

（二）预制混凝土模板

（每 $1m^2$ 的劳动定额）

项目	基础、下部结构						上部结构		序号
	薄壁浮运沉井	支撑梁	方柱、方桩	墩台管节	护筒	锚碇	矩形板、连续板	微弯板	
制作	0.7 1.429	0.455 2.198	0.42 2.381	1.26 0.794	1.12 0.893	0.242 4.132	0.29 3.448	0.77 1.299	一
安装	0.319 3.135	0.158 6.329	0.084 11.905	0.097 10.309	0.108 9.259	0.05 20	0.105 9.524	0.098 10.204	二
拆除	0.136 7.353	0.067 14.925	0.036 27.778	0.041 24.39	0.046 21.739	0.02 50	0.042 22.222	0.042 23.81	三
编号	30	31	32	33	34	35	36	37	

注：每格数值，上为时间定额，下为产量定额。

（2）预算定额

预算定额的性质是属于计价定额的性质，体现一个工程项目在正常条件下，用货币形式描述的一定时期的工程造价。预算定额的定额水平是社会平均水平，它具有广泛的社会性，但它比施工定额水平低。预算定额可确定一个工程的造价，是施工单位、建设单位、银行，以及监理单位都十分关心的编制依据。

预算定额是在施工定额的基础上经综合扩大通过一定的计算方法编制的。它是按分项工程和结构构件的要求，以一定产品单位来规定劳动力、材料和机械的消耗数量。预算定额采用的产品单位比施工定额大，如时间以工日、台班计，产品单位以 10m、1 000m²、10m³ 等计，主要是为了满足编制施工图预算的要求。它是编制施工图预算的基本依据；是确定和控制基本建设投资额，对结构的设计方案进行技术经济比较，对新结构、新材料进行技术经济分析的依据；是编制施工组织计划、确定劳动力、材料和机械需要量的依据；是工程结算、施工企业进行经济核算和经济活动分析的依据；也是编制概算定额和概算扩大定额的基础。

（3）概算定额

概算定额在性质上与预算定额是相同的。在基本建设程序中，概算文件是国家对工程项目造价进行宏观控制，国民经济部门对资金流向进行控制的主要依据。所以概算定额与预算定额同样重要，只是偏重面及编制的阶段不同。

概算定额是在预算定额的基础上加以综合而成的，因而产品常使用更大的单位来表示，如小桥涵以 1 座来表示。概算定额的定额水平比预算定额的定额水平低，概算定额是编制设计概算、修正概算的主要依据；是进行设计方案和施工方案的经济比较和选择的重要依据；是主要材料申请计划的计算基础，也是编制估算指标的基础。

《公路工程概算定额（上、下册）》（JTG/T 3831—2018）的内容、格式与预算定额基本相同，包括路基工程、路面工程、隧道工程、桥涵工程、交通工程及沿线设施、绿化与环境保护工程、临时工程共七章。与预算定额不同的是，概算定额没有附录部分，一般是不用进行抽换的。下面用【例 7-6】说明概算定额的使用步骤。

【例 7-6】　某路基在新疆境内，海拔 2 800m，山岭重丘地形，机械打眼开炸次坚石，试确定其概算定额。

【解】　（1）《公路工程概算定额》（JTG/T 3831—2018）中表［1-1-15-2］内容见表 7-7。

（2）每 1 000m³ 天然密实岩石定额值如下，人工：51.3 工日；空心钢钎：18kg；Φ50mm 以内合金钻头：25 个；硝铵炸药：179kg；非电毫秒雷管：195 个；导爆索：103m；其他材料费：25.6 元；9m³/min 以内机动空压机：7.17 台班；小型机具使用费：438.3 元；基价：14 962 元。

表 7-7　1-1-15 机械打眼开炸石方

工程内容：1）开工作面、收放皮管、换钻头钻杆；2）选炮位、钻眼、清眼；3）装药、填塞；4）安全警戒；5）引爆及检查结果；6）排险；7）撬落、撬移、解小。

（单位：1 000m³ 天然密实方）

顺序号	项目	单位	代号	机械打眼开炸		
				软石	次坚石	坚石
				1	2	3
1	人工	工日	1001001	33.5	51.3	77
2	空心钢钎	kg	2009003	9	18	27
3	Φ50mm 以内合金钻头	个	2009004	17	25	32
4	硝铵炸药	kg	5005002	129	179	228.3
5	非电毫秒雷管	个	5005008	148	195	320
6	导爆索	m	5005009	79	103	126
7	其他材料费	元	1801001	17.6	25.6	33.1
8	9m³/min 以内机动空压机	台班	8017049	4.64	7.17	12
9	小型机具使用费	元	8099001	242.2	438.3	736.1
10	基价	元	9999001	9 934	14 962	22 789

（4）估算指标

估算指标是编制项目建议书和可行性研究报告中投资估算的依据，也可作为技术方案比较的参考。投资估算是合理确定和有效控制工程造价的经济文件，随着国家对工程项目可行性研究的重视，估算指标也更加体现出它的重要性。

估算指标是根据交通运输部对公路建设项目建议书和可行性研究报告的深度要求，以公路工程行业标准、规范的规定以及近年来公路建设项目的设计和竣工资料为依据而制定的。

估算指标是以人工、材料和机械台班消耗量为表现形式的指标，与概算定额比较接近。

3. 按编制单位和执行定额的范围不同分类

工程建设定额可分为全国统一定额、行业统一定额、地区统一定额、企业定额和补充定额五种。

1）全国统一定额，是由国家建设行政主管部门，综合全国工程建设中技术和施工组织管理的情况编制，并在全国范围内执行的定额，如全国统一安装工程定额。

2）行业统一定额，是考虑到各行业部门专业工程技术特点，以及施工生产和管理水平编制的。一般是只在本行业和相同专业性质的范围内使用的专业定额。如矿井建设工程定额、铁路建设工程定额、公路建设工程定额等。

3）地区统一定额，包括省、自治区、直辖市定额。地区统一定额主要是考虑地区性特点和全国统一定额水平做适当调整补充编制的。由于各地区不同的气候条件、经济技术条件、物质资源条件和交通运输条件等，构成对定额项目、内容和水平的影响，是地区统一定额存在的客观依据。

4）企业定额，是指由施工企业考虑本企业具体情况，参照国家、部门或地区定额的水平制定的定额。企业定额只在企业内部使用，是企业综合实力的一个标志。企业定额水平一般应高于国家现行定额，才能满足生产技术发展、企业管理和市场竞争的需要。

5）补充定额，是指随着设计、施工技术的发展，现行定额不能满足需要的情况下，为补充缺项所编制的定额。补充定额只能在指定的范围内使用，也可以作为以后修订定额的基础。

4. 按专业不同分类

各个不同专业都分别有相应的主管部门颁发的在本系统使用的定额，如建筑安装工程定额、设备安装工程定额、给排水工程定额、公路工程定额、铁路工程定额、水利水电工程定额、水运工程定额、井巷工程定额等。

三、定额的运用方法

在公路建设生产活动中，正确地使用定额是非常重要的。为了正确使用定额，必须全面了解定额，深刻理解定额，熟练地掌握定额。既可以通过编制概（预）算等的实践，来熟练地运用定额，也可以通过练习题的方法掌握定额。因公路工程定额项目繁多，现以公路工程常用的《公路工程预算定额》（JTG/T 3832—2018）（以下简称《预算定额》）和《公路工程概算定额》（JTG/T 3831—2018）（以下简称《概算定额》）为主，举例介绍其运用方法。

1. 定额的编号及引用

（1）定额的基本组成

现行的《概算定额》和《预算定额》的组成部分均包括：颁发定

定额表与基价

额的文件号，目录，总说明，章、节说明，定额表，《预算定额》还包括附录。

1）总说明。规定使用范围、使用条件、定额使用中的一般规定（如特殊符号、文字）等，对正确运用定额具有重要作用，在使用定额时应特别注意《概算定额》和《预算定额》在总说明中的规定。

2）章、节说明。对每一章、节的具体使用要求及注意事项做出了说明，特别是工程量计算规则。章、节说明对于正确运用定额具有重要作用。要想准确而又熟练地运用定额，必须透彻地理解这些说明，而且争取全面记住。故需反复、认真地学习好这些说明。

3）定额表。定额表是各类定额的最基本的组成部分，是定额指标数额的具体表示；《概算定额》和《预算定额》的表格形式基本相同。其基本组成有：表号及定额表名称、工程内容、计量单位、顺序号、项目、代号、细目及栏号、注等。现将定额表的构成和主要栏目说明如下。

① 表号及定额表名称，如《预算定额》中表［1-1-9］挖掘机挖、装土石方，见表7-3。表号是编制概预算文件时与其对应定额时的一一对应的关系符号，名称表达了一张定额表的基本属性或分类。如1-1-9代表章-节-表，与挖掘机挖、装土石方形成一一对应的关系。

② 工程内容，主要说明本定额表所包括的操作内容及对应详细工艺流程。查定额时，将实际发生的操作内容与表中的工程内容进行比较，若不一致时，应进行补充或采取其他措施。

③ 计量单位，如 10m、10m³ 构件、1 000m、1km、1 公路公里、1 道涵长及每增减 1m 等。

④ 顺序号，表征人、料、机及费用的顺序号，起简化说明的作用。

⑤ 项目，即本定额表的工程所需人工、材料、机具、费用的名称、规格。

⑥ 代号，当采用电算方法来编制公路工程概、预算时，可引用表中代号作为对工、料、机名称的识别符号。2018 年定额将工、料、机的代号统一编制为七位数，也称数组变量代号，如人工的代号为1001001，水的代号为3005004，0.6m³ 以内履带单斗挖掘机的代号是8001025 等。

⑦ 细目，也称子目、栏目，表征本定额表所包括的工程细目，如《预算定额》中表［1-1-9］中的松土、普通土、硬土等。

⑧ 栏号，指工程细目编号，也称子目号、栏目号，如《预算定额》中表［1-1-9］中"0.6m³ 以内松土"栏号为1，"0.6m³ 以内普通土"栏号为2 等。

⑨ 定额值，即定额表中各种资源的消耗量数值。其中括号内的数值，一般是指所需半成品的数量（定额值）。如《预算定额》中表［4-6-4］中的"普 C30-32.5-4 水泥混凝土"所对应的"（10.20m³）"，是指现浇 10m³ 盖梁，需消耗 C30 水泥混凝土 10.20m³，其中有 0.2m³ 的水泥混凝土损耗量。注意此值在编制概预算文件时不可直接列入。

⑩ 基价，亦称定额基价。它是指该工程细目在指定时间与地点的工程价格（北京地区 2018 年平均水平）。

⑪ 注，有些定额表列有"注"，是对本表的特别说明。使用定额时，必须仔细阅读，以免发生错误。

4）《预算定额》附录。在预算定额中列有 4 个附录，如"路面材料计算基础数据""基本定额""材料周转及摊销"和"定额基价人工、材料单位质量、单价表"。附录是编制定额的基本数据，也是编制补充定额的依据，同时还是定额抽换的依据，需要认真学习正确使用。

（2）定额的编号

在编制概预算文件时，在计算表格中均要列出所用的定额表号。一般采用：[页号-表号-栏号]的编写方法。例如《预算定额》中表[12-1-1-8-3]就是指引用第 12 页的表 1-1-8-3（即第一章 1-1-8 表）中的第 3 栏。这种编号方法容易查找，复核检查方便，不易出错。有时页号可省略。

目前，一般情况下采用电算法编制概预算文件，在编制预算文件时，采用 8 位数进行编码，即章占 1 位，节占 2 位，表占 2 位，栏占 3 位，如 40405121 表示预算定额第 4 章第 4 节第 5 个表第 121 栏；在编制概算文件时，采用 7 位码进行编码，即章占 1 位，节占 1 位，表占 2 位，栏占 3 位。两者的区别主要在节上。

定额编号在概预算文件中十分重要。一方面是保证复核、审查人员利用编号快速查找，核对所用定额的准确性；另一方面，对如此繁多的工程细目的工作内容以编号形式建立一一对应的模式，便于计算机处理及修编定额人员的统计工作。第三，在概预算文件的表[21-2]中，"定额代号"一栏必须填上对应的定额细目代号。无论手工计算，还是计算机处理，都必须保证该栏目的准确性。

（3）运用定额的步骤

所谓运用定额，就是平时所说的"查定额"，是根据编制概预算的具体条件和目的，查得需要的、正确的定额的过程。为了正确地运用定额，首先，必须反复学习定额、熟练地掌握定额，其次，必须收集并熟悉中央及地方交通主管部门有关定额运用方面的文件和规定。在此前提下，运用定额的基本步骤如下。

1）根据运用定额的目的，确定所用定额的种类（是概算定额还是预算定额）。

2）根据概（预）算项目表，依次按目、节确定欲查定额的项目名称，再据此在定额目录中找到其所在页次，并找到所需定额表。但要注意核查定额的工作内容、作业方式是否与施工组织设计相符。

3）查到定额表后再进行如下步骤：

① 看看定额表"工程内容"与设计要求、施工组织要求有无出入，若无出入，则可在表中找到相应的细目，并进一步确定子目（栏号）。

② 检查定额表的计量单位与工程项目取定的计量单位是否一致、是否符合规定的工程量计算规则。

③ 看看定额的总说明、章说明、节说明以及表下的小注是否与所查子目的定额查定有关，若有关，则采取相应措施。

④ 根据设计图纸和施工组织设计检查一下子目中有无需要抽换的定额，是否允许抽换，若应抽换，则进行具体抽换计算。

⑤ 依子目各序号确定各项定额值，可直接引用的就直接抄录，需计算的则在计算后抄录。

4）重新按上述步骤复核。

5）该项目的细目定额查完后，再查定该项目的另外细目的定额，依次完成后，再查另一项目的定额。

当熟练运用之后，上列步骤，可不必依次进行。

（4）运用定额应注意的问题

1）计量单位要与项目单位一致，特别是在抽换、增列计算时更应注意。

2）当项目中任何（工、料、机）定额值变化时，不要忘记其相应基价也要作相应的变化。

3）当查定额时，首先要鉴别工程项目是属于哪类工程，以免盲目随意确定而在表中找不到栏目、无法计算或错误引用定额。如"汽车运土"与"汽车运输（构件）"就是如此，前者为路基工程，而后者为桥梁工程。

4）定额表中对某些物品规定按成品价格编制预算，如"其他工程"中的Z形柱、铝合金标志等；而对某些物品则规定按半成品价格编制预算，查定额时要注意。

（5）定额运用的要点

1）正确选择子目，不重不漏。

2）子目名称简练直观，尤其在修改子目名称时。

3）看清工程量计量单位，特别在抽换、增量计算时更应注意。

4）详细阅读总说明、章节说明及小注，熟能生巧。

5）设计图纸要求和定额子目或序号是否一致，否则可能要抽换。

6）施工方法要根据施工组织设计及现场条件来确定。

7）认真核对工程内容，防止漏列或重列，根据施工经验及对定额的了解确定。

8）特别强调对附属工程定额的查找、补充。

2. 定额单位与工程数量

工程量的正确与否直接影响概预算造价，怎样将工程数量使用正确是造价人员注意的一个重要环节。由于设计图纸中的工程量或工程量清单中工程量，它们的单位和内容与所用定额的单位和内容并不完全一致，往往需要造价人员根据定额的需要进行换算或调整，达到计算造价与实际造价相符的目的。设计者一般对概预算或定额并不一定十分了解，仅从设计角度出发计算并统计工程量，与定额的计量单位及计算要求有一定的出入，怎样使计量单位、计算方法符合定额的工程量计算规则并正确计算工程量，就此类问题介绍几个典型处理方法。

（1）体积与面积单位调整

计算中应特别注意面积与体积的不一致，这一点很容易被紧张的节奏和粗心的编制人员疏忽。在概预算定额中有很多这样的情况。

例如，人工挖土质台阶，预算定额表号为［1-1-4］，定额单位 $1\,000\text{m}^2$，设计图纸或施工图工程量一般都以 m^3 为单位列出。要换算为统一的面积单位，先分析和统计设计图纸上的开挖深度、宽度，计算平均开挖深度（或加权平均深度），然后用设计体积除以平均深度，从而求得平均面积。当然，当挖台阶的工程量较小，而且开挖地点集中于 $1\sim2$ 处时，就不必如此计算了。又如沥青混凝土路面，预算定额表号为［2-2-14］，定额单位为 $1\,000\text{m}^3$，设计图纸或施工图工程量一般是以 $1\,000\text{m}^2$ 为单位列出，要根据设计图纸将工程量换算。与此类似的还有填前夯实土的回填；清除场地的砍挖树根、回填等都存在换算问题。

（2）体积与个数的调整

在编制概预算文件时，如果遇到个数与体积的不一致，其换算不是简单的数学计算，必须在手头边准备大量计算方面的基础资料，而这些基础资料的获得必须与厂商、政府管理部门取得联系，从任何教科书或参考书上是难以获得的。

例如，支座与伸缩缝，设计者一般提供各种型号及对应的个数（包括固定支座、滑动式支座），而定额单位却是 t 或 dm^3，必须找到有关生产厂家及型号，如标准图纸和基本数据等，才能换算出定额单位所需的 t 或 dm^3。伸缩缝的单位多变，设计者一般提供桥梁长度数据（即伸缩缝长度），但如毛勒伸缩缝及沥青麻絮伸缩缝定额单位则是 t 或 m^2。还有些伸缩缝的补充定额的单位是 m^3，如 NST 伸缩缝等。像这一类定额的单位及工程量有很多，在桥梁工程部分，如钢护筒、金属设备、泄水孔等工程数量的计算就应该注意换算，并且，注意收集有关的基础数据。

（3）工程量的自定方法

一个工程项目所牵涉的定额不是都能在设计图纸上反映的，换句话说，一个完整项目的概预算造价除包括施工图纸上的工程数量外，还应考虑与施工方案及施工组织措施有关的其他工程涉及的定额。

1）临时工程范围。临时电力电信线路、临时便道的里程，按实际需要确定（现场调查）。这一部分工程量原则上不超过总长度的 1/3，但也要充分考虑各种构造物运输不便、引用地方电网不便所造成的临时工程的增加。临时用电中构造物的动力用电如果没有临时工程项目，则应在自发电的电价中考虑。临时道路考虑仓库、加工场、预制场、弃土及借土的便道距离。要注意，临时仓库、加工场地、临时建筑物等在筹建过程中的一系列的相关工程内容的工程量必须考虑进去。

2）土石方工程。很容易遗忘但牵涉工程量较大的一部分内容通常在土石方工程上。清除场地后回填土石方体积，填前夯实后增加的土石方体积，自然沉降引起增加的土石方体积，根据施工规范必须超宽填筑的体积，都是必须增加补充计算的工程数量。而这部分工程量既无图纸，又无规范可查，只有造价人员根据土质资料及施工组织的详细资料具体问题具体分析，按施工现场实际情况具体计算。详见后述路基工程定额的应用。

任务设计与实施

1. 设计实施路径

1）查阅"任务导入"中工程背景项目中桥台耳背墙定额表，结合专业课知识以思维导图的形式分析公路工程预算定额内容；并分析基价的组成。

2）公路工程定额的分类方法有哪些？施工定额、预算定额、概算定额、估算指标分别在什么阶段使用？请用思维导图表示。

2. 呈现实施成果

要求：将实施结果打印在一张 A4 纸上，并粘贴在空白处。

图 7-5 为公路工程定额分类的思维导图可作为学习参考。

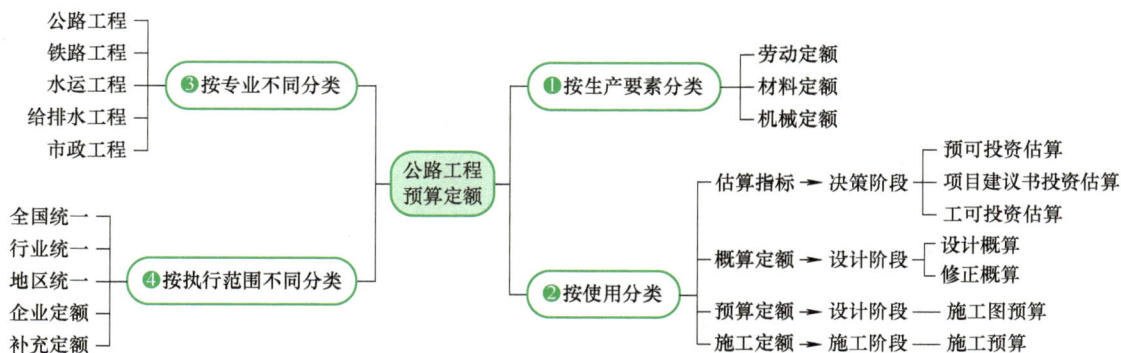

图 7-5 公路工程定额分类

任务评价

任务活动		任务评价（线上/线下）					
序号	名称	出勤与态度20%	自评10%	互评10%	小组评价10%	教师评价50%	总评
1	任选一张定额表，分析定额表内容						
2	任选一张定额表分析基价组成，并写出算式						
3	公路工程定额分类						

学习提示：

1. 公路工程定额按使用阶段不同分别有不同的使用定额，用其来测算的费用名称也是不同的；
2. 定额中基价的组成非常重要，请认真复核计算，分析其影响因素

任务拓展

查阅案例，不同阶段的定额分别是怎样的，如何使用？

任务2 路基工程定额的应用

任务导入

工程背景：某高速公路路基工程施工图设计阶段，全长 28km，按设计断面计算的填缺实方为 672 万 m³，无利用方，平均填土高度 7.0m，两边各宽填 0.2m，路基平均占地宽 45m，路基占地及取土坑均为耕地，土质为普通土。采用 1m³ 以内斗容量单斗挖机挖装土方，平均挖深 2m，填土前以 12t 光轮压路机压实耕地。设 12t 光轮压路机的有效作用力为 66kN/cm²，普通土的抗沉陷系数为 3.5kN/cm。试确定：路基宽填增加土方量为多少？填前压实增加土方量为多少？总计价土方量（压实方）为多少？挖掘机挖装借方作业所需工料机消耗量及基价为多少？

任务目标

1. 了解并熟悉路基工程预算定额的使用特点，掌握土、石方在不同密实度状态下体积数量的换算；

2. 熟悉《预算定额》总说明，章、节说明对路基工程定额表使用的影响；

3. 掌握定额基价的计算方法；

4. 善于举一反三，专注认真、创新、质量。

相关知识

一、路基工程预算定额的使用概述

公路工程的组成内容非常复杂，有路基工程、路面工程、桥涵工程、隧道工程、交通工程及沿线设施、绿化工程、机电工程等。其中，路基工程、路面工程及桥梁工程是公路工程中与我们专业学习密切相关的最重要的几个部分，其使用各有特点，应用步骤类似，由于篇幅所限，下面预算定额的使用重点以这三个章节的预算定额学习为例。

现行的《预算定额》，其内容主要由总说明、各种工程的章说明、节说明、定额表及附录几部分组成，包括路基工程、路面工程、隧道工程、桥涵工程、交通工程及沿线设施、绿化及环境保护工程、临时工程、材料采集及加工、材料运输等九章及附录。第一章路基工程预算定额又根据工程特点和性质分为路基土石方工程、排水工程、防护工程和特殊路基工程四节。

1. 公路工程预算定额概述

（1）预算定额的定义

预算定额是用于确定一定计量单位的分项工程或结构构件的人工、材料和机械台班消耗量的数量标准。预算定额是在施工定额的基础上，按照国家的方针、政策编制的，经过国家或授权机关批准的、具有权威性质的一种指标性文件。

预算定额的性质属于计价定额的性质，定额水平是先进合理的，它体现一个工程细目在正常条件下，用货币形式描述一定时期生产力的发展水平，它具有广泛的社会性。工程造价的确定是以预算定额为编制依据的。

（2）预算定额的作用

1）预算定额是编制施工图预算、确定和控制项目建筑安装工程造价的基础。施工图预算是施工图设计文件之一，是控制和确定建筑安装工程造价的必要手段。预算定额是确定一定计量单位分项工程人工、材料、机械的消耗量的依据，也是计算分项工程单价的基础。所以，预算定额对建筑安装工程直接费影响甚大。

2）预算定额是对设计方案进行技术经济比较和技术经济分析的依据。设计方案在设计工作中居于中心地位。根据预算定额对方案进行技术经济分析和比较，是选择经济合理设计方案的重要方法。对设计方案进行比较，主要是通过定额对不同方案所需人工、材料和机械台班消耗量、材料质量、材料资源等进行比较。这种比较可以判明不同方案对工程造价的影响。

3）预算定额是编制施工组织设计的依据。在公路工程设计各个阶段，必须编制相应的施工组织设计文件。根据预算定额确定的劳动力、建筑材料、成品、半成品和施工机械台班的需用量，为组织材料供应和预制构件加工、平衡劳动力和施工机械提供了可靠依据。

4）预算定额是投标报价的重要参考。目前在公路建设项目中，一般都实行招投标制度。施工单位的投标报价应采用自己的企业定额，也可以预算定额作为投标报价的参考。

5）预算定额是编制概算定额和估算指标的基础。概算定额和估算指标就是在预算定额基础上经综合扩大编制而成的。

（3）预算定额的组成

预算定额的内容主要由总说明，各种工程的章、节说明，定额表及附录几部分组成。

1）总说明。总说明主要阐述了定额的编制原则、指导思想、编制依据、适用范围以及定额的作用。同时说明了编制定额时已经考虑和没有考虑的因素，使用方法及有关规定等。因此，要想正确而又熟练地运用定额，必须先透彻地理解总说明，并且争取全面记住这些说明。

2）章、节说明。《预算定额》除了附录外，各章、节前面均附有说明，章、节说明是本章、节工程项目的统一规定、综合内容、允许抽换的规定及工程量计算的规则。因此，为了正确地运用定额，要求概预算专业人员和技术人员在使用每章、节的定额之前，必须先耐心地、反复地、全面地理解和牢记各章、节说明。

3）定额表。定额表是各种定额的最基本的组成部分，是定额指标数量的具体表示，一般由定额表名称、定额表号、工程内容、工程项目计量单位、顺序号、项目、项目单位、代号、工程细目、栏号、定额值、基价和小注组成，表下小注也需认真阅读，否则会影响计算结果。

2. 定额表示例与说明（表7-8）

表7-8 1-1-14 开炸石方

工程内容：

人工开炸：1）选炮位，打眼，清眼；2）装药，填塞；3）安全警戒；4）引爆及检查结果；5）排险；6）撬落、撬移、解小。

机械开炸：1）开工作面、收放皮管、换钻头钻杆；2）选炮位，钻眼，清眼；3）装药，填塞；4）安全警戒；5）引爆及检查结果；6）排险；7）撬落、撬移、解小。

（单位：1 000m³ 天然密实方）

顺序号	项目	单位	代号	人工打眼			机械打眼		
				软石	次坚石	坚石	软石	次坚石	坚石
				1	2	3	4	5	6
1	人工	工日	1001001	143.3	202.9	297.0	33.5	51.3	77
2	钢钎	kg	2009002	18.0	36.0	45.0	—	—	—
3	空心钢钎	kg	2009003	—	—	—	9	18	27
4	Φ50mm 以内合金钻头	个	2009004	—	—	—	17	25	32
5	煤	t	3005001	0.171	0.207	0.27	—	—	—
6	硝铵炸药	kg	5005002	132.5	180.0	228.3	129	179	228.3

（续）

顺序号	项目	单位	代号	人工打眼			机械打眼		
				软石	次坚石	坚石	软石	次坚石	坚石
				1	2	3	4	5	6
7	非电毫秒雷管	个	5005008	152.0	196.0	320.0	148	195	320
8	导爆索	m	5005009	81	104.0	126	79	103	126
9	其他材料费	元	7801001	12.1	17.7	22.2	17.6	25.6	33.1
10	9m³/min 以内机动空压机	台班	8017049	—	—	—	4.59	7.1	11.88
11	小型机具使用费	元	8099001	—	—	—	239.8	434	728.8
12	基价	元	9999001	17 684	24 913	36 026	9 896	14 907	22 695

注：本章定额仅包括爆破石方，如需清运，可按相关运输定额计算。

1）定额表名称。位于定额表的最上端，是某项工程的项目名。如表7-8定额表名称为"开炸石方"。

2）定额表号。位于定额表名称之前，是定额表在定额中的排列编号。如表7-8的定额表号为[1-1-14]，表示第一章路基工程的第一节路基土、石方工程的第14表。

3）工程内容。主要说明本定额表所包括的操作内容。查定额时，必须将实际发生的项目操作内容与表中内容进行比较，若不一致，应进行抽换或采取其他调整措施。

4）工程项目计量单位。位于表的右上方，即定额概念所指的"单位合格产品"的数量标准。如表7-8工程项目计量单位为"1 000m³天然密实方"。

5）顺序号。表示工、料、机及费用的顺序号，起简化说明的作用。

6）项目。即本定额表的工程所需用人工、材料、机具、费用的名称和规格。项目中的其他材料费是指项目中未列出，但实际使用的那部分材料的费用。其他定额表项目中的小型机具使用费是指未列入机械台班费用定额，但实际使用的小型机具的费用。

7）项目单位。它是与工程计量单位不同的概念，是指项目对应的单位。

8）代号。当采用电算方法来编制造价文件时，可引用表中代号作为对工、料、机名称的识别符号。每个定额表中工、料、机均按代号由小到大进行排列。各种工、料、机所对应的代号详见《预算定额》附录四。

9）工程细目。表示本定额表所包括的工程项目。如表7-8共包括人工打眼开炸软石、人工打眼开炸次坚石、人工打眼开炸坚石、机械打眼开炸软石、机械打眼开炸次坚石、机械打眼开炸坚石共6个工程细目。

10）栏号。指工程细目编号。见表7-8，定额中"人工打眼开炸软石"栏号为1，"机械打眼开炸软石"栏号为4。

11）定额值。即定额表中各种资源的消耗量数量。《预算定额》表中部分定额值是带有括号的，括号内的数值一般是指所需半成品的数量（定额值），基价未包含此费用。

12）基价。亦称定额基价或定额表基价，它是指该工程细目以规定的工料机基价计算人工费、材料费、机械使用费的合计价值。基价中的人工费、材料费基本上是按北京市2018年人工、材料预算价格计算的（详见《预算定额》附录四），机械使用费是按2018年交通运输部公布的《公路工程机械台班费用定额》（JTG/T 3833—2018）计算的。

13）注。有些定额表列有"注"，位于定额表的下方。使用定额时，必须仔细阅读小注，以免发生错误。

3. 附录

附录包括路面材料计算基础数据、基本定额、材料周转及摊销，以及定额人工、材料、设备单价表四部分内容。附录是编制定额的基本数据，也是定额抽换和编制补充定额的依据。

二、路基工程预算定额的应用

1. 路基工程预算定额相关说明

（1）路基施工场景（图7-6）

图7-6　路基施工场景

（2）2018版路基工程预算定额增加项目

①1-1-17挖掘机带破碎锤破碎石方；②1-2-5沉管法挤密桩处理软土地基；③1-2-14路基填土掺灰；④1-2-15采空区处治；⑤1-2-16刚性桩处理软土地基；⑥1-2-17路基注浆处理；⑦1-2-18冲击压实；⑧1-2-19泡沫轻质土浇筑；⑨1-3-8机械铺筑拦水带；⑩1-4-10边坡柔性防护等定额增项。

（3）土、石方数量计算相关规定

1）路基土方与石方应分类计量。土、石分类对照表见表7-9。

表7-9　土、石分类对照表

定额分类	松土	普通土	硬土	软石	次坚石	坚石
普氏分类	Ⅰ～Ⅱ	Ⅲ	Ⅳ	Ⅴ～Ⅵ	Ⅶ～Ⅺ	Ⅹ～ⅩⅥ

2）压实方与天然密实方之间的换算系数。《预算定额》章说明的第8条规定：

① 当以填方压实体积为工程量，采用天然密实方为计量单位的定额时，见表7-10，定额应乘以下列系数，如路基填方为借方，则应增加0.03的运输损耗。

表 7-10　天然方与压实方换算系数

公路等级	土方			石方
	松土	普通土	硬土	
二级及二级以上公路	1.23	1.16	1.09	0.92
三、四级公路	1.11	1.05	1.00	0.84

② 零填及挖方地段基底压实面积等于路槽底面的宽度（m）和长度（m）的乘积。

③ 抛坍爆破的工程量，按设计的抛坍爆破石方体积计算。

④ 整修边坡的工程量，按公路路基长度计算。

巧匠锦囊

　　天然方、压实方、运输方、土方与石方，是不是很难分清？

　　① 挖方按天然方；填方按压实方；石方爆破按天然方。

　　② 人工挖运土方的增运、机械翻斗车、手扶拖拉机运输土方、自卸汽车运输土方的运输定额在上表（表7-10）系数的基础上增加0.03的土方运输损耗。

　　③ 弃方运输不应计算运输损耗。

　　④ 增加0.03的土方运输损耗指套用汽车运土方定额时才增加，而套挖、装定额时则不予增加。

3）土、石方体积的计算（图7-7）。

借方=压实方-（本桩利用方+远运利用方）

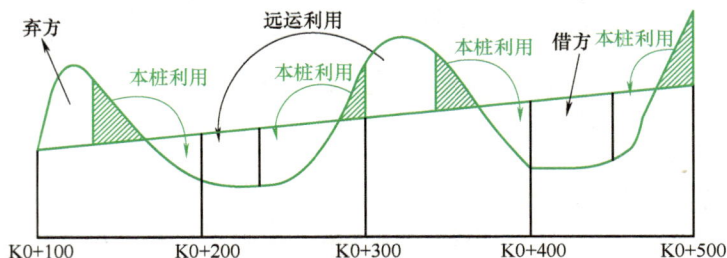

图 7-7　土、石方调配示意图

4）土、石方费用的计算。

挖方：按土质分别套相应的定额，天然密实方。

填方：根据公路等级、碾压机械型号套定额，压实方。

本桩利用：不参与费用计算。

远运利用：只计算调配运输的费用。

借方：需计算其"挖、装、运"的费用，其填已在"填方"内计算。

弃方：只计算运输费用，其挖已在"挖方"内计算。

特别地，计价方=挖方+填方-利用方（压实方），或计价方=挖方+借方，借方=填方（压实方）-利用方（压实方），弃方=挖方（天然密实方）-利用方（天然密实方）。

2. 路基工程预算定额应用案例

【例 7-7】 某高速公路工程压实方为 10 000m³, 全为借土 (普通土), 普通土系数为 1.16。计算土方工程量。

【解】 挖、装的工程量为 $10\,000m^3 \times 1.16 = 11\,600m^3$,

汽车运土的工程量为 $10\,000m^3 \times (1.16 + 0.03) = 11\,900m^3$。

注意: 路基工程中工程量以 m^2 为定额单位的, 一般是指水平投影面积 (如零填及挖方路基压实), 但挖台阶是指台阶面积、路拱面积不是水平投影面积。

巧匠锦囊

实际工程量与定额工程量不一致时, 如何计算工料机消耗量呢?

人工劳动量 $M_人 = Q \times S_人$ (或 $D_人 = Q \times S_人$)

材料需要量 $M_{材料} = Q \times S_{材料}$

机械台班需要量 $M_{机械} = Q \times S_{机械}$

【例 7-8】 某二级公路路段挖方 2 000m³ (天然密实方), 其中松土 400m³, 普通土 1 200m³, 硬土 400m³; 填方数量 2 400m³ (压实方), 本路段挖方可利用方量为 1 800m³ (松土 200m³, 普通土 1 200m³, 硬土 400m³); 远运利用方量为普通土 400m³ (天然密实方), 采用机动翻斗车运土, 运距 200m。试确定:

1. 借方 (压实方) 数量; 如借方运距为 1.5km, 采用 75kW 推土机推土, 10t 自卸汽车配合 2m³ 容量装载机运普通土。

2. 试确定上述分项工程的预算定额并计算, 并计算相应工程量下的人工、机械台班数量及定额基价。

【解】 分析: 关于土方压实方与天然密实方的压实系数。

查《预算定额》第一章说明: 土方挖方按天然密实方体积计算, 填方按压 (夯) 实后的体积计算, 当以填方压实方体积为工程量, 采用天然密实方为计量单位的定额时, 所采用的定额 (二级公路) 应乘以下列系数: 松土 1.23, 普通土 1.16, 硬土 1.09, 运输 1.19。

压实方 = 天然方 ÷ 压实系数, 天然方 = 压实方 × 压实系数

如普通土挖方为 1 000m³, 压实方为 $1\,000m^3 \div 1.16 = 862m^3$

运输方 = 压实方 × 运输系数 (√)

运输方 = 天然方 × 运输系数 (×)

如需压实方为 500m³, 则普通土的运输方为天然方为 $500m^3 \times 1.16 = 580m^3$;

运输方为 $500m^3 \times (1.16 + 0.03) = 595m^3$。

(1) 计算工程数量

借方 = 填方 - (本桩利用方 + 远运利用方)

本桩利用方 (压实方) 为 (松土)$200m^3 \div 1.23$ + (普通土)$1\,200m^3 \div 1.16$ + (硬土)$400m^3 \div 1.09 = 1\,564m^3$

远运利用方 (压实方) 为 (普通土)$400m^3 \div 1.16 = 345m^3$

借方（压实方）为 $2\,400m^3-(1\,564+345)m^3=491m^3$

弃方（天然方）为 $400m^3-200m^3=200m^3$（松土）

（2）根据上述工程量套用相应定额

1）挖方：按土质分类套用相关定额，本例采用人工挖方定额，定额单位为 $1\,000m^3$ 天然密实方。

工程量的定额倍数，如松土确定定额表号为 $\left[10\text{-}1\text{-}1\text{-}6 \Longleftarrow \begin{smallmatrix}1\\2\\3\end{smallmatrix}\right]/1\,000m^3$

计算工程量 $2\,000m^3$ 天然密实方所需：

① 人工：113.7 工日×0.4+145.5 工日×1.2+174.6 工日×0.4=289.92 工日

② 基价：12 084 元×0.4+15 464 元×1.2+18 556 元×0.4=30 813 元

注：289.92 工日×106.28 元/工日=30 813 元

2）本桩利用：这一数量不参与费用的计算，其挖已在挖方内计算。其填已在填方内计算。

3）远运利用：只计算其调配运输费用，其挖已在其他断面的挖方内计算。

本例远运调用方（压实方）= $400m^3÷1.16=345m^3$

运输方=压实方×运输系数=$345m^3×(1.16+0.03)=410m^3$（√）

运输方=$400×(1.16+0.03)=476m^3$（×）

采用机动翻斗车运土，运距200m。200=100+2×50，如 250=100+3×50

确定定额表号为 $\left[12\text{-}1\text{-}1\text{-}8 \begin{smallmatrix}1\\2\end{smallmatrix}\right]$，或写为 $[12\text{-}1\text{-}1\text{-}8\text{-}1+2]/1\,000m^3$

查定额：① 1t 以内机动翻斗车（代号 8007046）：（26.85+2×1.79）台班×$410m^3$/$1\,000m^3$=12.48 台班

② 基价：（5 712+2×381）元×$410m^3$/$1\,000m^3$=2 654 元

注：12.48 台班×212.72 元/台班=2 654 元，查《公路工程机械台班费用定额》（JTG/T 3833—2018）。

4）借方：计算其挖、装、运的费用，其填与压已在填方内计算。

确定借方（压实方）普通土，推土机推土定额表号为 $[19\text{-}1\text{-}1\text{-}12\text{-}2]$，定额单位为 $1000m^3$ 天然密实方，由装载机装土定额表号为 $[15\text{-}1\text{-}1\text{-}10\text{-}2]$ 的定额表备注：已知装载机土方如需推土机配合推松、集土时，其人工、推土机台班数量按"推土机推运土方"第一个 20m 定额乘以 0.8 系数计算，普通土换算系数 1.16，运输换算系数 1.19。

8t 自卸汽车运土定额表号为 $[16\text{-}1\text{-}1\text{-}11\text{-}5+6]$ 或 $\left[16\text{-}1\text{-}1\text{-}11 \begin{smallmatrix}5\\6\end{smallmatrix}\right]$

① 挖方。工程量（采用天然方）：$491m^3×1.16=570m^3$

查定额：75kW 推土机推普通土（代号 8001002）在 $[19\text{-}1\text{-}1\text{-}12\text{-}2]$/$1\,000m^3$。

人工：0.8×2.6 工日×0.57=1.186 工日

8001002：0.8×2.66 台班×0.57=1.213 台班

基价：0.8×2 628 元×0.57=1 198 元

② 装土工程量（采用天然方）：同上 $570m^3$。

查定额：$2m^3$ 装载机装土定额表号为 $[15\text{-}1\text{-}1\text{-}10\text{-}2]$/$1\,000m^3$

8001047：1.41 台班×0.57＝0.803 7 台班

9999001：1 390 元×0.57＝792 元

③ 汽车运土工程量：491m³×(1.16+0.03)＝584m³，运距 1.5km。

查定额：10t 自卸汽车运土定额表号为 [16-1-1-11-5+6]/1 000m³。

8007014：(6.82+0.83) 台班×0.584＝4.467 6 台班

9999001：(5 178+630) 元×0.584＝3 392 元

5) 填方：套用相应的压实定额（1-1-18 机械碾压路基），定额单位：1 000m³，本例为压实方 2 400m³。本例从略。

6) 弃方：只计算其运输费用，其挖已在挖方内计算，如弃土场需要修整，需要修筑防护措施，需要对弃土方进行压实，应套用相应定额另行计算。本例从略。

【例 7-9】 表 7-11 为某高速公路某路段路基土石方调配表结果，试计算计价方，结果见表 7-11。

表 7-11 计价方计算表

挖方（天然方）					利用方（天然方）					填方（压实方）
松土	普通土	硬土	石方	合计	松土	普通土	硬土	石方	合计	
300 000	1 200 000	800 000	2 500 000	4 800 000	200 000	800 000	400 000	1 500 000	2 900 000	3 500 00
					=B3+C3+D3+E3					=G3+H3+I3+X3
1. 将利用方的天然方换算成压实方				压实系数	1.23	1.16	1.09	0.92		
				运输增加系数	0.03	0.03	0.03			=3 500 000−2 818 577
				压实方	158 730	672 269	357 143	1 630 435	2 818 577	
			=200 002/(1.23+0.03)							
2. 借方（假设为普通土）				总数量		681 423				=681 423×1.15
				挖，装数量		790 451				=581 423×(1.16+0.03)
				运输		810 893				
3. 弃方					松土	普通土	硬土	石方	合计	弃方不计运输损耗
				工程数量	100 000	400 000	400 000	1 000 000	1 900 000	

【例 7-10】 某高速公路长 28km，按设计断面的填方为 672 万 m³，无利用方，平均边坡长度为 10.5m，路基平均占地宽 45m，路基占地及取土坑均为耕地，土质为Ⅲ类土。采用 0.6m³ 以内挖掘机挖装土方，平均挖深 2.0m，填前以 12t 压路机压实耕地。

计算：填前压实增加土方量为多少？路基宽填增加土方量为多少？总计计价土方量（压实方）为多少？挖借方作业所需总基价为多少元？

【解】 1. 填前压实应计算的增加土方量

1) 清表、零填的基底压实、耕地填前压实回填至原地面，如图 7-8 所示。

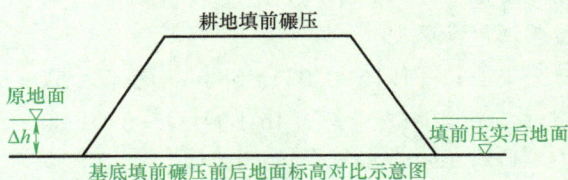

图 7-8　填前压实示意图

2）路基沉陷，如图 7-9 所示。

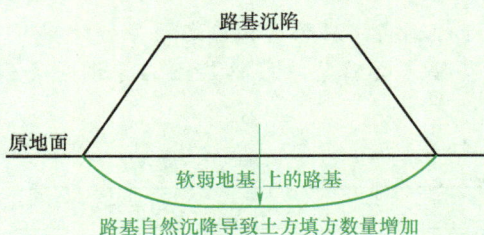

图 7-9　路基沉陷示意图

3）加宽填筑（计价不计量），如图 7-10 所示。

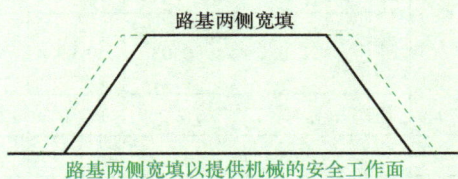

图 7-10　路基加宽填筑示意图

4）各项计算式如下：

$$\Delta h = p/c$$

式中　Δh——天然土因清表或压实而产生的沉降量（cm）；

p——有效作用力（kN/cm^2）；

c——土的抗沉陷系数（N/cm^3），取值见表 7-12。

表 7-12　各种原状土的 c 值参考表

原状土名称	$c/(N/cm^3)$
1. 沼泽土	1～1.5
2. 凝滞土、细粒砂	1.8～2.5
3. 松砂、松湿黏土、耕土	2.5～3.5
4. 大块胶结的砂、潮湿黏土	3.5～6.0
5. 坚实的黏土	10.0～12.5
6. 泥灰石	13.0～18.0

土方增加数量由设计者根据沉降理论计算或根据地区经验取定。

宽填土方量=填方区边缘全长×边坡的平均坡长×宽填厚度

2. 计算

1）借方用土土质：普通土（《预算定额》第一章的章说明）

2）填前压实增加：12t 压路机有效作用力 $6.6kg/cm^2$，耕地土的抗湿陷系数为 $0.35kg/cm^3$，则 $h=(6.6\div0.35)cm=18.86cm=0.188\,6m$。

增加土方（压实方）：45m×28 000m×0.188 6m＝237 636m³（借方）

3）宽填增加：28 000m×10.5m×0.2×2m＝117 600m³（天然方）

借方（压实方）：117 600m³÷1.16＝101 379m³

4）总计计价土方（压实方）：6 720 000m³＋237 636m³＋101 379m³＝7 059 015m³

5）挖装借方基价：依据《预算定额》中表［1-1-9］查得挖掘机挖装土方基价为 2 960元/1 000m³ 天然密实方。

则：总基价＝7 059 015m³×2 960元/1 000m³×1.16＝24 237 833.90 元。

【例7-11】　某施工图阶段高速公路粉喷桩施工，定额中规定直径50cm，水泥15%，设计工程桩直径为60cm，水泥20%，试查用定额计算材料设计调整用量和定额基价。

【解】　1）查该施工项目在定额表［1-2-6］中，见表7-13。

2）由表下小注可知，如果水泥掺量和桩径不同，需要对定额表中相关人工、材料、机械台班用量进行调整。

3）计算结果见表7-13。

表7-13　1-2-6水泥、石灰搅拌桩处理软土地基

工作内容——粉体搅拌桩：1）清理场地；2）放样定位；3）钻机安、拆；4）钻机搅拌，提钻并喷粉搅拌，复拌；5）移位；6）机具清洗及操作范围内料具搬运。

（单位：10m）

顺序号	项目	单位	代号	粉体喷射	
				水泥搅拌桩 桩长/m 10以内	
				1	＝0.3×1.1
1	人工	工日	1001001	0.3	0.33
3	熟石灰	t	5503003		＝0.557×0.36/0.25×0.1×2/0.15
4	32.5级水泥	t	5509001	0.557	1.069 ＝0.09×1.1
5	其他材料费	元	7801001	29.1	29.1
8	粉体发送设备	个	8011073	0.09	0.10
9	15m以内深层喷射搅拌机	台班	8011075	0.09	0.10
11	3m³/min以内机动空压机	台班	8017047	0.09	0.10
12	小型机具使用费	元	8099001	6.6	9.6
13	基价	元	9999001	330	

注：1. 本章定额是按桩径50cm编制的，当设计桩径不同时，桩径每增加5cm，定额人工和机械增加5%。

2. 本章定额中粉体喷射的水泥掺量为15%，石灰掺量为25%，浆体喷射的水泥掺量为12%；当掺入比不同或桩径不同时，可按下式调整固化材料的消耗：$Q=D^2\times m/D_0^2\times m_0\times Q_0$ 式中，Q 为设计固化材料消耗；Q_0 为定额固化材料消耗；D 为设计桩径；D_0 为定额桩径；m 为设计固化材料掺入比；m_0 为定额固化材料掺入比。

【例 7-12】 见表 7-14，某路基施工项目采用 15t 以内自卸汽车运输土方，若运距为 10.2km 和 10.3km 时，如何运用增运定额计算汽车台班消耗量？

表 7-14 1-1-11 自卸汽车运土、石方

工程内容：1）等待装、运、卸；2）空回。

（单位：1 000m³ 天然密实方）

顺序号	项目	单位	代号	土方					
				自卸汽车装载质量/t					
				10 以内		12 以内		15 以内	
				第一个 1km	每增运 0.5km	第一个 1km	每增运 0.5km	第一个 1km	每增运 0.5km
				5	6	7	8	9	10
1	6t 以内自卸汽车	台班	8007013						
2	8t 以内自卸汽车	台班	8007014						
3	10t 以内自卸汽车	台班	8007015	6.82	0.83				
4	12t 以内自卸汽车	台班	8007016			5.96	0.72		
5	15t 以内自卸汽车	台班	8007017					5.01	0.58
6	基价	元	9999001	5 178	630	5 015	606	4 643	538

【解】 （1）分析 按公路工程预算定额章、节说明，有如下规定（也适用于其他各章）：

1）>15km 时，按社会运输。

2）运距尾数不足一个增运定额单位的半数时不计。

3）等于或超过半数时按一个增运定额运距单位计算。

4）平均运距不扣减第一个 1km。

5）不分段套用。

（2）计算

1）平均运距 10.2km，套用第一个 1km 和运距 15km 以内的增运定额 18 个单位后尾数为 0.2km，18 个增运定额，不足一个增运定额单位（0.5km）的半数（0.25km），因此不计。

2）如平均运距为 10.3km，套用第一个 1km 和运距 15km 以内的增运定额 18 个单位后尾数为 0.3km，已超过一个增运定额单位（0.5km）的半数（0.25km），因此应计，增运单位则合计为 19 个。由预算定额表［1-1-11-9］可知：

∵ 10.2 = 10km+0.2km = 1+18×0.5km+0.2km（不足 0.25，舍）

∴ 平均运距 10.2km 时，15t 自卸汽车台班 = 5.01 台班+18×0.58 台班 = 15.45 台班。

∵ 10.3 = 10km+0.3km = 1+18×0.5km+0.3km（超过 0.25，进 1）

∴ 平均运距 10.3km 时，15t 自卸汽车台班 = 5.01 台班+19×0.58 台班 = 16.03 台班

任务设计与实施

1. 设计实施路径

（1）任务要求：1）查阅任一张路基工程定额表，结合专业课知识以思维导图的形式分析定额内容，并分析基价的组成。2）路基工程的土石方计量规则有哪些，如何套用定额，

如果土石方数量发生了改变，其定额基价会不会发生改变，举例说明。

（2）完成"任务导入"中工程背景项目的路基工程定额应用计算内容。

2. 呈现实施成果

要求：将实施结果打印在一张 A4 纸上，并粘贴在空白处。

图 7-11 为公路工程定额基价计算的思维导图作为学习参考。

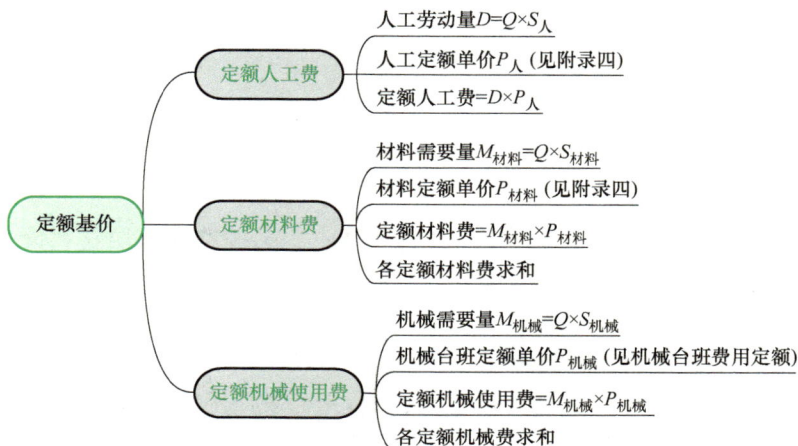

人工劳动量 $D=Q×S_人$

人工定额单价 $P_人$（见附录四）

定额人工费 $=D×P_人$

材料需要量 $M_{材料}=Q×S_{材料}$

材料定额单价 $P_{材料}$（见附录四）

定额材料费 $=M_{材料}×P_{材料}$

各定额材料费求和

机械需要量 $M_{机械}=Q×S_{机械}$

机械台班定额单价 $P_{机械}$（见机械台班费用定额）

定额机械使用费 $=M_{机械}×P_{机械}$

各定额机械费求和

定额基价：定额人工费、定额材料费、定额机械使用费

图 7-11 公路工程定额基价计算

任务评价

任务活动		任务评价（线上/线下）					
序号	名称	出勤与态度 20%	自评 10%	互评 10%	小组评价 10%	教师评价 50%	总评
1	任选一张路基工程定额表，分析基价组成						
2	计算路基土石方天然方、压实方、运输方						
3	资源需要量计算						

学习提示：

1. 路基工程定额应用时土石方量的换算及费用计算是重点也是难点，应认真参照案例学习，需要掌握三个方面内容：1）什么时候该用哪种密实程度的土石方，如何换算？2）借方和计价方是如何计算的？3）各种挖方和填方以及借方该查用哪个定额，与选定的施工方法有关；

2. 定额中基价的组成非常重要，请认真复核计算，分析其影响因素

任务拓展

查阅案例，路基工程施工 2018 版定额中有哪些新增项目如何应用？

任务 3 　路面工程定额的应用

任务导入

工程背景：某高速公路表面层设计采用 SMA 路面，设计材料稳定剂为合成矿物纤维素，设计掺入量为 0.35%，确定定额中稳定剂的数量。（沥青玛蹄脂碎石混合料拌和设备生产能力按 150t/h）

任务目标

1. 了解并熟悉路面工程工程预算定额的使用特点，掌握路面基层材料设计配合比与定额规定的配合比不一致时相应材料定额值的抽换，掌握超过规定压实厚度，需要分层碾压时，人工、机械定额值的增加量对基价的影响；
2. 熟悉路面面层施工预算定额的使用；
3. 熟悉预算定额总说明、章节说明对路面工程定额表使用的影响；
4. 掌握定额基价的计算方法；
5. 善于举一反三，勇于创新，专注责任、安全、环保。

相关知识

一、路面基层及垫层

《公路工程预算定额》（JTG/T 3832—2018）较以前版本主要增加了 2-1-13 沥青路面冷再生基层、2-1-14 泡沫沥青就地冷再生基层、2-1-15 泡沫沥青厂拌冷再生基层、2-2-20 片石混凝土路面、2-2-21 预制混凝土整齐块路面、2-2-22 煤渣、矿渣、石渣路面等新定额项，删除了 2-3-1 整修旧路面等定额项。

《预算定额》第二章第一节说明1：各类垫层、级配碎石基层、级配砾石基层的压实厚度在 15cm 以内，填隙碎石一层的压实厚度在 12cm 以内，各类稳定土基层、其他种类的基层和底基层压实厚度在 20cm 以内，拖拉机、平地机和压路机的台班消耗按定额数量计算。如超过上述压实厚度进行分层拌和、碾压时，拖拉机、平地机和压路机的台班消耗按定额数量加倍计算，每 1 000m² 增加 1.5 个工日，见表 7-15。

表 7-15　各类基层、垫层分层压实厚度要求

压实厚度	种类
12cm	填隙碎石一层
15cm	各类垫层
	级配碎石基层
	级配砾石基层
20cm	各类稳定土基层
	其他种类的基层
	其他种类的底基层

各类稳定土基层定额中的材料消耗是按一定比例编制的，当设计配合比与定额标明的配合比不同时，有关材料换算定额说明中有示例，可参考。

【例7-13】　某石灰、粉煤灰稳定碎石基层工程，采用路拌法，采用稳定土拌和机拌和，设计配合比为4∶11∶85，设计厚度为30cm，分层拌和、碾压。试按预算定额确定每1 000m² 资源消耗量。

【解】　（1）查《预算定额》第二章路面工程，该施工项目在表［2-1-4］路面工程石灰、粉煤灰稳定土基层（表7-16），即定额表号为［184-(2-1-4)-35、36］，可知设计配合比与定额标明的配合比不同（5∶15∶80），应对石灰、粉煤灰、碎石的材料用量进行抽换。

表 7-16　2-1-4 路拌法石灰、粉煤灰稳定土基层

工程内容：1）清扫整理下承层；2）铺料，铺灰，洒水，拌和；3）整形，碾压，找补；4）初期养护。

（稳定土拌和机拌和单位：1 000m²）

顺序号	项目	单位	代号	石灰粉煤灰碎石		石灰粉煤灰矿渣	
				石灰∶粉煤灰∶碎石=5∶15∶80		石灰∶粉煤灰∶矿渣=6∶14∶80	
				压实厚度20cm	每增减1cm	压实厚度20cm	每增减1cm
				35	36	37	38
1	人工	工日	1001001	16	0.6	15.6	0.6
2	粉煤灰	t	5501009	63.963	3.198	48.163	2.408
3	熟石灰	t	5503003	22.77	1.139	22.044	1.102
4	矿渣	m³	5503011	/	/	227.12	11.36
5	煤矸石	m³	5505009	/	/	/	/
6	碎石	m³	5505016	222.11	11.1	/	/
7	其他材料费	元	7801001	301	/	301	/
8	120kW 以内自行式平地机	台班	8001058	0.42	/	0.42	/
9	12~15t 光轮压路机	台班	8001081	0.37	/	0.37	/
10	18~21t 光轮压路机	台班	8001083	0.8	/	0.8	/
11	235kW 以内稳定土拌和机	台班	8003005	0.26	0.02	0.26	0.02
12	10000L 以内洒水汽车	台班	8007043	0.31	/	0.36	0.03
13	基价	元	9999001	36 622	1 748	32 748	1 565

1）方法一：基础用量计算法。

利用《预算定额》附录一：路面材料计算基础数据表（表7-17）计算。步骤如下：

表 7-17　路面材料计算基础数据 （单位：t/m³）

1. 多种材料混合结构，按压实混合料干密度计算，各种路面压实混合料干密度

石灰稳定土基层								石灰粉煤灰稳定土基层			
石灰土	石灰砂砾	石灰碎石	石灰砂砾土	石灰碎石土	石灰土砂砾	石灰土碎石	石灰粉煤灰	石灰粉煤灰土	石灰粉煤灰砂	石灰粉煤灰砂砾	石灰粉煤灰碎石
1.730	2.120	2.160	1.967	1.995	1.967	1.995	1.180	1.520	1.700	2.000	2.070

2. 各种路面材料松方干密度

土	矿	煤矸石	砂	沥青路面用机制砂	碎石	沥青路面用碎石	石屑	沥青路面用石屑	碎石土	石渣	砾石	砂砾	砂砾土
1.240	1.200	1.400	1.510	1.510	1.521	1.521	1.530	1.530	1.600	1.500	1.620	1.650	1.700

查附录一：路面材料计算基础数据表：5503003 熟石灰：$\gamma_{混干}=2.070t/m^3$，$\gamma_石=1.521t/m^3$，则

5503003 熟石灰：$\dfrac{4\times1\,000m^2\times0.3m\times2.070t/m^3\times(1+10\%)}{100}=27.324t$

5501009 粉煤灰：$\dfrac{11\times1\,000m^2\times0.3m\times2.070t/m^3\times(1+3\%)}{100}=70.360t$

5505016 碎石：$\dfrac{85\times1\,000m^2\times0.3m\times2.070t/m^3\times(1+2\%)}{100\times1.521t/m^3}=353.98m^3$

2）方法二：相对用量计算法。

相关材料调整后数量为：

5503003 熟石灰：$[22.77+1.139\times(30-20)]t\times4/5=27.328t$

5501009 粉煤灰：$[63.963+3.198\times(30-20)]m^3\times11/15=70.358m^3$

5505016 碎石：$[222.11+11.1\times(30-20)]m^3\times85/80=353.93m^3$

由上述计算结果可知，两种方法结果非常接近，可任意选用。

（2）根据《预算定额》第二章第一节说明 1，则人工和机械应分别调整为：

人工：$[16+0.6\times(30-20)+1.5]$工日 $=23.5$ 工日

120kW 以内自行式平地机：(0.42×2)台班 $=0.84$ 台班

12~15t 光轮压路机：(0.37×2)台班 $=0.74$ 台班

18~21t 光轮压路机：(0.8×2)台班 $=1.6$ 台班

其他机械可按第 35 子目定额表值与第 36 子目定额表值之和确定：

235kW 以内稳定土拌和机：$[0.26+0.02\times(30-20)]$台班 $=0.46$ 台班

10 000L 以内洒水汽车：$[0.31+0.02\times(30-20)]$台班 $=0.51$ 台班

应当注意：定额表中只要有工、料、机数量抽换或调整，其基价也应做相应调整。

30cm 厚的石灰粉煤灰碎石基层，按定额表：基价 $=[36\,622+1\,748\times(30-20)]$元 $=54\,102$ 元

又考虑到石灰、粉煤灰、碎石数量经过调整，其变化量分别为：

$\triangle_石灰=27.328t-(22.77+10\times1.139)t=-6.832t$

$\triangle_{粉煤灰}=70.36m^3-(63.963+10\times3.198)m^3=-25.583m^3$

$\triangle_{碎石} = 353.93\mathrm{m}^3 - (222.11 + 10 \times 11.1)\mathrm{m}^3 = 20.82\mathrm{m}^3$

另人工、平地机、压路机的数量也发生变化，其变化量分别为：

$\triangle_{人工} = 1.5$ 工日

$\triangle_{平地机} = 0.42$ 台班

$\triangle_{12\sim15t光轮压路机} = 0.37$ 台班

$\triangle_{18\sim21t光轮压路机} = 0.8$ 台班

查阅《预算定额》附录四可知材料的定额单价。

查阅《公路工程机械台班费用定额》(JTG/T 3833—2018)可知机械台班的定额单价。

因此，调整后的定额基价应为：

1）方法一（定义法）：新基价 = 人工费 + $\sum$材料费 + $\sum$机械使用费

$= (23.5 \times 106.28)$ 元 + $(27.324 \times 145.63 + \cdots)$ 元 +

$(0.84 \times 1\,188.74 + \cdots)$ 元

$= 51\,540$ 元

2）方法二（差值法）：新基价 = 原定额基价 + $\triangle_{费用}$

$= (36\,622 + 10 \times 1\,748)$ 元 + $\triangle_{费用} = 54\,102$ 元 + $\triangle_{费用}$

$\triangle_{费用}$ = 人工数量差 × 定额单价 + $\sum$（材料数量差 × 定额单价）+ $\sum$（机械台班数量差 × 定额单价）

$= 2\,561$ 元

新基价 = $54\,102$ 元 - $2\,561$ 元 = $51\,541$ 元

二、路面面层

使用定额前，应认真阅读总说明、章节说明及表后小注。《预算定额》路面面层的节说明 5~10 如下：

1）沥青路面定额中均未包括透层、黏层和封层，需要时可按有关定额另行计算。

2）沥青路面定额中的乳化沥青和改性沥青均按外购成品料进行编制。当在现场自行配制时，其配制费用计入材料预算价格中。

3）当沥青玛蹄脂碎石混合料设计采用的纤维稳定剂的掺加比例与定额不同时，可按设计用量调整定额中纤维稳定剂的消耗。

4）沥青路面定额中，均未考虑为保证石料与沥青的黏附性而采用的抗剥离措施的费用，需要时，应根据石料的性质，按设计提出的抗剥离措施，计算其费用。

5）在冬五区、冬六区采用层铺法施工沥青路面时，其沥青用量可按定额用量乘以下列系数：沥青表面处治为 1.05；沥青贯入式基层为 1.02、面层为 1.028；沥青上拌下贯式下贯部分为 1.043。

6）本章定额系按一定的油石比编制的。当设计采用的油石比与定额不同时，可按设计油石比调整定额中的沥青用量。换算公式如下：

$$S_i = S_d \times L_i / L_d$$

式中　S_i——按设计油石比换算后的沥青数量；

S_d——定额中的沥青数量；

L_d——定额中标明的油石比；

L_i——设计采用的油石比。

【例7-14】 已知南京地区某路面工程项目粗粒式沥青混凝土混合料拌和工作，已知路面宽度为27m，厚度5cm，铺筑路面长度为3km，试计算其用油量。

【解】 查知该项目在预算定额表 [2-2-11]，见表7-18。

则 $M = Q \times S = 27m \times 3\,000m \times 0.05m / 1\,000m^3 \times 106.394t$

$= 4.05 \times 106.394t = 430.896t$

注：如果施工地区在冬五、冬六区，则用油量为430.896t×1.028。

表7-18 2-2-11 沥青混凝土混合料拌和

工程内容：1）沥青加热、保温、输送；2）装载机铲运料、上料，配运料；3）矿料加热烘干；4）拌和，出料。

Ⅰ. 粗粒式

（单位：1 000m³ 路面实体）

顺序号	项目	单位	代号	沥青混合料拌和设备生产能力（t/h）					
				30 以内	60 以内	120 以内	160 以内	240 以内	320 以内
				1	2	3	4	5	6
1	人工	工日	1001001	123.7	51.8	37.3	29	24.8	20.8
2	粗粒式沥青混凝土	m³	1505005	(1 020.0)	(1 020.0)	(1 020.0)	(1 020.0)	(1 020.0)	(1 020.0)
3	石油沥青	t	5503013	106.394	106.394	106.394	106.394	106.394	106.394
4	矿粉	t	5503013	105.7	105.7	105.7	105.7	105.7	105.7
5	路面用石屑	m³	5503015	390.69	390.69	390.69	390.69	390.69	390.69
6	路面用碎石（1.5cm）	m³	5505017	518.2	518.2	518.2	518.2	518.2	518.2
7	路面用碎石（2.5cm）	m³	5505018	553.01	553.01	553.01	553.01	553.01	553.01
8	路面用碎石（3.5cm）	m³	5505019	73.65	73.65	73.65	73.65	73.65	73.65
9	其他材料费	元	7801001	186.1	186.1	186.1	186.1	186.1	186.1
10	设备摊销费	元	7901001	5 118.4	2 964.0	2 557.8	2 288.1	2 233.0	2 136.2
11	10m³ 以内轮胎式装载机	台班	8001045	16.21	—	—	—	—	—
12	2.0m³ 以内轮胎式装载机	台班	8001047	—	10.2	7.35	6.48	5.21	—
13	3.0m³ 以内轮胎式装载机	台班	8001049	—	—	—	—	—	2.64

【例7-15】 某高速公路表面层设计采用SMA路面，设计材料稳定剂为合成矿物纤维素。问：

1）沥青碎石玛蹄脂定额油石比为6.20，如设计油石比为5.82，请对改性沥青用量进行调整。

2）如设计掺入量为0.35%，请确定定额中稳定剂的数量（沥青玛蹄脂碎石混合料拌和设备生产能力按240t/h计）。

【解】 1）确定套用定额表 [2-2-12]，见表7-19，改沥青用量调整为145.276t×5.82÷6.20=136.372t。

2）确定套用定额表［2-2-12-3］（表7-19），定额中稳定剂的掺入量按路面材料总质量的0.3%计算。定额中1 000m³ 路面实体纤维稳定剂7.344t。

纤维稳定剂（代号5003001）的场内运输及操作损耗率为2%（附录四）。

路面体积1 020m³，SMA的材料干密度为：2.365t/m³（附录一），则

$$7.344t÷1.02÷1 020m³÷2.365t/m³=0.3\%$$

第一种方法：7.344t×0.35%÷0.3%=8.568t

第二种方法：1 020m³×2.365t/m³×0.35%×1.02=8.612t

表7-19 2-2-12沥青玛蹄脂碎石混合料拌和

工作内容1）沥青加热、保温、输送；2）装载机铲运料、上料，配运料；3）添加纤维稳定剂；4）矿料加热烘干；5）拌和，出料。

（单位：1 000m³ 路面实体）

顺序号	项目	单位	代号	沥青玛蹄脂碎石混合料拌和		
				沥青混合料拌和设备生产能力（t/h）		
				160以内	240以内	320以内
				2	3	4
1	人工	工日	1001001	32.3	27.9	23.3
2	沥青碎石玛蹄脂	m³	1505014	(1 020)	(1 020)	(1 020)
3	改性沥青	t	3001002	145.276	145.276	145.276
4	纤维稳定剂	t	5003001	7.344	7.344	7.344
5	路面用机制砂	m³	5503006	148.12	148.12	148.12
6	矿粉	t	5503013	207.64	207.64	207.64
7	路面用碎石（1.5cm）	m³	5505017	1 236.02	1 236.02	1 236.02
8	其他材料费	元	7801001	279.1	279.1	279.1
9	设备摊销费	元	7901001	3 119.6	3 044.3	2 912.3
10	2.0m³ 以内轮胎式装载机	台班	8001047	7.56	6.08	—
14	240t/h以内沥青混合料拌和设备	台班	8003052		1.89	
17	5t以内自卸汽车	台班	8007012	2.91	2.16	1.48
18	基价	元	9999001	1 151 821	1 146 048	1 143 544

任务设计与实施

1. 设计实施路径

（1）任务准备：1）查阅任一张路面工程定额表，结合专业课知识以思维导图的形式分析路面工程预算定额内容，并分析基价的组成。2）路面工程基层及垫层进行定额应用时，尤其要注意压实厚度的问题，一旦超出规定的厚度，为保证压实度，是必须要分层碾压的，分层碾压会带来人工和某些机械的数量增加，其定额基价也会发生改变，举例说明。

（2）完成"任务导入"中背景项目路面工程定额应用计算内容。

2. 呈现实施成果

要求：将实施结果打印在一张A4纸上，并粘贴在空白处。

图 7-12 为路面基层材料用量换算的思维导图作为学习参考。

图 7-12　路面基层材料用量换算

任务评价

任务活动		任务评价（线上/线下）					
序号	名称	出勤与态度20%	自评10%	互评10%	小组评价10%	教师评价50%	总评
1	任选一张路面工程定额表，分析基价组成						
2	分层碾压路面基层材料抽换方法						
3	用油量和改性沥青混合料掺加材料用量调整						

学习提示：

1. 路面工程设计材料配合比与定额规定的不同，如何换算？
2. 分层碾压时，人工和机械用量是会发生改变的，基价也会随之改变；
3. 定额中基价的组成非常重要，请认真复核计算，分析其影响因素

任务拓展

查阅案例，路面工程施工 2018 版定额中有哪些新增项目？如何应用？

任务4　桥涵工程定额的应用

任务导入

工程背景： A 公司拟参与某省××高速公路××标段投标竞争。从招标图纸中看出，在该标段中有大桥一座，墩台 60 根（共 10 排），设计桩长 30m（从承台顶到桩底），承台高1.5m，桩径为 150cm，桩身混凝土 C25，每根桩所处地层平均由上到下依次为轻亚黏土 9m，砂砾层 15m，以下为松软岩石。已知招标文件"工程量清单计量规则"规定：钻孔灌注桩以实际完成并经监理工程师验收后的数量，按不同类型、桩径和陆上、水中的桩长以米计

量。计量应自图纸所示或监理工程师批准的标底标高至承台底或系梁底；开挖、钻孔、清孔、钻孔泥浆、护筒、混凝土、破桩头，以及必要时在水中填土筑岛、搭设工作台架及浮箱平台、栈桥等其他为完成工程的细目，作为钻孔灌注桩的附属工作，不另行计量。

试确定该项目预算定额，并按预算定额有关规定估算钢护筒设计质量。

任务目标

1. 了解并熟悉桥梁工程定额的组成及应用特点，能结合施工技术和施工方法正确查用定额；
2. 设计情况如果与定额规定的条件不符，能进行合理的定额抽换；
3. 能根据具体施工项目，正确选用定额，注意施工工序的系统性，尽量做到"不重不漏"；
4. 善于举一反三，勇于创新，认真严谨。

相关知识

一、桥梁工程预算定额的应用简述

1. 桥涵新定额的增删

根据施工技术的发展，《公路工程预算定额》（JTG/T 3832—2018）在桥涵工程定额中，比较显著的变化是一般项目的人工都减少了 10%~50%；施工机械的人工也有减少，有的取消，有的减半；主要增加了与新技术、新工艺、新材料有关的 4-4-6 旋挖钻机钻孔、4-4-7 全套管钻机钻孔、4-6-15 转体磨心、磨盖混凝土、钢筋、4-6-15 转体施工、4-7-32 短线匹配法预制、安装节段箱梁（图 7-13）、4-7-33 平板拖车运输钢筋笼和 4-8-7 运梁车运输和 4-11-1 沥青麻絮沉降缝等新定额项；删除了逐步废除的旧工艺与旧方法，如 4-7-22 预制双曲拱桥构件、4-7-23 安装双曲拱桥构件、4-7-33 木结构吊装设备、4-10-1~4-10-4、4-11-1 平整场地等定额项。

a) 箱梁挂篮施工　　　　　b) 安装节段箱梁

图 7-13　节段箱梁施工

2. 水泥混凝土、钢筋、模板工程的一般规定

1）定额中钢筋采用新规表示方法：HPB300、HRB400，取消Ⅰ级钢筋、Ⅱ级钢筋。
2）施工机械不得抽换，不能因为机械种类、规格与定额不同而进行抽换。
3）机械幅度差：已考虑了工地合理的停置、空转和必要的备用台班。备用台班示例：钢管拱拱内泵送混凝土。

4）混凝土配合比：附录一，这部分内容与2007版定额基本相同，没有变化。

定额中混凝土强度的表示方法有改变，采用：混凝土种类（汉字）强度等级（C数字）-水泥标号（数字）-碎石粒径（数字），如：普C25-32.5-4、泵C35-42.5-2，配合比中已含材料场内运输及操作损耗，不要重复计算。

5）其他材料费：黄油、安全网、氧气、乙炔等费用。

6）小型机械费：手拉葫芦、滑车、钢筋弯曲机等费用。

7）注意：某某数以内，表示包含某某数；某某数以外，表示不包含某某数。

8）定额基价：海拔超过3 000m以上，基价×1.3系数。

9）工料机代号：工料机名称识别的符号，编码采用7位数。

**混凝土强度
定额抽换**

3. 注意事项

使用桥涵工程定额之前，应反复阅读预算定额总说明，章、节说明，以及每张表后的小注，还有《预算定额》的4个附录，因为这些内容都有可能对应用定额产生影响。

二、桥涵工程定额的应用案例

【例7-16】 某桥梁的台帽工程设计为C35钢筋混凝土，采用32.5级水泥，4cm碎石，台帽钢筋为HPB300（Ⅰ级钢筋）25t，HRB400（Ⅱ级钢筋）30t，确定混凝土及钢筋的预算定额值。非泵送。

【解】 1. 混凝土工作定额

（1）由预算定额目录可知此定额在《预算定额》的定额表号为［4-6-3］（表7-20）。

表7-20 4-6-3墩、台帽及拱座

工程内容：1）定型钢模板安装、拆除、修理、涂脱模剂、堆放；2）钢筋除锈、制作、电焊、绑扎；3）混凝土浇筑、捣固、养护。

1. 混凝土 （单位：10m³实体）

顺序号	项目	单位	代号	墩、台帽		拱座	
				非泵送	泵送	非泵送	泵送
				1	2	3	4
1	人工	工日	1001001	12.4	10.4	11.2	9.2
2	普C30-32.5-4	m³	1503034	(10.20)	—	(10.20)	—
3	泵C30-32.5-4	m³	1503084	—	(10.40)	—	(10.40)
4	8~12号铁丝	kg	2001021	—	—	0.31	0.31
5	钢管	t	2003008	—	—	0.009	0.009
6	钢模板	t	2003025	0.049	0.049	0.028	0.028
7	螺栓	kg	2009013	5.91	5.91	3.44	3.44
8	铁件	kg	2009028	3.48	3.48	2.03	2.03
9	铁钉	kg	2009030	—	—	0.26	0.26
10	水	m³	3005004	12	18	12	18
11	锯材	m³	4003002	—	—	0.03	0.03

（2）确定定额表号为［667-4-6-3-1］或［40603001］和［669-4-6-3-9］或［40603009］。

（3）该定额子目中混凝土配合比与设计配合比不同；HPB300（Ⅰ级钢筋）和HRB400（Ⅱ级钢筋）的比例不同需进行换算。

当混凝土强度等级及砂浆强度等级与设计强度等级不同时，需运用基本定额进行抽换。基本定额是指在合理的条件下，为生产单位数量半成品、中间产品所规定的各种资源（工、料、机、费用等）消耗量标准。基本定额按其消耗资源对象的不同可分为劳动定额和材料消耗定额两类，基本定额的具体内容见《预算定额》附录二，其用途在进行定额抽换和分析分项工程或半成品所需的人工、材料、机械消耗量。

（4）计算定额值：

混凝土：查《预算定额》附录二基本定额的混凝土配比表（不可作为施工配合比使用）可知：$1m^3$ C35 混凝土需：32.5 级水泥 418kg，中粗砂 $0.45m^3$，碎石 $0.82m^3$。

32.5 级水泥：$418kg/m^3 \times 10.20m^3 = 4.264t$

中粗砂：$0.45m^3/m^3 \times 10.20m^3 = 4.59m^3$

碎石：$0.82m^3/m^3 \times 10.2m^3 = 8.364m^3$

其他：人工 12.4 工日，钢模板 0.049t，螺栓 5.91kg，铁件 3.48kg。

水：$12m^3$，其他材料费 86.2 元。25t 以内汽车式起重机 0.66 台班，小型机具使用费 11.4 元。

2. 钢筋工作定额（表 7-21）

表 7-21　钢筋工作定额

（单位：1t）

顺序号	项目	单位	代号	桥（涵）台帽	桥（涵）墩帽及拱座	箱形拱桥拱座
				5	6	7
1	人工	工日	1001001	6.9	6.4	7.9
2	HPB300 钢筋	t	2001001	0.17	0.17	0.257
3	HRB400 钢筋	t	2001002	0.855	0.855	0.768
4	20~22 号铁丝	kg	2001022	2.86	2.86	2.35
5	钢板	t	2003005	—	—	0.126
6	电焊条	kg	2009011	2.23	2.23	3.75
7	其他材料费	元	7801001	—	—	15.1
8	32kV·A 以内交流电弧焊机	台班	8015028	0.32	0.32	0.89
9	小型机具使用费	元	8099001	18.8	18.8	22.2
10	基价	元	9999001	4 181	4 212	4 956

定额中Ⅰ、Ⅱ级钢筋比例为 0.17∶0.855 = 1∶5.029，设计为 1∶1.2，需换算。

设Ⅰ级钢筋为 x，Ⅱ级钢筋为 y，则

$$\begin{cases} \dfrac{x}{y} = \dfrac{25}{30} \\ x + y = 0.17 + 0.855 = 1.025 \end{cases} \Rightarrow \begin{cases} x = 0.466 \\ y = 0.559 \end{cases}$$

人工 6.9 工日，HPB300（Ⅰ级钢筋）0.466t，HRB400（Ⅱ级钢筋）0.559t，电焊条 2.23kg，20~22 号铁丝 2.86kg，32kV·A 以内交流电弧焊机 0.32 台班，小型机具使用费 18.8 元。

基价 =（自行计算）

【例 7-17】　求 M10 水泥砂浆砌筑、M12.5 水泥砂浆勾缝的浆砌片石轻型桥台预算定额。

【解】　查《预算定额》表 [4-5-2-5]，见表 7-22。

根据定额，砌筑用 M7.5 水泥砂浆为 3.50m³，勾缝用 M10 水泥砂浆为 0.17m³，基价为 2 673 元。实际砌筑用 M10 水泥砂浆，勾缝用 M12.5 水泥砂浆，故需要抽换。

表 7-22　4-5-2　浆砌片石

工程内容：1）选、修、洗石料；2）搭、拆脚手架、踏步或井字架；3）配、拌、运砂浆；4）砌筑；5）勾缝；6）养护。

（单位：10m³ 实体）

顺序号	项目	单位	代号	轻型墩台拱上横墙 墩上横墙	拱圈	锥坡、沟槽、池
				5	6	7
1	人工	工日	1001001	10	10.5	8.7
2	M7.5 水泥砂浆	m³	1501002	(3.50)	(3.50)	(3.50)
3	M10 水泥砂浆	m³	1501003	(0.17)	(0.18)	(0.29)
4	8~12 号铁丝	kg	2001021	2.2	1.5	—
5	钢管	kg	2003008	0.006	—	—
6	铁钉	m³	2009030	0.2	0.1	—
7	水	m³	3005004	10	15	18
8	原木	m³	4003001	0.02	0.01	—
9	锯材	m³	4003002	0.04	0.02	—
10	中（粗）砂	m³	5503005	4	4.01	4.13
11	片石	m³	5505005	11.5	11.5	11.5
12	32.5 级水泥	t	5509001	0.984	0.987	1.021
13	其他材料费	元	7801001	4.1	4.4	1.2
14	1.0m³ 以内轮胎式装载机	台班	8001045	0.1	0.1	0.08
15	400L 以内灰浆搅拌机	台班	8005013	0.15	0.15	0.15
16	基价	元	9999001	2 673	2 670	2 443

查《预算定额》附录二基本定额的砂浆配合比表，见表 7-23，可知：

1m³ M10 水泥砂浆材料用量：32.5 级水泥 0.311t，中（粗）砂 1.07m³。

1m³ M12.5 水泥砂浆材料用量：32.5 级水泥 0.345t，中（粗）砂 1.07m³。

查《预算定额》附录四定额人工、材料、设备单价表得材料基价：32.5 级水泥 307.69 元/t，中（粗）砂 87.38 元/m³。

将定额表 [4-5-2] 中原 32.5 级水泥 0.984t、中（粗）砂 4.00m³ 及基价换为：

32.5 级水泥砂浆 = 0.311t×3.5+0.345t×0.17 = 1.147t

中（粗）砂 = 1.07m³×3.50+1.07m³×0.17 = 3.927m³

基价 = 2 673 元 +（1.147 − 0.984）t×307.69 元/t +（3.927 − 4.00）m³×87.38 元/m³ = 2 717元

原定额中其他人工、材料、机械及其他材料费不变。

表 7-23　砂浆配合比表

顺序号	项目	单位	水泥砂浆										
			砂浆强度等级										
			M5	M7.5	M10	M12.5	M15	M20	M25	M30	M35	M40	M50
			1	2	3	4	5	6	7	8	9	10	11
1	32.5 级水泥砂浆	kg	218	266	311	345	393	448	527	612	693	760	—
2	42.5 级水泥砂浆	kg	—	—	—	—	—	—	—	—	—	—	1000
3	熟石灰	kg	—	—	—	—	—	—	—	—	—	—	—
4	中（粗）砂	m³	1.12	1.09	1.07	1.07	1.07	1.06	1.02	0.99	0.98	0.95	0.927

顺序号	项目	单位	水泥砂浆				混合砂浆				石灰砂浆	水泥浆	
			砂浆强度等级										
			1:1	1:2	1:2.5	1:3	M2.5	M5	M7.5	M10	M1	32.5	42.5
			12	13	14	15	16	17	18	19	20	21	22
1	32.5 级水泥砂浆	kg	780	553	472	403	165	210	253	290	—	1 348	—
2	42.5 级水泥砂浆	kg	—	—	—	—	—	—	—	—	—	—	1 498
3	熟石灰	kg	—	—	—	—	127	94	61	29	207	—	—
4	中（粗）砂	m³	0.67	0.95	1.01	1.04	1.04	1.04	1.04	1.04	1.1		

注：表列用量已包括场内运输及操作损耗。

【例 7-18】 现浇混凝土预应力箱梁工作采用 C45 泵送混凝土浇筑，试确定中（粗）砂、碎石（2cm）和 42.5 级水泥砂浆的定额消耗量，并确定基价。

【解】 1）确定该项目套用定额表 ［4-6-10-2］，见表 7-24，查阅定额用的泵送混凝土 C50-42.5-2，与设计不符，混凝土的组成材料需要抽换。

2）查《预算定额》附录二基本定额（表 7-25），知设计用 C45 泵送混凝土的各材料每 1m³ 消耗量：42.5 级水泥砂浆 512kg/m³，中（粗）砂 0.54m³/m³，碎石 0.67m³/m³。则有：

42.5 级水泥砂浆：10.40m³×0.512t/m³ = 5.325t

中（粗）砂：10.40m³×0.54m³/m³ = 5.62m³

碎石：10.40m³×0.67m³/m³ = 6.97m³

3）材料用量发生变化，基价需要重新计算：各材料单价查《预算定额》附录四，则

新基价 = 6 826 元 +（5.62 − 5.51）m³×87.38 元/m³ +（6.97 − 6.86）m³×63.11 元/m³ +（5.325 − 5.762）t×367.52 元/t = 6 682 元

表 7-24 **4-6-10 现浇混凝土预应力箱梁**

工作内容：1）搭、拆轻型上下架；2）钢模板安装、拆除、修理、涂脱模剂、堆放；3）钢筋除锈、制作、电焊、绑扎及骨架吊装入模；4）混凝土浇筑、捣固、养护。

（单位：表列单位）

顺序号	项目	单位	代号	支架现浇箱梁混凝土	
				非泵送	泵送
				10m³ 实体	
				1	2
1	人工	工日	1001001	11.6	11.6
2	普 C50-42.5-2	m³	1503018		
3	泵 C50-42.5-2	m³	1503069	(10.40)	
	泵 C45-42.5-2	m³	1503068		(10.40)
4	HPB300 钢筋	t	2001001	0.001	0.001
5	HRB400 钢筋	t	2001002	0.007	0.007
13	水	m³	4003001	21	21
16	中（粗）砂	m³	5503005	5.51	5.62
17	碎石（2cm）	m³	5505012	6.86	6.97
18	42.5 级水泥	t	5509002	5.762	5.325
19	其他材料费	元	7801001	55.7	55.7
20	设备摊销费	元	7901001		
32	小型机具使用费	元	8099001	12.8	12.8
33	基价	元	9999001	6 826	6 682

表 7-25 **泵送混凝土** （单位：1m³ 混凝土）

序号	项目	单位	普通混凝土					泵送混凝土							
			碎（砾）石最大粒径（mm）												
			40		80			20							
			混凝土强度等级												
			C50	C55	C10	C15	C20	C15	C20	C25	C30	C35	C40		C45
			水泥强度等级												
			42.5	52.5	52.5	32.5	32.5	32.5	32.5	32.5	32.5	32.5	42.5	32.5	42.5	42.5
			31	32	33	34	35	36	37	38	39	40	41	42	43	44	45
1	水泥	kg	487	430	451	212	253	282	321	354	407	443	491	431	538	471	512
2	中（粗）砂	m³	0.43	0.41	0.41	0.58	0.55	0.54	0.59	0.57	0.56	0.55	0.54	0.56	0.52	0.54	0.54
3	碎（砾）石	m³	0.79	0.84	0.83	0.83	0.83	0.82	0.75	0.75	0.71	0.7	0.69	0.7	0.67	0.69	0.67

【例7-19】　粉剂FDN-9000缓凝高效减水剂，掺量为水泥的0.3%，5 000元/t，掺后节约水泥15%，试确定掺减水剂后的水泥用量及基价。

【解】　1）查《预算定额》确定定额表号为［4-6-10］，见表7-26。将减水剂在其他材料费一栏列入。

2）计算减水剂用量和费用，见表7-26。

3）计算新的水泥用量，见表7-26。

4）计算新的基价，见表7-26。

表7-26　4-6-10 现浇混凝土预应力箱梁

工作内容：1）搭、拆轻型上下架；2）钢模板安装、拆除、修理、涂脱模剂、堆放；3）钢筋除锈、制作、电焊、绑扎及骨架吊装入模；4）混凝土浇筑、捣固、养护。

（单位：表列单位）

顺序号	项目	单位	代号	支架现浇箱梁混凝土		
				非泵送	泵送	
				10m³ 实体		
				1	2	
1	人工	工日	1001001		11.6	11.6
2	普 C50-42.5-2	m³	1503018			
3	泵 C50-42.5-2	m³	1503069		(10.40)	
4	HPB300 钢筋	t	2001001		0.001	0.001
5	HRB400 钢筋	t	2001002		0.007	0.007
13	水	m³	4003001		21	21
16	中（粗）砂	m³	5503005		5.51	5.62
17	碎石（2cm）	m³	5505012		6.86	6.97 =5.762×(1-15%)
18	42.5级水泥	t	5509002		5.762	4.898 =55.7+5.762×0.3%×5 000
19	其他材料费	元	7801001		55.7	142.1
20	设备摊销费			=6 826+5.762×0.3%×5 000+(4.898-5.762)×367.52		
32	小型机具使用费	元	8099001		12.8	12.8
33	基价	元	9999001		6 826	6 595

【例7-20】　某2孔跨径为20m的石拱桥，其木拱架示意图如图7-14、图7-15所示，制备1孔木拱盔（满堂式），试确定其实际周转次数为2次的周转性材料预算定额。

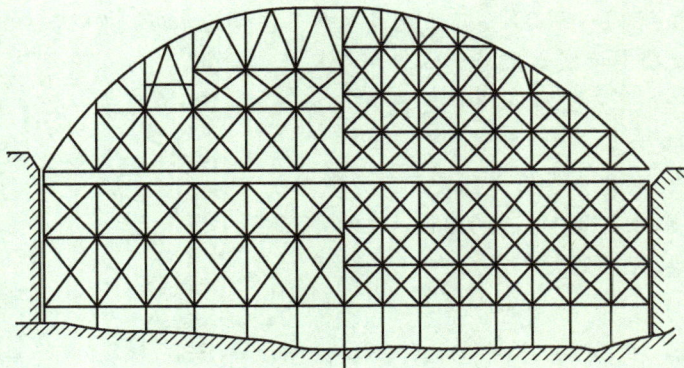

图 7-14　排架式木拱架（m）

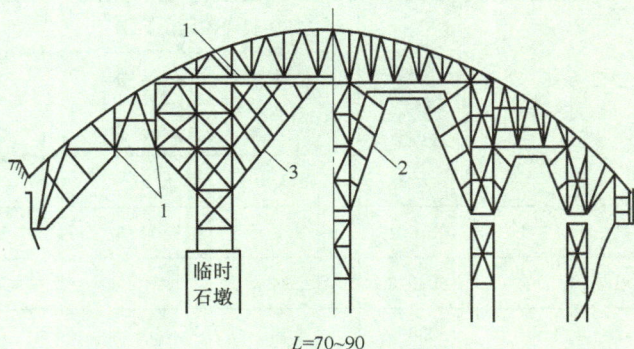

$L=70\sim90$

图 7-15　撑架式木拱架（m）

1—卸架设备　2—斜撑　3—横向斜夹木

【解】　（1）由预算定额目录可知此定额表号为［4-9-2］，见表7-27。

（2）确定定额表号为［836-4-9-2-2］或［40902002］。

（3）该定额总说明第8条规定：周转及摊销材料定额用量换算（表7-28），如确因施工安排达不到规定的周转次数时，就地浇筑钢筋混凝土梁用的支架及拱圈的拱盔、支架及金属设备，需要进行周转及摊销材料定额用量换算。而其他周转性、摊销性材料已按规定的周转、摊销次数计入定额中，不论周转或摊销次数是否达到或超过规定次数，一般均不做调整。

材料换算周转（或摊销）次数后的用量按下式计算：

$$\text{定额用量} = \frac{\text{图纸一次使用量} \times (1+\text{场内运输及操作损耗})}{\text{周转次数（或摊销次数）}}$$

在《预算定额》的附录中编制有材料的周转及摊销定额，它的主要用途有：

① 规定各种周转性材料的周转、摊销次数；

② 对达不到规定周转次数的材料定额进行抽换。

具体计算可按下式进行：

$$E' = E \times K$$

式中　E'——实际周转次数的周围性材料定额；

　　　E——定额规定的周转性材料定额；

　　　K——换算系数，用下式计算：

表7-27 4-9-2桥梁拱盔

工程内容：木拱盔：1）拱盔制作、安装与拆除；2）工作台的搭设与拆除；3）桁构式拱盔，包括扒杆移动、吊装、拆除，架设及拆除缆风，地锚埋设与拆除。

钢拱架：1）全套金属设备的安装、拆除；2）脚手架、工作台、铁梯等附属设备的制作、安装、拆除；3）临时钢拱座、分配梁。

（单位：表列单位）

顺序号	项目	单位	代号	木拱盔					箱形拱桥钢拱架		
				满堂式			桁架式		安装及拆除	横移10m	横移每增减2m
				跨径/m							
				10以内	20以内	50以内	20以内	50以内			
				10m² 立面积					10t 钢拱架		
				1	2	3	4	5	6	7	8
1	人工	工日	1001001	75.6	40.3	30.3	42.7	31.1	40.6	13.1	1.6
2	HPB300钢筋	t	2001001	—	—	—	—	—	0.02		
3	预应力粗钢筋	t	2001006	—	—	—	—	—		0.019	0.002
4	钢丝绳	t	2001019	—	—	—	0.006	0.003	0.32		
5	钢板	t	2003005	—	—	—	—	—		0.52	0.047
6	铁件	kg	2009028	76.5	41.8	35	96.6	51.3	72.5		
7	铁钉	kg	2009030	2.1	1.1	0.9	2.1	1.9	0.9		
8	水	m³	3005004	—	—	—	—	—	1		
9	原木	m³	4003001	1.12	0.47	0.95	0.98	0.55			
10	锯材	m³	4003002	2.79	1.63	0.57	1	0.95	0.6		

表7-28 材料的周转及摊销

序号	材料名称	单位	工料机代号	空心墩及索塔钢模板	悬浇箱形梁钢模	悬浇箱形梁、T形梁、T形刚构、连续梁木模板	其他混凝土的木模板及支架、拱盔、隧道开挖衬砌用木支撑等	水泥混凝土路面
				1	2	3	4	5
1	木料	次数	—	—	—	8	5	20
2	螺栓、拉杆	次数	—	12	12	12	8	20
3	铁件	次数	2009028	10	10	10	5	20
4	铁钉	次数	2009030	4	4	4	4	4
5	8~12号铁丝	次数	2001021	1	1	1	1	1
6	钢模	次数	2003025	100	80			

注：模板钉有铁皮者，木料周转次数应提高50%，打入混凝土中不抽出的拉杆及预埋螺栓周转次数按1次计。

$$K = n'/n$$

式中 n——定额规定的材料周转次数；

n'——实际的材料周转次数。

计算结果如下（表7-29）：

表 7-29 计算结果

序号	材料规格名称	单位	定额值 E	定额规定的周转次数 n	实际周转次数 n'	换算系数 K	换算值 E'
1	原木	m³	0.47	5	2	2.5	1.175
2	锯材	m³	1.63	5	2	2.5	4.075
3	铁件	kg	41.8	5	2	2.5	104.5
4	铁钉	kg	1.1	4	2	2	2.2

【例7-21】 A公司拟参与某省××高速公路××标段投标竞争，招标文件中施工图设计图纸中显示：在该标段中有大桥一座，墩台60根（共10排），设计桩长30m（从承台顶到桩底），承台高1.5m，桩径为150cm，桩身混凝土C25，每根桩所处地层平均由上到下依次为轻亚黏土9m，砂砾层15m，以下为松软岩石。大桥灌注桩工程量：桩径150cm，总长1 710m。

试确定灌注桩预算定额。

分析：预算定额对灌注桩的有关规定如下：

1. 灌注桩钻孔根据钻孔的难易程度，将土质分为八种：

1）砂土：粒径不大于2mm的砂类土，包括淤泥、轻亚黏土。

2）黏土：亚黏土、黏土、黄土，包括土状风化。

3）砂砾：粒径2~20mm的角砾、圆砾含量（指重量比，下同）小于或等于50%，包括礓石及粒状风化。

4）砾石：粒径2~20mm的角砾、圆砾含量大于50%，有时还包括粒20~200mm的碎石、卵石，其含量在10%以内，包括块状风化。

5）卵石：粒径20~200mm的碎石、卵石含量大于10%，有时还包括块石、漂石，其含量在10%以内，包括块状风化。

6）软石：饱和单轴极限抗压强度在40MPa以下的各类松石，如盐岩，胶结不紧的砾岩、泥质页岩、砾岩，较结实的泥灰岩、块石及漂石土，软而节理较多的石灰岩等。

7）次坚石：饱和单轴极限抗压强度在40~100MPa的各类岩石，如硅质页岩、硅质砂岩、白云岩、石灰岩、坚实的泥灰岩、玄武岩、片麻岩、正长岩、花岗岩等。

8）坚石：饱和单轴极限抗压强度在100MPa以上的各类坚硬的岩石，如硬玄武岩、坚实的石灰岩、白云岩、大理岩、石英岩、闪长岩、粗粒花岗岩、正长岩等。

2. 灌注桩成孔定额分为人工挖孔、卷扬机带冲击锥冲孔、冲击钻机钻孔、回旋机钻孔、潜水机钻孔等5种。定额中已按摊销方式计入钻架的制作，拼装，移位，拆除及钻头维修所耗用的工、料、机械台班数量。钻头的费用已计入设备摊销费中，使用本节定额时，不得另行计算。

3. 灌注桩混凝土定额按机械拌和、工作平台导管倾注水下混凝土编制，定额中亦包括混凝土灌注设备（如导管等）摊销的工、料费用及扩孔增加的混凝土数量，使用定额时，不得另行计算。

4. 钢护筒定额中，干处埋设按护筒设计量的周转摊销量计入定额中，使用定额时不得另行计算。水中埋设按护筒全部设计重量计入定额中，可根据设计确定的回收量按规定计算回收金额。

灌注桩成孔工程量按设计入土深度计算。定额中的孔深指护筒顶至桩底（设计标高）的深度。造孔定额中同一孔内的不同土质，不论其所在的深度如何，均采用总孔深定额。

浇筑水下混凝土的工程量按设计桩径断面积乘设计桩长计算，不得将扩孔因素计入工程量。

灌注桩工作平台的工程量按施工组织设计需要的面积计算。

钢护筒的工程量按护筒的设计重量计算。设计重量为加工后的成品重量，包括加劲肋及连接用法兰盘等全部钢材的重量。当设计提供不出钢护筒的重量时，可查表计算，桩径不同时可内插计算。

灌注桩成孔工程量与孔深、设计桩长三者间的关系如图7-16所示。

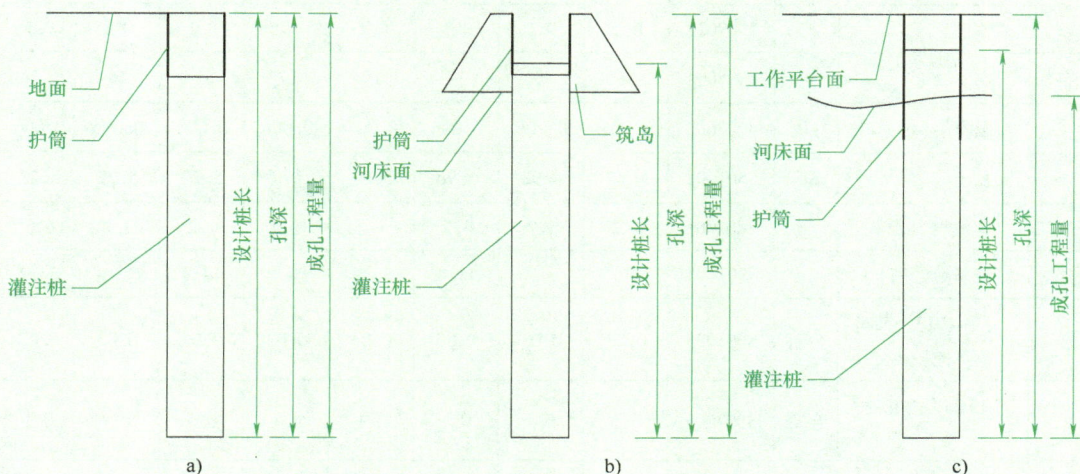

图 7-16 灌注桩成孔工程量与孔深、设计桩长三者间的关系

【解】 1. 方法一：

（1）该项目套用定额表为《预算定额》的表［4-4-4］，见表7-30。

（2）由"灌注桩工程"节说明1的钻孔土质分类方法可知，成孔土质层次为黏土7.5m、砂砾15m、软石：30m-1.5m-7.5m-15m=6m；孔深30m-1.5m(承台高)=28.5m<30m［参见该定额节说明11（1）的规定］。

（3）确定钻孔定额表号为［511-(4-4-4)-2、3、6］，定额单位为每10m孔深。

1）人工：(7.1×7.5÷28.5)工日+(9.4×15÷28.5)工日+(15.4×6÷28.5)工日=10.058工日

2）材料：

电焊条：(0.2×7.5÷28.5)kg+(0.3×15÷28.5)kg+(1.0×6÷28.5)kg=0.421kg

铁件：(0.1×7.5÷28.5)kg+(0.1×15÷28.5)kg+(0.1×6÷28.5)kg=0.1kg

水：(11×7.5÷28.5)m^3+(17×15÷28.5)m^3+(15×6÷28.5)m^3=15m^3

锯材：(0.006×7.5+0.006×15+0.006×6)m^4÷28.5m=0.006m^3

黏土：(2.98×7.5÷28.5)m^3+(5.96×15÷28.5)m^3+(5.22×6÷28.5)m^3=5.02m^3

其他材料费：1.2元

设备摊销费：(10.7×7.5÷28.5)元+(11.4×15÷28.5)元+(24.9×6÷28.5)元=14.058元

表 7-30 4-4-4 回旋钻机钻孔

工程内容：1）安、拆岸上泥浆循环系统并造浆；2）准备钻具，装、拆、移钻架及钻机，安、拆钻杆及钻头；3）钻进、压泥浆、浮渣、清理泥浆池沉渣；4）清孔。

I．陆地上钻孔
（单位：10m）

顺序号	项目	单位	代号	桩径 100cm 以内							
				孔深 30m 以内							
				砂土	黏土	砂砾	砾石	卵石	软石	次坚石	坚石
				1	2	3	4	5	6	7	8
1	人工	工日	1001001	7.1	7.1	9.4	12.1	13.6	15.4	19.8	24.9
2	电焊条	kg	2009011	0.1	0.2	0.3	0.5	0.9	1	1.2	1.4
3	铁件	kg	2009028	0.1	0.1	0.1	0.1	0.1	0.1	0.1	0.1
4	水	m³	3005004	13	11	17	17	17	15	15	15
5	锯材	m³	4003002	0.006	0.006	0.006	0.006	0.006	0.006	0.006	0.006
6	黏土	m³	5501003	4.47	2.98	5.96	5.96	5.96	5.22	5.22	5.22
7	其他材料费	元	7801001	1.2	1.2	1.2	1.2	1.2	1.2	1.2	1.2
8	设备摊销费	元	7901001	9.7	10.7	11.4	13.2	22.8	24.9	30.4	34.2
9	1.0m³ 以内履带式单斗挖掘机	台班	8001035	0.03	0.03	0.03	0.03	0.03	0.03	0.03	0.03
10	15t 以内载货汽车	台班	8007009	0.1	0.1	0.1	0.1	0.1	0.1	0.1	0.1
11	15t 以内履带式起重机	台班	8009028	0.1	0.1	0.1	0.1	0.1	0.1	0.1	0.1
12	Φ1 500mm 以内回旋钻机	台班	8011035	1.12	1.25	2	2.96	3.76	4.64	6.48	8.64
13	泥浆分离器	台班	8011056	0.09	0.09	0.12	0.14	0.15	0.17	0.18	0.2
14	泥浆搅拌机	台班	8011057	0.24	0.24	0.24	0.24	0.24	0.24	0.24	0.24
15	32kV·A 以内交流电弧焊机	台班	8015029	0.01	0.03	0.03	0.05	0.1	0.11	0.13	0.15
16	基价	元	9999001	2 668	2 826	4 146	5 742	7 006	8 382	11 343	14 812

3）机械：

1.0m³ 以内履带式单斗挖掘机：（0.03×7.5÷28.5）台班+（0.03×15÷28.5）台班+（0.03×6÷28.5）台班 = 0.03 台班

15t 以内载重汽车：0.1 台班

15t 以内履带式起重机：0.1 台班

桩径 1 500mm 以内回旋钻机：（1.25×7.5÷28.5）台班+（2×15÷28.5）台班+（4.64×6÷28.5）台班 = 2.358 台班

（新加）泥浆分离器：（0.09×7.5/28.5）台班+（0.12×15/28.5）台班+（0.17×6/28.5）台班=0.123 台班

泥浆搅拌机：0.24 台班

32kV·A 以内交流电弧焊机：（0.03×7.5/28.5）台班+（0.03×15/28.5）台班+（0.11×6/28.5）台班=0.047 台班

4）基价：（2 826×7.5/28.5）元+（4 146×15/28.5）元+（8 382×6/28.5）元=4 690 元

（4）估算钢护筒质量。根据节说明 4 及 11 第（5）条有关工程量计算的规定，参考该说明提供的表得 2m 高的钢护筒质量=267kg/m×2.0m=534kg。（在干处埋设护筒，一般可按每个护筒长 2m 或按设计数量计算，钢护筒的重一般应尽量由设计人员提供。只有在设计人员提供不出具体的工程量的情况下，才可按定额中提供的参考重计算，以增加预算编制的准确性）

注意：题目答案只是求出每 10m 孔深的基价，如果要求全部 60 根桩的人工、材料、机械等消耗量的话，还应该继续计算：

由 $D=Q×S$ 得

1）人工：（10.058×60×28.5/10）工日=1719.9 工日

2）材料：

电焊条：（0.421×60×28.5/10）kg=71.99kg

铁件：（0.1×60×28.5/10）kg=17.1kg

水：（15×60×28.5/10）m^3=2 565m^3

锯材：（0.006×60×28.5/10）m^3=1.026m^3

黏土：（5.02×60×28.5/10）m^3=858.42m^3

其他材料费：（1.2×60×28.5/10）元=205.2 元

设备摊销费：（14.058×60×28.5/10）元=2 403.92 元

3）机械：

1.0m^3 以内履带式单斗挖掘机：（0.03×60×28.5/10）台班=5.13 台班

15t 以内载重汽车：（0.1×60×28.5/10）台班=17.1 台班

15t 以内履带式起重机：（0.1×60×28.5/10）台班=17.1 台班

桩径 1 500mm 以内回旋钻机：（2.358×60×28.5/10）台班=403.218 台班

（新加）泥浆分离器：（0.123×60×28.5/10）台班=21.033 台班

泥浆搅拌机：（0.24×60×28.5/10）台班=41.04 台班

32kV·A 以内交流电弧焊机：（0.047×60×28.5/10）台班=8.037 台班

4）基价：（4 690×60×28.5/10）元=801 990 元

2. 方法二：

按不同的土层分别计算，然后同项目相加即可。按题意知，60 根 28.5m 桩的定额消耗量为：

1）人工：（7.1×60×7.5/10）工日+（9.4×60×15/10）工日+（15.4×60×6/10）工日=1 719.9 工日

2）材料：

电焊条：（0.2×60×7.5/10）kg+（0.3×60×15/10）kg+（1.0×60×6/10）kg=72kg

铁件：（0.1×60×7.5/10）kg+（0.1×60×15/10）kg+（0.1×60×6/10）kg=17.1kg

水：（11×60×7.5/10）m³+（17×60×15/10）m³+（15×60×6/10）m³=2 565m³

锯材：（0.006×7.5+0.006×15+0.006×6）m⁴×60/10m=1.026m³

黏土：（2.98×60×7.5/10）m³+（5.96×60×15/10）m³+（5.22×60×6/10）m³=858.42m³

其他材料费：（1.2×60×28.5/10）元=205.2元

设备摊销费：（10.7×60×7.5/10）元+（11.4×60×15/10）元+（24.9×60×6/10）元=2 403.9元

3）机械：

1.0m³ 以内履带式单斗挖掘机：（0.03×60×7.5/10）台班+（0.03×60×15/10）台班+（0.03×60×6/10）台班=5.13台班

15t 以内载重汽车：（0.1×60×28.5/10）台班=17.1台班

15t 以内履带式起重机：（0.1×60×28.5/10）台班=17.1台班

桩径 1 500mm 以内回旋钻机：（1.25×60×7.5/10）台班+（2×60×15/10）台班+（4.64×60×6/10）台班=403.29台班

（新加）泥浆分离器：（0.123×60×28.5/10）台班=21.033台班

泥浆搅拌机：（0.24×60×28.5/10）台班=41.04台班

32kV·A 以内交流电弧焊机：（0.03×60×7.5/10）台班+（0.03×60×15/10）台班+（0.11×60×6/10）台班=8.01台班

4）基价：（2 826×60×7.5/10）元+（4 146×60×15/10）元+（8 382×60×6/10）元=802 062元

3. 钻孔灌注桩基础的施工工艺比较复杂，预算定额选用要结合实际情况和施工组织设计进行，故应注意以下几点：

1）根据现场地质情况，选定钻孔机具的型号，根据实际不同土层厚度对应定额中8种钻孔土质选用定额和确定相应的辅助工程量。

2）当在水中采用围堰筑岛填心进行钻孔施工时，可按灌注桩外缘3.0m宽左右确定围堰及筑岛填心的工程量。计算埋设护筒数量时，则应视同为"干处"计价。

3）在干处埋设护筒，一般可按每节护筒长2.0m或按设计数量计算；水中埋设钢护筒可按设计数量计算，并按规定计算回收金额。

4. 对于钢护筒应注意以下几点：

1）若在水中进行钻孔时，应计列灌注桩工作平台，泥浆船及循环系统。

2）钻孔的土质定额分为8种，并按不同桩径和钻孔深度划分为多项定额标准。故应按照地质钻探资料，对照定额土质种类的规定，分别确定其钻孔的工程量。

3）当设计桩径与定额采用桩径不同时，可根据设计桩径选择不同的调整系数，详细内容参见灌注桩工程章节说明。

4）浇筑水下混凝土的工程量，应按设计桩径断面乘设计桩长计算，不得将扩孔用量计入工程量。若混凝土拌和需设置拌和船（站）时，可根据实际情况取定并计算其费用。

【例 7-22】 求设计钢筋混凝土锚体质量为31t，体积为13.50m³的制锚、抛锚、起锚定额。

【解】 （1）求锚体设计与定额的体积比。

此项套用《预算定额》中定额表［4-2-8-13］，见表7-31。

表 7-31 4-2-8 沉井浮运、定位落床

工程内容:

1)导向船连接梁:设备进场、清理、编号,万能杆件桁架拼装,导向船及万能杆件连接梁支座的布置、拼装、底座焊接加拼装、维护与拆除。

2)下水轨道:铺设轨道,校正轨距,拆除轨道。

3)沉井下水:拆除制动设备,下滑,下水,浮起。

4)无导向船浮运:地笼制作、埋设、船坞注水,沉井浮起并运到墩位。

5)有导向船浮运:套进导向船,固定位置,浮运到墩位。

6)沉井接高:沉井装船,固定,浮运到墩位,起吊,对接校正位置。

7)定位落床:定位船、导向船设备安拆及定位船、导向船的定位、沉井定位落床。

8)锚碇系统:制锚、抛锚、起锚的全部操作。

9)井壁混凝土:混凝土运输、浇筑、捣固及养生。

(单位:1个)

顺序号	项目	单位	代号	钢筋混凝土锚				铁锚
				锚体质量/t				
				15	25	35	45	
				11	12	13	14	15
1	人工	工日	1001001	59.8	67	76.5	88.2	36.4
2	普 C20-32.5-8	m³	1503052	(6.5)	(10.50)	(15.30)	(19.40)	—
3	HRB400 钢筋	t	2001002	0.502	1.425	1.968	2.306	
4	钢丝绳	t	2001019	0.2	0.2	0.629	0.629	0.629
5	20~22 号铁丝	kg	2001022	2.5	7.1	9.8	11.5	
6	型钢	t	2003004	0.35	—	—	—	
7	钢板	t	2003005	—	0.336	0.379	0.526	
8	电焊条	kg	2009011	3.1	8.9	12.3	14.4	—
9	锚链	t	2009027	0.3	0.81	1.611	1.801	0.79
10	铁件	kg	2009028	9.2	15.1	21.4	26.7	0.5
11	水	m³	3005004	8	13	18	23	—
12	原木	m³	4003001	0.01	0.02	0.03	0.03	
13	锯材	m³	4003002	0.14	0.25	0.33	0.41	0.01
14	中(粗)砂	m³	5503005	3.51	5.67	8.26	10.48	—
15	碎石(8cm)	m³	5505015	5.33	8.61	12.55	15.91	—
16	32.5 级水泥	t	5509001	1.833	2.961	4.315	5.471	
17	其他材料费	元	7801001	22.7	35.8	60.6	60.6	3.8
18	设备摊销费	元	7901001	241.8	241.8	241.8	241.8	241.8
19	25t 以内履带式起重机	台班	8009004	0.95	1.42	0.48	—	0.42
20	40t 以内履带式起重机	台班	8009006	—		0.91	1.61	
21	50kN 以内单筒慢动卷扬机	台班	8009081	0.76	1.38	1.67	4.99	1.72
22	50kN 以内双筒快动卷扬机	台班	8009100	1.88	1.88	2.45	2.45	1.27
23	32kV·A 以内交流电弧焊机	台班	8015028	0.25	0.71	0.98	1.15	—

（续）

顺序号	项目	单位	代号	钢筋混凝土锚				铁锚
				锚体质量/t				
				15	25	35	45	
				11	12	13	14	15
24	221kW 以内内燃拖轮	台班	8019005	1.39	1.74	2.06	2.27	1.25
25	400t 以内工程驳船	台班	8019025	1.86	3.38	4.48	5.82	2.28
26	小型机具使用费	元	8099001	60.1	70.1	80.2	87.4	54.8
27	基价	元	9999001	20 059	30 883	45 588	52 977	26 962

注：钢筋混凝土锚碇自重与定额不同时，按相近锚体质量定额执行，可按锚体体积比例抽换定额中的水泥、中（粗）砂、碎石的数量，但其他数量均不得调整。

C20 水泥混凝土为 15.30m³，则定额锚碇的体积之比为 13.5m³÷15.3m³=0.882 4。

（2）求质量为 31t，体积为 13.50m³ 的制锚、抛锚、起锚定额。

查《预算定额》附录四"定额人工、材料、设备单价表"得材料基价：32.5 级水泥为 307.69 元/t，中（粗）砂为 87.38 元/m³，碎石（8cm）为 82.52 元/m³。

将定额表 ［4-2-8-13］ 中的 32.5 级水泥为 4.315t，中（粗）砂为 8.26m³，碎石（8cm）为 12.55m³，基价为 44 317 元调整如下：

32.5 级水泥：4.315t×0.882 4＝3.808t

中（粗）砂：8.26m³×0.882 4＝7.289m³

碎石（8cm）：12.55m³×0.882 4＝11.074m³

基价：45 588 元＋（3.808－4.315）×307.69 元＋（7.289－8.26）×87.38 元＋（11.074－12.55）×82.52 元＝45 225 元

根据表 7-31 的注，定额中除水泥、中（粗）砂、碎石的数量需进行抽换外，其他定额值均不变。

注意：在计算水泥混凝土拌和工程量时，应注意对拌和量做相应的调整。

任务设计与实施

1. 设计实施路径

（1）任务要求：1）查阅本任务工程背景中的灌注桩施工项目，对照施工方法查用定额表，结合专业课知识以思维导图的形式分析该表-栏的定额内容；并分析基价的组成。2）桥梁工程预算定额应用时，尤其要注意设计资料与定额规定不一致的地方，如果材料配合比、混合料中掺加材料比例变化时，其定额基价也会发生改变，特别要留意章节说明和表后小注，否则极易引起计算错误，试举一例说明。3）桥梁工程预算定额每一节的使用都各有特点，请区分定额使用有何不同，请举例说明。

（2）参照【例 7-21】，完成任务导入中工程背景项目的定额应用计算内容。

2. 呈现实施成果

要求：将实施结果打印在一张 A4 纸上，并粘贴在空白处。

图 7-17 为桥梁工程混凝土强度等级不同时材料预算定额抽换的思维导图作为学习参考。

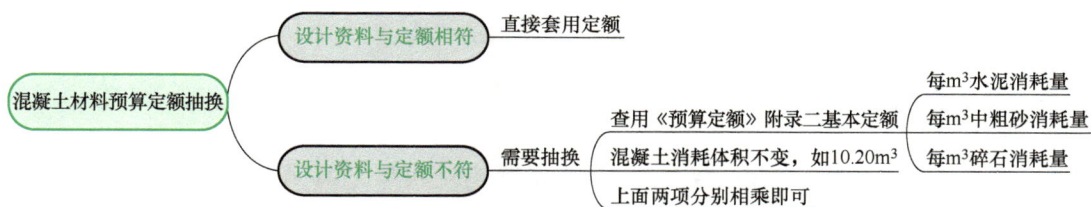

图 7-17　桥梁工程混凝土强度等级不同时材料预算定额抽换

任务评价

任务活动		任务评价（线上/线下）					
序号	名称	出勤与态度 20%	自评 10%	互评 10%	小组评价 10%	教师评价 50%	总评
1	任选一张路面工程定额表，分析基价组成						
2	分层碾压路面基层材料抽换方法						
3	用油量和改性沥青混合料掺加材料用量调整						

学习提示：

1. 桥涵工程设计混凝土和砂浆强度等级与定额规定的不同，如何换算？

2. 定额抽换时，人工、材料和机械用量是会发生改变的，基价也会随之改变；

3. 定额中基价是由定额人工费、定额材料费、定额机械使用费组成的，其中所隐含的工料机单价全部是指定额所规定的单价，人工单价和材料单价查《预算定额》附录四，机械台班单价查公路工程机械台班费用定额直接采用即可；

4. 如果工料机中任一项的数量和单价，无论哪一项发生变化，工料机的费用都会随之改变

任务拓展

查阅案例，桥涵工程 2018 版预算定额中有哪些新增项目，如何应用？请举一例说明。

编制公路工程概算预算

任务1　认知公路工程概预算文件

任务导入

工程背景： ××二级公路改建工程为国道的一部分，工程地点为江西省赣州市、平原微丘区。里程桩号为 K0+000～K5+000。施工期间平均每昼夜双向行车次数为 2 001～3 000 次，交工前养护月数 3 个月。

试编制该项目施工图预算文件。

公路工程概算预算文件编制要参照《公路工程建设项目概算预算编制办法》（JTG 3830—2018）执行，熟悉概算预算文件费用组成、项目组成、费用之间的关系及计算顺序和编制程序，为编制概算预算文件打下基础。

素养课堂——论造价人员的职业道德

任务目标

1. 了解并熟悉公路工程建设项目的投资体系，掌握相应阶段的费用测算名称，重点掌握概算预算在投资体系中的作用；

2. 了解并熟悉整个建设项目的路基工程、路面工程、桥梁工程项目组成及划分；

3. 掌握建设项目的费用组成，掌握费用之间的联系和计算方法，能绘制费用组成表，重点掌握建安费的组成；

4. 了解并掌握概算预算文件的内容，甲组文件与乙组文件的概念；

5. 发扬工匠精神，认真严谨，树立责任意识、安全意识、质量意识。

相关知识

一、认识公路工程建设项目投资额测算体系

1. 公路工程建设项目投资额体系

在我国大规模的建设中，国家每年在基本建设方面都有大量的投资，这笔庞大的资金使用的是否合理，直接影响着建设事业的发展。为了搞好基本建设工作，大力推行招标投标制

度，加强企业管理和经济核算，所有的基本建设项目都必须按基本建设程序办，其中重要的一条就是要求从项目建议书到工程竣工验收的各阶段都必须对投资额进行测算，形成了以投资估算、概算、施工图预算、施工预算、标底、投标报价、工程结算和竣工决算 8 种主要测算方式，并形成了公路建设项目投资额的测算体系。这些不同造价文件的投资额要根据其主要内容要求由不同测算工作完成，其中工程概预算具有特别重要的意义与作用，是基本建设投资管理的基本环节。概预算是编制建设工程经济文件的主要依据，也是其他测算方式（投资估算除外）的基础。

（1）投资估算

投资估算一般是指在投资前期（规划、项目建议书、可行性研究报告）阶段，建设单位向国家申请拟建项目或国家对拟建项目进行决策时，为测算建设项目在规划、项目建议书、可行性研究报告等不同阶段的相应投资总额而编制的造价文件。公路工程投资估算是公路建设可行性研究报告中的重要内容，可分为两类：一类是项目建议书投资估算，一类是工程可行性研究投资估算。在编制投资估算时，应按《公路工程建设项目投资估算编制办法》（JTG 3820—2018）与《公路工程估算指标》（JTG/T 3821—2018）规定执行，并满足预可行性研究和工程可行性研究深度的需要。

（2）概算

概算分为设计概算与修正概算两种，在初步设计阶段编制设计概算，在技术设计阶段编制修正概算。概算是由设计单位根据设计资料、概算定额、各类费用定额、建设地区的自然条件与技术经济条件等资料，计算和确定建设项目从筹建至竣工验收的全部建设费用的造价文件。它是设计文件的重要组成部分，是国家确定和控制公路基本建设投资总额，安排基本建设计划，选择最佳设计方案的依据。建设项目的总概算一经批准，在其后的其他阶段是不能随意突破的。

（3）施工图预算

公路基本建设工程无论采用几个阶段设计，在施工图设计阶段均应编制施工图预算。施工图预算是由设计单位编制，根据施工图设计的工程量和施工方法，按预算定额及取费标准、工料机单价、编制办法等所编制的工程造价文件。预算经审定后，是考核施工图设计经济合理性的依据；是施工单位加强经营管理，搞好经济核算的依据；以施工图设计进行招标的工程，施工图预算是编制标底的依据；以施工图预算承包的工程，施工图预算是确定工程造价，签订建筑安装工程合同，实行建设单位和施工单位投资包干和办理工程结算、实行经济核算和考核工程成本的依据。

（4）施工预算

施工预算是在施工图预算控制下，施工单位根据施工定额、施工组织设计或分部分项施工过程的设计及其他的技术经济资料，通过工料机分析，计算和确定完成一个项目或一个单位工程或其中的分部分项工程所需的工料机消耗量及其他相应费用的造价文件。施工预算是施工单位确定用工用料计划，备工备料机械管理，下达任务书指导施工，控制工料机的依据，也是施工单位进行成本控制与成本核算的依据。

（5）标底

公路工程项目实行招标时，由建设单位或其委托单位按发包的内容、设计文件、合同条件及技术规范和有关定额进行编制。标底是评标的一个基本依据，是衡量投标人报价水平高低的基本指标，在招标投标工作中起着重要的作用。标底编制要遵守国家的有关规定和要求同时力求准确。标底是一项重要的投资额测算，一般以设计概算和施工图预算为基础编制，以其中的建筑安装工程费为主，不准超过批准的概算或施工图预算。

（6）投标报价

工程项目实行招标时，投标单位编制报价。报价是投标单位根据招标文件和有关定额，及招标项目所在地区的自然、社会和经济条件、施工组织方案和投标单位自身条件，计算完成招标工程各种费用的造价文件。报价是投标工作的核心，是决定能否中标的主要依据，是投标文件的重要组成部分。能否准确计算和合理确定工程报价，是企业在投标竞争中能否获胜的前提条件。中标单位的报价，直接成为工程承包合同价的主要基础，并对将来的施工过程起着严格的制约作用，承包商与业主均不能随意更改报价。

（7）工程结算

在公路工程项目建设过程中，涉及的单位是相对独立的经济实体，在项目建设中承担着不同的任务，有着各自的经济利益，因此，在建设过程中，各经济实体之间必然会发生货币收支行为。这种在项目建设过程中由于器材采购、劳务供应、施工单位已完工程点的移交等经济活动而引起的货币收支行为，称为项目结算。

项目结算的主要内容包括货物结算、劳务供应结算、工程（费用）结算及其他货币资金的结算。工程费用结算又称为工程价款结算，是建设单位和施工单位之间，由于拨付各种预付款和支付已完工程价款而发生的结算，是项目结算中最重要和最关键的部分，是项目结算的主体内容。工程价款结算，一般占整个项目结算额的70%～80%，以实际完成的工程量和合同单价及施工过程中现场实际发生工程变更、记日工使用记录等变化资料计算当月应付的价款。施工单位将实际完成的工程量填入各种报表，按月送交驻地监理工程师签认，向建设单位提交当月工程价款结算单。结算的价款需经总监理工程师签认支付证书后，财务部门才能够转账。目前各地区工程价款结算的方法有多种形式，包括按月结算、竣工后一起结算、分段结算、约定的其他结算方式等。实行FIDIC条款的合同，明确规定了计量支付条款，对结算内容、结算方式、结算时间、结算程序给予了明确的规定，一般是按月申报，期中支付，分段结算，最终结清。

（8）竣工决算

竣工决算指在项目竣工验收阶段，由建设单位编制的建设项目从筹建到建成投产或使用的全部实际成本的技术经济文件。它是公路建设投资管理的重要环节，是公路工程验收、交付使用的重要依据，是公路建设项目财务总结，银行对其实行监督的必要手段。竣工决算的内容由文字说明和结算报表两部分组成，文字说明包括：工程概况，设计概算与基本建设规划执行情况，各项技术指标完成情况，各项拨款（贷款）使用情况，建设成本和投资效果的分析，建设过程中的主要经验、存在问题和解决意见。

施工单位往往也根据工程结算结果，编制单位工程竣工成本决算，核算单位工程的预算成本，实践成本和成本降低额。工程决算作为企业内部成本分析、反映经营效果、总结经验、提高经营管理水平的手段，与建设项目的竣工决算在概念上是不同的。

2. 概算预算作用

公路基本建设项目从申请立项到竣工验收，其工程投资额的测算与控制一直贯穿于公路基本建设程序的始终，并形成了完整的投资测算体系。其中，工程概预算具有特别重要的意义和作用，它在投资测算体系中居主导地位，其作用主要表现在如下几点。

（1）概算是编制基本建设计划，确定和控制投资额的依据

概算是设计单位在初步设计或技术设计的基础上，根据设计文件的具体内容和交通运输部发布的《公路工程建设项目概算预算编制办法》（JTG 3830—2018）、《公路工程概算定额》（JTG/T 3831—2018）等规定编制的技术经济文件。尽管是在初步设计或技术设计阶段，但此时的工程结构设计及工程数量的计算比估算阶段已更明晰、更具体。因此，概算比估算的计算精度要高。因而，国家在确定和控制公路基本建设投资总额时，是以概算作为投资封顶线的。年度基本建设计划也要以批准的初步设计概算为依据，初步设计概算没有批准的工程不能列入国家年度基本建设计划。批准后的概算是国家控制项目投资的最高限额。

（2）概预算是设计、施工方案择优的依据

同一工程建筑物可以有不同的设计方案和不同的施工方法，除应满足功能、使用要求外，其技术经济指标也是方案评优的主要依据。由于每个方案的设计意图都会通过计算工程量和各项费用而全部反映到概预算文件中。因此，通过对这些货币指标的比较，就可以从中选出既能满足设计要求，同时又经济合理的最佳设计方案，从而促使设计人员进一步改进设计、优化设计，进而得到一个最佳设计方案。

（3）概预算是确定招标控制价、签订工程合同的依据

对于招投标工程，建设单位根据概预算确定招标控制价，作为评标的尺度之一。概预算是设计单位在精心设计后核定出的工程造价。尤其是施工图预算，是设计单位的最终设计成果，其工程内容、工程数量的计算都已达到最精细的程度。在这种情况下，计算出的工程造价已十分接近工程的实际造价。因此，在确定招标控制价时通常以概预算作为基础进行适当浮动，并以此与施工单位签订施工合同。

（4）概预算是企业内部经营管理、经济核算的依据

工程概预算不仅是确定工程价值的综合文件，而且还可以反映工程建设的规模和经济活动的范围；分析工程结构的实物指标，如钢筋、水泥、木材等主要材料及人工、机械的消耗数量，依赖施工图预算提供的有关数据，可编制施工进度计划和劳动力、材料、成品、半成品、构件，及机械设备等需要量及供应计划，并落实货源、组织购物、控制消耗。

施工企业以施工图预算为依据，通过编制施工预算，进行"两算"对比、互审，从而达到加强经营管理，降低工程成本，完善经济责任制的目的。

概算、施工图预算都是由设计单位编制的技术经济文件，虽然它们的编制依据、精度等略有不同，但由于编制方法及文件、图表的组成格式完全相同，因此，通常将概算、施工图预算共有的内容合为一体，简称概预算。

二、概预算项目与费用组成

1. 概预算的项目组成

公路工程是一个体形庞大的线形构造物，虽然有多样性和单件性的特点，但就其实物形态来说，都是由许多部分组成的。为了准确无误地计算和确定建筑安装工程的造价，使之有利于公路工程概预算的编审，必须对公路基本建设项目进行科学的分析和分解。即将一个基本建设项目分解为若干个单项工程，再将一个单项工程分解为若干个单位工程，依次又将单位工程分解为若干个分部工程，最后将分部工程分解为若干个分项工程。因此，分项工程是概预算项目划分的基本单位。

概预算项目主要内容如下：

第一部分 建筑安装工程费

第一项 临时工程

第二项 路基工程

第三项 路面工程

第四项 桥梁涵洞工程

第五项 隧道工程

第六项 交叉工程

第七项 交通工程及沿线设施

第八项 绿化及环境保护工程

第九项 其他工程

第十项 专项费用

1. 施工场地建设费

2. 安全生产费

第二部分 土地使用及拆迁补偿费

第三部分 工程建设其他费

第四部分 预备费

第五部分 建设期贷款利息

概预算项目应按项目表的序列及内容编制。当实际出现的工程和费用项目与项目表的内容不完全相符时，第一、二、三、四、五部分和"项"的序号、内容应保留不变，项目表中的"项"以下的分项在引用时应保持序号、内容不变，缺少的分项内容可随需要就近增加，并按项目表的顺序以实际出现的级别依次排列，不保留缺少的"项"以下的项目内容。

分项编号采用部（1位数）、项（2位数）、目（2位数）、节（2位数）、细目（2位数）组成，以部、项、目、节、细目等依次逐层展开。概预算项目表的详细内容及分项编号详见《公路工程建设项目概算预算编制办法》（JTG 3830—2018）附录B，部分示意见表8-1。

2. 概算预算项目总表（表8-1）

表8-1 概算预算项目总表

分项编号	工程或费用名称	单位	主要工作内容	备注
1	第一部分 建筑安装工程费	公路公里		建设项目路线总长度（主线长度）
101	临时工程	公路公里		
10101	临时道路	km		新建施工便道与利用原有道路的总长
1010101	临时便道（修建、拆除与维护）	km		新建施工便道长度
1010102	原有道路的维护与恢复	km		利用原有道路长度
1010103	保通便道	km		
	…			
102	路基工程	km		扣除主线桥梁、隧道和互通立交的主线长度，独立桥梁或隧道为引道或接线长度，下挂路基工程项目分表

（续）

分项编号	工程或费用名称	单位	主要工作内容	备注
	…			
103	路面工程	km		扣除主线桥梁、隧道和互通立交的主线长度，独立桥梁或隧道为引道或接线长度，下挂路面工程项目分表
	…			
104	桥梁涵洞工程	km		指桥梁长度
10401	涵洞工程	m/道		下挂涵洞工程项目分表
	…			
10402	小桥工程	m/座		
1040201	拱桥	m²/m		下挂桥梁工程项目分表
	…			
1040205	T 梁桥	m²/m		下挂桥梁工程项目分表
	…			
10403	中桥工程	m/座		
1040301	拱桥	m²/m		下挂桥梁工程项目分表，不分基础、上（下）部
10404	大桥工程	m/座		
1040401	×××桥（桥型、跨径）	m²/m		下挂桥梁工程项目分表
	…			
105	隧道工程	km/座		按隧道名称分级，并注明其形式
	…			
106	交叉工程	处		按不同的交叉形式分目
	…			
10602	通道	m/处		按结构类型分级
1060201	箱式通道	m/处		
	…			
107	交通工程	公路公里		
10701	交通安全设施	公路公里		下挂交通安全设施工程项目分表
	…			
10702	收费系统	车道/处		收费车道数/收费站数
1070201	收费中心设备安装与土建	收费车道		按不同的设备分级
	…			
10703	监控系统	公路公里		
1070301	监控中心、分中心	公路公里		
	…			
10704	通信系统	公路公里		
1070401	通信系统设备安装	公路公里		按不同的设施分级

（续）

分项编号	工程或费用名称	单位	主要工作内容	备注
	…			
	…			
108	绿化及环境保护工程	公路公里		
10801	主线绿化及环境保护工程	公路公里		下挂绿化及环境保护工程项目分表
	…			
109	其他工程	公路公里		
10901	联络线、支线工程	km/处		
1090101	××联络线、支线工程	km/处		下挂路基、路面、涵洞、桥梁、隧道、交通安全设施等工程项目分表
110	专项费用	元		
11001	施工场地建设费	元		
11002	安全生产费	元		
	…			
2	第二部分 土地使用及拆迁补偿费	公路公里		
201	土地使用费	亩		
20101	永久征用土地	亩		按土地类别属性分类
	…			
3	第三部分 工程建设其他费	公路公里		
301	建设项目管理费	公路公里		
30101	建设单位（业主）管理费	公路公里		
30102	建设项目信息化费	公路公里		
	…			
4	第四部分 预备费	公路公里		
401	基本预备费	公路公里		
402	价差预备费	公路公里		
5	第一至四部分合计	公路公里		
6	建设期贷款利息	公路公里		
7	公路基本造价	公路公里		

3. 概预算的费用组成

公路工程是暴露于自然界中的构造物，其造价不仅与工程的建筑规模、工程结构有关，还受自然界和经济条件的影响。因此，在核定工程造价时，仅有项目表是不够的，还必须对分项工程的各项费用做进一步的分解，并对各部分的费用内容及计价方法做一个统一的规定，这样才能提高概预算的编制精度。为此，交通运输部还规定了公路工程概预算总金额的费用组成，如图8-1所示。

概算预算费用组成

概预算总金额
- 建筑安装工程费
- 土地使用及拆迁补偿费
- 工程建设其他费
- 预备费
  - 基本预备费
  - 差价预备费
- 建设期贷款利息

建筑安装工程费
- 直接费
  - 人工费
  - 材料费
  - 施工机械使用费
- 设备购置费
- 措施费
  - 冬期施工增加费
  - 雨期施工增加费
  - 夜间施工增加费
  - 特殊地区施工增加费
    - 高原地区施工增加费
    - 风沙地区施工增加费
    - 沿海地区施工增加费
  - 行车干扰工程施工增加费
  - 施工辅助费
  - 工地转移费
- 企业管理费
  - 基本费用
  - 主副食运费补贴
  - 职工探亲路费
  - 职工取暖补贴
  - 财务费用
- 规费
  - 养老保险费
  - 失业保险费
  - 医疗保险费
  - 工伤保险费
  - 住房公积金
- 利润
- 税金
- 专项费用
  - 施工场地建设费
  - 安全生产费

工程建设其他费用
- 建设项目管理费
  - 建设单位(业主)管理费
  - 建设项目信息化费
  - 工程监理费
  - 设计文件审查费
  - 竣(交)工验收试验检测费
- 研究试验费
- 建设项目前期工作费
- 专项评价(估)费
- 联合试运转费
- 生产准备费
  - 工器具购置费
  - 办公和生活用家居购置费
  - 生产人员培训费
  - 应急保通设备购置费
- 工程保通管理费
- 工程保险费
- 其他相关费用

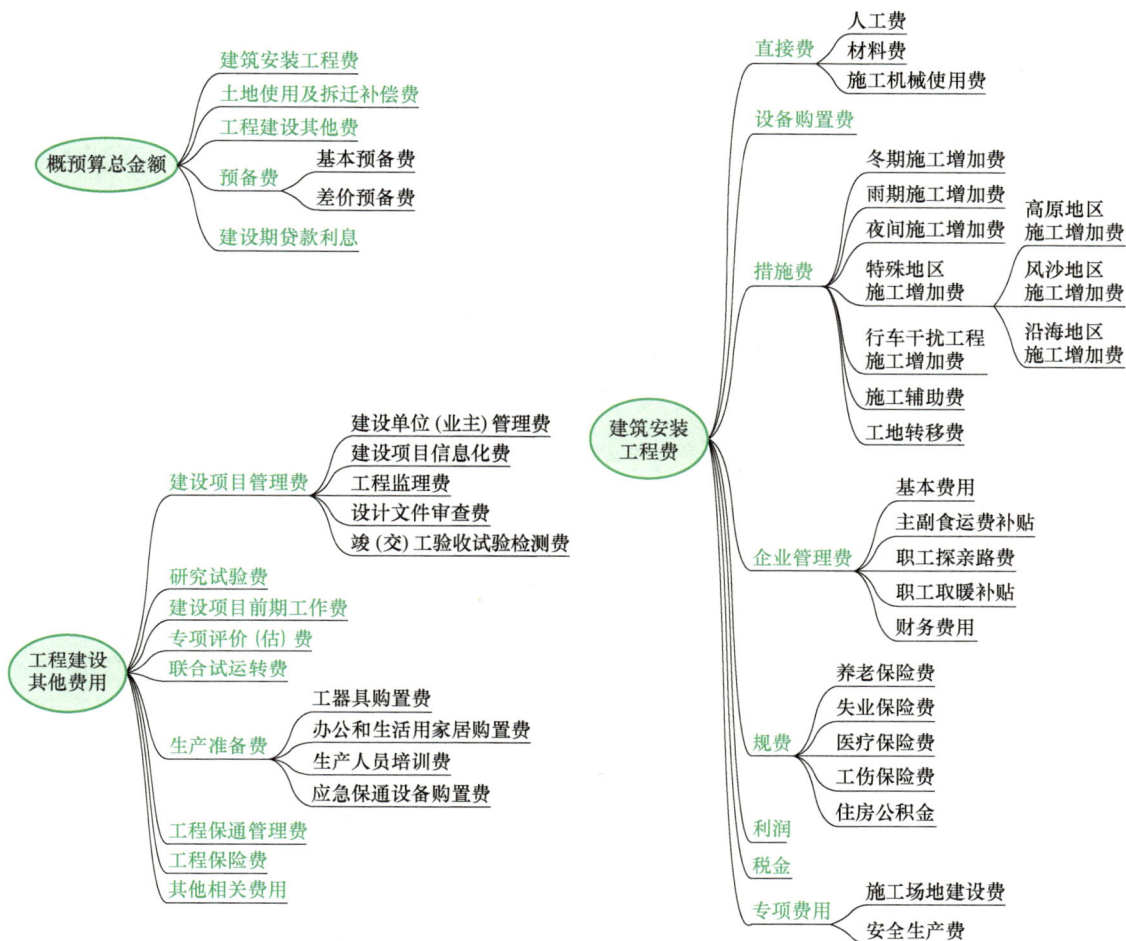

图 8-1　概预算费用组成

4. 公路工程建设项目各项费用计算程序及计算方式

概预算总金额由建筑安装工程费、土地使用及拆迁补偿费、工程建设其他费、预备费和建设期贷款利息五部分组成。在各项费用中，每项费用都有具体的费用内容和计算方法，并按照规定的规则和程序进行。公路工程建设各项费用的计算程序及计算方式见表 8-2。

表 8-2　公路工程建设各项费用的计算程序及计算方式

代号	项目	说明及计算式
（一）	定额直接费	Σ人工消耗量×人工基价+Σ（材料消耗量×材料基价+机械台班消耗量×机械台班基价）
（二）	定额设备购置费	Σ设备购置数量×设备基价
（三）	直接费	Σ人工消耗量×人工单价+Σ（材料消耗量×材料预算单价+机械台班消耗量×机械台班预算单价）
（四）	设备购置费	Σ设备购置数量×预算单价
（五）	措施费	（一）×施工辅助费率+定额人工费和定额施工机械使用费之和×其余措施费综合费率

（续）

代号	项目	说明及计算式
（六）	企业管理费	（一）×企业管理费综合费率
（七）	规费	各类工程人工费（含施工机械人工费）×规费综合费率
（八）	利润	［（一）+（五）+（六）］×利润率
（九）	税金	［（三）+（四）+（五）+（六）+（七）+（八）］×10%
（十）	专项费用	
	施工场地建设费	［（一）+（五）+（六）+（七）+（八）+（九）］×累进费率
	安全生产费	建筑安装工程费（不含安全生产费本身）×（≥1.5%）
（十一）	定额建筑安装工程费	（一）+（二×40%）+（五）+（六）+（七）+（八）+（九）+（十）
（十二）	建筑安装工程费	（三）+（四）+（五）+六、+（七）+（八）+（九）+（十）
（十三）	土地使用及拆迁补偿费	按规定计算
（十四）	工程建设其他费	
	建设项目管理费	
	建设单位（业主）管理费	（十一）×累进费率
	建设项目信息化费	（十一）×累进费率
	工程监理费	（十一）×累进费率
	设计文件审查费	（十一）×累进费率
	竣（交）工验收试验检测费	按规定计算
	研究试验费	
	建设项目前期工作费	（十一）×累进费率
	专项评价（估）费	按规定计算
	联合试运转费	（十一）×费率
	生产准备费	
	工具器具购置费	按规定计算
	办公和生活用家具购置费	按规定计算
	生产人员培训费	按规定计算
	应急保通设备购置费	
	工程保通管理费	按规定计算
	工程保险费	［（十二）-（四）］×费率
	其他相关费用	
（十五）	预备费	
	基本预备费	［（十二）+（十三）+（十四）］×费率
	价差预备费	（十二）×费率
（十六）	建设期贷款利息	按实际贷款额度及利率计算
（十七）	公路基本造价	（十二）+（十三）+（十四）+（十五）+（十六）

　　各部分费用应该装入的表格、计算顺序和相互关系如图 8-2 所示，需结合实例练习，见后详述。

三、概预算文件组成

　　概预算文件由封面、扉页、目录、编制说明及全部计算表格组成。

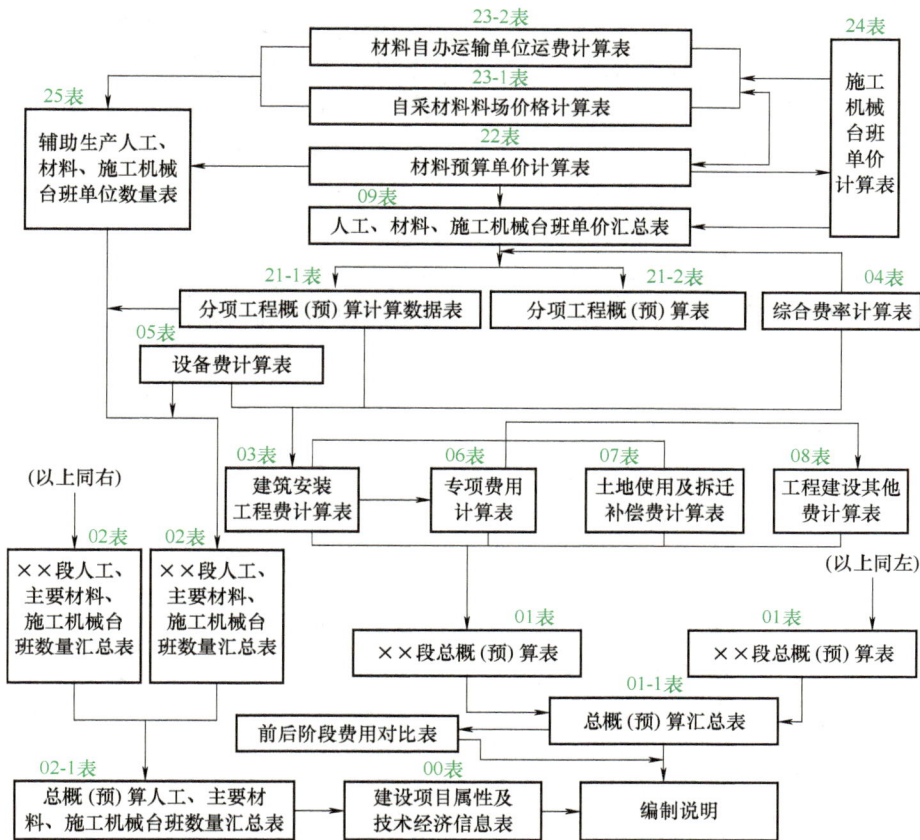

图 8-2 各表格的计算顺序与相互关系

1. 封面及扉页

概预算文件的封面和扉页应按现行《公路工程基本建设项目设计文件编制办法》（交公路发〔2007〕358 号）中的规定制作，扉页的次页和目录按《公路工程建设项目概算预算编制办法》（JTG 3830—2018）附录 A 的规定制作。

2. 编制说明

概预算编制完成后，应写出编制说明，文字简明扼要。应叙述的内容一般包括：建设项目设计文件的依据；编制范围、工程概况等；采用的定额、费用标准、人工、材料与设备、机械台班预算单价的依据或来源，新增工艺的单价分析等；与概预算有关的委托书、协议书、会议纪要的主要内容、概算、预算总金额，人工、钢材、水泥、沥青等的总量；各设计方案的经济比较；项目综合经济技术指标统计，对比分析本阶段与上阶段工程数量、造价的变化情况；其他有关费用计算项及计价依据的说明；采用的公路工程造价软件名称及版本号；其他需要说明的问题。

3. 计算表格

公路工程概预算应按统一的概预算表格计算，表格样式应符合《公路工程建设项目概算预算编制办法》（JTG 3830—2018）附录 A 的规定，各种表格的计算顺序和相互关系如图 8-2 所示。

4. 甲组文件与乙组文件

概预算文件是设计文件的组成部分，按不同的需要分为两组，甲组文件为各项费用计算表，乙组文件为建筑安装工程费各项基础数据计算表。甲、乙组文件应按现行《公路工程基本建设项目设计文件编制办法》（交公路发〔2007〕358号）中关于设计文件报送份数的要求，随设计文件一并报送，并同时提交可计算的造价电子书数据文件和新工艺单价分析的详细资料。乙组文件中的分项工程概（预）算表（21-2表）可只提交电子版，或按需要提交纸质版。

概预算应按一个建设项目（如一条路线或一座独立大中桥、隧道）进行编制。当一个建设项目需要分段或分部编制时，应根据需要分别编制，但必须汇总编制总概（预）算汇总表。

甲、乙组文件包括的内容如下：

甲组文件
- 编制说明
- 前后阶段费用对比表
- 建设项目属性及技术经济信息表（00表）
- 总概（预）算汇总表（01-1表）
- 总概（预）算人工、主要材料、施工机械台班数量汇总表（02-1表）
- ××段总概（预）算表（01表）
- ××段人工、主要材料、施工机械台班数量汇总表（02表）
- 建筑安装工程费计算表（03表）
- 综合费率计算表（04表）
- 综合费用计算表（04-1表）
- 设备费计算表（05表）
- 专项费用计算表（06表）
- 土地使用及拆迁补偿费计算表（07表）
- 工程建设其他费计算表（08表）
- 人工、材料、施工机械台班单价汇总表（09表）

乙组文件
- 分项工程概（预）算计算数据表（21-1表）
- 分项工程概（预）算表（21-2表）
- 材料预算单价计算表（22表）
- 自采材料料场价格计算表（23-1表）
- 材料自办运输单位运费计算表（23-2表）
- 施工机械台班单价计算表（24表）
- 辅助生产人工、材料、施工机械台班单位数量表（25表）

任务设计与实施

1. 设计实施路径

（1）任务要求：1）结合专业课知识以思维导图的形式分析公路工程建设项目投资体系；2）以思维导图的形式绘制概预算费用组成；3）以思维导图的形式分析公路工程概预算文件的组成内容。

（2）根据本任务内容、专业知识及查阅工程资料，试初步分析任务导入中工程背景项目的项目划分及需要编制的费用，用思维导图表示。

2. 呈现实施成果

要求：将实施结果打印在一张 A4 纸上，并粘贴在空白处。

图 8-3 为公路工程建设项目投资体系的思维导图的作为学习参考。

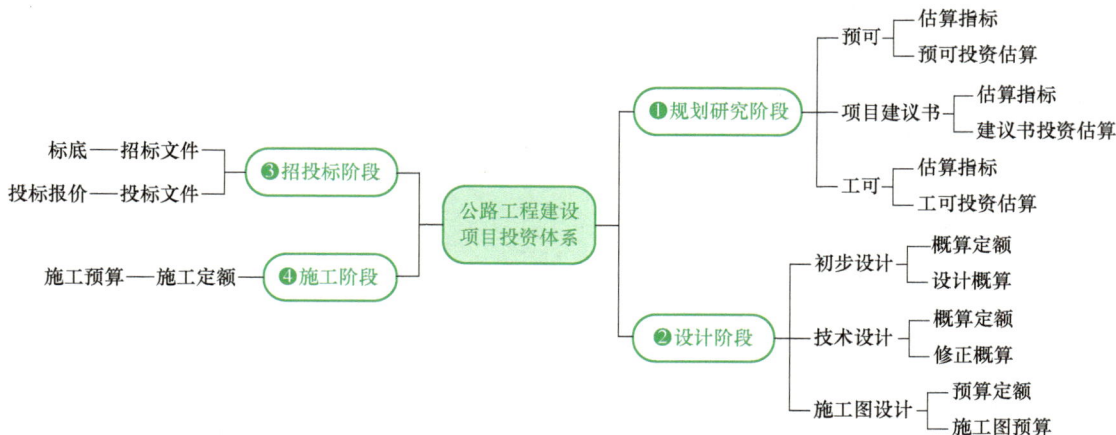

图 8-3　公路工程建设项目投资体系

任务评价

序号	任务活动		任务评价（线上/线下）					
	名称	出勤与态度 20%	自评 10%	互评 10%	小组评价 10%	教师评价 50%	总评	
1	绘制概预算项目组成思维导图							
2	绘制概预算费用组成思维导图							
3	初步熟悉概预算文件组成							

学习提示：

1. 公路工程项目施工组织是如何把工程图纸转变为工程实物的重要组织活动，施工组织文件编制的好坏直接影响到工程质量和投资额的大小；

2. 公路工程投资额巨大，其费用测算是一个完整的体系，概算和预算在其中起着什么样的作用呢？请查阅资料，谈谈你的看法

任务拓展

查阅资料，从形式上区别下预算文件与清单报价的异同。

任务 2　计算建筑安装工程费

任务导入

工程背景：某矿区矿山公路上的中桥，桥型为装配式钢筋混凝土空心板桥，跨径为 3×16m，工程属冬三区，雨量Ⅰ区，雨期 1.5 个月，构造物Ⅱ类。无行车干扰，夜间连续施

工，主副食综合里程 50km，工地转移 100km，人工费 110 000 元、材料费 225 000 元、机械使用费 220 000 元。按当地社会保险的规定，施工企业所缴纳的各项规费 125 600 元。试计算其直接费、措施费、企业管理费、规费、利润、税金。

建筑安装工程费是概预算总金额的重要组成部分，也是计算分量最重的第一部分费用，根据《公路工程建设项目概算预算编制办法》（JTG 3830—2018），这部分费用内容有较大的变化，最显著的一点是增加了设备购置费和专项费用，关于措施费和规费的取费基数和费率也都做了相应调整，计算时应注意这些变化。

任务目标

1. 了解并熟悉公路工程基本建设项目建筑安装工程费的组成及内容，重点掌握直接费、措施费等各项费用的计算方法；

2. 掌握工、料、机单价的确定方法；

3. 掌握专项费用的计算方法；

4. 掌握措施费、企业管理费、规费的取费基数的变化，关键区分直接费与定额直接费，建安费与定额建安费；

5. 认真仔细，发扬工匠精神。

相关知识

一、直接费与定额直接费计算

建筑安装工程费，简称建安费，是指概算、预算中直接用于形成工程实体所发生的费用。它是由直接费、设备购置费、措施费、企业管理费、规费、利润、税金和专项费用组成。建筑安装工程除专项费用外，其他均按"价税分离"计价规则计算，即各项费用均以不含增值税可抵扣进项税额的价格（费率）进行计算。

定额建筑安装工程费包括定额直接费、定额设备购置费的40%、措施费、企业管理费、规费、利润、税金和专项费用，定额直接费包括定额人工费、定额材料费、定额施工机械使用费。

定额人工费、定额材料费、定额施工机械使用费以及定额设备购置费均按《公路工程预算定额》（JTG/T 3832—2018）附录四"定额人工、材料、设备单价表"及现行《公路工程机械台班费用定额》（JTG/T 3833—2018）中规定的人工、材料、设备、机械的相应基价计算的定额费用。

直接费是指施工过程中耗费的构成工程实体和有助于工程形成的各项费用，包括人工费、材料费、施工机械使用费。

（1）人工费

人工费是指列入概算、预算定额的直接从事建筑安装工程施工的生产工人开支的各项费用，内容包括如下：

1）计时工资或计件工资：指按计时工资标准和工作时间或对已做工作按计件单价支付给个人的劳动报酬。

2）津贴、补贴：指为了补偿职工特殊或额外的劳动消耗和因其他特殊原因支付给个人的津贴，以及为保证职工工资水平不受物价影响支付给个人的物价补贴。如流动施工津贴、特殊地区施工津贴、高温（寒）作业临时津贴、高空津贴等。

3）特殊工资：指根据国家法律、法规和政策规定，因病、工伤、产假、计划生育假、婚丧假、事假、探亲假、定期休假、停工学习、执行国家或社会义务等原因按计时工资标准或计时工资标准的一定比例支付的工资。

人工费以概预算定额人工工日数乘以综合工日单价计算。

$$人工费 = 工程数量 × 定额值（概预算）× 综合工日单价（元/工日）\qquad (8\text{-}1)$$

人工费标准按照本地区公路建设项目的人工工资统计情况以及公路建设劳务市场情况进行综合分析，确定人工工日单价。人工工日单价由省级交通运输主管部门制定发布，并适时进行动态调整。人工工日单价仅作为编制概预算的依据，不作为施工企业实发工资的依据。

【例8-1】　某公路工程，若人工夯实填土，工程数量3 800m³，定额人工单价为106.28元/工日，试确定其预算定额人工费。

【解】　根据题意查《预算定额》中表［1-1-7］夯实填土，见表8-3，定额值为85工日/1 000m³，预算定额人工费为3 800m³×85工日/1 000m³×106.28元/工日＝34 328.44元

表8-3　1-1-7 夯实填土

工程内容：1）打碎土块并耙平；2）洒水或风干土壤；3）分层夯实。

（单位：1 000m³ 压实方）

顺序号	项目	单位	代号	夯实填土	
				人工夯实	夯土机夯实
				1	2
1	人工	工日	1001001	85	48.8
2	蛙式夯土机	台班	8001095	—	70.42
3	基价	元	9999001	9.034	7.291

注：如需洒水时，备水费用另行计算。

（2）材料费

材料费指施工过程中耗用的构成工程实体的原材料、辅助材料、构（配）件、零件，半成品或成品，按工程所在地的材料价格计算的费用。

材料预算价格由材料原价、运杂费、场外运输损耗、采购及保管费组成。

材料预算单价编制

$$材料预算价格 = （材料原价 + 运杂费）×（1 + 场外运输损耗率）× \\ （1 + 采购及保管费费率） - 包装品回收价值 \qquad (8\text{-}2)$$

1）材料原价：各种材料原价按以下规定计算。

① 外购材料：参照本行政区域内交通运输主管部门发布的价格和按调查的市场价格进行综合取定。

② 自采材料：自采的砂、石、黏土等自采材料，按定额中开采单价加辅助生产间接费和资源税（如有）计算。

2）运杂费：指材料自供应地点至工地仓库（施工地点存放材料的地方）的费用，包括装卸费、运费，如果发生，还应计囤存费及其他杂费（如过磅、标签、支撑加固、路桥通行等费用）。

① 通过铁路、水路和公路运输部门运输的材料，按调查的市场运价计算运费。

② 一种材料当有两个以上的供应点时，应根据不同的运距、运量、运价采用加权平均的方法计算运费。由于概算预算定额中已考虑了工地运输便道的特点，以及定额中已计入了"工地小搬运"的费用，因此，汽车运输平均运距中不得乘调整系数，也不得在工地仓库或堆料场之外再加场内运距或二次倒运的运距。

③ 有容器或包装的材料及长大轻浮材料，应按表8-4规定的毛重量计算。桶装沥青、汽油、柴油按每吨摊销一个旧汽油桶计算包装费（不计回收）。

表8-4　材料毛重系数及单位毛重表

材料名称	单位	毛重系数（%）	单位毛重
爆破材料	t	1.35	—
水泥、块状沥青	t	1.01	—
铁钉、铁件、焊条	t	1.10	—
液体沥青、液体燃料、水	t	桶装1.17，油罐车装1.00	—
木料	m³	—	原木0.750t，锯材0.650t
草袋	个	—	0.004t

3）场外运输损耗率：指有些材料在正常的运输过程中发生的损耗。材料场外运输操作损耗率见表8-5。

表8-5　材料场外运输操作损耗率　　　　　　　　　　　　　　　　（%）

材料名称		场外运输（包括一次装卸）	每增加一次装卸
块状沥青		0.5	0.2
石屑、碎砾石、砂砾、煤渣、工业废渣、煤		1.0	0.4
砖、瓦、桶装沥青、石灰、黏土		3.0	1.0
草皮		7.0	3.0
水泥（袋装、散装）		1.0	0.4
砂	一般地区	2.5	1.0
	多风地区	5.0	2.0

注：汽车运水泥，当运距超过50km时，袋装水泥损耗率增加0.5个百分点。

4）采购及保管费费率：指在组织采购和保管过程中，所需的各项费用及工地仓库的材料储存损耗。材料采购及保管费，以材料的原价加运杂费及场外运输损耗的合计数为基数，乘以采购及保管费费率计算。

钢材的采购及保管费费率为0.75%，燃料、爆破材料为3.26%，其余材料为2.06%。商品水泥混凝土、沥青混合料和各类稳定土混合料、外购的构件、成品及半成品的预算价格计算方法与材料相同。商品水泥混凝土、沥青混合料和各类稳定土混合料不计采购及保管费，外购的构件、成品及半成品的采购及保管费费率为0.42%。

【例8-2】　某桥需运输原木450m²，汽车运输，运距43km，每公里运价0.30元，装卸费1.0元/m²。试求其单位运杂费和总运费。

【解】　单位运费 = 0.3元/km×43km = 12.9元/m²

单位运杂费 = 12.9元/m²+1.0元/m² = 13.9元/m²

总运杂费 = 13.9 元/m² × 450m² = 6 259 元

【例8-3】　人工开采盖板石，人工装卸4t，载货汽车运4km，已知人工50.0元/工日，载货汽车290元/台班，求盖板石预算单价。

【解】　（1）原价。盖板石为自采材料，其原价应查《预算定额》计算，见表8-6。

表8-6　8-1-6料石、盖板石开采

工程内容：1）清除风化层；2）画线；3）钻线；4）打槽子；5）打楔眼；6）宰石；7）钻边；8）清面；9）堆放。

（单位：100m³ 实体）

顺序号	项目	单位	代号	粗集料	细集料	盖料石
				1	2	3
1	人工	工日	1001001	281.2	347.3	165.6
2	其他材料费	元	7801001	11.7	11.7	11.7
3	基价	元	9999001	29 898	36 923	17 612

每100m³需人工165.6工日。

原价 = [165.6 × 50 × (1 + 3%)] 元/100m³ = 8 528.4 元/100m³ = 85.284 元/m³

（2）运杂费。运费：运费应查《预算定额》进行计算，见表8-7。

表8-7　9-1-5载货汽车运输（配合人工装卸）

工程内容：1）等待装料；2）运走；3）卸料；4）空回。

（单位：表列单位）

序号	项目	单位	代号	料石、盖料石		木材		钢材	
				100m³				100t	
				第一个 1km	每增运 1km	第一个 1km	第增运 1km	第一个 1km	第增运 1km
				1	2	3	4	5	6
1	4t以内载货汽车	台班	8007003	3.49	0.25	2.69	0.18	2.39	0.13
2	基价	元	9999001	1 641	118	1 265	85	1 124	61

序号	项目	单位	代号	水泥、矿粉		沥青、油料	
				100t			
				第一个 1km	每增运 1km	第一个 1km	每增运 1km
				7	8	9	10
1	4t以内载货汽车	台班	8007003	2.87	0.13	4.12	0.13
2	基价	元	9999001	1 349	61	1 937	61

每100m³需4t汽车：(3.49 + 0.25 × 3) 台班 = 4.24 台班

运费 = (4.24 × 290) 元/100m³ = 1 229.6 元/100m³ = 12.296 元/m³

装卸费：见表8-8。

每100m³需人工：22.4工日。

装卸费 = [22.4×50×(1+3%)]元/100m³ = 1 153 元/100m³ = 11.53 元/m³

运杂费 = 运费+装卸费 = (12.296+11.53)元/m³ = 23.826 元/m³

场外运输损耗率为0%。

采购及保管费费率为2.06%。

盖板石预算单价 = (85.284+23.826)元/m³×(1+0%)×(1+2.06%) = 111.36 元/m³

表8-8 9-1-9人工装卸汽车

工程内容：1）装车；2）捆绑；3）解绳；4）卸车堆放。

（单位：表列单位）

顺序号	项目	单位	代号	料石、盖料石	木材	钢材	水泥、矿材	爆破材料	沥青油料	轻质材料
				100m³		100t				100m²
				1	2	3	4	5	6	7
1	4t以内载货汽车	台班	8007003	22.4	6.2	5.6	7	8.5	10.9	2.6
2	基价	元	9999001	2381	659.0	595	744.0	903	1158	276

（3）施工机械使用费

施工机械使用费指列入概算、预算定额的工程机械和工程仪器仪表台班数量，按相应的施工机械台班费用定额计算的费用等。

1）工程机械使用费：施工机械台班预算价格应按现行《公路工程机械台班费用定额》（JTG/T 3833—2018）计算，机械台班单价由不变费用和可变费用组成。不变费用包括折旧费、检修费、维护费、安拆辅助费等；可变费用包括机上人员人工费、动力燃料费、车船

机械台班单价编制

税。可变费用中的人工工日数及动力燃料消耗量，应以机械台班的费用定额中的数值为准。台班人工费工日单价同生产工人人工费单价。动力燃料费用则按材料费的计算规定计算。

2）工程仪器仪表使用费：指机电工程施工作业所发生的仪器仪表使用费，以施工仪器仪表台班耗用量乘以施工仪器仪表台班单价计算。

工程仪器仪表台班预算价格应按现行《公路工程机械台班费用定额）（JTG/T 3833—2018）计算台班人工费工日单价同生产工人人工费单价。动力燃料费用则按材料费的计算规定计算。

当工程用电为自行发电时，电动机械每kW·h（度）电的单价可由下述公式计算：

$$A = 0.15K/N \tag{8-3}$$

式中 A——每kW·h电单价（元）；

K——发电机组的台班单价（元）；

N——发电机组的总功率（kW）。

【例 8-4】　某路基工程土方约为 50 000m³。推土机施工，普通土天然密实方，功率 90kW 以内，推土运距 60m。按《预算定额》求算所需机械台班数及机械使用费总金额，市场调查柴油价格为 4.8 元/kg；人工为 59 元/工日。

【解】　查《预算定额》表［1-1-12］，见表 8-9。

推土机施工台班定额值：(2.15+4×0.72) 台班/1 000m³ = 5.03 台班/1 000m³

由机械台班费用定额可知，90kW 推土机：

1）不变费用：347.89 元（包括折旧费 110.75 元，检修费 65.10 元，维护费 172.04 元，安拆辅助费 0 元）；

2）可变费用：人工为 2 工日/台班，柴油为 65.37kg/台班。

机械台班单价：347.89 元+(2×59)元+(4.8×65.37)元 = 779.67 元

机械台班使用费总金额：50 000 元÷1 000×5.03×779.67 元 = 196 087.01 元。

表 8-9　1-1-12 推土机推土、石方

工程内容：

推土方：1）推土；2）空回；3）整理卸土。

推石方：1）推运爆破后石方；2）空回；3）整理。

（单位：1 000m³ 天然密实方）

顺序号	项目	单位	代号	推土机推土/kW							
				75 以内				90 以内			
				每一个 20m			每增运	每一个 20m			每增运
				松土	普通土	硬土		松土	普通土	硬土	
				1	2	3	4	5	6	7	8
1	人工	工日	1001001	2.4	2.6	2.9	—	2.4	2.6	2.9	—
2	75kW 以内履带式推土机	台班	8001002	2.43	2.66	3.51	0.94	—	—	—	—
3	90kW 以内履带式推土机	台班	8001003	—	—	—	—	1.98	2.15	2.61	—
4	105kW 以内履带式推土机	台班	8001004	—	—	—	—	—	—	—	—
—	—	—	—								
8	基价	元	9999001	2 404	2 628	3 412	831	2 328	2 527	3 040	754

二、设备购置费计算

设备购置费指为满足公路初期运营、管理需要购置的构成固定资产标准的设备和虽低于固定资产标准但属于设计明确列入设备清单的费用，包括渡口设备，隧道照明，消防通风的动力设备，公路收费、监控、通信、路网运行监测、供配电及照明设备等，购置费。

设备购置费应列出计划购置的清单（包括设备的规格、型号、数量），以设备预算价计入。

设备购置费包括设备原价、运杂费、运输保险费、采购及保管费，各种税费按编制期有关部门规定计算。

需要安装的设备,按建筑安装工程费的有关规定计算设备的安装工程费。设备与材料的划分标准见《公路工程建设项目概算预算编制办法》(JTG 3830—2018)附录 C。

三、措施费计算

措施费包括冬期施工增加费、雨期施工增加费、夜间施工增加费、特殊地区施工增加费、行车干扰工程施工增加费、施工辅助费、工地转移费、辅助生产间接费。购买的路基填料、绿化苗木、商品混凝土、商品沥青混合料和各类稳定土混合料、外购混凝土构件不作为措施费及企业管理费的计算基数。

1. 冬期施工增加费

冬期施工增加费是指按照公路施工及验收规范所规定的冬期施工要求,为保证工程质量和安全生产所需采取的防寒保温设施、工效降低和机械作业率降低以及技术操作过程的改变等所增加的有关费用。其内容包括:

1)因冬期施工所需增加的一切人工、机械与材料的支出费用。

2)施工机械所需修建的暖棚(包括拆、移)增加其他保温设备的购置费用。

3)因施工组织设计确定,需增加的一切保温、加温等有关支出费用。

4)清除工作地点的冰雪等与冬期施工有关的其他各项费用。

全国各地冬期施工气温区划表见《预算定额》附录四。

冬期施工增加费的计算方法,是根据各类工程的特点,规定各气温区的取费标准。为了简化计算手续,采用全年平均摊销的方法,即不论是否在冬期施工,均按规定的取费标准计取冬期施工增加费。一条路线穿过两个以上的气温区时,可分段计算或按各区的工程量比例求得全线的平均增加率,计算冬期施工增加费。

冬期施工增加费以各类工程的定额人工费和定额施工机械使用费之和为基数,按工程所在地的气温区选用表 8-10 的费率计算。

表 8-10 冬期施工增加费费率表

(%)

工程类别	冬期期平均温度/℃								准一区	准二区
	−1 以上		−4~−1		−7~−4	−10~−7	−14~−10	−14 以下		
	冬一区		冬二区		冬三区	冬四区	冬五区	冬六区		
	I	II	I	II						
土方	0.835	1.301	1.800	2.270	4.288	6.094	9.140	13.720	—	—
石方	0.164	0.266	0.368	0.429	0.859	1.248	1.861	2.801	—	—
运输	0.166	0.250	0.354	0.437	0.832	1.165	1.748	2.643	—	—
路面	0.566	0.842	1.181	1.371	2.449	3.273	4.909	7.364	0.073	0.198
隧道	0.203	0.385	0.548	0.710	1.175	1.52	2.269	3.425	—	—
构造物 I	0.652	0.940	1.265	1.438	2.607	3.527	5.291	7.936	0.115	0.288
构造物 II	0.868	1.240	1.675	1.902	3.452	4.693	7.028	10.522	0.165	0.393
构造物 III	1.616	2.296	3.114	3.523	6.403	8.680	13.020	19.520	0.292	0.721
技术复杂大桥	1.019	1.444	1.975	3.230	4.057	5.479	8.219	12.338	0.170	0.446
钢材及钢结构	0.040	0.101	0.141	0.181	0.301	0.381	0.581	0.861	—	—

注:绿化工程不计冬期施工增加费。

表 8-10 中工程类别是按如下规定划分的。

1）土方：指人工及机械施工的土方工程、路基掺灰、路基换填及台背回填。

2）石方：指人工及机械施工的石方工程。

3）运输：指用汽车、拖拉机、机动翻斗车、船舶等运送土石方、路面基层和面层混合料、水泥混凝土及预制构件、绿化苗木等。

4）路面：指路面所有结构层工程、路面附属工程、便道以及特殊路基处理（不含特殊路基处理中的圬工构造物）。

5）隧道：指隧道土建工程（不含隧道的钢材及钢结构）。

6）构造物Ⅰ：指砍树挖根、拆除工程、排水、防护、特殊路基处理中的圬工构造物、涵洞、交通安全设施、拌和站（楼）安拆工程、便桥、便涵、临时电力和电信设施、临时轨道、临时码头、绿化工程等工程。

7）构造物Ⅱ：指小桥、中桥、大桥、特大桥工程。

8）构造物Ⅲ：指商品水泥混凝土的浇筑、商品沥青混合料和各类商品稳定土混合料的铺筑、外购混凝土构件、设备安装工程等。

9）技术复杂大桥：指钢管拱桥、斜拉桥、悬索桥、单孔跨径在 120m 以上（含 120m）和基础水深在 10m 以上（含 10m）的大桥主桥部分的基础、下部和上部工程（不含桥梁的钢材及钢结构）。

10）钢材及钢结构：指所有工程的钢材及钢结构等工程。

2. 雨期施工增加费

雨期施工增加费指雨期施工为保证工程质量和安全生产所需采取的防雨、排水、防潮和防护措施、工效降低和机械作业率降低，以及技术操作过程的改变等所需增加的有关费用。

雨期施工增加费的内容包括：

1）因雨期施工所需增加的工、料、机费用的支出，包括工作效率的降低及易被雨水冲毁的工程所增加的清理坍塌基坑和堵塞排水沟、填补路基边坡冲沟等工作内容。

2）路基土方工程的开挖和运输，因雨期施工（非土壤中水影响）而引起的黏附工具、降低工效所增加的费用。

3）因防止雨水必须采取的挖临时排水沟、防止基坑坍塌所需的支撑、挡板等防护措施费用。

4）材料因受潮、受湿的耗损费用。

5）增加防雨、防潮设备的费用。

6）因河水高涨致使工作困难等其他有关雨期施工所需增加的费用。

全国雨期施工雨量区及雨期划分见《公路工程建设项目概算预算编制办法》（JTG 3830—2018）附录 E。

雨期施工增加费的计算方法，是将全国划分为若干雨量区和雨期，并根据各类工程的特点规定各雨量区和雨期的取费标准。为简化计算手续，采用全年平均摊销的方法，即不论是否在雨期施工，均按规定的取费标准计取雨期施工增加费。

一条路线通过不同的雨量区和雨期时，应分别计算雨期施工增加费或按工程量比例求得平均的增加率，计算全线雨期施工增加费。

雨期施工增加费以各类工程的定额人工费和定额施工机械使用费之和为基数，按工程所在地的雨量区、雨期选用表 8-11 的费率计算。

3. 夜间施工增加费

夜间施工增加费指根据设计、施工的技术要求和合理的施工组织要求，必须在夜间施工或必须昼夜连续施工而发生的夜班补助费，夜间施工降效、施工照明设备摊销及照明用电等费用。

夜间施工增加费以夜间施工工程项目的定额人工费与定额施工机械费之和为基数，按表8-12的费率计算。

表 8-11　雨期施工增加费费率表　　　　　　　　　　　　　　　　　　（%）

工程类别	雨期（月数）																
	1		1.5		2		2.5		3		3.5		4		4.5	
	雨量区															
	I	II	I	II	I	II	I	II	I	II	I	II	I	II	I	II
土方	0.140	0.175	0.245	0.385	0.345	0.455	0.385	0.525	0.455	0.596	0.525	0.700	0.596	0.805		
石方	0.140	0.175	0.212	0.349	0.280	0.420	0.439	0.491	0.418	0.563	0.487	0.667	0.555	0.772		
运输	0.142	0.178	0.249	0.391	0.330	0.462	0.391	0.568	0.462	0.675	0.533	0.781	0.604	0.888		
路面	0.115	0.153	0.230	0.366	0.306	0.480	0.366	0.567	0.425	0.634	0.501	0.701	0.578	0.825		
隧道	—	—	—	—	—	—	—	—	—	—	—	—	—	—		
构造物 I	0.098	0.131	0.164	0.262	0.196	0.295	0.229	0.360	0.262	0.426	0.327	0.491	0.393	0.557		
构造物 II	0.105	0.141	0.177	0.282	0.247	0.363	0.282	0.424	0.318	0.494	0.388	0.565	0.459	0.636		
构造物 III	0.200	0.266	0.366	0.565	0.466	0.699	0.565	0.832	0.665	0.998	0.765	1.164	0.898	1.331		
技术复杂大桥	0.109	0.181	0.254	0.363	0.290	0.435	0.363	0.508	0.435	0.580	0.508	0.689	0.580	0.798		
钢材及钢结构	—	—	—	—	—	—	—	—	—	—	—	—	—	—		

注：室内管道及设备安装工程不计雨期施工增加费。

表 8-12　夜间施工增加费费率表　　　　　　　　　　　　　　　　　　（%）

工程类别	费率
构造物 II	0.903
构造物 III	1.702
技术复杂大桥	0.928
钢材及钢结构	0.874

注：设备安装工程及金属标志牌、防撞钢护栏、防眩板（网）、隔离栅、防护网等不计夜间施工增加费。

4. 特殊地区施工增加费

特殊地区施工增加费包括高原地区施工增加费、风沙地区施工增加费和沿海地区施工增加费三项。

（1）高原地区施工增加费

高原地区施工增加费是指在海拔高度2 000m以上地区施工，由于受气候、气压的影响，致使人工、机械效率降低而增加的费用。该费用以各类工程定额人工费和定额机械使用费之和为基数，按表8-13的费率计算。

一条路线通过两个以上（含两个）不同的海拔高度分区时，应分别计算高原地区施工增加费或按工程量比例求得平均的增加率，计算全线高原地区施工增加费。

表 8-13　高原地区施工增加费费率表　　　　　　　　　　　　（%）

工程类别	海拔高度/m						
	2 001~2 500	2 501~3 000	3 001~3 500	3 501~4 000	4 001~4 500	4 501~5 000	5 000 以上
土方	13.295	19.709	27.455	38.875	53.102	70.162	91.853
石方	13.711	20.358	29.025	41.435	56.875	75.358	100.223
运输	13.288	19.666	26.575	37.205	50.493	66.438	85.040
路面	14.572	21.618	30.689	45.032	59.615	79.500	102.640
隧道	13.364	19.850	28.490	40.767	56.037	74.302	99.259
构造物Ⅰ	12.799	19.051	27.989	40.356	55.723	74.098	95.521
构造物Ⅱ	13.622	20.244	29.082	41.617	57.214	75.874	101.408
构造物Ⅲ	12.786	18.985	27.054	38.616	53.004	70.217	93.371
技术复杂大桥	13.912	20.645	29.257	41.670	57.134	75.640	100.205
钢材及钢结构	13.203	19.622	28.269	40.492	55.699	73.891	98.930

（2）风沙地区施工增加费

风沙地区施工增加费指在沙漠地区施工时，由于受风沙影响，按照施工及验收规范的要求，为保证工程质量和安全生产而增加的有关费用，内容包括防风、防沙及气候影响的措施费，人工、机械效率降低增加的费用，以及积沙、风蚀的清理修复等费用。

全国风沙地区公路施工区划见《公路工程建设项目概算预算编制办法》（JTG 3830—2018）附录F。当地气象资料及自然特征与附录F中的风沙地区划分有较大的出入时，由项目所在地省级交通主管运输主管部门按当地气象资料和自然特征及上述划分标准确定工程所在地的风沙区划。

一条路线穿过两个以上不同风沙区时，按路线长度经过不同的风沙区加权计算项目全线风沙地区施工增加费。

风沙地区施工增加费以各类工程的定额人工费和定额机械使用费之和为基数，根据工程所在地的风沙区划及类别，按表8-14的费率计算。

表 8-14　风沙地区施工增加费费率表　　　　　　　　　（%）

工程类别	风沙一区			风沙二区			风沙三区		
	沙漠类型								
	固定	半固定	流动	固定	半固定	流动	固定	半固定	流动
土方	4.588	8.056	13.674	5.618	12.614	23.426	8.056	17.331	27.507
石方	0.745	1.409	2.981	1.014	2.236	3.05g	1.490	3.726	5.216
运输	4.304	8.608	13.988	5.38	12.912	19.368	8.608	18.292	27.976
路面	1.364	2.721	4.932	2.205	4.932	7.567	3.356	7.137	11.025
隧道	0.261	0.522	1.043	0.355	0.783	1.386	0.522	1.304	1.826
构造物Ⅰ	3.968	6.944	11.904	4.96	10.912	16.864	6.944	15.872	23.808
构造物Ⅱ	3.254	5.694	9.761	4.067	8.048	13.828	5.694	13.015	19.523
构造物Ⅲ	2.976	5.208	8.929	3.720	8.184	12.648	5.208	11.904	17.226
技术复杂大桥	2.778	4.861	8.933	3.472	7.638	11.805	8.861	11.110	16.077
钢材及钢结构	1.035	2.07	4.14	1.409	3.105	5.498	2.07	5.175	7.245

（3）沿海地区施工增加费

沿海地区施工增加费指工程项目在沿海地区施工受海风、海浪和潮汐的影响，致使人工、机械效率降低等所需增加的费用。本项费用，由沿海各省级交通主管部门制定具体的适用范围（地区）。

沿海地区施工增加费以各类工程的定额人工费和定额施工机械使用费之和为基数，按表8-15的费率计算。

表 8-15　沿海地区施工增加费费率表　　　　　　　　　（%）

工程类别	费率
构造物Ⅱ	0.207
构造物Ⅲ	0.195
技术复杂大桥	0.212
钢材及钢结构	0.200

注：1. 表中的构造物Ⅲ系指桥梁工程所用的商品混凝土浇筑及混凝土构件、钢构件的安装。
　　2. 表中的钢材及钢结构系桥梁工程所用的钢材及钢结构。

5. 行车干扰施工增加费

行车干扰施工增加费指由于边施工边维持通车，受行车干扰的影响，致使人工、机械效率降低而增加的费用。该费用以受行车影响部分的工程项目的定额人工费和定额机械使用费之和为基数，按表8-16的费率计算。

表 8-16　行车干扰施工增加费费率表（%）

工程类别	施工期间平均每昼夜双向行车次数（机动车、非机动车合计）							
	51~100	101~500	501~1 000	1 001~2 000	2 001~3 000	3 001~4 000	4 001~5 000	5 000 以上
土方	1.499	2.345	3.194	4.118	4.775	5.314	5.885	6.468
石方	1.270	1.881	2.615	3.479	4.035	4.492	4.973	5.462
运输	1.451	2.230	3.041	4.001	4.641	5.164	5.719	6.285
路面	1.309	2.098	2.802	3.487	4.046	4.496	4.987	5.475
隧道	—	—	—	—	—	—	—	—
构造物Ⅰ	0.924	1.386	1.858	2.320	2.693	2.988	3.313	3.647
构造物Ⅱ	1.007	1.516	2.014	2.512	2.915	3.244	3.593	3.943
构造物Ⅲ	0.948	1.417	1.896	2.365	2.745	3.044	3.373	3.713
技术复杂大桥	—	—	—	—	—	—	—	—
钢材及钢结构	—	—	—	—	—	—	—	—

注：新建工程、中断交通进行封闭施工或为保证交通正常通行而修建保通便道的改（扩）建工程，不计行车干扰施工增加费。

6. 施工辅助费

施工辅助费包括生产工具用具使用费、检验试验费和工程定位复测、工程点交、场地清理等费用。施工辅助费以各类工程的定额直接费为基数，按表 8-17 的费率计算。

表 8-17　施工辅助费费率表（%）

工程类别	费率	工程类别	费率
土方	0.521	构造物Ⅰ	1.201
石方	0.470	构造物Ⅱ	1.537
运输	0.154	构造物Ⅲ	2.972
路面	0.818	技术复杂大桥	1.677
隧道	1.195	钢材及钢结构	0.564

1）生产工具用具使用费：指施工所需不属于固定资产的生产工具、检验、试验用具及仪器、仪表等的购置、摊销和维修费，以及支付给生产工人自备工具的补贴费。

2）检验试验费：指施工企业对建筑材料、构件和建筑安装工程进行一般鉴定、检查所发生的费用，包括自设试验室进行试验所耗用的材料和化学药品的费用，以及技术革新和研究试验费，不包括新结构、新材料的试验费和建设单位要求对具有出厂合格证明的材料进行检验、对构件破坏性试验及其他特殊要求检验的费用。

3）高填方和软基沉降监测、高边坡稳定监测、桥梁施工监测、隧道施工监控量测、超前地质预报等施工监控费含在施工辅助费中，不得另行计算。

7. 工地转移费

工地转移费指施工企业迁至新工地的搬迁费用。其内容包括：

1）施工单位职工及随取工迁移的家属向新工地转移的车费、家具行李运费、途中住宿行程补助费、杂费等。

2）公物、工具、施工设备器材、施工机械的运杂费，以及外租机械的往返费及施工机械、设备、公物、工具的转移费等。

3）非固定工人进退场的费用。

工地转移费以各类工程的定额人工费和定额施工机械使用费之和为基数，按表 8-18 的费率计算。

表 8-18 工地转移费费率表 （%）

工程类别	工地转移距离/km					
	50	100	300	500	1 000	每增加 100
土方	0.224	0.301	0.470	0.614	0.815	0.036
石方	0.176	0.212	0.363	0.476	0.628	0.030
运输	0.157	0.203	0.315	0.416	0.543	0.025
路面	0.321	0.435	0.682	0.891	1.191	0.062
隧道	0.257	0.351	0.549	0.717	0.959	0.049
构造物 I	0.262	0.351	0.552	0.720	0.963	0.051
构造物 II	0.333	0.449	0.706	0.923	1.236	0.066
构造物 III	0.622	0.841	1.316	1.720	2.304	0.119
技术复杂大桥	0.389	0.523	0.818	1.067	1.430	0.073
钢材及钢结构	0.351	0.473	0.737	0.961	1.288	0.063

高速公路、一级公路及独立大桥、独立隧道项目转移距离按省会城市至工地的里程计算；二级及以下公路项目转移距离按地级城市所在地至工地的里程计算。

工地转移里程数在表列里程之间时，费率可内插计算。工地转移距离在 50km 以内的工程按 50km 计算。

8. 辅助生产间接费

辅助生产间接费指由施工单位自行开采加工的砂、石等自采材料及施工单位自办的人工机械装卸和运输的间接费。

1）辅助生产间接费按定额人工费的 3% 计。该项费用并入材料预算单价内构成材料费不直接出现在概（预）算中。

2）高原地区施工单位的辅助生产，可按高原地区施工增加费费率，以定额人工费与施工机械费之和为基数计算高原地区施工增加费（其中：人工采集、加工材料、人工装卸、运输材料按土方费率计算；机械采集、加工材料按石方费率计算；机械装、运输材料按运输费率计算）。

辅助生产高原地区施工增加费不作为辅助生产间接费的计算基数。

【例 8-5】 某公路桥桩基础工程，卷扬机带冲抓锥冲孔施工，已知桩径 1.5m，水深 30m，全桥共 40 根桩。经概算分析其人工费 20 万元、材料费 46 万元、机械费 75 万元。该桥位于东部沿海地区，地理位置为冬一区 II，雨期 2 个月，雨量区为 II。由于工期紧张，工程需昼夜连续施工，施工期间有行车干扰，昼夜双向行车 800 辆，施工单位为本地企业，距离工地 30km，试按编制办法的规定计算其应计的措施费。

【解】 根据题意，按工程类别划分，可知该工程项目属构造物Ⅱ。应计算的内容为冬期施工增加费、雨期施工增加费、夜间施工增加费、沿海地区施工增加费、行车干扰施工增加费、施工辅助费。而高原地区、风沙地区施工增加费不计，工地转移距离不足50km 按 50km 计算。

冬期施工增加费：$(20+75)$ 万元 $\times 1.240\% = 1.178$ 万元

雨期施工增加费：$(20+75)$ 万元 $\times 0.282\% = 0.267\ 9$ 万元

夜间施工增加费：$(20+75)$ 万元 $\times 0.903\% = 0.857\ 85$ 万元

沿海地区施工增加费：$(20+75)$ 万元 $\times 0.207\% = 0.196\ 65$ 万元

行车干扰工程施工增加费：$(20+75)$ 万元 $\times 2.014\% = 1.913\ 3$ 万元

施工辅助费：$(20+46+75)$ 万元 $\times 1.537\% = 2.167\ 17$ 万元

工地转移费：$(20+75)$ 万元 $\times 0.333\% = 0.316\ 35$ 万元。

措施费合计：$(1.178+0.267\ 9+0.857\ 85+0.196\ 65+1.913\ 3+2.167\ 17+0.316\ 35)$ 万元 $= 6.897$ 万元

四、企业管理费计算

企业管理费由基本费用、主副食运费补贴、职工探亲路费、职工取暖补贴和财务费用五项组成。

1. 基本费用

基本费用指建筑安装企业组织施工生产和经营管理所需的费用。

（1）基本费用组成

1）管理人员工资：管理人员的基本工资、绩效工资、津贴补贴及特殊情况下支付的工资以及缴纳的养老、医疗、失业、工伤保险费和住房公积金等。

2）办公费：企业管理办公用的文具、纸张、账表、印刷、通信、网络、书报、办公软件、会议、水电、烧水喝集体采暖降温（包括现场临时宿舍取暖降温）用煤（电、气）等费用。

3）差旅交通费：职工因公出差、住勤补助费、市内交通费和误餐补助费，劳动力招募费，职工退休、职退一次性路费，工伤人员就医路费以及管理部门使用的交通工具的油料、燃料等费用。

4）固定资产使用费：管理部门及附属生产单位使用的属于固定资产的房屋、设备等的折旧、大修、维修或租赁费。

5）工具用具使用费：企业管理使用的不属于固定资产的工具、器具、家具、交通工具和检验、试验、测绘、消防用具等的购置、维修和摊销费。

6）劳动保险费：企业支付的离退休职工的异地安家补助费、职工退职金、6个月以上的病假人员工资、职工死亡丧葬补助费、抚恤费、按规定支付给离休干部的各项经费。

7）职工福利：按国家规定标准计提的职工福利费。

8）劳动保护费：企业按国家有关部门规定标准发放的劳动保护用品的购置费及修理费、防暑降温费、在有碍身体健康环境中施工的保健费用等。

9）工会经费：指企业根据《中华人民共和国工会法》的规定按全部职工工资总额比例计提的工会经费。

10）职工教育经费：按职工工资总额的规定比例计提，企业为职工进行专业技术和职业技能培训，专业技术人员继续教育、职工职业技能鉴定、职业资格认定以及根据需要对职工进行各类文化教育所发生的费用，不含职工安全教育、培训费用。

11）保险费：企业财产保险、管理用及生产用车辆等保险费用及人身意外伤害险的费用。

12）工程排污费：施工现场按规定缴纳的排污费用。

13）其他：上述项目以外的其他必要的费用支出，包括技术转让费、技术开发费、竣（交）工文件编制费、招投标费、业务招待费、绿化费、广告费、公证费、定额测定费、法律顾问费、设计费、咨询费，以及施工标准化、规范化、精细化管理费等。

（2）基本费用计算

基本费用以各类工程定额直接费为基数，按表8-19的费率计算。

表8-19　基本费用费率表 （%）

工程类别	费率	工程类别	费率
土方	2.747	构造物Ⅰ	3.587
石方	2.792	构造物Ⅱ	4.726
运输	1.374	构造物Ⅲ	5.976
路面	2.427	技术复杂大桥	4.143
隧道	3.569	钢材及钢结构	2.242

2. 主副食运费补贴

主副食运费补贴指施工企业在远离城镇及乡村的野外施工购买生活必需品所需增加的费用。该费用以各类工程的定额直接费之和为基数，按表8-20的费率计算。

表8-20　主副食运费补贴费率表 （%）

工程类别	综合里程/km										
	3	5	8	10	15	20	25	30	40	50	每增加10
土方	0.122	0.131	0.164	0.191	0.235	0.284	0.322	0.377	0.444	0.519	0.070
石方	0.108	0.117	0.149	0.175	0.218	0.261	0.293	0.346	0.405	0.473	0.063
运输	0.118	0.130	0.166	0.192	0.233	0.285	0.322	0.379	0.447	0.519	0.073
路面	0.066	0.088	0.119	0.130	0.165	0.194	0.224	0.259	0.308	0.356	0.051
隧道	0.096	0.104	0.130	0.152	0.185	0.229	0.260	0.304	0.359	0.418	0.054
构造物Ⅰ	0.114	0.120	0.145	0.167	0.207	0.254	0.285	0.338	0.394	0.463	0.062
构造物Ⅱ	0.126	0.140	0.168	0.196	0.242	0.292	0.338	0.394	0.467	0.540	0.073
构造物Ⅲ	0.225	0.248	0.303	0.352	0.435	0.528	0.599	0.705	0.831	0.969	0.132
技术复杂大桥	0.101	0.115	0.143	0.165	0.205	0.245	0.280	0.325	0.389	0.452	0.063
钢材及钢结构	0.104	0.113	0.146	0.168	0.207	0.247	0.281	0.331	0.387	0.449	0.062

注：综合里程=粮食运距×0.06+燃料运距×0.09+蔬菜运距×0.15+水运距×0.70，粮食、燃料、蔬菜、水的运距均为全线平均运距；如综合里程数在表列里程之间时，费率可内插。综合里程在3km以内的工程，按3km计取本项费用。

3. 职工探亲路费

职工探亲路费指按照有关规定发放给施工企业职工在探亲期间发生的往返交通费和途中

住宿费等费用。该费用以各类工程的定额直接费为基数，按表 8-21 的费率计算。

职工探亲路费＝各类工程的直接费之和×费率

表 8-21　职工探亲路费费率表　（％）

工程类别	费率	工程类别	费率
土方	0.192	构造物 I	0.274
石方	0.204	构造物 II	0.348
运输	0.132	构造物 III	0.551
路面	0.159	技术复杂大桥	0.208
隧道	0.266	钢材及钢结构	0.164

4. 职工取暖补贴

职工取暖补贴指按规定发放给施工企业职工的冬期取暖费和为职工在施工现场设置的临时取暖设施的费用。该费用以各类工程的定额直接费为基数，按工程所在地的气温区选用表 8-22 的费率计算。

表 8-22　职工取暖补贴费率表　（％）

工程类别	气温区						
	准二区	冬一区	冬二区	冬三区	冬四区	冬五区	冬六区
土方	0.060	0.130	0.221	0.331	0.436	0.554	0.663
石方	0.054	0.118	0.183	0.279	0.373	0.472	0.569
运输	0.065	0.130	0.228	0.336	0.444	0.552	0.671
路面	0.049	0.086	0.155	0.229	0.302	0.376	0.456
隧道	0.045	0.091	0.158	0.249	0.318	0.409	0.488
构造物 I	0.065	0.130	0.206	0.304	0.390	0.499	0.607
构造物 II	0.070	0.153	0.234	0.352	0.481	0.598	0.727
构造物 III	0.126	0.264	0.425	0.643	0.849	1.067	1.297
技术复杂大桥	0.059	0.120	0.203	0.310	0.406	0.501	0.609
钢材及钢结构	0.047	0.082	0.141	0.222	0.293	0.363	0.433

5. 财务费用

财务费用指施工企业为筹集资金提供投标担保、预付款担保、履约担保、职工工资支付担保等所发生的各种费用，包括企业经营期间发生的短期贷款利息净支出、汇兑净损失、调剂外汇手续费、金融机构手续费，以及企业筹集资金发生的其他财务费用。财务费用以各类工程定额直接费为基数，按表 8-23 的费率计算。

表 8-23　财务费用费率表　（％）

工程类别	费率	工程类别	费率
土方	0.271	构造物 I	0.466
石方	0.259	构造物 II	0.545
运输	0.264	构造物 III	1.049
路面	0.404	技术复杂大桥	0.637
隧道	0.513	钢材及钢结构	0.653

【例8-6】 某省公路工程公司，承包沥青混凝土路面施工（冬三区），公司驻地距工地75km，其中粮食运距75km，燃料运距60km，蔬菜运距40km，水运距20km，经预算分析其人工费25万元，材料费100万元，机械使用费80万元，措施费40万元。试计算企业管理费。

【解】 根据题意，其基本费用费率、职工探亲路费费率、职工取暖补贴费率、财务费用费率可直接查相应费率表。主副食运费补贴需求算综合里程后，再通过查表内插计算。

基本费用：$(25+100+80)$ 万元 $\times 2.427\% = 4.975\ 35$ 万元

主副食运费综合里程：$75km\times0.06+60km\times0.09+40km\times0.15+20km\times0.7=29.9=30km$

主副食运费补贴：$(25+100+80)$ 万元 $\times 0.259\% = 0.530\ 95$ 万元

职工探亲路费：$(25+100+80)$ 万元 $\times 0.159\% = 0.325\ 95$ 万元

职工取暖补贴：$(25+100+80)$ 万元 $\times 0.229\% = 0.469\ 45$ 万元

财务费用：$(25+100+80)$ 万元 $\times 0.404\% = 0.828\ 2$ 万元

企业管理费：$(4.975\ 35+0.530\ 95+0.325\ 95+0.469\ 45+0.828\ 2)$ 万元 $= 7.129\ 9$ 万元

五、规费计算

规费指按法律、法规、规章、规程规定施工企业必须缴纳的费用。

1. 规费组成

1）养老保险费：施工企业按规定标准为职工缴纳的基本养老保险费。

2）失业保险费：施工企业按规定标准为职工缴纳的失业保险费。

3）医疗保险费：施工企业按规定标准为职工缴纳的医疗保险费（含生育保险费）。

4）工伤保险费：施工企业按规定标准为职工缴纳的工伤保险费。

5）住房公积金：施工企业按规定标准为职工缴纳的住房公积金。

2. 规费计算

各项规费以各类工程的人工费之和为基数，按国家或工程所在地法律、法规、规章、规程规定的标准计算。

六、利润计算

利润指施工企业完成所承包工程获得的盈利，按定额直接费及措施费、企业管理费之和的7.42%计算。

七、税金计算

税金指国家税法规定应计入建筑安装工程造价内的增值税销项税额。

$$税金 = (直接费+设备购置费+措施费+企业管理费+规费+利润)\times10\% \tag{8-4}$$

【例8-7】 某矿区矿山公路上的中桥，桥型为装配式钢筋混凝土空心板桥，跨径为3×16m，工程属冬三区，雨量Ⅰ区，雨期1.5个月，构造物Ⅱ类。无行车干扰，夜间连续施工，主副食综合里程50km，工地转移100km，定额人工费110 000元、定额材料费225 000元、定额机械使用费220 000元，按当地社会保险的规定，施工企业所缴纳的各项规费125 600元，而经调查按工程所在地的工料机预算单价所得的项目人工费为 120 000 元、材料费为 280 000 元、机械使用费为 236 000 元。试计算其直接费、措施费、企业管理费、规费、利润、税金。

【解】　定额直接费=定额人工费+定额材料费+定额机械使用费=110 000 元+225 000 元+220 000 元=555 000 元

直接费=人工费+材料费+机械使用费=120 000 元+280 000 元+236 000 元=636 000 元

措施费=冬期施工增加费+雨期施工增加费+夜间施工增加费+工地转移费+施工辅助费=（110 000+220 000）元×（3.452%+0.131%+0.903%+0.449%）+（110 000+225 000+22 000）元×1.537%=24 815.85 元

企业管理费=基本费用+主副食运费补贴+职工探亲路费+职工取暖补贴+财务费用=定额直接费×费率=555 000×（4.726%+0.54%+0.348%+0.352%+0.545 0%）=-36 136.05 元

规费=125 600 元

利润=（定额直接费+措施费+企业管理费）×7.42%=（555 000+24 815.85+36 136.05）元×7.42%=45 703.63 元

税金=（直接费+措施费+企业管理费+规费+利润）×10%=（636 000+24 815.85+36 136.05+125 600+45 703.63）×10%=86 825.553 元

八、专项费用计算

专项费用包括施工场地建设费和安全生产费。

1. 施工场地建设费

1）按照工地建设标准化要求进行承包人驻地、工地试验室建设，钢筋集中加工、混合料集中排制构件集中预制等所需的办公、生活居住房屋（包括职工家属房屋及探亲房屋），公用房屋（如广播室、文体活动室、医疗室等）和生产用房屋（如仓库加工厂加工棚发电站、变电站空压机站停机棚、值班室等）等费用。

2）厂区平整（山岭重丘区的土石方工程除外）、场地硬化、排水、绿化标志、污水处理设施围墙隔离设施等费用，不包括钢筋加工的机械设备、混合料拌和设备及安拆、预制构件台座预应力张拉设备、起重及养护设备，以及概算、预算定额中临时工程的费用。

3）以上范围内的各种临时工作便道（包括汽车、人力车道）、人行便道，工地临时用水、用电的水管支线和电线支线，临时构筑物（如水井、水塔等）、其他小型临时设施等的搭设或租赁、维修、拆除、清理的费用；但不包括红线范围内贯通便道、进出场的临时道路、保通便道。

4）工地试验室所发生的属于固定资产的试验设备和仪器等折旧、维修或租赁费用。

5）施工扬尘污染防治措施费：指裸露的施工场地覆盖防尘网、施工便道和施工场地洒水或喷洒抑尘剂，运输车辆的苫盖和冲洗环境敏感区设置围挡，防尘标识设置，环境监控与检测等所需要的费用。

6）文明施工、职工健康生活的费用。

施工场地建设费以施工场地计费基数，按表 8-24 的费率，以累进法计算。施工场地计费基数为定额建筑安装工程费扣除专项费。

表 8-24 施工场地建设费费率表

施工场地计费基数/万元	费率（%）	算例/万元	
		施工场地计费基数	施工现场建设费
500 以下	5.338	500	500×5.338%=26.69
501~1 000	4.228	1 000	26.69+（1 000−500）×4.228%=47.83
1 001~5 000	2.665	5 000	47.83+（5 000−1 000）×2.665%=154.43
5 001~10 000	2.222	10 000	154.43+（10 000−5 000）×2.222%=265.53
10 001~30 000	1.785	30 000	265.53+（30 000−10 000）×1.785%=622.53
30 001~50 000	1.694	50 000	622.53+（50 000−30 000）×1.694%=961.33
50 001~100 000	1.579	100 000	961.33+（100 000−50 000）×1.579%=1 750.83
100 001~150 000	1.498	150 000	1 750.83+（150 000−100 000）×1.498%=2 499.83
150 001~200 000	1.415	200 000	2 499.83+（200 000−150 000）×1.415%=3 207.33
200 001~300 000	1.348	300 000	3 207.33+（300 000−200 000）×1.348%=4 555.33
300 001~400 000	1.289	400 000	4 555.33+（400 000−300 000）×1.289%=5 844.33
400 001~600 000	1.235	600 000	5 844.33+（600 000−400 000）×1.235%=8 314.33
600 001~800 000	1.188	800 000	8 314.33+（800 000−600 000）×1.188%=10 690.33
800 001~100 000	1.149	1 000 000	10 690.33+（1 000 000−800 000）×1.149%=12 988.33
100 000 以上	1.118	1 200 000	12 988.33+（1 200 000−1 000 000）×1.118%=15 224.33

2. 安全生产费

安全生产费包括完善改造和维护安全设施设备费用，配备、维护保养应急救援器材设备费用，开展重大危险源和事故隐患评估和整改费用，安全生产检查、评价咨询费用，配备和更新现场作业人员安全防护用品支出安全生产宣传教育、培训费用，安全设施及特种设备检测检验费用，施工安全风险评估应急演练等有关工作及其他与安全生产直接相关的费用。

安全生产费按建筑安装工程费乘以安全生产费费率计算，费率按不少于1.5%计取。

巧匠锦囊

概预算总金额——"增土减设又加息"：在总金额的组成中，增加了"土地使用与拆迁补偿费"，移走了"设备器具家具购置费"，又移来了一项"建设期贷款利息"。

措施费——"施工辅助基数一，冬雨其他计人机"：措施费有多项组成，除了施工辅助费是以定额直接费为计算基数的，其余如冬期、雨期、夜间等施工增加费等的计算基数全部是只计人工费和机械使用费为计算基数。

规费——"基数人工费，勿忘机上人"：以人工费为计算基数，但这里的人工费如果有机械施工的话，还需要把机上人工费加上。

专项费用——"场地按累进，安全舍自身"：施工场地建设费按累进费率计算，安全生产费按不少于1.5%建安费计算，但这个建安费要扣去安全生产费。

任务设计与实施

1. 设计实施路径

（1）任务要求：1）结合专业课知识以思维导图的形式分析建筑安装工程费的组成；2）比较分析直接费与定额直接费的区别、建安费与定额建安费的区别；3）分析专项费用的组成。

（2）计算任务导入中的工程背景预应力空心板桥的直接费、措施费、利润、税金和专项费用，确定建安费。

2. 呈现实施成果

要求：将实施结果打印在一张 A4 纸上，并粘贴在空白处。

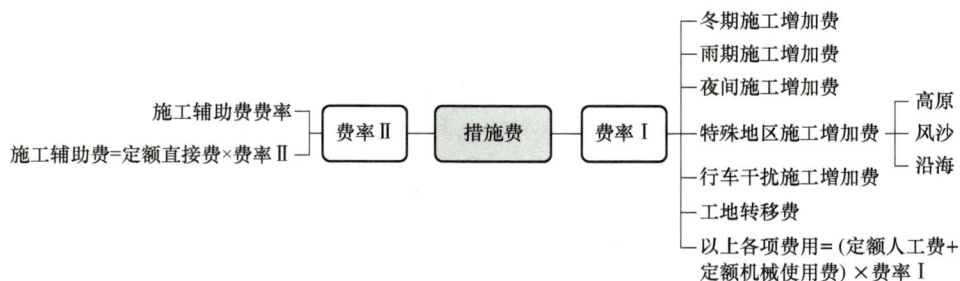

图 8-4 为措施费计算的思维导图作为学习参考。

建安费计算

图 8-4　措施费计算

任务评价

任务活动		任务评价（线上/线下）					
序号	名称	出勤与态度 20%	自评 10%	互评 10%	小组评价 10%	教师评价 50%	总评
1	绘制建安费组成思维导图						
2	直接费与定额直接费区别						
3	建安费与定额建安费区别						

学习提示：

1. 2018 版定额中在建安费中增加了设备购置费与专项费用；

2. 工程类别影响到措施费、企业管理费的综合费率，需要仔细区别

任务拓展

查阅资料，学习累进费率的计算方法。

任务3　计算土地使用及拆迁补偿费

任务导入

工程背景：××国道主干线××省××至××段高速公路第五标段起终点桩号为 K244+500～YK250+566.725（ZK250+599.000），全长 6.066 725km。桥涵工程：川洞湾桥为 3～20m 空心板梁。洪家槽为 5～20m 空心板梁。隧道工程：本合同段有隧道一座，岩湾隧道长 2 775m（平均单洞），进口端为分离式，出口端合并为联拱隧道。

试根据相关资料编制该建设项目土地使用与拆迁补偿费。

土地使用与拆迁补偿费在 2007 版定额中属于第三部分工程建设其他费，到了 2018 版即《公路工程建设项目概算预算编制办法》（JTG 3830—2018）单独单列成了第二部分费用，也说明新的编制办法对这部分费用的重视，土地使用与拆迁补偿费牵涉的因素比较多，政策性强，编制时需要详细阅读编制办法的说明。

任务目标

1. 了解并掌握土地使用与拆迁补偿费的内容组成；
2. 了解土地使用与拆迁补偿费的计算方法与相关规定；
3. 认真仔细，发扬工匠精神。

相关知识

一、土地使用及拆迁补偿费

土地使用及拆迁补偿费包含永久占地费、临时占地费、拆迁补偿费、水土保持补偿费及其他费用。

1. 征地费用

（1）永久占地费

永久占地费包括土地补偿费、征用耕地安置补助费、耕地开垦费、森林植被恢复费、失地农民养老保险费。

1）土地补偿费包括征地补偿费、被征用土地上的青苗补偿费、征用城市郊区的菜地等缴纳的菜地开发建设基金，耕地占用税，用地图编制费及勘界费等。

2）征用耕地安置补助费指征用耕地需要安置农业人口的补助费。

3）耕地开垦费指公路建设项目占用耕地的，由建设项目法人（业主）负责补充耕地所发生的费用；没有条件开垦或者开垦的耕地不符合要求的，按规定缴纳的耕地开垦费。

公路建设项目发生跨省域补充耕地国家统筹的应执行《跨省域补充耕地国家统筹管理办法》和《城乡建设用地增减挂钩节余指标跨省域调剂管理办法》的规定；发生省内跨区域补充耕地的，执行本省相关规定。

4）森林植被恢复费指公路建设项目需要占用征用林地的，经县级以上林业主管部门审核同意或批准，建设项目法人（业主）单位按照省级人民政府有关规定向县级以上林业主管部门预缴的森林植被恢复费。

5）失地农民养老保险费指根据国家规定为保障依法被征地农民养老而交纳的保险费用。失地农民养老保险费按项目所在地省级人民政府的相关规定进行计算。

（2）临时占地费

临时占地费包括临时征地使用费、复耕费。

1）临时征地使用费指为满足施工所需的承包人驻地、预制场、拌和场、仓库、加工厂（棚）、堆料场、取弃土场进出场便道、便桥等所有的临时用地及其附着物的补偿费用。

2）复耕费指临时占用的耕地、鱼塘等，在工程交工后将其恢复到原有标准所发生的费用。

2. 拆迁补偿费

拆迁补偿费指被征用或占用土地地上地下的房屋及附属构筑物、公用设施文物等的拆除、发掘及迁建补偿费，拆迁管理费等。

3. 水土保持补偿费

水土保持补偿费是根据国家相关法律、法规规定缴纳。

4. 其他费用

其他费用指国务院行政主管部门及省级人民政府规定的与征地拆迁相关的费用。

二、土地使用及拆迁补偿费计算方法

1）土地使用及拆迁补偿费应根据设计文件确定的建设工程用地和临时用地面积及其附着物的情况，以及实际发生的费用项目，按国家有关规定及工程所在地的省（自治区直辖市）发布的有关规定和标准计算。

2）森林植被恢复费应根据审批单位批准的建设工程占用林地的类型及面积，按国家有关规定及工程所在地的省（自治区、直辖市）发布的有关规定和标准计算。

3）当与原有的电力电信设施、管线、水利工程、铁路及铁路设施相互干扰时，应与有关部门联系，商定合理的解决方案和补偿金额，也可由这些部门按规定编制费用以确定补偿金额。

4）水土保持补偿费按各省（自治区、直辖市）制定的水土保持补偿费收费标准进行计算。

知识链接

因土地使用与拆迁补偿费编制政策性强，尤其要重视实地调查、按章办事、实事求是，编制起来难度较大，下面某公路工程项目土地使用与拆迁补偿费计算表案例供参考，帮助拓宽思路。

建设项目名称：

编制范围： 第 页

序号	费用名称	单位	单价/元	金额/元	说明及计算式	备注
	第二部分 土地使用及拆迁补偿费			695 225		
201	土地使用费			431 949		
20101	永久征用土地			349 687		
1	水田	亩	5 100、青苗补偿 2 100	4 392	0.61×5 100+0.61×2 100	
2	地	亩	8 100、青苗补偿 4 100	87 718	7.19×8 100+7.19×4 100	
3	草地	亩	3 100	22 413	7.23×3 100	
4	经济作物	亩	6 100、青苗补偿 21 000	184 551	6.81×6 100+6.81×21 000	
5	水	亩	8 100、青苗补偿 11 000	50 615	2.65×8 100+2.65×11 000	
20102	临时用地			82 262		
1	地	亩	4 100	40 262	9.82×4 100	

（续）

序号	费用名称	单位	单价/元	金额/元	说明及计算式	备注
2	临时用地	亩	2 100	42 000	20×2 100	
202	拆迁补偿费			105 102		
1	砖瓦房	m²	250	23 950	95.8×250	
2	混凝土房	m²	400	50 240	125.6×400	
3	简易房屋	m²	120	30 912	257.6×120	
203	其他补偿费			158 174		
1	地占用税	亩	3 100	142 104	45.84×3 100	
2	低压电杆	根	410	2 870	7×410	
3	电线	m	60	13 200	220×60	

任务设计与实施

1. 设计实施路径

1）任务要求：结合专业课知识以思维导图的形式分析土地使用与拆迁补偿费的组成及内容。

2）根据本任务内容、专业知识并查阅资料，试列出任务导入中工程背景中项目的土地使用与拆迁补偿费计算费用组成内容。

2. 呈现实施成果

要求：将实施结果打印在一张 A4 纸上，并粘贴在空白处。

图 8-5 为土地使用与拆迁补偿费的思维导图作为学习参考。

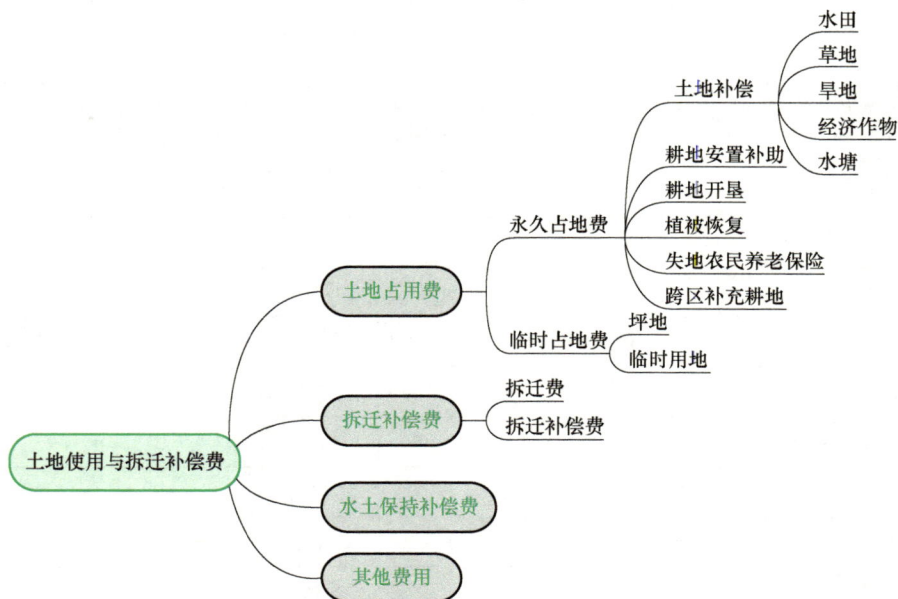

图 8-5　土地使用与拆迁补偿费

任务评价

任务活动		任务评价（线上/线下）					
序号	名称	出勤与态度 20%	自评 10%	互评 10%	小组评价 10%	教师评价 50%	总评
1	土地使用与拆迁补偿费组成与内容						
2	费用计算方法						
3	永久用地和临时用地的内容						

学习提示：

1. 2018 版编办把土地使用与拆迁补偿费单独设置为概算、预算总金额的第二部分费用，应认真学习编办该部分费用的组成与内容；

2. 土地使用与拆迁补偿费计算影响因素很多，内容也因具体项目不同而异，查阅资料，研究工程实例，拓宽思路

任务拓展

查阅资料，研究工程实例，分析具体工程项目所在地区的公路桥梁工程项目关于土地使用与拆迁补偿费计算的项目组成与各项单价标准。

任务4　计算工程建设其他费

任务导入

工程背景：某高速公路某合同段包含路基工程、路面工程、桥涵工程和隧道工程，工程量详见施工图设计，问其建设单位管理费、建设项目信息化费、工程监理费、设计文件审查费、竣（交）工验收试验检测费如何计算？以及建设项目前期工作费如委托勘察设计单位、咨询单位对建设项目进行可行性研究、工程勘察设计，以及设计监理、施工招标文件及招标标底或造价控制值文件编制时，按规定应支付的费用该如何计算？

以上所述的各项费用在《公路工程建设项目概算预算编制办法》（JTG 3830—2018）中都属于第三部分费用：工程建设其他费。这部分费用在整个概算预算总金额中占有不小比例，需要正确计算。

任务目标

1. 了解并熟悉工程建设其他费的组成及内容；

2. 掌握各组成部分费用的计算方法；

3. 认真严谨，树立质量意识、责任意识，发扬工匠精神。

工程建设其他费包括建设项目管理费、研究试验费、建设项目前期工作费、专项评价（估）费、联合试运转费、生产准备费、工程保通管理费、工程保险费、其他相关费用。

一、建设项目管理费

建设项目管理费包括建设单位（业主）管理费、建设项目信息化费、工程监理费、设计文件审查费、峻（交）工验收试验检测费。其中建设单位（业主）管理费、建设项目信息化费和工程监理费均为实施建设项目管理的费用，可根据建设单位（业主）、施工监理单位所实际承担的工作内容和工作量统筹使用。

1. 建设单位（业主）管理费

建设单位（业主）管理费指建设单位（业主）为进行建设项目的立项、筹建、建设、峻（交）工验收总结等工作所发生的费用。

建设单位（业主）管理费包括工作人员的工资、工资性津贴、施工现场津贴、社会保险费用（基本养老、基本医疗、失业、工伤保险）、住房公积金职工福利费、工会经费、劳动保护费、办公费会议费、差旅交通费、固定资产使用费（包括办公及生活房屋折旧维修或租赁费，车辆折旧、维修使用或租赁费，通信设备购置使用费，测量试验设备仪器折旧、维修、租赁费，其他设备折旧、维修或租赁费等）、零星固定资产购置费、招募生产工人费、技术图书资料费、职工教育培训经费、招标管理费、合同契约公证费、法律顾问费咨询费、建设单位的临时设施费、完工清单费、峻（交）工验收费（含其他行业或部门要求的峻工验收费用、建设单位负责的峻（交）工文件编制费）、各种税费（包括房产税、车船使用税、印花税等）、对建设项目前期工作、项目实施及峻工决算等全过程进行审计所发生的审计费用，境内外融资费用（不含建设期贷款利息），业务招待费及工程质量、安全生产管理费和其他管理性开支。

建设单位（业主）管理费以定额建筑安装工程费为基数，按表 8-25 的费率，以累进方法计算。

表 8-25　建设单位（业主）管理费费率表

定额建筑安装工程费/万元	费率（%）	算例/万元	
		定额建筑安装工程费	建设单位（业主）管理费
500 以下	4.858	500	500×4.858%=24.29
501~1 000	3.813	1 000	24.29+（1 000−500）×3.813%=43.355
1 001~5 000	3.049	5 000	43.355+（5 000−1 000）×3.049%=165.315
5 001~10 000	2.562	10 000	165.315+（10 000−5 000）×2.562%=293.415
10 001~30 000	2.125	30 000	293.415+（30 000−10 000）×2.125%=718.415
30 001~50 000	1.773	50 000	718.415+（50 000−30 000）×1.773%=1 073.015
50 001~100 000	1.312	100 000	1 073.015+（100 000−50 000）×1.312%=1 729.015
100 001~150 000	1.057	150 000	1 729.015+（150 000−100 000）×1.057%=2 257.515
150 001~200 000	0.826	200 000	2 257.515+（200 000−150 000）×0.826%=2 670.515

（续）

定额建筑安装工程费 /万元	费率（%）	算例/万元	
		定额建筑安装工程费	建设单位（业主）管理费
200 001~300 000	0.595	300 000	2 670.515+（300 000-200 000）×0.595%=3 265.515
300 001~400 000	0.498	400 000	3 265.515+（400 000-300 000）×0.498%=3 763.515
400 001~600 000	0.450	600 000	3 763.515+（600 000-400 000）×0.450%=4 663.515
600 001~800 000	0.400	800 000	4 663.515+（800 000-600 000）×0.400%=5 463.515
800 001~1 000 000	0.375	1 000 000	5 463.515+（1 000 000-800 000）×0.375%=6 213.515
1 000 000 以上	0.350	1 200 000	6 213.515+（1 200 000-100 000）×0.350%=6 913.515

双洞长度超过 5 000m 的独立隧道，水深大于 15m、跨径大于等于 400m 的斜拉桥和跨径大于或等于 800m 的悬索桥等独立特大型桥梁工程的建设单位（业主）管理费，按表 8-25 中的费率乘以系数 1.3 计算，海上工程［指由于风浪影响，工程施工（不包括封冻期）全年月平均工作日少于 15d 的工程］的建设单位（业主）管理费，按表 8-25 中的费率乘以系数 1.2 计算。

2. 建设项目信息化费

建设项目信息化费指建设单位（业主）和各参建单位用于建设项目的质量、安全、进度、费用等方面的信息化建设、运维及各种税费等费用，包括建设项目全生命周期的建设信息模型等相关费用。建设项目信息化费以定额建筑安装工程费为基数，按表 8-26 的费率，以累进方法计算。

表 8-26　建设项目信息化费费率表

定额建筑安装工程费 /万元	费率（%）	算例/万元	
		定额建筑安装工程费	建设项目化费
500 以下	0.600	500	500×0.600%=3
501~1 000	0.452	1 000	3+（1 000-500）×0.452%=5.26
1 001~5 000	0.356	5 000	5.26+（5 000-1 000）×0.356%=19.50
5 001~10 000	0.285	10 000	19.50+（10 000-5 000）×0.285%=33.75
10 001~30 000	0.252	30 000	33.75+（30 000-10 000）×0.252%=84.15
30 001~50 000	0.224	50 000	84.15+（50 000-30 000）×0.224%=128.95
50 001~100 000	0.202	100 000	128.95+（100 000-50 000）×0.202%=229.95
100 001~150 000	0.171	150 000	229.95+（150 000-100 000）×0.171%=315.45
150 001~200 000	0.160	200 000	315.45+（200 000-150 000）×0.160%=395.45
200 001~300 000	0.142	300 000	395.45+（300 000-200 000）×0.142%=537.45
300 001~400 000	0.135	400 000	537.45+（400 000-300 000）×0.135%=672.45
400 001~600 000	0.131	600 000	672.45+（600 000-400 000）×0.131%=934.45
600 000~800 000	0.127	800 000	934.45+（800 000-600 000）×0.127%=1 188.45
800 001~1 000 000	0.125	1 000 000	1 188.45+（1 000 000-800 000）×0.125%=1 438.45
1 000 000 以上	0.122	1 200 000	1 438.45+（1 200 000-1 000 000）×0.122%=1 682.45

3. 工程监理费

工程监理费指建设单位（业主）委托具有监理资格的单位，按施工监理规范进行全面的监督和管理所发生的费用。

工程监理费内容包括工作人员的工资、工资性津贴、施工现场津贴、社会保险费用（基本养老、基本医疗、失业、工伤保险）、住房公积金、职工福利费、工会经费、劳动保护费、办公费、会议费、差旅交通费、试验费、固定资产使用费（包括办公及生活房屋折旧、维修或租赁费，车辆折旧、维修、使用或租赁费，通信设备购置使用费，测量、试验、检测设备仪器折旧、维修或租赁费，其他设备折旧维修或租赁费等）、零星固定资产购置费、招募生产工人费、技术图书资料费、职工教育经费、投标费用、合同契约公证费、咨询费、业务招待费、财务费用、监理单位的临时设施费、完工清理费竣（交）工验收费、各种税费、安全生产管理费和其他管理性开支。

工程监理费以定额建筑安装工程费为基数，按表8-27的费率，以累进方法计算。

表8-27 工程监理费费率表

定额建筑安装工程费 /万元	费率（%）	算例/万元	
		定额建筑安装工程费	工程监理费
500 以下	3.00	500	500×3.00%＝15
501～1 000	2.40	1 000	15+（1 000-500）×2.40%＝27
1 001～5 000	2.10	5 000	27+（5 000-1 000）×2.10%＝111
5 001～10 000	1.94	10 000	111+（10 000-5 000）×1.94%＝208
10 001～30 000	1.87	30 000	208+（30 000-10 000）×1.87%＝582
30 000～50 000	1.83	50 000	582+（50 000-30 000）×1.83%＝948
50 001～100 000	1.78	100 000	948+（100 000-50 000）×1.78%＝1 838
100 001～150 000	1.72	150 000	1 838+（150 000-1 000）×1.72%＝2 698
150 001～200 000	1.64	200 000	2 698+（200 000-150 000）×1.64%＝3 518
200 001～300 000	1.55	300 000	3 518+（300 000-200 000）×1.55%＝5 068
300 001～400 000	1.49	400 000	5 068+（400 000-300 000）×1.49%＝6 558
400 001～600 000	1.45	600 000	6 558+（600 000-400 000）×1.45%＝9 458
600 001～800 000	1.42	800 000	9 458+（8 000 000-600 000）×1.42%＝12 298
800 001～1 000 000	1.37	1 000 000	12 298+（1 000 000-800 000）×1.37%＝15 038
1 000 000 以上	1.33	1 200 000	15 038+（1 200 000-100 000）×1.33%＝17 698

4. 设计文件审查费

设计文件审查费指在项目审批前，建设单位（业主）为保证勘察设计工作的质量，组织有关专家或委托有资质的单位，对提交的建设项目可行性研究报告和勘察设计文件进行审查所需要的相关费用。设计文件审查费以定额建筑安装工程费为基数，按表8-28的费率，以累进方法计算。

1）建设项目若有地质勘查监理，费用在此项目开支。

2）建设项目若有设计咨询（或称设计监理设计双院制），其费用在此项目内支。

表 8-28　设计文件审查费费率表

定额建筑安装工程费/万元	费率（％）	算例/万元	
		定额建筑安装工程费	设计文件审查费
5 000 以下	0.077	5 000	5 000×0.077％＝3.85
5 001～10 000	0.072	10 000	3.85＋（10 000－5 000）×0.072％＝7.45
10 001～30 000	0.069	30 000	7.45＋（30 000－10 000）×0.069％＝21.25
30 001～50 000	0.066	50 000	21.25＋（50 000－30 000）×0.066％＝34.45
50 001～100 000	0.065	100 000	34.45＋（100 000－50 000）×0.065％＝66.95
100 001～150 000	0.061	150 000	66.95＋（15 000－1 000 000）×0.061％＝97.45
150 001～200 000	0.059	200 000	97.45＋（200 000－150 000）×0.059％＝126.95
200 001～300 000	0.057	300 000	126.95＋（3 000 000－200 000）×0.057％＝183.95
300 001～400 000	0.055	400 000	183.95＋（400 000－300 000）×0.055％＝238.95
400 001～600 000	0.053	600 000	238.95＋（600 000－400 000）×0.053％＝344.95
600 001～800 000	0.052	800 000	344.95＋（800 000－600 000）×0.052％＝448.95
800 001～1 000 000	0.051	1 000 000	448.95＋（1 000 000-800 000）×0.051％＝550.95
1 000 000 以上	0.050	1 200 000	550.95＋（1 200 000－1 000 000）×0.050％＝650.95

5. 竣（交）工验收试验检测费

竣（交）工验收试验检测费指在公路建设项目竣（交）工验收前，由建设单位（业主）或工程质量监督机构委托有资质的公路工程质量检测单位按照有关规定对建设项目的工程质量进行检测并出具检测试验意见，以及进行桥梁动（静）载试验或其他特殊检测等所需的费用。

1）竣（交）工验收试验检测费按表 8-29 规定的费率计算。道路工程按主线路基长度计算，桥梁工程以主线桥梁、分离式立交、匝道桥的长度之和进行计算，隧道按单洞长度计算。

2）道路工程，高速公路、一级公路按四车道计算，二级及二级以下公路按两车道计算，每增加 1 个车道，按表 8-29 的费用增加 10％。桥梁和隧道按双向四车道计算，每增加 1 个车道费用增加 15％。二级及二级以下公路的桥隧工程，按表 8-29 费用的 40％计算。

表 8-29　竣（交）工验收试验检测费

检测项目			竣（交）工验收试验检测费	备注
道路工程/（元/km）		高速公路	23 500	包括路基、路面、涵洞、通道、路段安全设施和机电、房建、绿化、环境保护及其他工程
		一级公路	17 000	
		二级公路	11 500	
		三级及三级以下公路	5 750	
桥梁工程	一般桥梁/（元/延米）	—	40	包括桥梁范围内的所有土建、安全设施和机电、声屏障等环境保护工程及必要的动（静）载试验
	技术复杂桥梁/（元/延米）	钢管拱	750	
		连续刚构	500	
		斜拉桥	600	
		悬索桥	560	

（续）

检测项目		竣（交）工验收试验检测费	备注
隧道工程/（元/延米）	单洞	80	包括隧道范围内的所有土建、安全设施、机电、消防设施等

二、研究试验费

研究试验费指按项目特点和有关规定，在建设过程中必须进行的研究和试验所需的费用，以及支付科技成果、专利先进技术的一次性技术转让费。研究试验费不包括：

1）应由前期工作费（为建设项目提供或验证设计数据资料等专题研究）开支的项目。

2）应由科技三项费用（即分新产品试制费、中间试验费和重要科学研究补助费）开支的项目。

3）应由施工辅助费开支的施工企业对建筑材料、构件和建筑物进行一般鉴定、检查所发生的费用及技术革新研究试验费。

计算方法：按设计提出的研究试验内容和要求进行编制。

三、建设项目前期工作费

建设项目前期工作费是委托勘察设计单位、咨询单位对建设项目进行可行性研究、工程勘察设计，以及设计监理、施工招标文件及招标标底或造价控制值文件编制时，按规定应支付的费用。其包括以下几项：

1）编制项目建议书（或预可行性研究报告）、可行性研究报告、投资估算，以及相应的勘察、设计等所需的费用。

2）通过风洞试验地震动参数、索塔足尺模型试验、桥墩局部冲刷试验、桩基承载力试验等为建设项目提供或验证设计数据所需的专题研究费用。

3）初步设计和施工图设计的勘察费、设计费、概（预）算编制及调整概算编制费用等。

4）设计、监理、施工招标文件及招标标底（或造价控制值或清单预算）文件编制费用等。

计算方法：前期工作费以定额建筑安装工程费为基数，按表 8-30 的费率，以累进方法计算。

表 8-30　建设项目前期工作费费率表

定额建筑安装工程费/万元	费率（%）	算例/万元	
		定额建筑安装工程费	建设项目前期工作费
500 以下	3.00	500	500×3.00%＝15
501～1 000	2.70	1 000	15+（1 000−500）×2.70%＝28.5
1 001～5 000	2.55	5 000	28.5+（5 000−1 000）×2.55%＝130.5
5 001～10 000	2.46	10 000	130.5+（10 000−5 000）×2.46%＝253.5
10 001～30 000	2.39	30 000	253.5+（30 000−10 000）×2.39%＝731.5

（续）

定额建筑安装工程费/万元	费率（%）	算例/万元	
		定额建筑安装工程费	建设项目前期工作费
30 001~50 000	2.34	50 000	731.5+（50 000−30 000）×2.34%=1 199.5
50 001~100 000	2.27	100 000	1 199.5+（100 000−50 000）×2.27%=2 334.5
100 001~150 000	2.19	150 000	2 334.5+（150 000−100 000）×2.19%=3 429.5
150 001~200 000	2.08	200 000	3 429.5+（200 000−150 000）×2.08%=4 469.5
200 001~300 000	1.99	300 000	4 469.5+（300 000−200 000）×1.99%=6 459.5
300 001~400 000	1.94	400 000	6 459.5+（400 000−300 000）×1.94%=8 399.5
400 001~600 000	1.86	600 000	8 399.5+（600 000−400 000）×1.86%=12 119.5
600 001~800 000	1.80	800 000	12 119.5+（800 000−600 000）×1.80%=15 719.5
800 001~1 000 000	1.76	1 000 000	15 719.5+（1 000 000−800 000）×1.76%=19 239.5
1 000 000 以上	1.72	1 200 000	19 239.5+（1 200 000−1 000 000）×1.72%=22 679.5

四、专项评价（估）费

专项评价（估）费指依据国家法法律、法规规定进行评价（评估）、咨询，按规定应支付的费用。

专项评价（估）费包括环境影响评物勘察费、水土保持评估费、地震安全性评价费、地质灾害性评价费、压覆重要矿床评估费、文物勘察费、通航认证费、行洪认证（评估）费、使用林地可行性研究报告编制费、用地预审报告编制费、项目风险评估费、节能评估费和社会风险评估费、放射性影响评估费、规划选址意见书编制费等费用。

计算方法：依据委托合同或参照类似工程已发生的费用进行计划。

五、联合试运转费

联合试运转费指建设项目的机电工程，按照有关规定标准，需要进行整套设备带负荷联合试运转所需的全部费用，不包括应由设备安装工程费中开支的调试费用。

联合试运转费用包括联合试运转期间所需的材料燃料和动力的消耗，机械和检测设备使用费，工具用具和低值易耗品费，参加联合试运转的人员工资及其他费用等。

计算方法：联合试运转费以定额建筑安装工程费为基数，按0.04%费率计算。

六、生产准备费

生产准备费指为保证新建、改扩建项目交付使用后满足正常的运行、管理发生的工器具购置、办公和生活用家具购置、生产人员培训、应急保通设备购置等费用。

1. 工器具购置费

工器具购置费指建设项目交付使用后，为满足初期正常运营必须购置的第一套不构成固定资产的设备、仪器、仪表、工卡模具、器具、工作台（框、架、柜）等的费用，不包括构成固定资产的设备、工器具和备品、备件。工器具购置费应由设计单位列出计划购置清单

（包括规格、型号、数量），计算方法同设备购置费。

2. 办公和生活用家具购置费

办公和生活用家具购置费指新建、改扩建项目，为保证初期正常生产、使用和管理所购置的办公和生活用家具、用具的费用。其包括行政、生产部门的办公室、会议室、资料档案室、阅览室、宿舍及生活福利设施等的家具、用具。办公和生活用家具购置费按表8-31的规定计算。

表 8-31　办公和生活用家具购置费标准表

工程所在地	路线/（元/公路公里）				单独管理或单独收费的桥梁、隧道/（元/座）		
	高速公路	一级公路	二级公路	三、四级公路	一般大桥	技术复杂大桥	特长隧道
内蒙古、黑龙江、青海、新疆、西藏	21 500	15 600	7 800	4 000	24 000	60 000	78 000
其他省、自治区、直辖市	17 500	14 600	5 800	2 900	19 800	49 000	63 700

注：改扩建工程按表列费用的70%计。

3. 生产人员培训费

生产人员培训费指为保证生产的正常运行，在工程交工验收交付使用前对运营部门生产人员和管理人员进行培训所需的费用，包括培训人员的工资、工资性津贴、职工福利费、差旅交通费、劳动保护费、培训及教学实习费等。该费用按设计定员和300元/人的标准计算。

4. 应急保通设备购置费

应急保通设备购置费指新建改扩建工程项目，为满足初期正常营运购置保障抢修保通、应急处置，且构成固定资产的设备所需的费用。该费用由设计单位列出计划购置清单，计算方法同设备购置费。

七、工程保通管理费

工程保通管理费指新建或改扩建工程需边施工边维持通车或通航的建设项目，为保证公（铁）路运营安全船舶航行安全及施工安全而进行交通（公路航道、铁路）管制、交通（铁路）与船舶疏导所需的和媒体、公告等宣传费用及协管人员经费等。工程保通管理费应按设计需要进行列支。涉水项目施工期通航安全保障费用计算方法按《公路工程建设项目概算预算编制办法》（JTG 3830—2018）附录G执行。

八、工程保险费

工程保险费指在合同执行期内，施工企业按合同条款要求办理保险的费用，包括建筑工程一切险和第三方责任险。

1）建筑工程一切险为永久工程、临时工程和设备及已运至施工工地用于永久工程的材料和设备所投的保险。

2）第三者责任险是对因实施合同工程而造成的财产（本工程除外）损失或损害，或人员（业主和承包人雇员除外）的死亡或伤残所进行给付的保险。

3）工程保险费以建筑安装工程费（不含设备费）为基数，按0.4%费率计算。

九、其他相关费用

其他相关费用指国务院行政主管部门及省级人民政府规定的其他与公路建设相关的费用，按其相关规定计算。

任务设计与实施

1. 设计实施路径

（1）任务要求：结合专业课知识以思维导图的形式分析工程建设其他费的组成及内容。

（2）根据本任务内容、专业知识及查阅工程资料，列出任务导入中工程背景项目的工程建设其他费各项费用的计算方法。

2. 呈现实施成果

要求：将实施结果打印在一张 A4 纸上，并粘贴在空白处。

图 8-6 为工程建设其他费的思维导图作为学习参考。

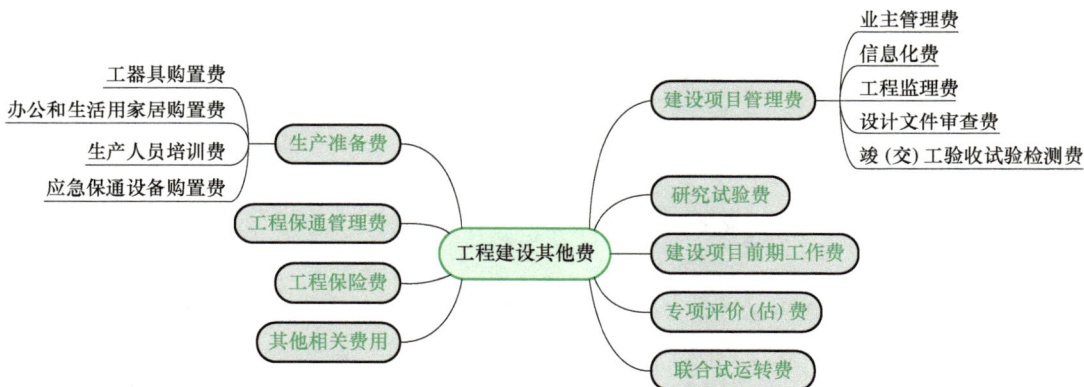

图 8-6　工程建设其他费

任务评价

任务活动		任务评价（线上/线下）					
序号	名称	出勤与态度 20%	自评 10%	互评 10%	小组评价 10%	教师评价 50%	总评
1	工程建设其他费的组成及内容						
2	各项费用计算方法						

学习提示：

1. 累进费率的计算方法需要掌握；

2. 工程建设其他费的各项组成中有些发生在施工阶段，有些不是产生在施工阶段，请注意区分

任务拓展

查阅资料，研究工程实例，分析工程建设信息化费的组成内容。

任务5　计算预备费与建设期贷款利息

任务导入

工程背景： 某工程项目，建设期为 2 年，共向银行借款 5 000 万元，其中第 1 年借入 2 000 万元，第 2 年借入 3 000 万元，年利率均为 6%，借款在各年内均衡使用，建设期内只计息不付息，则建设期第 2 年应计利息是多少？

任务目标

1. 熟悉并掌握预备费的内容和计算方法；
2. 掌握建设期贷款利息的计算方法；
3. 发扬工匠精神，认真严谨。

相关知识

一、预备费

预备费由基本预备费和差价预备费两部分组成。

1. 基本预备费

基本预备费指在初步设计和概算、施工图设计和施工图预算中难以预料的工程费，包括以下几项：

1）在进行技术设计、施工图设计和施工过程中，在批准的初步设计和概算范围内所增加的工程费用。

2）在设备订货时，由于规格、型号改变的价差，材料货源变更、运输距离或方式的改变以及因规格不同而代换使用等原因发生的价差。

3）在项目主管部门组织竣（交）工验收时，验收委员会（或小组）为鉴定工程质量必须开挖和修复隐蔽工程的费用。

基本预备费以建筑安装工程费、土地使用及拆迁补偿费、工程建设其他费之和为基数，按下列费率计算：①设计概算按 5% 计列；②修正概算按 4% 计列；③施工图预算按 3% 计列。

2. 价差预备费

价差预备费指设计文件编制年至工程竣工年期间，建筑安装工程费用的人工费、材料费、设备费施工机械使用费、措施费、企业管理费等由于政策、价格变化可能发生上浮而预留的费用，及外资贷款汇率变动部分的费用。

1）计算方法：价差预备费以建筑安装工程费用总额为基数按设计文件编制年始至建设项目工程交工年终的年数和年工程造价增长率计算。计算公式如下：

$$价差预备费 = P \times [(1+i)^{(n-1)} - 1] \tag{8-5}$$

式中　P——建筑安装工程费总额（元）；

i——年工程造价增长率（%）；

n——设计文件编制年至建设项目开工年+建设项目建设期限（年）。

2）年工程造价增长率按有关部门公布的工程投资价格指数计算。

3）设计文件编制至工程交工在1年以内的工程，不列此项费用。

【例8-8】　某特大隧道工程，于2012年3月开始设计，于2014年6月开工，2018年9月竣工，隧道的建安费3.8亿元。经预测，年工程造价增长率为4.8%，计算该工程价差预备费。

【解】　由题意可知，$n=3+4=7$年。由式（8-5）计算：

价差预备费$=3.8$亿元$\times[(1+4.8\%)^{(7-1)}-1]=1.235$亿元

二、建设期贷款利息

建设期贷款利息指工程项目使用的贷款部分在建设期内应计取的贷款利息，包括各种金融机构贷款建设债券和外汇贷款等利息。

计算方法：根据不同的资金来源分年度投资计算所需支付的利息。计算公式如下。

建设期贷款利息$=\sum$（上年末付息贷款本息累计+本年本年度付息贷款额÷2）×年利率

$$S=\sum(F_{n-1}+b_n\div2)\times i \tag{8-6}$$

式中　S——建设期贷款利息；

n——施工年度；

F_{n-1}——建设期第（$n-1$）年末需付息贷款本息累计；

b_n——建设期第n年度付息贷款额；

i——中国人民银行公布的贷款基基准年利率。

【例8-9】　某省新建高速公路项目，建设期3年，利用世界银行贷款。第一年贷款3 000万元，第二年贷款4 000万元，第三年贷款2 000万元，年利率6%，试计算该项目建设期贷款利息。

【解】　根据式（8-6）可知：

第一年贷款利息：$S_1=b_1\div2\times i=3\ 000$万元$\div2\times6\%=90$万元

第二年贷款利息：$S_2=(F_1+b_2\div2)\times i=(3\ 000+90+4\ 000\div2)$万元$\times6\%=305.4$万元

第三年贷款利息：$S=(F_1+S_1+F_2+S_2+b_3\div2)\times i=(3\ 000+90+4\ 000+305.4+2\ 000\div2)$万元$\times6\%=503.724$万元

该项目建设期贷款利息为：

$$S=S_1+S_2+S_3=(90+305.4+503.724)$$万元$=899.124$万元

至此，公路工程概算预算总金额的各部分费用计算方法已学习完毕，将第一部分建安费、第二部分土地使用及拆迁补偿费、第三部分工程建设其他费按分项工程依编制办法规定的计算程序相加即可得到公路工程造价。

任务设计与实施

1. 设计实施路径

1）查阅资料，熟悉预备费的组成内容及计算方法。

2）计算任务导入中工程背景的建设期贷款利息。

2. 呈现实施成果

要求：将实施结果打印在一张A4纸上，并粘贴在本页空白处。

图8-7为建设期贷款利息计算的思维导图作为学习参考。

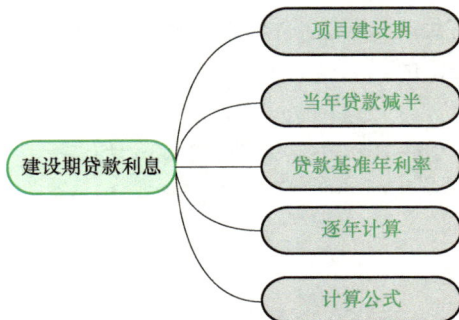

图 8-7 建设期贷款利息计算

任务评价

任务活动		任务评价（线上/线下）					
序号	名称	出勤与态度20%	自评10%	互评10%	小组评价10%	教师评价50%	总评
1	预备费的组成内容及计算						
2	贷款利息计算						

学习笔记：

1. 预备费的计算方法需要掌握；

2. 建设期贷款利息计算是一建、二建的高频考点，认真掌握

任务拓展

查阅资料，研究工程实例，如果工程贷款当年利息当年还，总利息有什么变化？

任务6 公路工程建设项目施工图预算编制案例

任务导入

工程背景：××二级公路改建工程，路线长度5km，路基宽度18m，路基挖方50 000m³，路基填方50 000m³，厚220mm 4%水泥稳定碎石基层76 000m²，厚240mm水泥混凝土路面70 000m²，预应力混凝土空心板120m³，需要修筑临时便道约1km，其他详细资料见施工图。试编制施工图预算。

施工图预算的编制是在设计阶段进行的，编制之前应完成了施工图的设计和编制了施工组织计划，编制时既要熟悉公路工程定额的相关规定和使用方法，熟悉各项费用的计算方法及相互联系，还应详知施工过程，对整个施工项目进行合理分解成若干个分项工程，要做到不重不漏。

任务目标

1. 熟悉甲组文件和乙组文件的组成内容；

2. 根据设计图纸、编制办法、技术规范及标准等对工程项目的基、目、节进行合理划分；

3. 熟悉各项费用计算方法，合理选用定额，正确编制概算预算各类表格；

4. 善于举一反三，勇于创新，发扬工匠精神。

相关知识

一、施工图预算编制顺序

1. 初编分项工程预算表（21-2 表）

2. 同步编制材料预算单价表（22 表）

3. 同步编制机械台班预算单价表（24 表）

4. 同步编制综合费率计算表（04 表）

5. 汇总工料机单价表（09 表）

6. 编制设备费计算表（05 表）

7. 编制专项费用计算表（06 表）

8. 汇总工料机数量表（02 表）

9. 编制建安费计算表（03 表）

10. 编制土地使用与拆迁补偿费计算表（07 表）

11. 编制工程建设其他费计算表（08 表）

12. 汇总（概）预算表（01 表）

（注：如一个项目有多个合同段应按标段重复以上过程，再汇总起来成为 01-1 表。）

13. 撰写编制说明

1）建设项目设计文件的依据。

2）编制范围、工程概况等。

3）采用的定额、费用标准，人工、材料与设备、施工机械台班预算单价的依据或来源，新增工艺的单价分析等。

4）有关的协议书、会议纪要的主要内容。

5）概算、预算总金额，人工、钢材、水泥、沥青等的总量。

6）各设计方案的经济比较。

7）项目综合经济技术指标统计，对比分析本阶段与上阶段工程数量、造价的变化情况。

8）其他有关费用计算项及计价依据的说明。

9）采用的公路工程造价软件名称及版本号。

10）其他需要说明的问题。

二、编制说明

1. 工程内容

（1）工程概况

××省××市改建二级公路起点位于××，不含连接线，全长5 000m，路基宽18m。平原微丘区，路基挖方50 000m³，外购土方58 000m³，厚220mm 4%水泥稳定碎石基层，水泥混凝土路面面层和水泥混凝土路面刻纹（特殊纹路），路基防护采用浆砌片石护坡，预应力混凝土空心板桥一座，建有5 000m临时便道，工程合同价33 916 607元，工期24个月。设计车速：80km/h，设计荷载：公路路Ⅰ级标准。

（2）主要施工方案

挖土方：挖土方2.0m³以内履带式液压单斗挖掘机挖装普通土，15t以内自卸汽车运土，平均运距5.2km，120kW以内自行式平地机整土，15t以内振动压路机碾压土方。

厚220mm 4%水泥稳定碎石基层施工：机械铺筑厂拌稳定土混合料，150kW以内平地机铺筑基层，15t以内自卸车运4km，16~20t轮胎式压路机碾压。

水泥混凝土路面：2.5~4.5m轨道式水泥混凝土摊铺机铺筑混凝土路面厚度24cm，混凝土电动刻纹机刻纹；预应力混凝土空心板桥，先张法预制空心板梁，混凝土泵送，智能张拉系统张拉预应力钢绞线，现场加工预制预应力空心板钢筋，单导梁式架桥机安装梁板。

2. 预算编制说明

（1）主要编制依据

1）《公路工程建设项目概算预算编制办法》（JTG 3830—2018）。

2）《公路工程概算定额》（JTG/T 3831—2018）、《公路工程预算定额》（JTG/T 3832—2018）。

3）《公路工程机械台班费用定额》（JTG/T 3833—2018）。

4）施工图设计文件提供的工程设计图及数量。

（2）主要费用、费率取定

1）人工费：按该省通知规定，每工日97.22元。

2）材料费：材料原价根据××省交通厅定额站发布的最新季度××市及××市场材料指导价并结合本项目沿线地区实际调查后综合取定。

3）施工机械使用费：按《公路工程机械台班费用定额》（JTG/T 3833—2018）及××省车船使用税标准计算。

4）设备购置费：暂不计列。

5）办公及生活用家具购置费：按《公路工程建设项目概算预算编制办法》（JTG 3833—2018）规定计列。

内插预算表格
（共28页）

任务设计与实施

1. 设计实施路径

（1）任务要求：1）学习案例，描述公路工程项目的部、项、目、节是如何划分的；2）学习案例，了解并熟悉表格编制顺序及其之间的联系；3）查阅资料，土地使用与拆迁补偿费用及工程建设其他费如何计算，有哪些规定？

（2）按任务导入的工程背景案例编制一份厚 220mm 4%水泥稳定碎石基层施工的分项工程预算表。

2. 呈现实施成果

要求：将实施结果打印在一张 A4 纸上，并粘贴在空白处。

图 8-8 为公路工程建设项目建安费组成的思维导图作为学习参考。

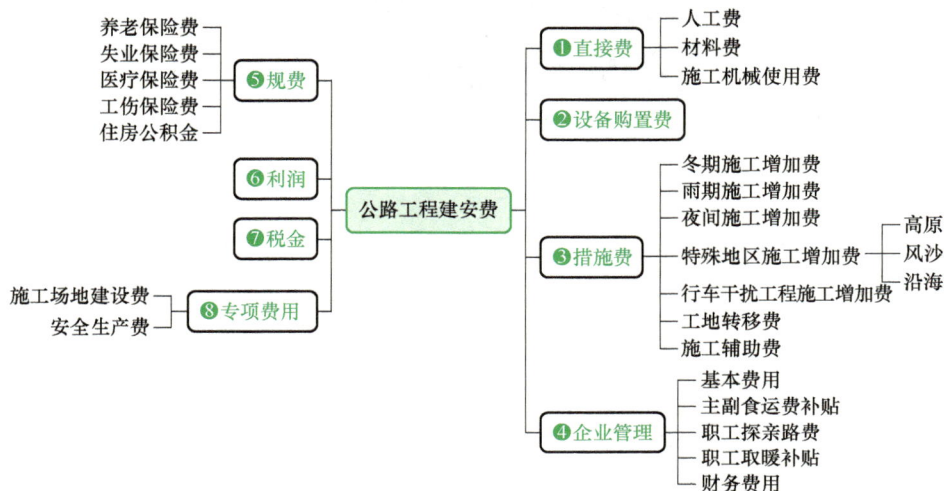

图 8-8　公路工程建设项目建安费组成

任务评价

序号	任务活动		任务评价（线上/线下）					
	名称		出勤与态度20%	自评10%	互评10%	小组评价10%	教师评价50%	总评
1	概预算的部、项、目、节如何划分？							
2	制表顺序及相互联系							
3	工程建设其他费计算							

学习提示：

1. 工程项目划分是难点；

2. 费用计算与表格编制是统一的

任务拓展

查阅资料，研究工程实例，分析概（预）算总表 01 表的组成部分，各部分费用的技术经济指标是指什么？

利用公路工程造价管理软件编制概预算文件

任务导入

工程背景：试用造价管理软件编制公路工程某标段工程项目施工图预算。

由于公路工程投资费用巨大，其中施工程序繁多，费用类型庞大，用手算法显然效率太低，工程上都是用造价管理软件进行编制，既可加快计算速度，又可降低计算错误。市场上开发的造价管理软件众多，本节以纵横公路工程造价管理软件为例叙述公路工程施工图预算编制流程。

素养课堂——数字化智能化赋能公路工程管理技术

任务目标

1. 熟悉纵横软件编制公路工程概算、预算编制程序和流程；
2. 掌握费率文件和单价文件的编制流程与编制步骤；
3. 勇于创新，善于举一反三，发扬工匠精神。

相关知识

一、编制概预算文件的操作流程

1）建文件、建项目，完善项目属性：预算文件名称一般为编制范围，一个建设项目下面可包含多个编制范围，确定项目属性。

2）确定费率文件：选择费率计算参数。

3）建立项目表：添加标准项目，添加非标准项目。

4）定额选择：从定额表中选择，或进行定额搜索。

5）定额调整：工料机/砼、附注条件、辅助定额、稳定土配合比、自动统计混凝土需计拌和量。

6）计算第二、三、四部分费用：土地使用及拆迁补偿费、工程建设其他费用、预备费等。

7）计算建设期贷款利息。

8）工料机分析与单价计算：人工单价、材料单价、机械单价。

9）报表输出：直接打印或导出 Excel、PDF 格式，进行报表定制。

10）数据交换：数据交换，导出 .sbp 文件。

二、新建建设项目及造价文件

一个建设项目文件，可以包含一个或多个项目分段文件，以及与之配套的费率、单价和定额等文件，通过这些文件组合计算，最终可以得到项目工程的造价。具体操作如下：

1）打开纵横公路造价软件，进入软件界面，如图 9-1 所示。

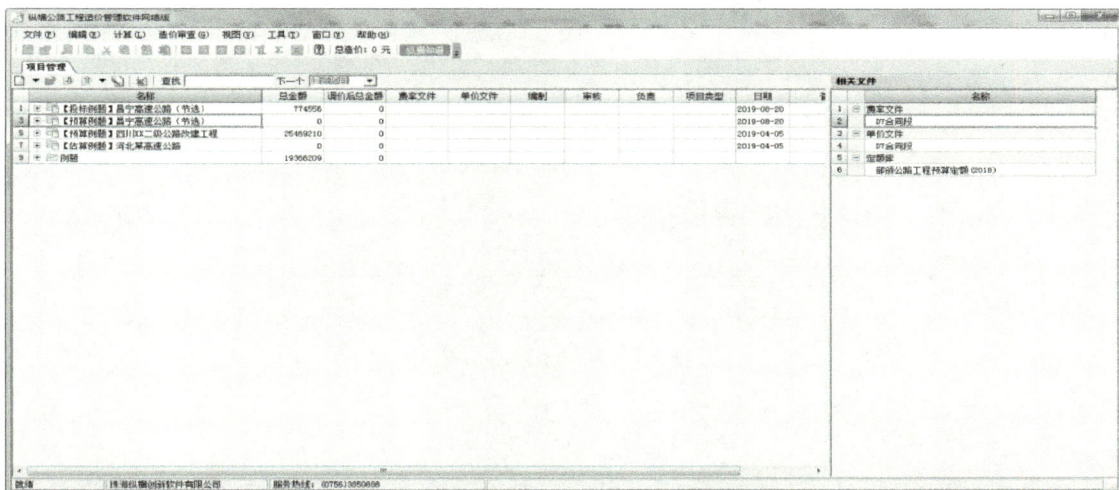

图 9-1　进入软件界面

2）单击"文件"菜单栏下的"新建"，在空白栏输入建设项目名称，如 A4 合同段，东古高速公路，项目类型选择"概算/预算"，单击"确定"完成操作，如图 9-2 所示。

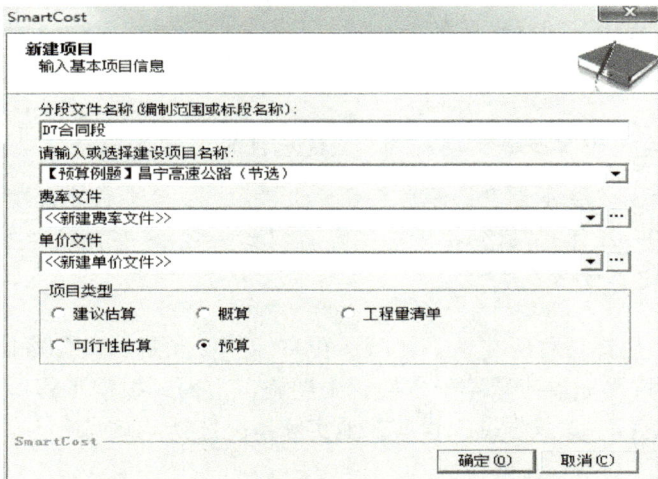

图 9-2　选择预算

在编制概预算时，项目文件夹名称一般以建设项目的名称命名，文件名称一般以编制范围命名。

3）确定项目属性。项目属性是指利润、税金等费用的取值。单击菜单栏"文件"→"项目属性"或单击"项目属性"图标，在弹出的项目文件属性对话框，按实际工程情况填写基本信息、属性参数、计算参数、小数位数。基本信息在报表页眉页脚中出现，不参与造价计算，如图9-3所示。

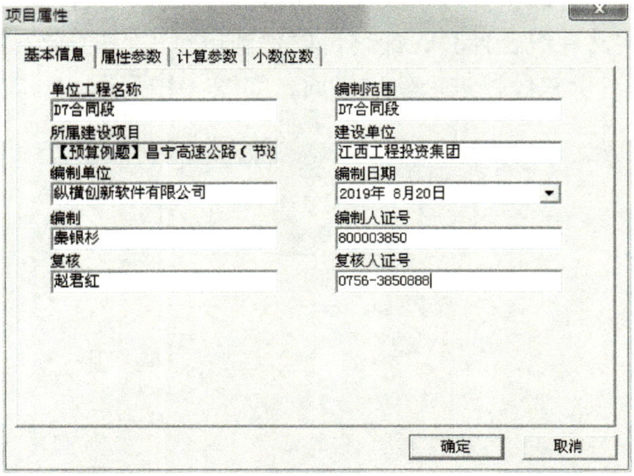

图 9-3 项目属性对话框

三、确定费率文件

费率主要是指公路工程的措施费、企业管理费、规费等费用的费率，措施费根据相应基数，乘以"费率"计算，根据工程实际情况取用不同的值。

各省（市、区）结合当地实际情况，对《公路工程建设项目概算预算编制办法》（JTG 3830—2018）作了相应的补充规定。凡在该地区建设的公路工程项目均要执行当地的补充规定。根据项目所在地具体工程情况选择不同的费率标准。〔详见《公路工程建设项目概算预算编制办法》（JTG 3830—2018）及各省补充规定〕

温馨提示：

单击主窗口左侧的"费率"图标，然后根据工程实际情况选择"费率计算参数"，系统会自动生成综合费率，并形成费率文件。《公路工程建设项目概算预算编制办法》（JTG 3830—2018）及各省补充规定详见纵横公路造价软件"帮助"菜单栏2018编制办法及定额章节说明。

如图9-4所示，选择工程所在地：江西；费率标准：江西一级公路估概预算-赣交建管字〔2019〕23号，将鼠标指针悬停于冬期、雨期施工上面，根据工程所在地，按软件自动提示选择即可；其他各项参数根据工程所在地实际情况选择。

四、建立项目表

建立造价文件的项目组成结构，一般按《公路工程建设项目概算预算编制办法》（JTG 3830—2018）项目表进行划分，根据工程项目的规模不同，项目表的划分可粗可细。具体注

费率文件:

费率计算参数	
名称	参数值
工程所在地	江西
费率标准	江西一级公路估概预算-赣交建管
冬季施工	准一区
雨季施工	II区6个月
夜间施工	计
高原施工	不计
风沙施工	不计

图 9-4　费率文件设置

意事项：

1）概预算项目应按项目表的序列及内容编制，当实际出现的工程和费用项目与项目表的内容不完全相符时，一、二、三、四、五部分和“项”的序号、内容应保留不变，项目表中的“项”以下的分项在引用时应保持序号、内容不变，缺少的分项内容可随需要就近增加，并按项目表的顺序以实际出现的级别依次排列，不保留缺少的“项”以下的项目序号。

2）分项编号采用部（1 位数）、项（2 位数）、目（2 位数）、节（2 位数）、细目（2 位数）组成，以部、项、目、节、细目等依次逐层展开，如图 9-5 所示。

	编号	名称	单位	设计数量		经济指标	金额（F）	备注	锁定
				数量1	数量2				
1	1	**第一部分　建筑安装工程费**	**公路公里**				**232,155,331**		☐
2	101	临时工程	公路公里	2.350		727193.62	1,708,905		☐
3	10101	临时道路	km	0.400		343272.50	137,309		☐
4	1010101	临时便道（修建、拆除与维护）	km	0.400		343272.50	137,309		☐
5	10106	拌和设备安拆	座	3.000		523865.33	1,571,596		☐
6	102	路基工程	km	0.846		32778224.59	27,730,378		☐
47	103	路面工程	km	24.190		5410676.40	130,884,262		☐
69	104	桥梁涵洞工程	km	0.529		119697744.80	63,320,107		☐
99	105	隧道工程	km/座				0		☐
100	106	交叉工程	处				0		☐
101	107	交通工程及沿线设施	公路公里	2.350		94220.43	221,418		☐
106	108	绿化及环境保护工程	公路公里				0		☐
107	109	其他工程	公路公里				0		☐
108	110	专项费用	元				8,290,261		☐
111	2	**第二部分　土地使用及拆迁补偿费**	**公路公里**				**0**		☐
117	3	**第三部分　工程建设其他费**	**公路公里**				**17,818,901**		☐
139	4	**第四部分　预备费**	**公路公里**				**0**		☐
140	401	基本预备费	公路公里				0		☐
141	402	价差预备费	公路公里				0	0	☐
142	5	**第一至四部分合计**	**公路公里**				**249,974,232**	**232155331+0+1**	☐
143	6	**建设期贷款利息**	**公路公里**				**0**		☐
144		**新增加费用项目**	**元**				**0**		☐
145		*请在此输入费用项目					0		☐
146	7	**公路基本造价**	**公路公里**				**249,974,232**	**249974232+0+0**	☐
147									

图 9-5　分项编号

纵横公路造价软件采用独有的树表结构，分项结构及计算结果同屏显示，一览无遗。纵横公路造价软件按以下步骤建立概预算项目表：

1）单击“造价书”，单击右上角的 项目表 图标，展开“项目表”，直接双击该分项名称，然后填写“数量”即可。

2）对于标准项目表中没有的分项，即非标准项，可以通过右击或工具栏上的"插入"按钮插入非标准项，输入非标准项"编号""名称""单位""数量"即可，如"外购土方"，如图9-6所示。

编号	名称	单位	设计
			数里1
1	⊟ **1**	**第一部分 建筑安装工程费**	**公路公里**	
2	⊞ 101	临时工程	公路公里	48.002
11	⊟ 102	路基工程	km	
12	⊟ LJ01	场地清理	km	
13	⊟ LJ0101	清理与掘除	km	
14	LJ010101	清理现场	m3	1007471.000
15	⊟ LJ02	路基挖方	m3	
16	LJ0201	挖土方	m3	1816929.900
17	LJ0202	挖石方	m3	1546370.000
18	LJ0203	挖淤泥	m3	9623.300
19	LJ0204	外购土方 (非标准项)	m3	12580.000
20	⊟ LJ03	路基填方	m3	

图9-6 插入分项

① 当建立的项目表需调整层次时，可通过工具栏快捷键➡（降级）、⬅（升级）、⬆（上移）、⬇（下移）方向键调整。

② 若要删除某分项，可选择该"项目"，单击按钮"✖"，或右击"删除"即可。

五、选择定额

套定额常用方法：从定额选择中选择定额，或使用"定额搜索"查找定额。

操作要点如下：

1）选中需套定额的分项，单击"造价书"界面右上角的"定额选择"，在相应的定额章节中找到需要套用的定额后，双击定额即可。

2）定额搜索：选中需套定额的分项，单击"定额选择"，切换到定额搜索选项卡窗口，在该窗口中输入需要查找的定额名称的关键字，如输入"交工"后按<Enter>键，系统会查找出当前定额库中所有含有"交工"字样的定额，如图9-7所示。

六、定额调整

当定额的工作内容和计算分项的工作内容不完全一致时，要对定额进行必要的调整。纵横公路造价软件的定额调整分为：工料机/砼⊖、附注条件、辅助定额、稳定土。

编号	名称	单位	基价
1-1-1-1	人工伐树及挖根（直径10cm以...	10棵	390
1-1-1-2	人工伐树挖掘机挖树根 (1.0m3	10棵	229
1-1-1-3	人工伐树挖掘机挖树根 (2.0m3	10棵	220
1-1-1-4	砍挖灌木林 (直径10cm以下)稀	1000m2	659
1-1-1-5	砍挖灌木林 (直径10cm以下)密	1000m2	1445

图9-7 定额选择

⊖ 软件中的称谓，后同。

选中要调整的定额细目，单击定额调整按钮，软件弹出"定额调整"窗口，如图9-8所示。

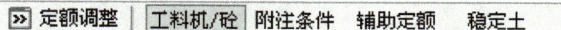

图 9-8 定额调整

1. 工料机/砼

在"工料机/砼"界面，可进行工料机抽换（如替换混凝土强度等级、商品混凝土的抽换）、新增工料机、定额消耗量等调整，右击或单击 ⋯ 图标进行操作。

【例 9-1】 替换混凝土强度等级：将 C30 混凝土替换为 C35 混凝土。

【解】 选中需要调整的定额（如4-7-4-2），单击"定额调整"→"工料机/砼"，右击选中需要替换的砂浆，选择"替换混凝土"，在弹出的"工料机库"中，选择 C35 混凝土，勾选确定即可，如图9-9、图9-10所示。

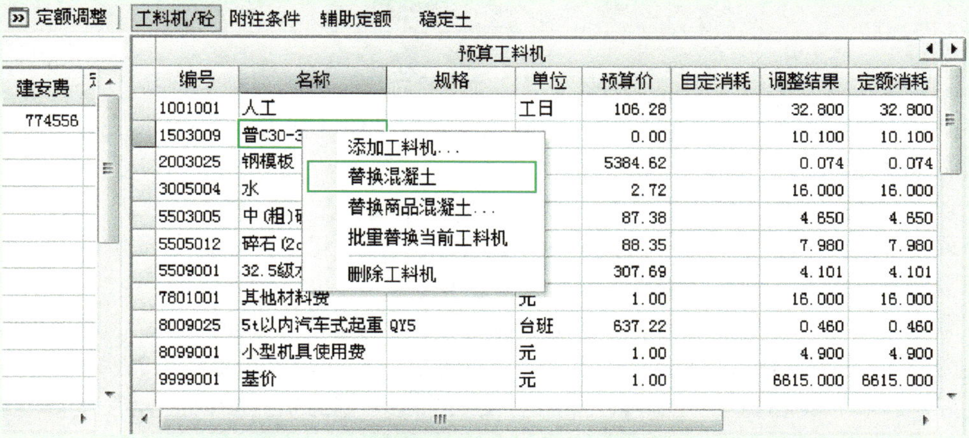

图 9-9 替换混凝土

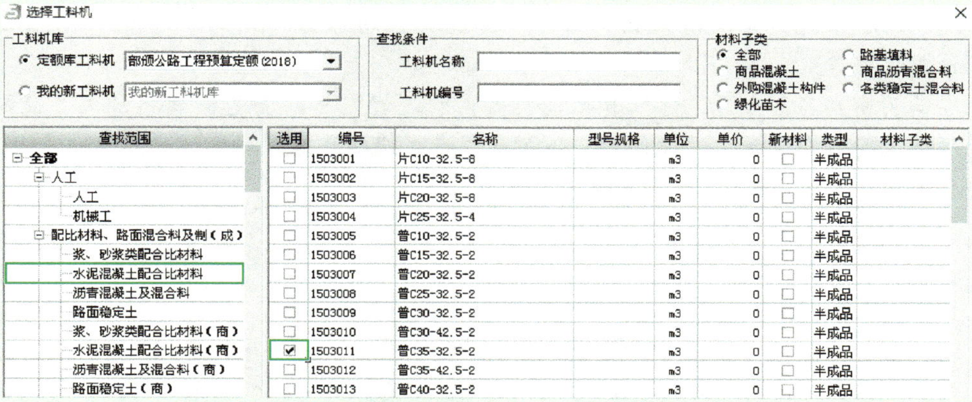

图 9-10 选择工料机

【例9-2】 替换商品混凝土。

【解】 选中需要调整的定额（如4-6-10-2），单击"定额调整"→"工料机/砼"→选中"C50号普通混凝土42.5水泥2cm碎石"→右击选择"替换商品混凝土"→弹出"工料机库"→找到需要替换的商品混凝土即可，如图9-11所示。

图9-11 工料机库

替换完成后，水泥、中（粗）砂、碎石的消耗量自动调整为0，水主要用于养生，所以消耗量未调整。

原理：《预算定额》总说明第十一条，本定额中各类混凝土均按施工现场拌和进行编制，当采用商品混凝土时，可将相关定额中的水泥、中（粗）砂、碎石的消耗量扣除，并按定额中所列的混凝土消耗量增加商品混凝土的消耗。

注意：取费类别选择构造物Ⅲ。构造物Ⅲ系指商品水泥混凝土的浇筑、商品沥青混合料和各类商品稳定土混合料的铺筑、外购混凝土构件、设备安装工程等。商品水泥混凝土、商品沥青混合料和各类稳定土混合料、外购混凝土构件不作为措施费及企业管理费的计算基数。详见《公路工程建设项目概算预算编制办法》（JTG 3830—2018）第11页。

温馨提示：

水泥混凝土定额替换商品混凝土时，系统会自动弹出"询问"窗口（图9-12），提示请先调整厚度。

在购买商品混凝土时，需知具体消耗量，水泥混凝土路面定额调整时应先确定路面的厚度，所以在纵横软件操作时，会提示"请先调整厚度，再替换商品混凝土"。不需要调整厚度时，单击"是"，继续操作即可。

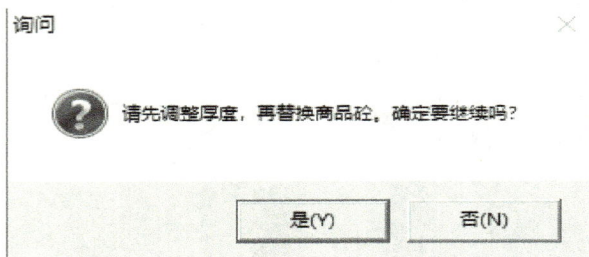

图9-12 调整路面厚度

【例 9-3】 沥青路面定额可调油石比。

分析:《预算定额》中沥青路面是按一定的油石比编制的，当设计采用的油石比与定额不同时，可按设计油石比调整定额中的沥青用量。

【解】 选中需要调整的定额（如 2-2-11-5），单击“定额调整”→“工料机/砼”，在“自定油石比”中输入设计油石比，石油沥青的消耗量根据内置公式自动计算，如图 9-13 所示。换算公式为

$$S_i = S_d \times L_i / L_d$$

式中　S_i——按设计油石比换算后的沥青数量；

S_d——定额中的沥青数量；

L_d——定额中标明的油石比；

L_i——设计采用的油石比。

工料机/砼　附注条件　辅助定额　稳定土

编号	名称	规格
	预算工料机	
1001001	人工	
1505005	粗粒式沥青混凝土	
3001001	石油沥青	
5503013	矿粉	粒径<0.0074cm，
5503015	路面用石屑	
5505017	路面用碎石(1.5cm)	最大粒径1.5cm堆
5505018	路面用碎石(2.5cm)	最大粒径2.5cm堆

定额油石比	自定油石比
4.45	4.801

图 9-13　油石比调整

【例 9-4】 添加外掺剂。

分析：定额中各类混凝土均未考虑外掺剂的费用，如设计需要添加外掺剂时，可按设计要求另行计算外掺剂的费用并适当调整定额中的水泥用量。

如粉剂 FDN-9000 缓凝高效减水剂，掺量为水泥的 0.3%，5 000 元/t，掺后节约水泥 15%。

【解】 选中需要添加外掺剂的定额（如 4-6-10-2），单击“定额调整”→“工料机/砼”，在工料机界面右击选择“添加工料机”，在弹出的“选择工料机”窗口左下角单击“新增工料机”，并在弹出的“新工料机”窗口中输入外掺剂的参数，单击保存，关闭，如图 9-14 所示。

新工料机

保存　删除　按创建时间排序　导入　导出　关闭　m² m³ ≠ ≈ ≤ ≥ ∠ ‰ ℃ δ Φ Ω ± ✕ ÷ > <

材料　设备　机械　混凝土

	编号	名称	型号规格	单位	基价	类型	材料子类	毛重系数	一次装卸损耗率	场外运输损耗率	采购保管费率	税率
1	1514151	粉剂FDN-9000缓凝高效	FDN-9000	t	5000	材料	一般材料	0	0	0	0	0

图 9-14　输入外掺剂的参数

在“新工料机”窗口中勾选新增的外掺剂，单击“确定”即可。

切换到定额调整工料机/砼窗口中，根据要求，计算并输入水泥和外掺剂的“自定消耗”，这样就完成了添加外掺剂的操作，如图 9-15 所示。

工料机/砼　附注条件　辅助定额　稳定土

编号	名称	规格	单位	预算价	自定消耗	调整结果	定额消耗
	预算工料机						
1001001	人工		工日	108.02		11.600	11.600
1503069	泵C50-42.5-2		m3	0.00		10.400	10.400
1514151	粉剂FDN-9000缓凝	FDN-9000	t	5000.00	10.020	10.020	0.000
2001001	HPB300钢筋		t	3333.33		0.001	0.001
2001002	HRB400钢筋		t	3247.86		0.007	0.007
2003004	型钢	工字钢，角钢	t	3504.27		0.009	0.009
2003008	钢管	无缝钢管	t	4179.49		0.002	0.002
2003025	钢模板	各类定型大块钢	t	5384.62		0.093	0.093
2009028	铁件	铁件	kg	4.53		0.400	0.400
3005004	水		m3	2.72		21.000	21.000
4003001	原木	混合规格	m3	1283.19		0.040	0.040

图 9-15　调整外掺剂单价

温馨提示：

在这里，外掺剂是作为一种独立的新材料出现在工料机里，当需要调整它的预算单价时，直接修改即可。

2. 附注条件（定额乘系数）

定额中常常出现章、节、定额附注说明，这些附注影响定额乘系数、工料机抽换等方面，对造价结果有较大影响。这些附注分散在章、节、定额中，熟悉定额的同时也必须细心耐心，才能避免错计漏计。

纵横公路造价软件已经把定额书中的附注说明做成了选项的形式，做预算时，直接根据实际情况勾选即可。

【例 9-5】 厂拌基层稳定土混合料定额的系数调整。

分析：各类稳定土基层压实厚度在 20cm 以内计算，超过上述厚度时应分层拌和、碾压。

【解】 选中需要调整的定额（如 2-1-7-5），单击“定额调整”→“附注条件”，根据实际情况勾选即可，如图 9-16 所示。

工料机/砼 附注条件 辅助定额 稳定土

	调整	条件	内容
1	☑	分2层拌和、碾压	拖平摊压机×2，人工+1.5
2	☐	分3层拌和、碾压	拖平摊压机×3，人工+3
3	☐	分4层拌和、碾压	拖平摊压机×4，人工+4.5
4	☐	洞内用洞外项目	人、机械、小型机具使用费×1.26
5	☐	自定义系数	人工×1;材料×1;机械×1
6			
7			
8			

图 9-16 分层拌和定额调整

【例 9-6】 灌注桩可根据不同的桩径选择调整系数。

分析：当设计桩径与定额桩径不同时，可根据实际情况选择桩径。

【解】 选中需要调整的定额（如 4-4-4-70），单击“定额调整”→“附注条件”，根据实际情况勾选即可，如图 9-17 所示。

工料机/砼 附注条件 辅助定额 稳定土

	调整	条件	内容
1	☐	回旋钻桩径160cm以内	定额×0.75
2	☐	回旋钻桩径170cm以内	定额×0.82
3	☑	回旋钻桩径180cm以内	定额×0.87
4	☐	回旋钻桩径190cm以内	定额×0.92
5	☐	洞内用洞外项目	人、机械、小型机具使用费×1.26
6	☐	自定义系数	人工×1;材料×1;机械×1

图 9-17 桩径选择调整系数

3. 辅助定额

辅助定额调整主要调整定额的运距、厚度、钢绞线的束数、强夯夯击遍数等内容。定额中描述定额单位值的定额，我们称之为“主定额”。定额中同时给出了可对主定额进行增量调整的定额，其定额名称中一般含有“增、减”字样，我们称之为“辅助定额”。

【**例 9-7**】　调整运距：20t 车运输 10.2km 或者 10.3km。

【**解**】　选中需要调整的定额（如 2-1-8-9），单击"定额调整"→"辅助定额"，在"实际值"处输入实际运距 10.2 即可，定额名称随即自动变化，单价随即自动计算，如图 9-18、图 9-19 所示。

定额调整	工料机/砼	附注条件	辅助定额	稳定土

	参数	定额值	实际值
定额建安费	1 运距1km	1	10.2
774556	2		
13600	3		

图 9-18　定额调整

排序	填清单量	定额编号	定额名称	定额单位	工程量	工程类别	调整状态
1	☐	2-1-8-9	20t以内自卸车运10.2km	1000m3	0.038	3)运输	+10×18
2	☐	2-1-8-9	20t以内自卸车运10.3km	1000m3	0.038	3)运输	+10×19

图 9-19　输入运距

温馨提示：

《预算定额》中定额项目"1-1-11 自卸汽车运土、石方"及"1-1-22 洒水汽车洒水"中，均按不同的运输距离综合考虑了施工便道的影响，定额规定仅适用于平均运距在 15km 以内的工程；当运距超过 15km 时，应按工程所在地社会运输的有关规定计算运费。

当运距超过第一个定额运距单位，其运距尾数不足一个增运定额单位的半数时不计，超过半数时按一个增运定额运距单位计算。

例如，平均运距为 10.2km 时，套用第一个 1km 和运距 15km 以内的增运定额 18 个单位后，尾数为 0.2km，不足一个增运定额单位（0.5km）的半数（0.25km），因此不计；平均运距为 10.3km 时，0.3km 已经超过一个增运定额单位（0.5km）的半数（0.25km），因此计，增运单位则合计为 19 个。

使用增运定额时要注意两点：平均运距不扣减第一个 1km；平均运距为整个距离内直接套用，不是分段套用。

【**例 9-8**】　钢绞线束数调整。

【**解**】　选中需要调整的定额（如 4-7-19-17），单击"定额调整"→"辅助定额"，输入实际的钢绞线束数值即可，人工及钢绞线的消耗量自动调整，如图 9-20 所示。

工料机/砼	附注条件	辅助定额	稳定土

	参数	定额值	实际值
1	束数	16.21	21.98
2			

图 9-20　钢绞线束数调整

4. 稳定土

一般调整稳定土配合比，系数自动保持为100%。

【例9-9】 调整水泥稳定碎石配合比为4：96。

【解】 选中需要调整的定额（如2-1-7-5），单击"定额调整"→"稳定土"，在"调整配合比"中输入实际配合比即可，如图9-21所示。切换到"工料机/砼"，可以看到，水泥、碎石消耗量自动换算，无须其他任何操作，如图9-22所示。

	材料编号	材料名称	定额配合比	调整配合比
1	5505016	碎石	95	96
2	5509001	32.5级水泥	5	4
3				

工料机/砼 附注条件 辅助定额 **稳定土**

图 9-21 调整配合比

工料机/砼 附注条件 辅助定额 稳定土

预算工料机

编号	名称	规格	单位	预算价	自定	调整结果
1001001	人工		工日	106.28		2.500
1507004	水泥碎石		m3	0.00		202.000
3005004	水		m3	2.72		28.000
5505016	碎石	未筛分碎石统料堆	m3	75.00		299.853

图 9-22 定额切换

5. 自动统计混凝土需计拌和量

在造价书界面选中需要统计的分项，右击选择"混凝土需计拌和量"，弹出"混凝土合计"小窗口，在小窗口中可以查看混凝土的相关统计信息，选中混凝土拌和和运输定额，单击"填写工程量"，软件自动将统计好的混凝土需计拌和量填写到定额工程量中。

下面我们结合实例，具体讲解如何操作。

例如：选中"台帽混凝土"子目，右击选择"混凝土需计拌和量"，选中混凝土拌和、运输定额，单击"填写工程量"，软件自动将统计好的混凝土需计拌和量（计损耗）填写到定额工程量中，如图9-23所示。

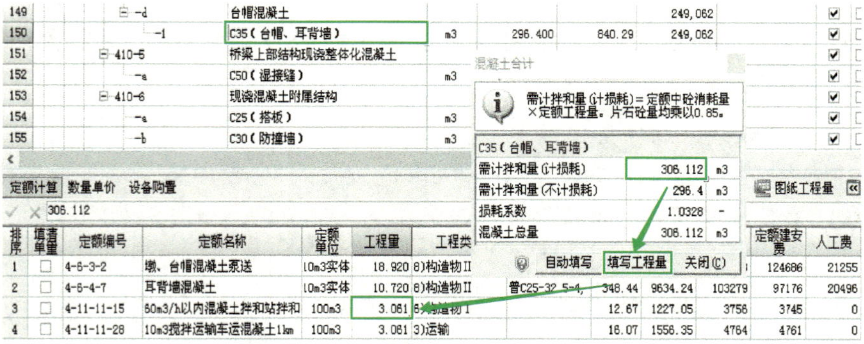

图 9-23 混凝土需计拌和量

七、计算第二~四部分费用

第二~四部分费用系指土地使用及拆迁补偿费、工程建设其他费用、预备费，主要通过基数计算和数量单价的方式确定费用。

单击项目表"金额"列图标 ···，弹出"表达式编辑器"（图9-24），在表达式窗口中输入计算公式即可。

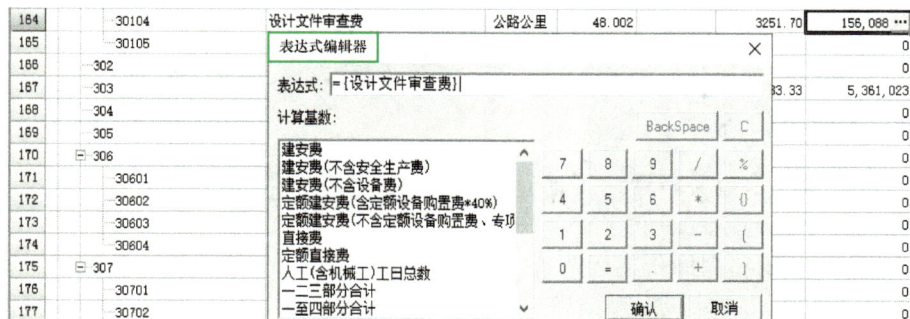

图9-24　表达式编辑器

方法1：直接在金额列输入数值（数量单价）。

方法2：单击金额列，打开表达式编辑器进行基数计算。

八、计算建设期贷款利息

操作要点：选中建设期贷款利息分项，右击选择"建设期贷款利息设置"，弹出对话框。输入计息年后按<Enter>键，依次输入贷款额及利率，单击"确定"即可，如图9-25所示。

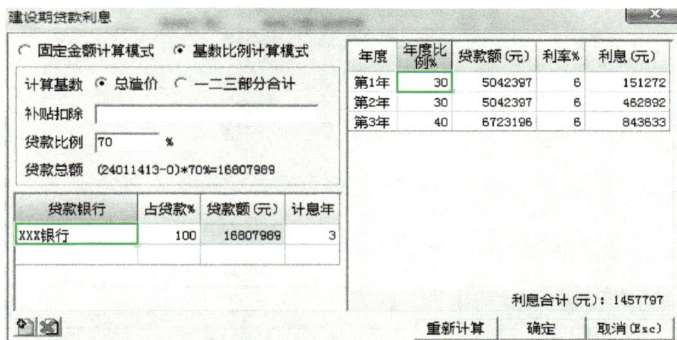

图9-25　建设期贷款利息

九、工料机预算单价

工料机预算单价包括人工单价、材料单价、机械单价。

"工料机"窗口汇总显示本造价文件所有定额内包含的工料机，可直接在此窗口修改或计算工料机的预算单价。

1. 人工单价

在工料机窗口预算单价列输入人工单价即可。可通过纵横公路造价软件"帮助"中的"2018编制办法及定额章节说明"，查看各省补充编办中规定的人工单价，如图9-26所示。

编号	名称	单位	消耗量	定额单价	预算单价
1001001	人工	工日	161603.441	106.28	108.02
1051001	机械工	工日	37707.141	106.28	108.02

图 9-26　人工单价

温馨提示：

人工费单价仅作为编制概预算的依据，不作为施工企业实发工资的依据。

2. 材料单价

材料的预算价，是指材料运达工地仓库的价格，不是材料的出厂价格，也不是市场价格。直接在预算单价列输入即可。

1）材料预算价由材料原价、运杂费、场外运输损耗、采购及保管费组成。

材料预算价格=（材料原价+运杂费）×（1+场外运输损耗率）×（1+采购及保管费费率）-包装品回收价值

2）运费计算（原价已知）：

① 添加计算材料：双击或右击选择"添加计算材料"。

② 运费计算：单击"运费计算"，如图 9-27 所示分别输入起讫地点、原价、运价、运距、装卸费单价、装卸次数、其他费用等，如图 9-27 所示。

切换显示方式	运费计算	原价计算	供应价文件	
编号	名称		预算价	201.900
			供应地点	
5503005	中（粗）砂		原价	130
			单位运费	63
			单位毛重（吨）	1.500000
			装卸次数	1
			每增加一次装卸损耗率	1
			场外运输损耗率	2.5
			场外运输损耗	4.825
			采购及保管费率	2.06
			采购及保管费	4.0752
			包装品回收价值	0

图 9-27　运费计算

例如：计算中（粗）砂运费（图 9-27）。

名称	起讫地点	原价	运价	运距	装卸费	装卸次数	预算价
中（粗）砂	料场-工地	130	0.8	50	2	1	201.9

3）自采材料原价计算：

① 在原价计算窗口中，应先输入供应地点，再在"定额编号"选择定额（第八章材料采集及加工定额），输入数量即可确定工料机供应价。

② 在运费计算窗口中，应先输入起讫地点，选择自办运输，在"单位运价"栏输入实际数值或选择定额（第九章材料运输定额）计算。

通过上面步骤操作，软件可计算出自采材料的预算单价。

3. 机械单价

施工机械台班单价由不变费用和可变费用组成。不变费用一般不允许修改，可变费用只需确定机械工单价、动力燃料费、车船使用税，机械台班费用自动计算。

温馨提示：

在工料机窗口中，左下角单击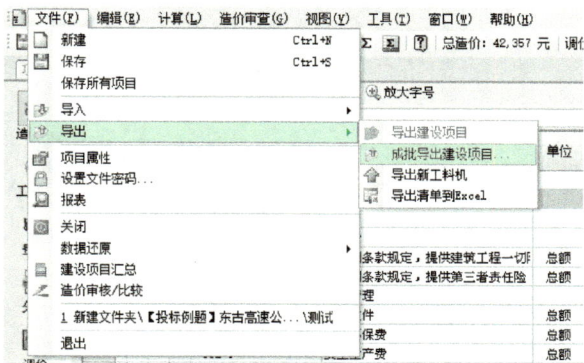，切换到"机械单价"窗口，单击选择工程所在地"车船税标准"即可。

《国务院关于实施成品油价格和税费改革的通知》（国发〔2008〕37号）、《关于公布取消公路养路费等涉及交通和车辆收费项目的通知》（财综〔2008〕84号）规定，取消公路养路费，所以选取各省不含养路费车船税标准。

十、报表输出

单击"报表"图标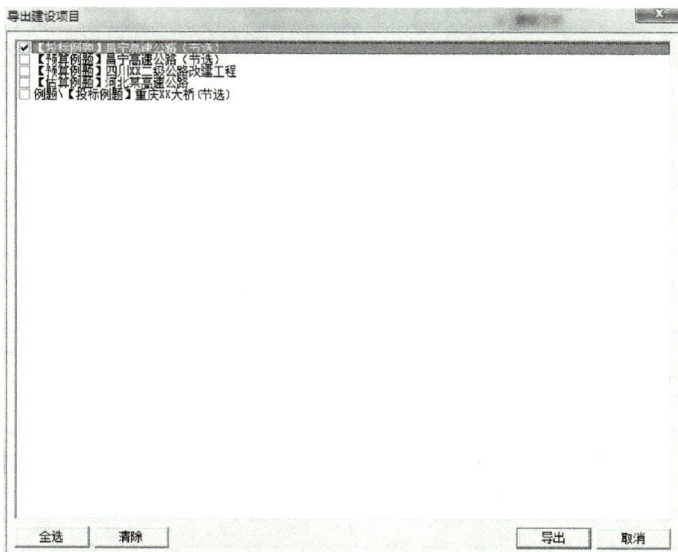可直接预览、打印、输出报表、导出 PDF/Excel 格式，A3、A4自由切换，同时还可对报表进行设置。

十一、交换数据

通过"文件"菜单栏→"导出"→"成批导出建设项目"操作，可以把整个建设项目的项目文件、单价文件和费率文件等统一压缩在一个 .sbp 文件里，可进行数据交换，通过"文件"→"导入"操作即可接收项目文件。

"成批导出建设项目"操作如图 9-28所示。

然后勾选需要导出的建设项目，单击"导出"，选择存放路径即可，如图 9-29 所示。

图 9-28　成批导出建设项目

图 9-29　选择导出建设项目

任务设计与实施

1. 设计实施路径

（1）任务要求：1）结合专业课知识以思维导图的形式分析纵横公路造价软件编制施工图预算的主要步骤；2）使用纵横公路造价软件编制概算预算时如何编制材料单价和机械台班单价？3）如何编制费率文件？

（2）用公路纵横造价软件练习编制一份任务导入的工程背景项目施工图预算文件。

2. 呈现实施成果

要求：将实施结果打印在一张 A4 纸上，并粘贴在空白处。

图 9-30 为纵横公路工程造价软件编制施工图预算的思维导图作为学习参考。

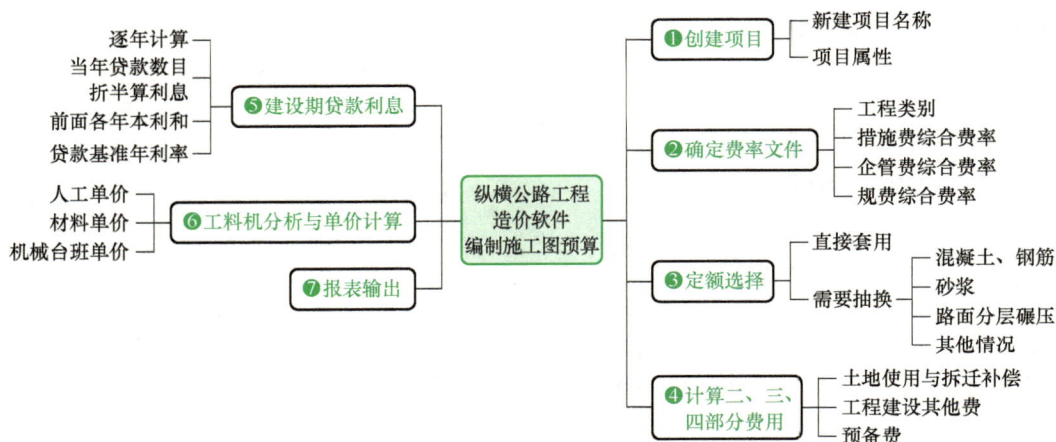

图 9-30 纵横公路工程造价软件编制施工图预算

任务评价

任务活动		任务评价（线上/线下）					
序号	名称	出勤与态度 20%	自评 10%	互评 10%	小组评价 10%	教师评价 50%	总评
1	纵横造价管理软件编制概预算步骤						
2	定额如何调整						
3	工料机单价如何计算						

学习笔记：

1. 工程软件编制造价文件在工程上应用十分普遍，市场上有多种软件，其步骤类似，关键是熟悉其使用流程；

2. 只有同时熟悉施工程序和细节，又熟悉费用计算过程及定额应用，才能使用好软件，否则即使有好的软件也编制不对费用

任务拓展

纵横公路造价管理软件不仅可以编制公路工程概算、预算，还可以编制清单报价，以及投资估算等，查阅资料，学习工程量清单预算编制流程。

附录

公路工程概预算表格及资料

附录

参 考 文 献

［1］ 交通运输部. 公路工程概算定额：JTG/T 3831—2018 ［S］. 北京：人民交通出版社，2019.

［2］ 交通运输部. 公路工程预算定额：JTG/T 3832—2018 ［S］. 北京：人民交通出版社，2019.

［3］ 交通运输部. 公路工程机械台班费用定额：JTG/T 3833—2018 ［S］. 北京：人民交通出版社，2019.

［4］ 交通运输部. 公路工程建设项目概算预算编制办法：JTG 3830—2018 ［S］. 北京：人民交通出版社，2019.

［5］ 全国一级建造师执业资格考试用书编写委员会. 公路工程管理与实务 ［M］. 北京：中国建筑工业出版社，2022.

［6］ 全国二级建造师执业资格考试用书编写委员会. 公路工程管理与实务 ［M］. 北京：中国建筑工业出版社，2022.

［7］ 靳卫东，梁春雨. 公路施工组织与概预算 ［M］. 北京：人民交通出版社，2020.

［8］ 王首绪，杨玉胜. 公路施工组织及概预算 ［M］. 3 版. 北京：人民交通出版社，2010.

［9］ 高峰，张求书. 公路施工组织与概预算 ［M］. 北京：北京理工大学出版社，2014.

［10］ 沈其明，李红镝. 公路工程概算预算手册 ［M］. 2 版. 北京：人民交通出版社，2010.